Wolf

Radikale Philosophie

Frieder Otto Wolf

Radikale Philosophie

Aufklärung und Befreiung in der neuen Zeit

WESTFÄLISCHES DAMPFBOOT

Bibliografische Information der Deutschen Bibliothek
Die Deutsche Bibliothek verzeichnet diese Publikation in der Deutschen Nationalbibliografie; detaillierte bibliografische Daten sind im Internet über http://dnb.ddb.de abrufbar.

2. um ein Nachwort erweiterte u. korr. Auflage Münster 2009

Umschlag: Lütke · Fahle · Seifert, Münster
Druck: Rosch Buch Druckerei GmbH, Scheßlitz
Gedruckt auf säurefreiem, alterungsbeständigem Papier
ISBN 978-3-89691-498-8

Inhalt

„These critics [of the philosophical tradition] were, in short, as 'innocent' of politics as the rationalists, idealists, or positivists they rejected. Radical philosophers, by contrast, have lost their innocence."
„Diese KritikerInnen der philosophischen Tradition waren kurzum ebenso 'unbelastet' von Politik wie die RationalistInnen, IdealistInnen oder PositivistInnen, welche sie ablehnten. Im Gegensatz dazu haben radikale Philosophen diese Art von 'Unschuld' verloren." (Roger S. Gottlieb 1993, 2)

„Aber das ist eben unser Triumph, wir haben unsere Gegner zum Sprechen gebracht, und sie müssen uns Rede stehen."
(Heinrich Heine 1964, 225)

„L'entreprise d'un discours philosophique sur la vérité n'a pas besoin de justification particulière, puisqu'il fait corps avec l'existence même de la philosophie. (...) Il suffit donc d'admettre, ce que je fais ici, que la question de la vérité, sous une forme ou une autre, n'est jamais séparable des entreprises philosophiques."
„Das Unternehmen eines philosophischen Diskurses über die Wahrheit bedarf keiner besonderen Rechtfertigung, da die Erörterung der Wahrheit mit der Existenz der Philosophie zusammenfällt. (...) Es genügt, wenn zugestanden wird, dass sich die Wahrheitsfrage, in welcher Form auch immer, niemals von den philosophischen Unternehmungen abtrennen lässt." (Balibar 1994, 7f.)

Vorab

Die Rede von der *Neuen Zeit* war einst eine 'Fahne' der Bewegungen für Aufklärung und für einen Fortschritt, der ganz selbstverständlich die 'Verwirklichung der Freiheit' (Hegel) voranbringen sollte. Noch am Ende des 19. Jahrhunderts ist der exemplarisch von Baudelaire geahnte „Übergang vom jeweils bestimmten Neuen (gegenüber einem verharrenden Alten) zu einer Moderne, deren Wesenszug der Wechsel, deren Definition die Ausschaltung aller alten Wertsysteme und die Inthronisierung des Experiments sein wird" (Ross 1993, 10) so wenig allgemein vollzogen, dass inmitten der „Fin-de-Siècle-Kulturkritik" (Deppe 1997, 15) ein „'vorwärtsdrängender Progressismus'" die bürgerliche Szene beherrschte (ebd., vgl. Ross, 1993, 10). Indem die in der damaligen Welt führende sozialdemokratische Arbeiterbewegung ihr theoretisches Organ genau so nannte, setzte sie diese Linie ebenso sehr fort, wie sie gegen ihren bürgerlichen Inhalt antrat.

Inzwischen haben auch die Herrschenden in ihrer gesamten Breite den Reiz des ganz Neuen und sich beständig Erneuernden für sich entdeckt. Das Register des Neuen oder auch Modernen gehört seit den 1980er Jahren geradezu zur Grundausstattung konservativer Politik. Unbestreitbar haben die Umbrüche seit den frühen 1980er Jahren inzwischen eine neue Epoche eingeleitet: Vom Beginn der unter Thatcher und Reagan eingeleiteten gesellschaftspolitischen Wende über die Perestrojka und den Mauerfall sowie der Globalisierung in den 1990er Jahren bis hin zu den neuen Krisen und reformpolitischen Neuansätzen seit der Mitte der 1990er Jahre und zu der Zuspitzung der Konfrontation zwischen globalem Terrorismus und monopolarer Führungsmacht hat sich eine tiefgreifende weltgesellschaftliche Veränderung vollzogen, welche mit den 'passiven Revolutionen' der zweiten Hälfte des 19. Jahrhunderts vergleichbar ist. Zu begreifen, was gerade geschieht, wird im 'ewigen Frühling der Amnesie' völlig unmöglich. Gerade angesichts des Neuen ist die Erinnerung an das von ihm Verdrängte festzuhalten, nur im 'Erinnern und Durcharbeiten' der sich in rascher Folge ablösenden Ereignisse können die in diese schnellen Strömungen hineingezogenen Menschen die Fähigkeit entwikkeln, kritisch zu unterscheiden und bestimmten sich als schädlich erweisenden Entwicklungen auch Grenzen zu setzen.

Das Ergebnis dieser Prozesse ist keineswegs 'das Ende der Geschichte'. Vielmehr stehen wir geradezu vor einer neuen Runde gesellschaftlicher Auseinandersetzungen über die nachhaltige Vertretbarkeit und Haltbarkeit der gegenwärtigen Gesellschafts- und Staatsformen. Angesichts eines sich in Konformismus und Scheininnovationen erschöpfenden Mainstreams sind alternative Analysen und Visionen nötiger denn je. Churchills zynisch-realpolitische Haltung, wer Visionen habe, solle zum Augenarzt gehen und sich aus der Politik heraushalten, ist längst zur paradoxen Ideologie eines perspektivlosen 'Weiter so!' geworden, das alle kritischen und skeptischen Argumente für die These umfunktioniert, die großen Probleme seien weder theoretisch zu erkennen, noch praktisch zu lösen. Allerdings gibt es nach den großen Schiffbrüchen des 20. Jahrhunderts einigen Anlass dazu, von jeder Anmaßung Abschied zu nehmen, jetzt etwa einen neuen Typ von 'unsinkbaren Ozeandampfern'[1] auf Kiel zu legen. Nicht einmal eine auf großer Fahrt umzubauende *Argo* ist noch ein sinnvolles Bauvorhaben. Ehe alle und alles im aussichtslosen Kampf um ein 'Floß der Medusa' untergehen, gilt es, eine Reihe von soliden Flößen zu bauen und miteinander zu verbinden, deren Balken in der Tat auch 'auf großer Fahrt' ausgewechselt werden können und deren Konfiguration künftigen wechselnden Bedürfnissen angepasst werden kann. Auch wenn es einmal wieder, um im Bilde zu bleiben, um den Bau von Häfen oder Werften gehen wird, werden sich diese Bauelemente nützlich weiter verwenden lassen. In diesem Sinne geht es hier relativ bescheiden um 'radikale Philosophie' und nicht unmittelbar um eine alternative Gesellschaftstheorie und Politik.

Mit dem Traum des unmittelbaren Einstiegs der Menschheit in eine definitiv fortgeschrittene Gegenwart der eingelösten Ideale der Moderne, und sei dies auch in der Form einer 'Epoche der Revolution', ist auch die Vorstellung an ihr Ende gekommen, das Erbe von Aufklärungs- und Befreiungskämpfen der Menschheitsgeschichte in Gestalt einer umfassenden, positiven Gesellschafts- oder Geschichtstheorie einbringen zu können. Die Kräfte von Aufklärung und Befreiung sind wieder darauf angewiesen, ihre Kritik und ihre Visionen im Medium philosophischer Debatten um grundlegende Orientierungen zur Geltung zu bringen.

Der Moment der 'Postmoderne' ist allerdings dennoch vorbei. Es hat sich herausgestellt, dass vor allem die 'großen Erzählungen' von Befreiung und Aufklärung, und damit eine stabile Orientierung an den Kämpfen der Beherrschten ernsthaft erschüttert worden sind. Das gilt nicht in vergleichbarer Weise für die der Herrschenden, die immer noch unabsehbar viele Menschen für 'Vaterland' und 'Zivilisation', für 'Ordnung' und 'Imperium' mobilisieren können – inzwischen durchaus im Wortsinne, als Mobilisierung für einen undefinierten, aber erklärten Krieg, in dem das Imaginäre unserer Gesellschaften tiefgreifend umgebaut wird. Die 'Ränder' unserer Gesellschaften werden wieder ungehemmt diszipliniert; ihre Widerständigkeit weicht der Übermacht neuer Zentren.

Radikale Philosophie kann und muss sich der „Arbeit am neuen Weltbild" verweigern, zu der Intellektuelle offenbar hier und jetzt dienstverpflichtet werden sollen (vgl. Ross 2001) – seit dem zweiten 11.9., dem des Jahres 2001, welchem der von 1973 vorausgegangen war, mit dem die neoliberale Offensive angefangen hatte, praktisch zu werden. *Selber denken* als einer von Vielen kann und darf nicht einmünden in eine neue Illusion, alleine das Ganze endgültig bestimmen zu können - und derartige Imaginationen dann nur noch 'popularisieren' oder gar 'didaktisch vermitteln' zu wollen. Der öffentliche Gebrauch kritischen Denkens löst sich in radikaler Philosophie nicht aus dem Debattenzusammenhang der Vielen heraus, der sowohl seine beständige und uneinholbare Voraussetzung als auch seinen immer wieder von neuem anzusprechenden Adressatenraum bildet.

Dieser Text geht spezifisch von der im angelsächsischen Raum existierenden *radical philosophy* aus.[2] Er führt eine eigenständige, gleichsam 'kontinentaleuropäische' Aufnahme ihres Grundimpulses vor und macht dadurch den Vorschlag stark, dieses Feld philosophischer Tätigkeiten in die kritische Debatte deutscher Sprache zu übertragen. Mit dieser Gedankenentwicklung beziehe ich als Autor selber Position innerhalb einer radikalen Philosophie[3].

Es geht hier nicht darum, sich in analytischen Diagnosen einer Gegenwart zu verrennen, die sich jedem Versuch einer vollständigen theoretischen Erfassung unvermeidlich entziehen muss. Vielmehr ist diese Gegenwart immer wieder von Neuem als Gelegenheit zu ergreifen, in Kenntnis ihres inzwischen vergangenen Vorlaufs in die Bestimmung ihrer möglichen Zukunft einzugreifen, indem wir verdeckte oder abgedrängte Möglichkeiten wieder ins Spiel bringen. Dazu gehören die Möglichkeiten eines Denkens, das sich sowohl vom Zwang zur Unmöglichkeit einer immer erneuerten individuellen Originalität befreit, als auch von der Verzweiflung an der Erschütterbarkeit der gegebenen Denkmuster als unhintergehbare Resultate einer übermächtigen Tradition. Ein radikales Denken als einer von Vielen, das am Gedankenmaterial ansetzt, wie es sich anbietet, und es dabei zugleich hinterfragt und neu auf seine intellektuellen Möglichkeiten hin abklopft, aber auch die Querverbindungen zu den Diskursen vieler anderer nutzt, die sich gegenwärtig zu Wort melden, kann einen Beitrag dazu leisten, dass diese Vielen die Bestimmung dieser Zukunft in die eigenen Hände nehmen - dass sie es ernsthaft und aussichtsreich versuchen, sogar dass es ihnen gelingt.

Die Arbeit an diesem Text begann im Sommer 2000 und wurde, nach vielen, unerwarteten Umwegen und Hindernissen im November 2001 abgeschlossen. Inzwischen hatte die in den 1980er Jahren vielfach angekündigte, in den 1990er Jahren immer wieder neu in Angriff genommene Neue Zeit die beunruhigend vertrauten Konturen einer neuen Kriegsordnung angenommen, in denen Politik, Ideologie und Gewalt nicht länger bescheiden hinter den Sachzwängen der globalen Ökonomie zurücktraten. Um so dringlicher wird es, die Tätigkeit radikaler Philosophie zu verbreiten, welche nicht nur latente

Politik manifest machen hilft, sondern auch dabei, in der eigenen intellektuellen Tätigkeit gezielter mit manifester Politik umzugehen.

Wer dazu beitragen will, dass sich wirklich etwas ändert, darf sich nicht an Wittgensteins Schweigegebot[4] halten. Ich bitte überall dort um gedankliche Weiterarbeit, wo es mir nicht gelingt, über das, was ich zumindest zu ahnen glaube, auch ganz klar zu reden.

Berlin-Schöneberg, Ende November 2001

I. Paradoxe Einladung: „… das müssen wir schon selber tun!“[1]

„If we are indeed entering a new period where civil society is again experienced as the most significant, then we need to think about how to mobilize and how to act as women. We cannot just assume that new forms of power will incite their own counterforces, but we can read people's experiences in the context of our objective situation and begin to theorize and to mobilize on this basis. We can re-politicize our theory. Bringing theory and practice back into a dialectical rapport and inciting an efficacious politics in the real world will be no easy task, but if we want to repair the tear, then this is where we must begin.“

„Wenn es wirklich zutrifft, dass wir am Eingang einer neuen Periode stehen, in der wieder einmal die Zivilgesellschaft als der bedeutendste Bereich erfahren wird, dann müssen wir darüber nachdenken, wie wir als Frauen handeln und mobilisieren können. Wir können nicht einfach unterstellen, dass neue Formen der Macht dann auch schon die eigenen Gegenkräfte herauslocken werden, aber wir können damit anfangen die Erfahrungen der Leute im Kontext unserer objektiven Lage zu entziffern und auf dieser Grundlage mit der theoretischen Verarbeitung und der Mobilisierung beginnen. Wir können unsere Theorie wieder politisieren. Es wird keine leichte Aufgabe sein, Theorie und Praxis wieder in ein dialektisches Verhältnis zueinander zu bringen und dazu aufzustacheln, in der wirklichen Welt wieder eine wirksame Politik zu praktizieren, aber wenn wir den eingetretenen Schaden überhaupt wieder gut machen wollen, dann müssen wir genau damit beginnen.“ (Diana Coole 1997, 24)

Die Ziele, an denen radikale Philosophie den eigenen Erfolg bemisst, liegen letztlich außerhalb des philosophischen Feldes, auf dem sie selbst agiert: Sie ist weder selbst schon die befreiende politische Praxis oder die befreite künstlerische Darstellung, denen sie intellektuelle Hindernisse aus dem Weg räumt, noch kann sie selber die Aufklärung vollenden, die sie allein von rücksichtslosen wissenschaftlichen Untersuchungen aller aufgeworfenen Fragen erwartet. Als Philosophie kann sie nur Verfahrensweisen vorführen und exemplarische Zwischenergebnisse als 'Platzhalter' vorweisen, an denen ein radikales Selberdenken und Selber-Tun in Politik, Kunst und Wissenschaft unterstützt und verstärkt werden kann.

Wie jenes bekannte politische Volkslied des 19. und 20. Jahrhunderts, die „Internationale“, es überraschenderweise bereits ausdrücklich formuliert hat, ist Befreiung im Kern nicht die Herstellung eines von den Befreiten ablösbaren Zustandes, sondern ein Modus ihres Selber-Tuns. Deswegen kann sie auch nicht an wohlmeinende Mächte delegiert werden, welche den Individuen die Sorge darum abnehmen. Sie kann ebenso wenig von Individuen verwirklicht werden, welche sich bloß um die enge Perspektive eigener Interessen kümmern. Weder Staat noch Partei noch Bewegungsmacht können an Stelle der Individuen deren Befreiung betreiben; aber jeder alleine und für sich können diese eben so wenig für ihre Befreiung sorgen. Michel Foucault hat hierin die Aporie gesehen: 'Omnes et singulatim' ist eine letztlich uneinlösbare Forderung. Alain Badiou (1999, 29) knüpft hieran das Postulat der Zuspitzung „der einzigen politischen Orientierung, die es wert ist, der Philosophie unter der Idee der Gerechtigkeit vorgelegt zu werden, deren einziges Axiom ist, dass die Menschen denken, dass die Menschen fähig zur Wahrheit sind."

Was ist das für eine Philosophie, die sich an die Vielen richtet? Was erwartet sie von ihnen? Was mutet sie ihnen zu? Und was hat sie damit zu tun, wer wir sind und was wir werden? Und wieso steht dies alles 'unter der Idee der Gerechtigkeit'?

Eine widersprechende Antwort auf die seit Rawls weltweit (vgl. Müller-Plantenberg 2001) wieder ins Zentrum philosophischer Debatten gerückte Frage nach der 'Gerechtigkeit' kann eine erste Besonderheit radikaler Philosophie hervortreten lassen: Auf ihre kritische Rückfrage, warum seit Platon, auf den sich auch Badiou explizit bezieht, diese Frage als Frage nach der Gerechtigkeit gestellt wird, d.h. als eine spezifisch 'philosophisch' formulierte Frage, wird sofort deutlich, dass ihr sinnstiftender Kontext in der Problematik der Herrschaft liegt, mit der sich jedes Selberdenken jedenfalls im politischen Raum des Umgangs mit anderen und unter den Vielen auseinandersetzen muss. Und dass die wichtigste Pointe der Formulierung der Frage der Herrschaft als Frage nach der Gerechtigkeit darin liegt, das Problem der Herrschaftsüberwindung (wie es Platons Zeitgenosse Diogenes von Sinope immerhin auf eine durch die damaligen historischen Möglichkeiten von Befreiung beschränkte, d.h. auf eine nur in marginaler Position mögliche Weise gestellt zu haben scheint (vgl. Niehues-Pröbsting 1979 u. Navia 1998)) unsichtbar zu machen und durch das Problem der Legitimierung von Herrschaft zu ersetzen, zunächst in der Gestalt der Neubegründung einer legitimen Herrschaft. Dieser Verschiebung kann radikale Philosophie nicht folgen. Daraus folgt allerdings nicht, dass für sie das Gerechtigkeitskonzept keine Bedeutung hätte. Allerdings verwandelt es sich in ihren Händen: Aus einer allgemein philosophischen Zielbestimmung, welche das Ziel der Herrschaftsüberwindung vergessen machen soll, macht radikale Philosophie ein analytisches Werkzeug, das in jeder Situation gegenwärtiges Handeln im Hinblick auf seine Bedeutung für die Befreiung von Menschen aus Unmündigkeit und Herrschaft beurteilt. Da es dabei um Verhältnisse zwischen sich befreienden Subjekten und keine 'rein sachlichen' Beziehungen geht, kann dieses In-Beziehung-Setzen keine instrumentalistische Form annehmen: Das Ziel rechtfertigt nicht die Mittel und die Mittel (technische und organisatorische Erfindungen) treten auch nicht an die Stelle des Ziels. Auch wenn es immer schwierig ist, eine derartige Zukunftsbedeutung zu beurteilen, bedarf eine derartige politische Beurteilung unter der Kategorie der Gerechtigkeit immer der weitestmöglichen Durchdringung des 'Schleiers der Unwissenheit', welchen Rawls zur Bedingung eines fairen moralischen Urteils erklärt hat[2]. Sie kann auch nur ausnahmsweise, etwa unter extremen Bedingungen von Exil und Untergrund, im Stillen und alleine vorgenommen werden, sondern sie braucht die öffentliche Debatte, den öffentlichen Gebrauch der Vernunft. Für radikale Philosophie ist es dabei von grundlegender Bedeutung, dass alle, 'wie sie gehen und stehen', ganz real das Wort ergreifen können, ohne Vorbedingungen und ohne Filter.[3]

Radikale Philosophie spricht eine Einladung aus. Sie kann und darf nicht behaupten, etwas zu formulieren, was die Eingeladenen 'eigentlich' oder 'objektiv' immer schon gewollt oder angestrebt haben. Ohne deren Entschlossenheit, frei sein und sich 'nichts vormachen' zu wollen, finden ihre Argumentationen und Untersuchungen keine tragfähige Grundlage.

Radikale Philosophie kann auch nicht den Gedanken vertreten, dass das „richtige Leben" eine Frage der Erkenntnis sei, die mensch bloß gewinnen müsse, um sich ein für alle Mal der Sorge darum entledigen zu können, wie 'richtig' zu leben sei.

Radikale Philosophie stellt also eine Einladung dar, die auch ausgeschlagen werden kann. Aber sie lädt zu etwas ein, womit viele schon längst begonnen haben. Ohne zu verkennen, dass es strukturelle Zwänge gibt, die immer wieder verhindern, dass Menschen erkennen, dass sie beherrscht werden, oder die dazu führen, dass sich Menschen sogar formell 'freiwillig' einer Herrschaft unterwerfen, setzt sie in ihrem Argumentieren daran an, dass immer auch gilt: Wer in seinem inneren ernsthaften Willen Herrschaft ablehnt, der ist auf der Suche nach Konzepten und Denkinstrumenten, um die Spannungen und Haarrisse aufzuspüren, welche die 'tönernen Füße' bilden, auf denen alle Herrschaft von Menschen über Menschen steht. Hier kann radikale Philosophie helfen, Befreiung zu denken und Wissen als dafür nützlich anzueignen.

Angesichts der millennaren Dominanz der Herrschaftsaffirmation in der Philosophie stellt sich radikale Philosophie der Aufgabe, aus dem Gedankenmaterial der philosophischen Tradition, ihrer heroisch-zynischen Erneuerer im 19. und 20. Jahrhundert und deren heutigen VertreterInnen gerade diejenigen Motive und Argumente wieder wirksam zu machen, die innerhalb der philosophischen Tätigkeit eine Praxis der Befreiung und Aufklärung unterstützen.

Radikale Philosophie kann kein unbedingtes (vor aller Prüfung von Argumenten liegendes) Sich-Einlassen auf ihre Argumentationen und kein voraussetzungsloses Nachvollziehen ihres Diskurses verlangen. Radikale Philosophie fordert also keine intellektuelle Unterwerfung unter eine 'höhere' philosophische Macht. Sie will und muss die eigene Zustimmung der von ihr Angesprochenen mit rein argumentativen Mitteln erreichen. Dadurch versucht sie, über das Philosophieren als spezifische intellektuelle Tätigkeit hinaus ein Selberdenken aller zu fördern, das vor gelingender Praxis liegt, ohne sie garantieren zu können.

Zugleich steht sie allerdings vor einem Dilemma, das sich daraus ergibt, dass sie *zum einen* allen denjenigen, die mit einem solchen befreienden 'Selber tun' schon angefangen haben, letztlich nichts anderes zu sagen hat, als dass sie damit Recht haben und weiter machen sollten. *Umgekehrt* haben alle diejenigen, die sich in ihrer Subalternität gefallen, erst einmal keinen Grund dafür, sich von radikaler Philosophie überhaupt angesprochen zu fühlen.

Radikale Philosophie kann demgegenüber das kantische Postulat des 'Ausgangs aus selbstverschuldeter Unmündigkeit'[4] jedenfalls so weit erneuern, dass sie den eigenen Anteil der Unterworfenen an den Herrschaftsverhältnissen thematisiert. Dabei ist diese unabweisbare Untersuchung aber aus der moralisierenden Perspektive herauszurücken, die den Unterworfenen die 'Schuld' an ihrer Unterwerfung zuweist. Ein derartiges 'Moralisieren' kann nur als ein indirekter Beitrag zur Herrschaftslegitimierung funktionieren.[5] Vor allem aber zielt radikale Philosophie in ihrer Arbeit darauf ab, innerhalb dieses 'eigenen Anteils' der Beherrschten an der über sie ausgeübten Herrschaft den speziellen Teil zu überwinden, der sich auf strukturierende Vorstellungen über die Verhältnisse und über die eigenen Handlungsziele bezieht. Damit gewinnt sie auch einen gangbaren Ausweg aus der 'Dialektik der Aufklärung', wie sie Horkheimer und Adorno skizziert haben: Radikale Philosophie begreift Aufklärung und Befreiung nicht mehr als eine abschließend lösbare Aufgabe der Selbstsetzung und Selbstbegründung einer Vernunft, die sich als herrschaftsförmig geschlossen und selbstbezüglich denkt, und sich demgemäß in Aristoteles' „unbewegtem Beweger" (vgl. Iliopoulos 2002) wiedererkennen kann, sondern als ein beständiges Anliegen intellektueller Tätigkeit für andere und mit anderen, die in kontingenten Situationen darum kämpfen, illusionäre Vorstellungen und Unwissenheit zu überwinden, und an der Überwindung von spezifischen Herrschaftsverhältnissen arbeiten. Mit diesem Verständnis kann sie die Überprüfung und Sicherung dieser Anliegen im Angesicht der

'Geschichtszeichen' von Auschwitz und Hiroshima als einen Prozess der beständigen wechselseitigen 'Selber-Korrektur' denken, der sich weder in Reflexionsparadoxien verwickelt, noch immer schon dogmatische Entscheidungen getroffen hat, die sich einer Hinterfragung entziehen.

Radikale Philosophie findet sich nicht mit der Hegelschen Auffassung ab, dass mensch sich erst einmal auf die Philosophie einlassen müsse - und dann nur noch immer weiter die Konsequenzen aus dem ziehen, worauf er/sie sich bereits eingelassen hat. Sie produziert, was es nach Hegels Auffassung gar nicht geben kann: Einen rationalen Diskurs, der *vor* dem in sich geschlossenen, sich selbst 'begründenden' Diskurs der Philosophie liegt. Alles, was der philosophischen Reflexion vorausgeht, erscheint Hegel als bloße 'Setzung' - und damit als von Anfang an unvernünftig und illegitim. Einen vergleichbaren Anspruch erhebt radikale Philosophie nicht. Sie muss daher anerkennen, dass jeder Adressat ihrer Diskurse immer wieder auch die Wahl hat, sich nicht auf sie einzulassen. Ganz wie er sich auch der Zirkularität der Hegelschen Dialektik verweigern, seiner 'Aufhebung in die Philosophie hinein' widersprechen kann. Für radikale Philosophie gibt es einen Diskurs im Vorfeld - der allerdings nicht verbindlich, nicht 'beweisend' sein kann. Sondern der in diesem Vorfeld, auf dem sich die Philosophie in ihrem Verhältnis zu Wissenschaft, Kunst und Politik bewegt, die Form einer bewusst nicht-konkludenten, nichtzwingenden, aber dennoch sachhaltigen und triftigen Rede annehmen muss.

Radikale Philosophie hat keine Lehren zu verkünden. Sie lädt zum Mittun bei einer Tätigkeit des Denkens ein, die Viele schon längst begonnen haben.

Kapitel 1: Probleme mit der Philosophie

Für viele ist die Philosophie kein Thema. Wer sich in sie hineinbegibt, verliert den sicheren Boden unter den Füßen, bis er Auffassungen zustimmen muss, denen er sonst keinesfalls zugestimmt hätte. Die Philosophieform von Diskursen scheint zu garantieren, dass Befreiung untubar, Aufklärung undenkbar und schöpferische Kunst unvorstellbar wird. Aber diese Form ermöglicht es offenbar auch, auf Zusammenhänge zu reflektieren, in denen die Reflektierenden selber stehen, die eigene Performativität und Reflexivität ihrer kommunikativen Interaktionen besprechbar zu machen. Ein strategisches Denken, das über punktuelle Widerstände und spontane Rebellionen gegen Herabsetzung und Herrschaft hinausgeht, muss offenbar von der Philosophieform etwas lernen - insbesondere auch ihr beständiges Navigieren zwischen der Illusion, die eigenen Anfänge frei setzen zu können, und der resignativen Vorstellung, immer nur fortsetzen zu können, was andere uns 'eingebrockt' haben.

Ein Selberdenken und Selber-Tun, das auf Befreiung und Aufklärung zielt, kommt unabhängig von der Tätigkeit von Philosophinnen und Philosophen in Gang und kann sich auch ohne sie weit ausbreiten. Viele haben immer schon damit angefangen; selbst in Zeiten, in denen skeptische Vorsicht an die Stelle der Aufbruchstimmung revolutionärer Situationen in den Vordergrund getreten ist. Aber angesichts der faktischen Omnipräsenz medial vermittelter Kommunikationsformen (vgl. Mattelart 1992, Hörisch 2001), die immer auch mit philosophisch elaborierten Inhalten operieren, wächst die Bedeutung der Fähigkeit zum gezielten Hinterfragen und Umfunktionieren der dort propagierten Gedanken und praktizierten Konzepte. Eine gezielte Förderung der Entwicklung dieser Fähigkeit versucht radikale Philosophie zum Gegenstand eines jedem Menschen zugänglichen praktischen Wissens[6] zu machen unternimmt.

Das Wort 'radikale Philosophie'

Im Deutschen klingt die Redewendung 'radikale Philosophie' bisher unvertraut. Immerhin findet sie sich etwa in einer von Gretchen Dutschke, Jürgen Miermeister und Jürgen Treulieb herausgegebenen Sammlung von Rudi Dutschkes Schriften als Überschrift eines Gesprächs mit Herbert Marcuse über die Frankfurter Schule (Dutschke 1983, 158-179) und fast zwanzig Jahre später spricht Tilman Reitz auch in einem Argument-Editorial (No. 137) von 'radikaler Philosophie' als einem verdrängten Erbe der 1920er Jahre, das in einem positiven Sinne zu erneuern wäre. Damit sind jedoch keine ausformulierten Vorstellungen verbunden. Das ist in der breiten angelsächsischen Öffentlichkeit nicht grundsätzlich anders: Etwa die '*Excite Electronic Encyclopedia*' verweist auf die Frage nach 'radical philosophy' auf drei Autoren aus der Mitte des 19. Jahrhunderts - auf den sozialliberalen Reformer John Stuart Mill, auf den Proto-Anarchisten Proudhon und auf den jungen Karl Marx.[7] Innerhalb der jüngeren angelsächsischen[8] akademischen Öffentlichkeit bezeichnet diese Redewendung dagegen inzwischen schon eine etablierte Adresse (s.u., II. 1.).

Hier wird das Wort von der 'radikalen Philosophie' aufgegriffen, um zu signalisieren, dass an diese angelsächsische Form philosophischer Tätigkeit angeknüpft wird. Darüber hinaus soll eine eigenständige Form philosophischer Tätigkeit programmatisch gekennzeichnet werden, welche sich in das Denken der Vielen einschaltet, dem sie selbst angehört. Sie macht einen Vorschlag, wie sowohl die in den faktisch laufenden Debatten verhandelten Probleme ernst genommen als auch wie ihnen 'widersprochen' werden kann (vgl. Jäger 1999), um auch alternative Möglichkeiten ihrer Auffassung (und damit ihrer Lösung) aufzuzeigen und vorzuschlagen.

Selbertun und Selberdenken als immer schon übernommene Aufgaben

Wie kann aber zu einem 'Selber tun' eingeladen werden? Einerseits machen doch alle immer schon, wozu hier eingeladen wird; andererseits erscheint eine Einladung 'von außen' doch als völlig ungeeignet, einen höheren Grad des Selbertuns in Gang zu bringen. Genau hierin liegt eine Grundschwierigkeit radikaler Philosophie, die immer nur näherungsweise, durch immer neue Anläufe, gelöst werden kann.[9]

Radikale Philosophie arbeitet zudem noch an und mit einem besonders problematischen Bereich des 'Selber Tuns', mit dem Selberdenken.[10] Heidegger als einer der zentralen Gegenspieler, an dessen philosophischem 'Gegenfeuer' (vgl. Bourdieu 1998a u. 2000) sich radikale Philosophie immer wieder abarbeiten muss (vgl. Bourdieu 1988, Heinrichs 1999 u. 2000a, sowie Lettow 2000 u. 2001a), hat völlig zu Recht darauf hingewiesen: Es ist keineswegs trivial, wenn wir von 'Denken' sprechen. Insbesondere entspricht es unseren Denkerfahrungen, dass wir nicht einfach beschließen können, etwas Bestimmtes zu denken: Abgesehen von gedanklichen Themen, die sich uns einfach aufdrängen, ganz gleich, ob wir dies wollen, lässt sich auch nicht durch einfache Beschlussfassung bestimmen, was wir zu diesen Themen inhaltlich denken. Unser Denken hat gleichsam vor uns immer schon angefangen und steht auch niemals unter unserer vollständigen Kontrolle. Allerdings postuliert Heidegger, in einem 'Es denkt' - als ob er aus einem lacanianischen Französisch übersetzen würde, in dem das unbestimmte 'Es' in ein sehr bestimmtes 'Ça' transformiert wurde - so etwas wie ein Metasubjekt des Denkens, dem wir als individuelle Subjekte in unserer Denktätigkeit 'entsprechen'. Gegen ein derartiges herrschaftsaffirmatives Zurückgehen in einen zu 'vernehmenden Grund des Denkens' - von dem es dann mit einer sprichwörtlichen Redewendung heißen könnte: 'Hören heißt Gehorchen!' - tritt radikale Philosophie bewusst für ein aktives Selberdenken ein, das sich in seiner Kontingenz anhand des vorgefundenen und verarbeiteten Gedankenmaterials aus Geschichte und Gegenwart kritisch kontrolliert. D.h. sie löst den spätestens von Hegel gestifteten Zusammenhang zwischen einem als göttlich postulierten Sich-Denken des Denkens, wie es den Höhepunkt der aristotelischen Metaphysik als Theologie gebildet hatte (vgl. Oehler 1968/1969, 153ff. u. 1984) und der spontanen Denktätigkeit der individuellen Subjekte in Richtung auf einen Prozess der denkenden Selbstkultivierung im Selberdenken auf Seiten dieser Subjekte auf. Anstatt dem Prozess des Selberdenken und der Selbstkonstitution sein präexistentes *An-sich* zu unterstellen, das 'nur noch' *Für-Sich* werden, d.h. für die denkenden Subjekte zum bewussten Inhalt ihres Denkens werden muss, damit die höchste

Stufe einer freien Selbstkonstitution im *An-und-Für-Sich* erreicht werden kann, in welcher der Philosoph seine Identität mit dem göttlichen Sein vollzieht, diagnostiziert radikale Philosophie eben in diesem Akt der Identifikation den zugrundeliegenden Prozess der Unterwerfung der 'kleinen Subjekte' unter das 'große Subjekt' (vgl. Althusser 1977a u. Pêcheux 1984) und setzt diesem philosophieförmigen 'Vorlaufen' zur angeblich 'höchsten Reflexionsstufe' die Forderung entgegen, das 'spontane' Selberdenken der Vielen zur vielfältigen Kritikfähigkeit an den realen Bedingungen und intellektuellen Voraussetzungen weiter zu entwickeln, unter denen es immer schon im Gange ist, wenn sie sich darauf besinnen, was sie in diesem Denken eigentlich tun.

In dieser Tätigkeit eines kritisch unterstützten Selberdenkens, das mit dem Selberdenken anderer interagiert, stützt sich radikale Philosophie auf die Nutzung philosophischer Techniken und Texte, auf die schriftliche Rekonstruktion der ursprünglichen Mündlichkeit auch philosophischer Diskurse in durchaus verschiedenen Textgattungen, durch die jedenfalls die vergessenen 'Vermittlungen' thematisch gemacht werden können, welche die aus den beständigen 'Gemurmel' der Kommunikation, aus Debatten und Lektüren hervorgehenden 'unmittelbaren Evidenzen' und 'Intuitionen' der beteiligten Menschen analysierbar und diskutierbar machen.

Die selbstgestellte Aufgabe radikaler Philosophie besteht darin, durch die eigene Untersuchungstätigkeit auf dem Feld der Philosophie Stützpunkte und nutzbare Ressourcen für eine Denkarbeit unter den Zielen von Befreiung und Aufklärung auszumachen: Dadurch wird es schließlich auch möglich, sie so aufzubereiten, dass sie von anderen - in letzter Weitervermittlung auch ohne eine philosophische Spezialausbildung - aufgegriffen werden kann. Damit verspricht sie, über das Philosophieren als spezifische intellektuelle Tätigkeit hinaus ein Selberdenken aller in Richtung auf Befreiung und Aufklärung zu fördern.[11]

Es geht radikaler Philosophie um ein Selberdenken der Vielen, das jedenfalls deren eigene Fähigkeiten stärkt, den Verstrickungen und Verwirrungen einer bis in die Tiefen unserer Sprache und Kultur verankerten Herrschaftsaffirmation entgegenzuarbeiten. Und das daraus neue Fähigkeiten gewinnt, gesellschaftliches Handeln zu denken, zu analysieren und zu initiieren.

Radikale Philosophie als ein öffentlicher Vernunftgebrauch, der sowohl seine Voraussetzungen und Grenzen als auch seine spezifischen Inhalte und Instrumente bewusst reflektiert, unterscheidet sich nicht nur von jeder offiziellen und konformistischen Simulation eigenen Denkens. Sie tritt zugleich von vorneherein in Gegensatz zu dem Modell eines privaten 'do-it-yourself' im Denken. Ein solches isoliertes und 'müheloses' Selberdenken ist seit Dietzgen und Bölsche in der Philosophie immer wieder propagiert worden. Es hat aber, mangels einer kritischen Selbstkontrolle dieser Denkarbeit letztlich immer wieder nur ideologische Formen produziert, in denen die Individuen an der eigenen Unterwerfung unter die bestehenden ideologischen Mächte selber aktiv mitarbeiteten.[12]

Ein radikales Philosophieren im Dienste des Selberdenkens Vieler bedarf dagegen nicht nur einer adäquaten Vorstellung über die Anforderungen erfolgreicher wissenschaftlicher Forschung und einer gelingenden politischen Praxis. Es bedarf durchaus auch der 'philosophischen Fachkompetenz' und damit der intellektuellen Spezialisierung und der institutionalisierten disziplinären Selbstkontrolle. Nur stellt es sich in dieser Arbeit auf dem Felde des institutionalisierten akademischen Fachs 'Philosophie' strategisch *gegen* die vorherrschende Linie der philosophischen Tradition seit Platon und Aristoteles.

Radikale Philosophie hat begriffen, dass einem herrschaftskritischen Denken nicht daran liegen kann, das Feld der Philosophie einfach zu verlassen. Vielmehr arbeitet sie gerade daran, auf diesem Feld ihren Platz zu beanspruchen, um dessen dominanten herrschaftsaffirmativen Momenten durch eine entsprechende Herrschaftskritik begegnen zu können. Es geht ihr darum, die unter dieser Traditionslinie subaltern gebliebenen Momente (wieder) frei zu legen, die immer schon darüber hinaus gewiesen, die in ihrer herrschaftskritischen Tendenz unter der Herrschaft dieser Dominante 'unabgegolten' (Ernst Bloch) geblieben ist. Radikale Philosophie arbeitet speziell auf dem Feld der akademischen Philosophie daran, die Kraft dieser subalternen, überwältigten Momente gegenüber den dominanten Haltungen zu stärken. Insofern kann 'radikale Philosophie' einer alten Devise der griechischen Sophisten einen neuen Inhalt geben: Es geht darum, 'das schwächere Argument stärker zu machen'. Gerade angesichts übermächtiger Elaborations- und Propagierungsapparate, in denen ein herrschaftsaffirmatives (oder zumindest herrschaftskritische Impulse neutralisierendes) Denken produziert und verbreitet wird, kann der Grad an professioneller Elaboration, den eine Argumentation aufweist, nicht länger als Indikator ihrer vernünftigen Überzeugungskraft dienen. Der Elaborationsgrad eines Arguments kann gegenwärtig nicht einmal mehr als Kriterium seiner schlichten wissenschaftlichen Triftigkeit dienen.[13] Ein derartiges Kriterium - einen solchen 'Probierstein der Weisen'[14] - gibt es nicht.[15] Es kann so ein äußerliches Kriterium nicht geben, das ein rationales Urteil ohne ein näheres Sich-Einlassen auf die verhandelten Sachen oder ohne zumindest ein empathisches 'Eintauchen' in die Erlebnis- und Interessenperspektive der Beteiligten und Betroffenen möglich machen würde - so wenig wie wir einen 'Spezialisten für alles' finden oder eine 'konkrete BürgerInnenbewegung für allgemeine Politik' initiieren könnten.

'Alle Menschen philosophieren'

Es geht der hier vertretenen Konzeption einer radikalen Philosophie gerade darum, gründlich und in allen ihren Konsequenzen diese These Gramscis, alle Menschen seien Philosophinnen und Philosophen, in eine entsprechende philosophische Strategie umzusetzen. Und zwar ohne dabei einem herrschenden *common sense* des Spießertums[16] zu erliegen, der gar nicht erst dazu kommt, irgendeinen kritischen Gedanken zu fassen, weil er immer schon alles für 'selbstverständlich' und für nicht 'fraglich' hält.

Die hier vertretene radikale Philosophie erliegt aber ebenfalls nicht der 'Verführung' durch den nur scheinbar ähnlichen Gedanken Kants[17], der Mensch sei ein 'animal metaphysicum'. Denn damit transportiert Kant seine Überzeugung, jedes Denken auf der Suche nach Orientierungen, jedes wirkliche Fragen, das ja immer darauf hin angelegt ist, zureichende Antworten zu finden, müsse die Gestalt der schon längst formulierten Probleme und Doktrinen der Traditionslinie der metaphysischen Philosophie annehmen. Damit redet Kant mit seinem Plädoyer für die Metaphysik unbestreitbar auch einer herrschaftsaffirmativen Philosophieform das Wort.

Wenn wir uns auf Gramscis These, dass alle Menschen Philosophen sind, beziehen, legen wir deshalb Wert auf die Feststellung, dass nicht jede Philosophie herrschaftsaffirmativ sein muss, mit anderen Worten, dass die dominante 'Philosophieform' nicht a priori unveränderlich ist, sondern im Gegenteil unvermeidlich auch die Mittel zu ihrer eigenen Subversion an die Hand gibt. Erst ein Denken, das auf dem Felde der Philosophie selbst die herrschaftsaffirmative Philosophieform durchbricht, kann Gramscis These ihren vollen Sinn geben.[18]

Allerdings steht die Arbeit daran, diese Gramsci-These selbst noch von ihren metaphysischen Eierschalen aus der Croce-Tradition zu befreien, gegenwärtig erst am Anfang.[19] Zugleich hat die babylonische Sprachverwirrung innerhalb der Linken des 20. Jahrhunderts gerade in diesem Bereich weder eine klare Abgrenzung von der 'herrschenden Philosophie' als Diskurs 'legitimer Herrschaft'[20] noch von den gescheiterten Unternehmen einer Popularphilosophie als 'natürlicher Religion' befördert. Nicht weniger als diese doppelte Kritik wird 'radikale Philosophie' in Angriff nehmen müssen.

Denken im Übergang: Bündnisfragen

Radikale Philosophie macht keine Vorschläge, die sich nicht auf die wirkliche Situation und ihre Dynamik beziehen. Im Unterschied zu den vielen Anläufen zur Begründung einer 'Philosophie der Zukunft' (Feuerbach) bzw. einer 'Philosophie als strenge Wissenschaft' (Husserl) steht in ihrem Zentrum nicht der

Gedanke, durch neue 'Demarkationslinien' das 'kulturelle Kapital' (Bourdieu) aller älteren philosophischen Traditionslinien und aller konkurrierenden zeitgenössischen Philosophien zu entwerten. Sie will sie durchaus alle 'im Spiel halten' - allerdings dabei kritisch herausarbeiten, was die spezifischen philosophischen Effekte sind, die sich aus diesen Spielformen ergeben. Aufgrund ihrer konsequenten Orientierung auf Herrschaftsüberwindung und Herrschaftskritik steht radikale Philosophie dabei nicht in Gefahr, sich in der Vielfalt der philosophischen 'Sprachspiele' zu verlieren, in denen es in immer wieder anderen Formen um Herrschaftsaffirmation geht. Radikale Philosophie aktualisiert das in der Geschichte der Philosophie marginal gebliebene Motiv der Herrschaftskritik im Rückgriff auf subaltern gebliebene, nur verstreut überlieferte Denkmuster. Zugleich spürt sie in der zeitgenössischen Philosophie allen Ansätzen nach, in denen der Anspruch auf Befreiung und Aufklärung Gestalt anzunehmen beginnt. M.a.W. konstituiert sich radikale Philosophie in doppelter Weise als ein Denken im Übergang - aus der gegebenen Situation in einen über sie hinausweisenden Zielhorizont - indem sie im überlieferten ebenso wie im zeitgenössischen Gedankenmaterial die Motive eines herrschaftskritischen Denkens für ihre eigene Tätigkeit erschließt - und sie damit zugleich für andere nachvollziehbar und verlässlich für eigenes Denken nutzbar macht.

Klaus Heinrich hat unter der biblisch inspirierten Kategorie des 'Bündnisses' (von Menschen und Gott) einen Umweg vollzogen, der diese von der 'mechanischen' Linie des Marxismus wegerklärten und in der anarchistischen Tradition in naiver Unmittelbarkeit übersprungenen Frage nach einem Denken im Übergang und einem Übergang im Denken diskursiv bearbeitbar macht. Dieser Gedanke des 'Bündnisses' bringt einen außerhalb des Feldes der Philosophie zu suchenden Bezugspunkt ins Spiel, der es erst möglich macht, mit der „Enge und Bedingtheit der Philosophie" genau das zu überwinden, was wir als den 'Skandal der Philosophie' analysiert haben: Heinrich verweist auf die konfliktuelle „europäische Geschichte der Philosophie und Religion" (Heinrich 2000, 16), in der „sich die Philosophie als etwas verstanden (hat), was von der Kritik der Religion lebt: sich an Stelle der Religion setzt, vom Zwang der Religion befreit; und umgekehrt hat die Religion sich unbeschadet der Frage nach ihrer apologetischen Funktion, also zumindest in ihren Nachhall und Anhängerschaft findenden Vertretern immer wieder als etwas dargestellt, was die Enge und Bedingtheit der Philosophie bricht: eigentlich erst Freiheit verspricht, eigentlich erst den zureichenden Grund nennt, den die Philosophie nicht zu bestimmen vermag." (ebd., 17).

Heinrichs 'Religionsphilosophie' repräsentiert eine ganze Familie von BündnispartnerInnen radikaler Philosophie, die sich auf religiöse Denkformen stützen, um der Herrschaftsaffirmation der dominanten Traditionslinie der

Philosophie zu begegnen - als 'Theologien der Befreiung', die auf dem Felde bestehender Religionen als herrschaftskritische intellektuelle Instanzen den herrschaftsaffirmativen Theologien den Boden streitig machen.

Allerdings gibt Heinrich ebenso wie die Befreiungstheologen mit dieser Wendung zugleich den Gedanken der Selbstbestimmung aufgrund des Selberdenkens auf, indem der für die Kritik der Herrschaftsaffirmation genutzte äußere Bezugspunkt als dauerhaft religiös begründet gegenüber dem eigenen Denken und Tun der Menschheit verselbstständigt bleibt. Der weiterführende Gedanke, dass auch ein derartiger 'Platzhalter' selbst noch als von Menschen zu reproduzieren zu denken ist, der in gelungenen Übergängen von religiöser Gebundenheit zu aufgeklärter Orientierung aus bloß menschlicher Vernunft letztlich wieder verschwindet, wird in diesen Ansätzen gescheut.

Radikale Philosophie begreift sich als ein kritisches Denken des Übergangs, mit seinen 'Platzhaltern' als letztlich wieder verschwindenden Bezugspunkten wissenschaftlicher Forschung und politischer oder künstlerischer Praxis. Damit trennt sie sich wieder von ihren religiösen BündnispartnerInnen, aber auch von allen 'Fetischismen' in Wissenschaft, Kunst und Politik, welche die Macht ihrer jeweiligen 'Übergangsobjekte' so intensiv erfahren, dass sie bei sich und anderen kein über sie hinausgehendes, sie hinterfragendes Denken mehr zulassen können. Andererseits muss radikale Philosophie daran arbeiten, 'der traditionellen Philosophie' den Zahn der fantastischen Vorstellung zu ziehen, jemals zum 'autor sui' werden, sich 'auf ihrer eigenen Grundlage reproduzieren' zu können, u.d.h. die Problematik des Übergangs von vorgefundener Situation mit ihren Dunkelheiten und Trägheitsmomenten zu einer Praxis im Horizont von Befreiung und Aufklärung jemals wirklich hinter sich lassen zu können. Dieser Vorstellung[21] muss radikale Philosophie widerstreiten, um die materiellen Wurzeln menschlichen Lebens in Ökologie, Geschlechterverhältnissen, Klassenverhältnissen und politisch begründeten Herrschaftsverhältnissen innerhalb des Denkens auch dort wenigstens indirekt in Erinnerung zu bringen, wo sie nicht als solche wissenschaftlich erforscht, poetisch dargestellt oder praktisch in das eigene Handeln einbezogen werden. Und zwar ohne dass menschliches Denken wiederum in ihnen 'fetischistisch' seine Fähigkeit zu Hinterfragung und Neuansatz verliert bzw. vergisst.

Heinrich kann sich zwar auf die berechtigte Warnung stützen, dass wir nicht der Illusion erliegen sollten, jemals beim 'Ding an sich' eines 'reinen' und 'selbstdurchsichtigen' Diskurses über die Wirklichkeit als solche anzukommen. Aber damit ist die Aufgabe einer kritischen Auseinandersetzung mit religiösen Haltungen unter der Fragestellung, ob sie nicht doch immer ein Moment der Delegation an eine 'höhere Instanz', ein 'großes Subjekt' enthalten, keineswegs erledigt. Allerdings verändert sich im Blick radikaler Philosophie das Verhältnis von Aufklärung und religiöser Gebundenheit als historische Realitäten: Anstatt auf einen Automatismus zu setzen, durch den menschlicher Erkenntnisfortschritt irgendwann die religiöse Rückgebundenheit individueller Subjekte gleichsam miterledigt, müssen wir die „gezwungene Wahl", die jeder religiösen Eingebundenheit zugrunde liegt, als eine eigenständige Realität erkennen[22]. Das sollte uns aber dennoch nicht zu einer Anthropologisierung von Religiosität veranlassen, welche grundlos eine Lebensorientierung aus 'bloßer Vernunft' ausschließen würde. Ebenso wenig rechtfertigt sich daraus eine inzwischen verbreitete Haltung, die 'gezwungenen Wahlen' des individuellen Begehrens, die 'Neurosen' und 'Perversionen' des psychosexuellen Alltagslebens, mit einem der traditionellen Religiosität vergleichbaren Absolutheitsstatus auszustatten. 'So bin ich eben' ist zwar ein ernst zu nehmender Hinweis, aber keineswegs ein Argument, das die Debatte abschließt - sollte ich nicht vielleicht doch 'anders' oder sogar 'ein anderer'/'eine andere' werden?

Diese Frage lässt sich nicht aus dem Diskurshorizont verbannen.

Die Kritik an einem Übergangsdenken, das die Offenheit aller Übergänge nicht konsequent mitdenkt, lässt sich noch einmal an Heinrichs Modell der 'Religionsphilosophie' verdeutlichen: Heinrich reflektiert nicht konsequent zu Ende, welchen Stellenwert sein eigener Diskurs als 'Religionsphilosophie' haben kann: Dieser Diskurs kann selbst nur funktionieren, indem er die Ressourcen rationalen Argumentierens in Spiel bringt, in dem er an die immer wieder neu aktualisierbare Erfahrung eines jeden Menschen appelliert, in ein laufendes Gespräch einzutreten bzw. einen neuen Diskursstrang zu beginnen. Diese Erfahrung liegt selbst vor jeder religiösen (oder 'kulturellen' bzw. 'lebensweltlichen') Einbindung dieser strukturell, 'logisch' ergebnisoffenen und letztlich unabschließbaren menschlichen Kommunikationspraktiken.[23]

Damit kann sich radikale Philosophie selbst als eine Haltung begreifen, die zwar weiß, dass es auch andere Haltungen gibt, die nicht als gleichwertig behandelt werden können und manche, die nicht einmal toleriert werden dürfen[24] - die aber auch weiß, dass die von ihr selbst vertretenen Positionen nicht auf einem höheren Wissen beruhen, das seine TrägerInnen zu einer legitimen Herrschaft berufen könnte. Auch ohne sich selbst klein zu machen, ist sie sich daher der Notwendigkeit bewusst, für ihre eigenen Positionen immer wieder neu zu werben.[25]

Eine solche Haltung vertritt eine radikale Philosophie auf dem Felde der elaborierten intellektuellen Grundsatzdebatte, das in der bisherigen Geschichte immer wieder von dem beherrscht worden ist, was Heinrich schlechterdings als 'Philosophie' bezeichnet. Sie verankert sich in diesem Feld, anstatt es aufzugeben, indem sie an das subaltern gebliebene Motiv der Selbstbestimmung durch Selberdenken anknüpft, das sie sowohl in historischen Modellen philosophischer Tätigkeit als auch in gegenwärtigen philosophischen Ansätzen herausarbeitet und dessen philosophische Wirksamkeit durch Explikation und Verknüpfung stärkt. Es geht in ihr darum, Raum für diejenigen Tätigkeitsmuster von Philosophinnen und Philosophen zu schaffen, die sich radikal in den Dienst einer intellektuellen Praxis der Herrschaftsüberwindung stellten, anstatt in immer wieder neuen Gestalten die existierende Herrschaft oder Herrschaft überhaupt direkt zu legitimieren - oder zumindest indirekt, durch die Fetischisierung der eigenen Unterwerfung bzw. passiven Handlungsunfähigkeit - zu ihrer Festigung beizutragen.

Kapitel 2: Traditionelle und radikale Philosophie

Radikale Philosophie stellt sich der Frage, was es denn angesichts der unerhörten weltweiten Polarisierung von Macht[26], wie sie sich seit dem Ende der 1970er Jahre vollzogen hat, überhaupt noch bedeuten kann, dass 'alle Menschen Philosophinnen und Philosophen sind'. Dies gilt um so mehr, als die herrschende Philosophieform die 'Omnihistorizität' von Herrschaft als unüberwindlich supponiert und mit anscheinender Zwangsläufigkeit auf eine Begründung legitimer Herrschaft von Menschen über Menschen hinausläuft.[27] Dass sie mit diesen Positionen wieder Anklang zu finden scheint, wird nicht allein am Aufstieg der herrschaftsaffirmativen Neuen Rechten deutlich, deren jüngster Schub in Österreich nicht als austrofaschistische Provinzaffäre abzutun ist (vgl. Charim/Rabinovici 2000).[28] Viel beunruhigender ist die Selbstverständlichkeit, mit der inzwischen eine Position der zynischen Herrschaftsaffirmation[29] innerhalb des Mainstreams der Öffentlichkeit vertreten werden kann (vgl. Fisher 1999). Als angemessene Antwort auf die damit erneut gestellte Frage nach der Bedeutung des 'Jedermenschprinzips' in der Philosophie soll eine andere Praxis von Philosophie, eine *andere Philosophie*, entwickelt werden, die mit dieser herrschaftsaffirmativen Philosophieform bricht.

Das setzt zunächst voraus, sich den Skandal der traditionellen Philosophie in aller Konsequenz vor Augen zu führen.

Der Skandal der Philosophie

Radikale Philosophie sieht den Skandal der Philosophie nicht in einer fehlenden Begründung des Geltungsanspruchs (Kant) oder darin, dass deren stolze Neubauten immer wieder einstürzen (Quine), sondern in einer praktischen Verkehrung: Dieser heute noch anhaltende, alte Skandal liegt eben darin, dass die unterschiedlichsten philosophischen Linien einerseits das Selberdenken propagierten und es auch innerhalb der Philosophieform propagieren mussten[30], sie andererseits aber gerade dieses Selberdenken zum Instrument einer Selbstunterwerfung umfunktioniert haben. Das gilt für die von Parmenides und Platon initiierten Linien der Philosophie, die seit der Spätantike das Feld der Philosophie - nicht nur, wenn auch vor allem ihrer 'metaphysischen' Tradition - weitgehend bestimmt haben, aber auch immer wieder für die 'Subjektmetaphysik der Neuzeit', die in den von Descartes und Hume initiierten Linien der bürgerlichen Philosophie nicht weniger auf eine Unterwerfung unter gegebene Herrschaftsverhältnisse hinauslief. Beide Linien - in politischen Begriffen immer noch als 'konservative' und 'liberale' deutlich bestimmbar - stützen sich auf das Selberdenken der wachsenden Zahl der von ihren Diskursen Angesprochenen. Denn ihre eigene Tätigkeit beruht, gerade aufgrund einer gründlichen Reflexion der Voraussetzungen des sich gleichzeitig entfaltenden wissenschaftlichen Denkens, wie keine andere intellektuelle Tätigkeit gerade darauf, dass diejenigen, die sie betreiben, ihr Denken und Urteilen selber vollziehen. Während man für wissenschaftliches Denken außerhalb seines eigenen Vollzugs immer schon vorgefundene Kriterien der Kohärenz und Kompatibilität, empirische Befunde, historische Berichte und axiomatische Voraussetzungen mit einbeziehen muss. Allerdings haben diese 'platonisierenden' Linien der Philosophie schon längst alle von Menschen entdeckten und erfundenen Instrumente zum Hinterfragen und zur Kritik von Autorität und Herrschaft ihrerseits umfunktioniert und an sich gezogen: Mit eben diesen Techniken philosophischer Argumentation wird immer wieder die Herrschaft von Menschen über Menschen grundsätzlich gerechtfertigt und sogar zu festigen versucht. Dies gewinnt um so mehr an Brisanz, wie diese Unmündigkeit längst als eine aktiv zu betreibende 'Selbstproduktion' (als subalterne Mitträger der Herrschaft über einen selbst) angelegt und institutionell verankert ist und sich die ideologischen Apparate der Moderne mit einer bloß passiven Unterwerfung keineswegs begnügen, sondern gerade mit der Ausdehnung demokratischer Politikformen auf eine aktive Beteiligung der Subjekte als Unterworfene hinarbeiten.

Die von dieser Art der Philosophie angesprochenen Menschen müssen also, wenn sie auf diese Philosophie hören, nicht nur faktisch gehorchen, weil sie einer strukturellen Übermacht gegenüberstehen, sondern sie sollen dies auch noch 'vernünftigerweise', aus 'guten Gründen' tun. Damit wird 'Vernünftigkeit' und 'Rationalität' zu einem elliptischen Kürzel für eine Haltung der herrschaftskonformen Selbstanpassung: Wer der so legitimierten Herrschaft nicht gehorcht, tut und hat Unrecht.

Diese skandalöse Haltung der dominanten Linie der Philosophie hat eine nicht gerne zur Kenntnis genommene Konsequenz, die erst Thomas Hobbes klar ausgesprochen hat: Auch Argumente zählen dem gemäß letztlich immer nur nach der von dieser Herrschaft bestimmten Regeln[31]. Die staatliche '*auctoritas*', die den Willen zur Unterwerfung nötigt, macht das Gesetz, die vernünftige Einsicht in die eventuelle '*veritas*' kann allenfalls noch nachträglich die Notwendigkeit dieser Unterwerfung begründen. Gegen die wirklich Herrschenden gibt es daher auf dieser Grundlage letztlich keine 'vernünftige' Berufungsinstanz mehr.[32] Sie sind damit grundsätzlich der Kritik entzogen.

Damit hat die dominante Traditionslinie der Philosophie aus dem konsequent vorangetriebenen Selberdenken, welches sie als Philosophie vollzieht, ein Instrument der prinzipiellen Selbstunterwerfung von Menschen unter Herrschaft, zu deren grundsätzlichen 'Legitimierung' verfestigt. Darüber hinaus hat sie sich immer wieder, mit geradezu beängstigender Verbissenheit, in allen konkreten Situationen, in denen ein Mehr an Befreiung und Aufklärung greifbar und erkämpfbar wurde, aktiv daran beteiligt, zu 'beweisen', dass diese Kämpfe illegitim und im schlechten Sinne 'utopisch', also nicht nur ein quixotischer Kampf gegen Windmühlenflügel, sondern von Grund auf schädlich, vielleicht sogar 'böse' seien.[33]

Als oberste politische Zielsetzung radikaler Philosophie wird hier für die Tätigkeit der Philosophinnen und Philosophen die Konzeption einer radikalen Herrschaftsüberwindung in Anspruch genommen. Diese Konzeption bleibt nicht dabei stehen, bekannte und in ihren Strukturen wissenschaftlich erkannte Herrschaftsformen unter dem Gesichtspunkt ihrer Überwindung zu kritisieren. Eine politische Haltung, die zwischen Herrschaft und Macht unterscheidet und etwa auch nicht jede Art von 'Versachlichung' schon für herrschaftsförmig hält[34] - lässt sich m.E. nicht auf ein rousseauistisches „Mediatisierungsverbot" (Lange 1978, 33ff.) oder ein anarchistisches „Modell unmittelbarer Gesellschaftlichkeit" (Lange 1978, 25f.) reduzieren. Durch eine solche Reduktion ginge gerade der operative Kern dieses Arguments verloren, die Übersetzung der Kantschen Zweckformel in eine radikale und umfassende Herrschaftskritik.

Eben weil andere Personen nicht für die eigenen Zwecke instrumentalisiert werden dürfen und insofern immer in ihren eigenen Zwecken wahrgenommen werden müssen, sind zwar Einfluss und Macht unter Personen möglich und auch unvermeidlich, aber sie dürfen sich nicht zu einer dauerhaften Herrschaft verselbstständigen, die den Herrschenden den 'instrumentellen Einsatz' der Beherrschten ermöglichen. Radikale Philosphie darf in dieser Perspektive nur nicht aus den Augen verlieren, dass das „Selbst", um das es dabei geht, immer auch schon Bestandteil des zu lösenden Problems ist: Weil es in seiner „Substanz" ebenso wie als „Subjekt" nicht immer schon existiert, sondern sich im Prozess erst konstituieren kann, „sich erkämpfend" finden muss. 'Selber' handelnd müssen wir uns im gemeinsamen Handeln zu mehreren als ein tragfähiges 'Selbst' immer wieder erst erfinden und finden: Ein Verständnis von kritischer oder radikaler Praxis, in dem das Verändern der Verhältnisse nicht mit der Selbstveränderung der sie Verändernden und damit auch mit deren radikal demokratischer Selbstvergesellschaftung (vgl. Haug 1986) zusammenfällt, in der ihr Selber Handeln nicht ihr 'Selbst' immer wieder von Neuem produzieren müsste, würde einmal wieder hinter die schon von Marx geleisteten intellektuellen Zuspitzungen der radikaldemokratischen Bewegung von 1848 zurückfallen.

Selbertun und Selbstunterwerfung

In einer herrschaftsförmig geprägten[35] gesellschaftlichen Netzwerkwirklichkeit[36] führt uns bereits die Grundforderung radikaler Philosophie in ein kaum aufzulösendes Dilemma.

Denn die stärker verallgemeinerten Akkumulationsprozesse des Kapitals in dem sich abzeichnenden neuen Entwicklungsmodell, das in die 'große Transformation des 21. Jahrhunderts' (Lipietz 2000) einmünden soll, aber auch erheblich weniger 'nachhaltige' Pfade einschlagen kann[37], dehnt in jedem Fall den Anwendungsbereich marktlogischer Muster der Reproduktion gesellschaftlicher Zusammenhänge weiter aus. Das führt zu einer Ausweitung der Rolle der vereinzelten Subjekte ökonomischer Austauschprozesse, ohne dass zugleich damit auch ihr allgemeiner Intereressenzusammenhang deutlicher artikuliert wird. Diese Art von 'Individualisierung' verallgemeinert und verschärft zugleich das kritische Dilemma, in dem sich demokratische Theoriebildung seit Rousseaus 'Contrat Social' (vgl. Althusser 1966/1985) bewegt: Wie wir uns nämlich 'selber' bestimmen können, ohne uns dadurch zu Exekutoren unserer eigenen Unterwerfung unter ein als höher imaginiertes 'Selbst'[38] oder ein bloßes 'Selbstmanagement' im Dienste einer von kapitalistischen Verwertungsstrukturen geprägten 'Selbstausbeutung' zu machen. Diese Differenz von autoritär-konservativen und 'liberalen' Strategien bleibt sekundär, insofern es in beiden um die Reproduktion bestehender Herrschaftsverhältnisse geht. Sie wird aber überall dort virulent, wo analoge Emanzipationsprozesse zur Sklavenbefreiung oder zur Aufhebung der Leibeigenschaft historisch anstehen. Die von radikaler Philosophie vertretene Alternative zum ideologischen 'do-it-yourself' kann daher keinesfalls bedeuten, jetzt wieder die Subjektverhältnisse schlichtweg an die Reproduktion durch wirksame 'ideologische Waren'[39] bzw. durch kompetente 'ideologische Staatsapparate' zu delegieren. Die aporetische Struktur der radikalen Philosophie, die sowohl die unverzichtbare Notwendigkeit des 'Selber-Tuns' zu denken ermöglicht, als auch deren beständig drohende Verstrickung in eine 'Selbstunterwerfung' unter neue Herrschaftsstrukturen offen und konkret anspricht, kann uns hier weiter helfen.

Die aporetischen Diskurse radikaler Philosophie können hier zumindest als Platzhalter und hoffentlich als 'Sprungbrett' dafür dienen, dass irgendwann dann doch in wirklicher theoretischer Arbeit oder in praktischen Kämpfen tragfähige Grundlagen dafür produziert werden, die Herrschaftseffekte der ideologischen Mächte zurückzuweisen und abzubauen. Damit sie dies zu leisten vermag, muss sich radikale Philosophie aktiv und eben strategisch selber in die gesellschaftlichen Auseinandersetzungen hineinwerfen.

Diese Auseinandersetzungen betreffen sowohl die 'subjektivierende' Frage, als wer, als welches Subjekt wir uns zum Handeln für Aufklärung und Befreiung aufgefordert sehen, als auch die 'objektivierende' Frage, was es denn inhaltlich jeweils bedeutet, wenn sich jemand in dieser Weise als 'angesprochen' erlebt. Hier sind noch schwierige und neue Untersuchungen anzustellen. Ernst Bloch hat in einfachen Worten eine Richtung angegeben, in der zu suchen ist, wenn mensch nicht die Schizophrenie als Fatalität akzeptieren will (vgl. Welsch 1987): „Von früh auf will man zu sich. Aber wir wissen nicht, wer wir sind. Nur dass keiner ist, was er sein möchte oder könnte, scheint klar." (Bloch 1959, 1089) Allerdings verdeutlicht schon die einfache Rückfrage „und wie ist es mit ihr?", dass mit diesen einfachen Worten der einzuschlagende Weg noch längst nicht deutlich genug erkennbar wird. Gramsci hat in dieser Hinsicht einen weiterführenden Wink formuliert, indem er die für ein emanzipatorisches politisches Handeln notwendige Selbsterkenntnis darauf bezog, dass mensch „gleichzeitig zu einer Vielzahl von Masse-Menschen (gehört), die eigene Persönlichkeit ... auf bizarre Weise zusammengesetzt ist", so dass eine „Synthese der Bestandteile der Individualität" immer allererst zu leisten ist (Gramsci 1994, 1342).[40] Wie können wir also die unterschiedliche Kämpfe denken, zu denen - angesichts der prekären Einheit der von herrschenden und beherrschten Ideologien konfligierend angerufenen Subjekte - immer auch Identitäts- und Sinn-Kämpfe gehören, ohne den Zusammenhang zum kapitalistischen Produktionsprozess in seiner prozessierenden Widersprüchlichkeit aus dem Auge zu verlieren? Wie können wir uns dabei zugleich von dem tayloristischen Phantasma der Herstellung von Handlungsfähigkeit durch eine homogenisierende 'Gleichtaktung' als zentrale Kontrolle - wie sie Gramsci (vgl. Trentin 1999) nicht weniger als Lenin (vgl. Linhart 1976) fasziniert hat, befreien? Wie kann vor diesem Hintergrund „Handlungsfähigkeit" überhaupt noch neu gedacht und begründet werden, ohne sie zu einem voluntaristischen Postulat zu verkürzen?

Ein differenzierter Begriff der Strategie hilft uns in der Artikulation dieser Probleme schon ein kleines Stück weiter: Zu der konkreten Festlegung der Ziele (oder auch Zwecke) des eigenen und gemeinsamen Handelns müssen ganz generell noch hinreichende Bestimmungen der auf beiden Seiten beteiligten Interessen und Bündnisse sowie des strategischen Charakters der jeweiligen Phase der Auseinandersetzungen hinzukommen. Derartige Explikationen müssen auch noch auf eine realitätstüchtige Beurteilung der in Zeit und Raum einsatzfähigen Kräfte bezogen werden, damit wir von einer strategischen Konzeption sprechen können. In Bezug auf das Feld der Philosophie als ein besonderes Feld intellektueller Arbeit müssen wir uns das Spezifikum klar machen, dass diese Auseinandersetzungen nicht nur wie alle diskursiven Auseinandersetzungen anhand von Worten und Begriffen geführt werden[41], sondern um den besonderen Bereich derartiger diskursiver Materialien, der sich als 'philosophisch' Geltung zu verschaffen vermag - woraus sich etwa die Frage ergibt, welche Bereiche des vorfindlichen philosophischen Gedankenmaterials überhaupt in die Auseinandersetzung einbezogen werden, unter welchen philosophischen Fragestellungen eine Kontroverse zugespitzt wird und was, unter welchen philosophischen Beurteilungskriterien, eigentlich als einschlägiges Beweismaterial ('*evidence*') und was, wiederum auch unter welchen Kriterien, als eine plausible Argumentation ('*argument*')[42] zählt. Diese Inanspruchnahme des Philosophischen in den Argumentationen der radikalen Philosophie führt so lange nicht in einen schädlichen Argumentationszirkel, wie ihr jeweils gegebener und daher kontingenter Charakter nicht verdrängt wird und radikale Philosophie nicht versucht, ihrerseits eine letztbegründende 'transzendentale Deduktion' von Philosophie überhaupt in ihren Verhältnissen zu Wissenschaft, Kunst und Politik zu konstruieren.

Die Konstruktion eines 'Selbst', in dem diejenigen, die es konstruieren und reproduzieren, sich wirklich als in ihrer Pluralität, Differenz und Diversität respektierende freie Subjekte begegnen und miteinander verbinden, bringt daher einige inhaltliche Anforderungen mit sich.[43] Das beginnt damit, dass sie bereit sind für die eigenen Vorschläge, Interventionen und Handlungsbeiträge die Verantwortung zu übernehmen und zugleich die anderen als grundsätzlich gleichberechtigte HandlungsteilnehmerInnen anzuerkennen. Daraus ergibt sich nicht nur, dass sie sich um eine möglichst adäquate Erkenntnis der Ausgangslage und der ihrem Handeln verfügbaren Mittel bemühen (denn nur das macht es ihr möglich, die eigenen Wahlen anderen gegenüber triftig zu vertreten). Es ergibt sich auch die von jedem Einzelnen selber zu kontrollierende Bereitschaft zum Sprung - über das, was sich aus den bloßen Gegebenheiten schon automatisch ergibt, hinaus. Wenn wir Selbstbestimmung in dieser Perspektive betrachten, verweist sie uns nicht nur auf Selbstverantwortung - schon Demokrit hatte sich über die im damaligen Griechenland verbreitete Neigung lustig gemacht, die Verantwortung für die eigenen Taten auf die Götter abzuschieben. Sie bringt uns unweigerlich auch zu dem Gedanken einer unausweichlichen 'Selbsterfindung' – als Projektion eines weiter bestimmten Selbst in eine erst noch zu wählende und zu verwirklichende Zukunft. Der entscheidende Unterschied zwischen einem Typus der Selbstkonstruktion, der auf 'Selbst-Findung' durch Unterwerfung unter Herrschaft setzt, wie dies etwa von Heideggers Typus der 'Eigentlichen' vollzogen wird (vgl. Lettow 2001a, bes. 150ff.), und einem Typus, der auf der Konstruktion eines auf Herrschaftsüberwindung hin angelegten Selbst beruht, liegt in dem antizipierten Verhältnis zu sich selbst im kommunikativen Zusammenhang mit anderen Subjekten und der mit ihnen gemeinsam 'bewohnten' und praktisch im eigenen Lebensprozess ebenso wohl beanspruchten wie mitproduzierten natürlich-gesellschaftlichen Wirklichkeit: Während der erstere Typus sich mit Leichtigkeit als 'rein' und 'unabhängig' imaginiert – und alle eigene Materialität und Abhängigkeiten auf die unterworfenen Anderen als 'Unreinheit' projizieren und 'abspalten' kann, muss der zweite Typus gerade daran interessiert sein, die eigene Materialität und die noch bestehenden eigenen Abhängigkeiten in den Prozess der Selbstkonstruktion einbeziehen zu können, diesen also so stofflich konkret und herrschaftsanalytisch ausgearbeitet wie irgend möglich zu gestalten. Während der erste Typus immer schon 'symbolisch' am Ziel angelangt ist, muss sich der zweite Typus mit der unvermeidlichen 'Lücke' zwischen realer und antizipierter Praxis auseinandersetzen, seine eigenen Leistungen der Imagination und Antizipation ebenso klar ernst zu nehmen, wie sie von ihrer praktischen Verwirklichung zu unterscheiden. Daher lässt sich für den zweiten Typus die Notwendigkeit der immer wieder neu zu leistenden 'Selbsterfindung', der antizipierenden Komplettierung diverser, oft fragmentarischer und bizarrer Subjektverhältnisse zu einem auf Zusammenhandeln hin angelegten 'Selbst', keineswegs aufheben. Das 'positivistische' Ideal einer 'vollständigen Erhebung und Berücksichtigung' des Gegebenen kann keineswegs diese der imaginären Antizipation und des riskanten Übergangs zum wirklichen Handeln ersetzen.[44]

Gerade wenn wir zur Kenntnis nehmen, wie unauflöslich 'Selbsterfindung' und Handlungsfähigkeit miteinander verwoben sind, wird das volle Potenzial individueller Selbstbestimmung erkennbar: Eine Selbsterfindung in der Art des 'zweiten Typus' führt zwar nicht mehr unmittelbar zu einem stabilen Resultat, aber sie eröffnet einen Einstieg in einen Prozess individueller wie gemeinsamer Befreiung und Aufklärung. Die zentrale Frage in diesem Übergang muss dann darauf gerichtet werden, warum die gesellschaftlichen Individuen ihre von ihnen selbst übernommenen gesteigerten Kompetenzen und 'Spielräume' für eine kreative Selberorganisation eigentlich dauerhaft dafür einsetzen sollen, ihre Ausbeutung durch ein globalisiertes Kapital immer weitergehender selber zu betreiben – anstatt sie dafür einzusetzen, selber den Rahmen der gesellschaftlichen Reproduktion, indem sich auch ihre möglichen Subjektpositionen jeweils als Resultat des Prozesses ergeben, gemeinsam, und zwar nicht in autoritärer Selbstunterwerfung, sondern selbstbestimmt und demokratisch, festzulegen. Darin liegt keine 'Relativierung des Individuellen', sondern geradezu dessen Affirmation: 'Politik in der ersten Person' kommt erst dort wirklich zu sich, wo sich das 'ich' in einem 'wir' findet, dem es nicht unterworfen wird, sondern dem es sich mit eigenem Willen und Urteil unterstellt. Das schließt durchaus Situationen einer 'gebundenen Wahl' - wie im religiösen Glauben, im sexuellen Begehren oder in der Liebe - mit ein; aber auch diese werden rückhaltlos unter den Vorbehalt der verabredeten Hinterfragung und eventuellen Transformation aller Gegebenheiten gestellt.[45]

Radikale Philosophie als Angebot von Alternativen

Radikale Philosophie thematisiert und korrigiert den Skandal der traditionellen Philosophie, indem sie sich als Verbündete eines konsequenten Selberdenkens anbietet, das nicht in Selbstunterwerfung einmündet.[46] Radikale Philosophie zeigt Alternativen auf, mit denen der 'Behexung des Verstandes' unter Berufung einer 'höheren Vernunft' widerstanden werden kann, ohne sich dadurch dem gnadenlosen 'common sense' der jede Kritik ausschließenden VertreterInnen des status quo der Herrschaftsverhältnisse auszuliefern. Dazu gehört es, die Verknüpfungen der Motive von Aufklärung und Befreiung an den 'Ursprüngen' der Philosophie freizulegen, an denen deutlich wird, woran diese Verdrehung immer wieder erfolgreich hat ansetzen können.[47]

Radikale Philosophie ist also nicht die erste, die diesem Skandal der Philosophie entgegenarbeitet, aber im Unterschied zu vielen VorgängerInnen und Verbündeten[48] tut sie dies in vollem Bewusstsein ihrer Aufgabe[49] und unter Nutzung aller dafür nutzbar zu machenden philosophischen Instrumente[50]. Damit befindet sich radikale Philosophie gegenüber den logisch-analytischen, phänomenologischen, existenzialanalytischen, transzendentalphilosophischen oder neometaphysischen Exklusivitätsansprüchen der philosophischen 'Schulen' des 20. Jahrhunderts[51] bereits mitten im Trend eines längst um sich greifenden neuen philosophischen 'Eklektizismus', wie er sich auch in Schlüsseltexten postmoderner Philosophie (vgl. Deleuze/Guattari 1974 oder Derrida 1990) beobachten lässt. Allerdings beruht ihr Rückgriff auf die gesamte Vielfalt[52] der Instrumente und Inhalte laufender und vergangener philosophischer Diskurse nicht auf einer relativistischen Selbstaufgabe ihres philosophischen Wahrheitsanspruchs (vgl. u., III.), sondern dieser Rückgriff misst sich jeweils an ihrer Nutzbarkeit für die über die Philosophie hinausweisenden, aber doch auf ihrem besonderen Feld zu eröffnenden Wege zu Befreiung und Aufklärung.

Radikale Philosophie stellt sich aber nicht nur der skandalösen inneren Verdrehung der traditionellen Philosophie zu einer Theorie 'legitimer Herrschaft' entgegen[53]. Sie bekämpft erst recht deren 'falsche Überwindung' durch einen philosophischen Herrschaftszynismus, der seit Nietzsche die metaphysischen Gewissheiten hinter sich gelassen hat, mit der in der Traditionslinie der metaphysischen Philosophie der Zusammenhang von Sein und Macht artikuliert worden ist.[54]

Radikale Philosophie verficht ihre Alternative einer auf Herrschaftskritik beruhenden Kritik an der traditionellen Philosophieform, die zugleich sich selbst als eine spezifische Form philosophischer Tätigkeit begreift, in einem Zwei-Fronten-Kampf: gegen die Heuchelei des traditionellen Idealismus, der die als 'vernünftig' legitimierte Herrschaft als Nicht-Herrschaft auszugeben sucht, und gegen den Zynismus eines 'Materialismus von rechts', der Herrschaft offen als solche und um ihrer selbst willen propagiert. Damit grenzt sich radikale Philosophie sowohl vom sich auf Nietzsche berufenden[55] philosophischen Radikalismus des frühen 20. Jahrhunderts[56] ab als auch von den metaphysischen Illusionen einer vor-kritischen Philosophie der immer schon gegebenen 'Herrschaftsordnung'[57]. Allerdings entzieht sie sich auch dem doppelten Entwertungseffekt, den deutscher Idealismus und sog. marxistische Philosophien auch gegenüber den kritischen Momenten der älteren Philosophien erzeugt hatten. Modelle eines herrschaftskritischen Philosophierens können und müssen aus der gesamten philosophischen Tradition - innerhalb des gesamteuropäischen Traditionszusammenhanges ebenso wie aus den weltweit differenten Philosophieformen - gewonnen werden. Das schließt immer auch die Notwendigkeit ein, aus dem 'siegreichen Scheitern' der dominanten Linien der Philosophie - auch aus den Positionen eines herrschaftsaffirmativen 'Gegenfeuers' - Instrumente und Ansatzpunkte für eine philosophisch verfahrende Herrschaftskritik zu gewinnen.

Dass wir dabei nicht der Selbststilisierung dieser älteren metaphysischen Traditionslinie der Herrschaftslegitimation zur Verkörperung der 'Vernunft' erliegen, bewahrt uns vor der eindimensionalen Auffassung des 'philosophischen Gegenfeuers' dieser zynisch-heroischen Herrschaftsaffirmation als einer 'Zerstörung der Vernunft' (Lukács 1955)[58]. Es ermöglicht uns vor allem, durchaus anzuerkennen, dass die neuere Version von Herrschaftslegitimation sogar einige 'unangenehme Wahrheiten' ausspricht, durch deren Leugnung die ältere Tradition die Wirklichkeit verklärte. Mit ihrer Opposition gegen beide Tendenzen der Herrschaftsaffirmation in der Philosophie, der traditionell metaphysischen wie der zynisch offenen, erarbeitet sich radikale Philosophie ihre Wahrnehmungs- und Kritikfähigkeit. Dies gilt gerade angesichts der grausamen Verkehrung, welche das Versprechen von Befreiung und Aufklärung im 20. Jahrhundert erfahren hat, das mit der Revolutionierung der Philosophie durch die radikalsten kritischen Denker des 19. Jahrhunderts einst verbunden war.[59]

In ihrer Kritik an der stalinistischen Verkehrung und Okkupation der Traditionen von Befreiung und Aufklärung vergisst radikale Philosophie keineswegs die anderen, *ausdrücklich* konterrevolutionären und offen zynischen Erneuerungsformen philosophischer Herrschaftsaffirmation[60], die das 20. Jahrhundert im Zusammenhang von Präfaschismus und Faschismus hervorgebracht haben. Deren erneute Virulenz seit den 1980er Jahren (vgl. etwa Leggewie 1990, Greß/Jaschke/Schönekäs 1990, Charim/Rabinovici 2000) fordert sie zur politischen und theoretischen Wachsamkeit heraus und gibt ihr Schwerpunkte ihrer kritischen Arbeit vor.

Radikale Philosophie in der neuen Zeit

Die historische Großwetterlage ist umgeschlagen. Was große Gesellschaftstheorie immer weniger zu leisten vermag, muss eine sehr viel anspruchslosere kritische Philosophie wenigstens in kleinen Ansätzen leisten. In der neuen Lage der entstehenden Weltgesellschaft reicht es auf Sicht nicht mehr, umfassende Denkzusammenhänge mit dem Ziel von so etwas wie 'struktureller Hegemonie' (Laclau 1977, Laclau/Mouffe 1985, W.F. Haug 1985) zu entwerfen bzw. durch theoretische Durchdringung eines zur 'Systemkonkurrenz' verdichteten Phase der Auseinandersetzungen zwischen gesellschaftspolitischen Akteuren die Grundlinien für mögliche hegemoniale Kompromisse zwischen gesellschaftlichen Großblöcken zu erarbeiten[61], wie sie die Phase des 'Fordismus' geprägt haben (vgl. Lipietz 1998).[62] Die neuen Verhältnisse werden von 'Entgrenzung' und 'Individualisierung' auf eine Weise geprägt, welche die erneuerten Herrschaftsformen auch für die oppositionellen und alternativen Konzepte des 'Fordismus' ungreifbar und für die Strategien der 'fordistischen Politik' auch in ihren kritischen Varianten unangreifbar macht. Die aufschlussreiche Karriere des Begriffs der 'Zivilgesellschaft' - im Osteuropa der 1980er Jahre nicht weniger als in den USA der 1990er und im heutigen Kontinentaleuropa - reflektiert offenbar gemeinsame Erfahrungen oppositioneller Bewegungen, die sich als 'von unten', 'grass-roots' oder 'popular' im Gegensatz zur Staatsmacht bzw. zu korporatistischen Großorganisationen begreifen (vgl. Klein 1999). Seine Schranken werden allerdings immer dann deutlich, wenn wir die Frage nach einer Unterscheidung zwischen einer befreienden Rhizombildung und einer 'fesselnden' Vernetzung von oben ernsthaft verfolgen: Der springende Punkt ist hier die Frage der Überwindung der traditionellen liberalen Identifizierung von Macht mit Staatsmacht, die durch die etatistischen und repressiven Elemente sowohl des westlichen 'Fordismus' (als Korporatismus) als auch des östlichen Entwicklungsmodells (als Stalinismus) noch einmal verstärkt worden ist: Erst in dem Maße, wie auch die Probleme der 'indirekten Herrschaft' ökonomischer Mächte - Monopol und Kapital, Patriarchat, Normalität - in den Blick kommen und nicht etwa unter Verweis auf die 'Bürgergesellschaft' dethematisiert werden (vgl. Dahrendorf 1996), erreicht der totalitarismuskritische Impuls des Konzeptes der Zivilgesellschaft eine wirklich herrschaftskritische Dimension.[63]

Angesichts der bereits seit dem Ende der 1990er Jahre - in unterschiedlichen Konfigurationen - in Gang gekommenen Versuche, auf den sich abzeichnenden Grundlagen eines neuen weltweiten Akkumulationsmodells[64] prekär oder dauerhafter tragfähige Regulationsregimes zu errichten (vgl. Wolf 1999b u. Dräger 2001), muss radikale Philosophie - über die postmoderne Kritik an den philosophischen 'Blöcken' des Fordismus hinaus - neue Darstellungsformen und Einspruchsstrategien finden, die der beginnenden Periode eines 'Netzwerkkapitalismus' entsprechen. Radikale Philosophie stellt hier nicht nur die Instrumente zur Verfügung, um die selbstverständliche Evidenz des Begriffs des 'Kapitalismus' aufzulösen, ohne sich dadurch der Anknüpfungsmöglichkeiten an die Marxsche Kritik der 'modernen bürgerlichen Gesellschaft' auf der Grundlage der kapitalistischen Produktionsweise zu berauben. Sie ermöglicht auch eine explizite Artikulation des umkämpften Charakters des Konzeptes des 'Netzwerkes' - zwischen dem Kontroll- und Herrschaftskonzept des 'Netzwerkmanagements' einerseits und dem subversiven Begriff des 'Rhizoms' (Deleuze/Guattari 1974) andererseits (vgl. Wolf 2001c).

In dieser neuen Konfiguration, diesem neuen 'Entwicklungsmodell', sind die 'Widersprüche', welche die historische Grenze des fordistischen Entwicklungsmodells markiert haben, keineswegs ausgelöscht. Sie nehmen neue 'Bewegungsformen' an: So „herrscht" die kapitalistische Produktionsweise zugleich sehr viel radikaler als in allen vorhergehenden Perioden der 'modernen bürgerlichen Gesellschaft' - und löst damit auch konvergierende Erneuerungsprozesse in den Geschlechterverhältnissen und den Natur-Menschen-Verhältnissen aus. Zugleich bringen das prozessierende Kapitalverhältnis und die mit ihm weiterhin verbündeten Herrschaftsverhältnisse (hierher zählen nach unseren heutigen Erkenntnissen vor allem das Patriarchat als prägendes Moment der Geschlechterverhältnisse, der 'Normalismus', 'Rassismus' und 'Antisemitismus' als bestimmende Mächte der autoritären Subjektverhältnisse und der Produktivismus als prägendes Prinzip der Menschen-Natur-Verhältnisse)[65] doch immer neue Gegenstände und Motive für Befreiung hervor.

Im Rückblick erscheinen insbesondere die 1980er Jahre als eine entscheidende Phase: Unter dem Slogan der 'Postmoderne' wurde auf der einen Seite das Scheitern einer wirksamen Verknüpfung zwischen den 'alten' und den 'neuen' sozialen Bewegungen der 1960er Jahre entpolitisierend besiegelt. Auf der anderen Seite vollzog sich mit den 'neuen Philosophien' eine philosophisch-entpolitisierende Rehabilitierung der von Nietzsche, Schmitt und Heidegger vertretenen Linie einer offensiv herrschaftsaffirmativen Philosophie. In der so - gegenüber den klaren 'Lagergrenzen' - der 1950er und der frühen 1960er Jahre geschaffenen 'neuen Unübersichtlichkeit' (Habermas 1985a) stieg die Bedeutung einer permanenten eigenen Orientierungsanstrengung, für die Philosophie Rat und Hilfe anzubieten hatte (vgl. Achenbach 1994, Schmid 1998). In den 1990er Jahren löste sich scheinbar dieser philosophische Knoten, indem ausdrücklich und unmittelbar politische Themen in den sozialen Bewegungen in den Vordergrund traten und zunehmend pragmatisch behandelt wurden - mit entsprechend verstärkten Wirkungen in den Bereichen des politischen Parteiensystems, die von den neuen sozialen Bewegungen beeinflusst wurden. Gleichzeitig verselbstständigte sich die akademische Behandlung der in den Bewegungen aufgeworfenen analytischen und praktischen Fragen in Gestalt der 'cultural studies' bzw. ihrer internationalen Rezeption. Dass diese Auflösung allerdings nur scheinhaft blieb, wurde nicht nur daran deutlich, wie sich der 'common sense' der grundlegenden Problemhorizonte bemächtigte und alle weiterreichenden gesellschaftstheoretischen Fragestellungen marginalisierte. Es wurde vor allem zu Ende der 1990er Jahre und zu Beginn des 21. Jahrhunderts an der Leichtigkeit deutlich, mit der eine neue epistemologische und ethische Artikulation der herrschenden Philosophieform auch dieses von Bewegungen produzierte neue Terrain gesellschaftlichen Wissens hat besetzen können. Innerhalb des Terrains der 'radical philosophy' vollzog sich dieser Prozess zumindest unter deutlicher intellektueller Gegenwehr - während die 'theoriefeindlichen' Sektoren der Bewegung sich entweder dogmatisch einmauern mussten oder aber intellektuell wehrlos blieben.

Die Fragestellung radikaler Philosophie, in einer erneuten Auseinandersetzung mit der kantischen Problematik des konstitutiven Ziels einer Praxis von Befreiung und Aufklärung auf der Grundlage theoretisch durchgearbeiteter historischer Erfahrungen zu neuen Antworten zu gelangen, eröffnen damit ein ebenso schwieriges wie lohnendes Feld für weitere Untersuchungen und Debatten.

Der Beitrag philosophisch tätiger Intellektueller zu derartigen Praktiken der Kritik oder der Subversion ist mit dem Umbruch am Ende des 20. Jahrhunderts gegenüber der Hochphase des 'Fordismus' in den 1950er und 1960er Jahren wichtiger geworden: Mit diesem Umbruch tritt generell die intellektuelle Tätigkeit von Philosophinnen und Philosophen wieder in den Vordergrund einer Bühne, den seit 1945 jedenfalls in Richtung auf die politischen EntscheidungsträgerInnen die Soziologinnen und Soziologen beherrscht haben.[66] Ein bescheidenes Zurücktreten philosophischer Kritik und Orientierungsproduktion hinter den sozialwissenschaftlichen AnalytikerInnen der Realität konnte im konsolidierten Hochfordismus mit einer gewissen Überzeugungskraft gefordert werden. Aber auch das Vorhaben, die Philosophie zugunsten einer 'kritischen Theorie' als umfassender Gesellschaftstheorie zu verlassen,[67] hat mit dem Untergang des Fordismus in allen seinen Gestalten seine Plausibilität verloren. Eine derartige 'Ablösung der Philosophie' würde sogar noch die elementarste Aufgabe eines kritischen Beitrags zu den laufenden Diskursen verfehlen, die darin läge, wenigstens der naiven Übernahme US-amerikanischer Debatten über 'Gerechtigkeit' oder 'Gemeinschaft' oder einer neuen kontinentaleuropäischen *philosophia triumphans* (vgl. Höffe 1999 u. 2001, Hösle 1997 u. 1999) mit adäquaten intellektuellen Mitteln entgegenzutreten.

Kapitel 3: 'Gleiche Freiheit' als Motiv der Philosophie

Die Formel der „gleichen Freiheit" (vgl. Balibar 1993, 99ff. u. 195ff.) fasst positiv, worum es unter dem Ziel der Herrschaftsüberwindung in den diskursiven Auseinandersetzungen immer wieder gehen muss. Dies bildet zunächst die Leitlinie einer historischen Rekonstruktion: „Gleiche Freiheit" war seit Hippias von Elis und dem Sophisten Antiphon die eingeführte Kurzformel dafür, Freiheit und Gleichheit waren die Stichworte, unter denen dieses Thema in der Philosophie der Neuzeit wieder aufgegriffen wurde. 'Brüderlichkeit', 'Schwesterlichkeit' und später 'Solidarität' als zusätzliche Stichworte standen für die Fragen der gesellschaftlichen Organisationsprinzipien, die mit dieser Formel noch nicht beantwortet waren.[68]

Im 19. Jahrhundert wurde dann dieser Bezugspunkt der gesellschaftspolitischen Debatte folgenreich verdrängt: Zunächst durch eine theoretische Literatur der Konterrevolution, die explizit die Herrschaft von Menschen über Menschen als 'rechtes' gesellschaftspolitisches Programm vertrat, dann durch eine gesellschaftspolitisch 'neutrale' Programmatik der Technokratie (die den Zusammenhang zwischen „Fortschritt" und „Befreiung" auflöste) und des Positivismus (der wissenschaftliche Aufklärung und soziale Emanzipation voneinander trennte) sowie schließlich durch eine weitgehende Verdrängung der Freiheitsproblematik durch eine primär auf Gleichheit orientierte gesellschaftspolitische 'Linke'.[69] Gerade in einer sich vielfältig differenzierenden Gesellschaft, welche zugleich die Individuen als solche frei setzt und sie als Instanzen ihrer eigenen Unterwerfung und Ausbeutung in Anspruch nimmt (Stichwort „Individualisierung") gewinnt diese Zielformulierung neue Aktualität.

Auch im Prozess der Weitentwicklung oder Überwindung bestehender gesellschaftlicher Verhältnisse, die im Kern Herrschaftsverhältnisse sind, bleiben alle veränderten gesellschaftlichen Verhältnisse unter diesem Gesichtspunkt immer wieder daraufhin zu überprüfen, inwiefern und inwieweit sie sich selbst wiederum zu Verhältnissen einer strukturalisierten, verselbstständigten „Herrschaft von Menschen über Menschen“ entwickelt haben. Damit wird die politische Entdeckung der 'Levellers', allgemeine Wahlrechte in repräsentativen Vertretungssystemen als Strategie einer politischen Umsetzung der gleichen Freiheit aller zu fordern, die bis dahin eine bloße 'Philosophenidee' geblieben war (vgl. Wolf 2000a), auf einer neuen Stufe zeitgenössisch umgesetzt.[70] Das gilt nicht nur für Armut und Reichtum oder für die Stellung in und zum gesellschaftlichen Produktionsprozess, sondern ebenso für Geschlechterverhältnisse, die Beziehungen zwischen den Generationen - einschließlich etwa der Berücksichtigung der Interessen künftiger Generationen in gegenwärtigen demokratischen Entscheidungsprozessen -, die Beziehung zwischen kulturellen Mehrheiten und Minderheiten, zwischen Zentren und Peripherien, zwischen unterschiedlichen sexuellen Orientierungen, von denen eine womöglich als „Normalität“ eine soziale Dominanz behauptet. Die Liste der unter diesem Gesichtspunkt zu kritisierenden gesellschaftlichen Verhältnisse ist dabei grundsätzlich nicht *a priori* aufzustellen oder gar abschließbar. Es ist nicht einmal erforderlich, sie für die eigene Epoche zu Ende zu bringen.

Wichtiger vielleicht noch ist, dass auch derartige tiefgreifende Strukturveränderungen nicht als Herstellen eines neuen Zustandes, etwa einer 'neuen Normalität' begriffen werden, sondern dass die Selbsteinfügung in eine Perspektive des pluralen Zusammenhandelns, welches das Handeln der anderen als ein begegnendes Handeln mitdenkt und grundsätzlich akzeptiert, wie es Deleuze und Guattari als 'Minoritär-Werden' umrissen haben (vgl. Christian Jäger 2001, 9ff. u. 570ff.), sich von vorneherein von einem derartigen technokratischen bzw. herrschaftsaffirmativen Selbstmissverständnis befreit.

Das philosophische Motiv der 'gleichen Freiheit aller' geht bis in die Anfänge der Philosophie zurück,[71] lässt sich an drei 'Inkunabeln' der Philosophie vor ihrer platonischen Wendung herausarbeiten - bei Solon, Pythagoras und Thales. Radikale Philosophie kann dieses 'unabgegolten' (Bloch) gebliebene Motiv des Philosophierens durch eine Vergegenwärtigung dieser subaltern gebliebenen Linien wieder aufgreifen und es damit für ein zeitgenössisches Denken aktivieren.

Solon und Kroisos vor ihrem Tod

Gegen die im philosophischen 'Mainstream' fest verankerte Tendenz, die 'eigentliche Philosophie'[72] erst mit Platon anfangen zu lassen (vgl. jüngst Gadamer 2000), hat Klaus Heinrich (2000, 22ff.)) auf Herodots Solon-Anekdote als eine 'Inkunabel' verwiesen, d.h. als ein einem 'Wiegendruck' vergleichbares frühes Exempel der Philosophie: Solon, einer der griechischen Sophoí, der 'sieben Weisen' der Krisenzeit der archaischen griechischen Gesellschaft, aus der die klassische griechische Polisgesellschaft und Philosophie hervorgegangen ist, sei nach der Vollendung seiner Reform der athenischen Staatsverfassung[73] auf Reisen geschickt worden, „damit er rund um das Mittelmeer herum Auslandserfahrungen sammle und dadurch bewegt werde, seine Verfassung zu verbessern" (ebd., 22). Zur „Inkunabel der Philosophie und des Philosophen" (ebd.) wird Herodots Erzählung nicht so sehr durch seinen Wortgebrauch, der zu den frühesten Belegen für den Zusammenhang von 'Philosophieren' (philosophein) und 'Theorie' (theoria) gehört. Dies geschieht vielmehr dadurch, dass der von Solon besuchte Kroisos (d.h. der legendär reiche Krösus der lateinisch geprägten Tradition) diesem eine ganz besondere Frage stellt: Solon soll sagen. „wen er denn für den Glücklichsten auf Erden halte" (Heinrich 2000, ebd.) Anstatt Kroisos glücklich zu preisen, der ihm gerade seine Macht und seinen Reichtum demonstriert hat, nennt Solon völlig unbekannte Menschen, von denen er weiß, wie er auf Nachfrage erläutert, dass sie „auch glücklich gestorben seien" (Heinrich 2000, 23).

So weit folge ich den Hinweisen Heinrichs. Ich schlage aber vor, sie etwas anders zu interpretieren: Heinrich zieht aus dieser Anekdote und aus den weiteren Abenteuern des Kroisos die „Quintessenz", „daß man sich nicht auflehnen könne gegen sein Schicksal; daß man nicht 'glücklich' genannt werden könne vor dem Ende seiner Tage; daß Weisheit (sophia), die diesen Namen verdiene, *Einsicht in das Schicksal* sei." (Heinrich 2000, 28) Viel wichtiger als dieser Blick auf 'das Schicksal' scheint mir zunächst aber das von Heinrich als Selbstverständlichkeit übersprungene 'man': Der Philosophierende betrachtet alle Menschen in gleicher Weise, ohne Rücksicht auf ihren Status in der sozio-politischen Hierarchie oder ihren ökonomischen Reichtum. Für den Tod, aber auch für andere künftige Ereignisse, die als solche grundsätzlich nicht bekannt oder gar verfügbar sind, gilt, was später der Sophist Antiphon für Trinken und Atmen feststellen sollte: Alle Menschen sind in dieser Hinsicht gleich, keine Hierarchie, keine Überlegenheit, keine Herrschaftsanspruch lässt sich unter diesem Gesichtspunkt begründen. M.E. ist genau dies die 'Einsicht', die zunächst Solon dem Kroisos and dann der geläuterte Kroisos dem Kyros voraus hat - und nicht etwa eine einfache Unterwürfigkeit unter das Schicksal, wie sie nach dem faktischen Untergang der Polisdemokratie die Stoiker propagiert haben (vgl. Heinrich 2000, 28). Und genau aus dieser Einsicht in die Gleichheit aller Menschen gegenüber der Unverfügbarkeit von 'natürlichem Tod' und 'unabwendbarem Schicksal', die in der Gesamtheit der 'menschlichen Angelegenheiten' einen wichtigen Teil ausmachen, lebt die Argumentation.[74] Erst aus der einseitigen Konzentration darauf, dass es Unabwendbares gibt, speist sich dann die Unerschütterlichkeit der Philosophen, die mit den Stoikern sprichwörtlich geworden ist: Allein im grundsätzlichen Verzicht darauf, andere dafür in Anspruch zu nehmen, um das für einen selbst Unverfügbare vielleicht doch noch zu bewältigen, kann insofern eine feste Position gewonnen werden. Darin liegt das unbestreitbare Moment, dass gegenüber dem wirklich Unverfügbaren auf vergebliche Versuche mit 'technischen' Lösungen[75] bewusst verzichtet wird[76]. Platons Lehre im Phaidon, dass die „wahrhaften Philosophen den Tod wünschen ... als die Trennung der Seele von dem Leibe" (Phaidon 64b-c), sollte nicht fälschlich gleichgesetzt werden mit den an Jenseits und Erlösung orientierten Haltungen der späteren Christen. Sie ist nicht mit Heinrich damit zu 'übersetzen', „daß er den Zustand des Totseins als philosophisches Leben vorwegnimmt" (Heinrich 2000, 29). Vielmehr ist sie so zu verstehen, dass Platon auf eine Art und Weise leben will, dass er sich bereits im Leben von den 'Störungen' durch 'die Sinnlichkeit' frei macht und rein aus vernünftiger Einsicht lebt. Das ist problematisch genug, aber enthält keine Orientierung auf ein Jenseits oder eine Erlösung am 'Ende der Zeit'. Zunächst geht es darum, im Diesseits die richtigen Folgerungen aus der 'gleichen Sterblichkeit' aller Menschen[77] zu ziehen.[78] Und dies ist die grundsätzliche Hinfälligkeit aller Menschen in den damaligen nach 'Stand' und 'Status' tiefgreifend hierarchisch aufgegliederten und zugleich dynamisch erschütterten Gesellschaften (vgl. Finley 1973, 45). Damit erst wird die Position des Antiphon (DK B49 3, 5 u. 7)[79] möglich, der die 'gleiche Freiheit' für alle Menschen - Griechen und Barbaren, Sklaven und Freie - einforderte, ebenso wie die spätere resignative Position des Stilpon, der sein Eigentum (oikeia) auf seine Bildung (paideia), seine Argumentationsfähigkeit (logos) und sein Wissen (episteme) beschränkt sieht, so dass er nach der Zerstörung und Plünderung seiner Stadt Megara den ihm von Ptolemaios angebotenen Schadensersatz zurückwies, weil er doch nichts verloren habe - außer seinen Angehörigen und seinem Vermögen.[80]

Wir können dieser von Heinrich präsentierten noch zwei weitere vergleichbare 'Inkunabeln' der Philosophie zur Seite stellen, die ebenfalls auf vorplatonische Quellen zurückgehen[81]: Dies sind die Thales-Hausssklavin-Anekdote, die Heinrich nur als 'Anekdötchen' erkennt und auf die gleiche Stufe stellt wie die Erfindung, Thales habe erfolgreich in Ölpressen spekuliert (vgl. Heinrich 2000, 32 u.48f.), und die Pythagoras-Anekdote des Xenophanes, deren philosophische Pointe bisher ignoriert worden ist.

Thales vor seiner thrakischen Haussklavin

Der Kerntext der Thales-Anekdote lautet: „Wie auch den Thales, der nach oben blickte, indem er Sternkunde betrieb, und in einen Brunnen fiel, eine rührige und attraktive thrakische Haussklavin verspottete, indem sie sagte, ihm stünde zwar der Sinn danach, die Dinge am Himmel zu erkennen, was aber unmittelbar vor ihm und vor seinen Füßen liege, bliebe ihm verborgen." (Theaitetos 174a) Für den späten Platon, dessen Ausflüge in die aktive Politik gescheitert waren, belegt diese Anekdote, dass alle Philosophen - Thales wie Sokrates - in der Poliswelt wie Fremdlinge leben und 'nicht den Weg zum Rathaus kennen'. Offensichtlich passt dieser dem platonischen Sokrates in den Mund gelegte Kerntext aber weder zum historischen Sokrates, der nur in Aristophanes' 'Wolken' als ein weltfremder Himmelskundler auftrat (vgl. Döring 1998, 149f.), sonst aber unbestritten ein aktiver und pflichteifriger Polite gewesen ist, der die dem Thales zugeschriebene Unfähigkeit nicht gebilligt hätte, noch auch wirklich zu der konkreten platonischen Rahmenthese, dass der Philosoph „Gelächter erregt", „indem er aus Unerfahrenheit in Gruben ... hineinfällt" (Theaitetos 174c). Denn anstatt den allgemeine Untersuchungen betreibenden *Philosophen* mit der Poliswelt mit ihren spezifischen Anforderungen und dem demokratischen *Politen* als Gegenfigur zu konfrontieren, wird hier dem *Astronomen* Thales (vgl. Xenophanes DK 21 B 19) eine Figur entgegengestellt, die gerade diejenigen Elemente in sich vereinigt, die von der demokratischen Polis der damaligen Zeit ausgeschlossen waren: diese Gegenfigur ist eine *Frau*, sie ist *Ausländerin* (d.h. bestenfalls hätte sie Metökin sein können) und als Hausdienerin sogar *Sklavin*. Und diese weibliche Figur - die als attraktiv und aktiv subjektiviert wird[82] - verweist ihn nicht auf die Lebenswelt der Polis, sondern auf 'das Naheliegende und was ihm zu Füßen liegt', also auf die Verhältnisse im 'eigenen Haus'.

Diese Züge des Textes sind in Platons Verwendung der Anekdote funktionslos, tragen zur beabsichtigten Pointe nichts bei, wenn sie nicht sogar stören. Platon behilft sich damit, dass er verallgemeinernd ihre Spezifik auslöscht: „nicht nur den Thrakerinnen, *sondern auch dem übrigen Volk*" (ebd.) sowie „in Gruben *und in allerlei Verlegenheit*" (ebd.). Wir sollten uns von dieser platonischen Montagetechnik nicht blenden lassen, sondern nachfragen: Warum sind diese Züge im Text? Ich denke, die Antwort liegt in einer von Platon verwendeten älteren Fassung der Anekdote, welche die eigentliche Inkunabel darstellt: In dieser älteren Fassung müssten gerade diese Züge zur Pointe der Geschichte beigetragen haben, die bei Platon funktionsloses oder störendes Beiwerk geworden sind. Hier bietet sich als Quelle die zusammenfassende Auswertung der älteren Philosophie an, die Hippias von Elis vorgelegt hat (vgl. Patzer 1986). Als Vertreter der These von der 'gleichen Freiheit'[83] konnte Hippias die Figur der Hausdienerin als Frau, Sklavin, Ausländerin nutzen, um die Defizite der Polisrealität emblematisch anzusprechen - und indem er sie subjektivierte, konnte er sie zur glaubwürdigen Vertreterin eines Radikalisierungsanspruchs an die ältere Philosophie machen. Ein solcher Radikalisierungsanspruch, wie ihn Antiphon vertreten konnte, hat dieser älteren Philosophie weder ihre generelle 'Weltfremdheit' vorgehalten - das wäre gerade gegenüber Thales, der vielmehr Hesiods Trennung zwischen himmlischen und irdischen Angelegenheiten in seinem Konzept des 'Alls' (panta) als Gegenstand der Erkenntnis aufgehoben hatte, wenig einleuchtend gewesen - noch kritisiert er ihre Fremdheit gegenüber der 'Poliswelt', was erst mit dem späten Platon ein philosophisches Thema wurde. Vielmehr konfrontiert diese Figur den Pionier der älteren Philosophie mit deren 'Verzicht', auch im Naheliegenden, im alltagspraktisch Beherrschten des privaten Haushaltes, die Konsequenzen in Richtung der 'gleichen Freiheit' aller Menschen als Subjekte von Argumentationen zu ziehen.[84]

Hippias' Thales-Anekdote, wie wir sagen sollten, ist eine Inkunabel der Philosophie. Indem sie den Thales mit der repräsentativen Figur einer von der Polis als Gemeinschaft 'freier Männer mit dem Recht auf freie Rede' ausgeschlossenen Frau, Ausländerin und Sklavin konfrontiert, deckt sie das von Anfang an in der Philosophie angelegte Spannungsverhältnis auf: zwischen dem von Thales initiierten philosophischen Verfahren einer Orientierung aufgrund von jedem Menschen, wie er/sie geht und steht, zugänglichen Argumenten und dem weiteren Fortbestehen von Herrschaftsverhältnissen unter potenziell miteinander Argumentierenden.

Pythagoras vor dem fremden Hund

Xenophanes hat laut Diogenes Laertios den Pythagoras mit den folgenden Zeilen verspottet: (DK 21 b 7[85]): „Sie sagen, daß er einmal vorbeikam, als ein Hündchen geschlagen wurde,/dieses bemitleidete und sprach:/'Hören Sie bitte auf zu schlagen! Denn es ist die Seele eines Freundes [d.h. eines Mitgliedes des pythagoreischen Bundes, FOW];/als ich ihre [Stimme hörte, habe ich sie sofort erkannt (egnon).'" Auch dies ist eine Inkunabel der Philosophie: Nicht dass ich behaupten möchte, dass die Philosophie mit der Tierliebe anfinge oder dass sie sich aus religiösen Vorstellungen wie der 'Seelenwanderung' speisen müsste - im Gegenteil hier wird ein Zug der Tätigkeit der Philosophen exemplifiziert, der ganz elementar, aber fast alleine schon kennzeichnend ist: die Haltung der praktischen Konsequenz aus dem Erkannten. Und in diesem Text - den trotz aller Hyperkritik in Bezug auf Pythagoras gerade in Deutschland m.W. niemand für nicht authentisch erklärt hat - wird diese Haltung in der Gestalt vorgeführt, dass der Philosoph selbst sie ausspricht: Aus seiner Erkenntnis ('ich erkannte') begründet er die von ihm - wider alle Konvention - an den Schlagenden gerichtete Bitte zum Aufhören. Sie wird von ihm ohne jede Rücksicht darauf vorgetragen, dass es in der griechischen Alltagskultur üblich war, Tiere zu schlagen, und sogar ohne Rücksicht darauf, dass der Schlagende vermutlich der 'Eigentümer' des geschlagenen Tieres war. Zugleich lässt m.E. der Text erkennen, worin die 'Philia', die 'Freundschaft' des Pythagoräerbundes im Kern bestand: Im konsequenten Eintreten füreinander, ohne Rücksicht auf die vorgegebenen Verhältnisse und Abhängigkeiten. Darüber hinaus findet sich in ihm zumindest eine Andeutung, worauf bei den Pythagoräern ihre Übernahme des religiösen Gedankens der Seelenwanderung gründete: Als philosophische Überzeugung beruhte sie nicht auf der Autorität religiöser bzw. 'göttlicher' Quellen, sondern auf der jederzeit nachvollziehbaren Erfahrung, dass wir als Menschen die Schmerzensschreie von Säugetieren als Schmerzensschreie nachempfinden können. Wir 'erkennen' sie in der Tat wie einen alten Bekannten. Die Anekdote war daher überliefernswert: Sie zeigte die Grundhaltung des Philosophen als konsequente Befolgung des für wahr Erkannten, ohne Rücksicht auf geltende Konventionen und bestehende Institutionen, sie führte die daraus resultierende Solidarität aller selber Denkenden praktisch vor und sie exemplifizierte dies an einer Erfahrung, die jede und jeder nachvollziehen kann. Wüssten wir von Pythagoras nur dieses eine sicher[85], wäre allein damit schon die ihm traditionell zugeschriebene Position als einer der Pioniere der Philosophie hinreichend begründet.

Vor diesem Hintergrund gewinnt die Ansicht, dass der Ausdruck und Begriff der Philosophie - in der Bedeutung einer 'Partei', einer 'Bewegung der Anhänger' der *Sophia* - bereits auf die frühen Pythagoräer zurückgeht, erheblich an Glaubwürdigkeit (vgl. v. Fritz 1977, 91f.; Vogel 1966, 18f.). Die - den Praktiken der klassischen Polis fremde - Auffassung des Konzeptes der Philosophie als einer unerfüllbaren Liebe zu einer (für Menschen eigentlich unerreichbaren) Weisheit, wie sie der späte Platon formuliert hat, wird demgegenüber als aus der Krise der Polis gespeiste Sekundärform erkennbar.

Zur Kennzeichnung der elementaren Bedeutung von Philosophie, die noch vor der ihr von Platon gegebenen Wendung liegt, können wir aus diesen 'Inkunabeln' drei entscheidende Gemeinsamkeiten ablesen, die von den frühen Milesiern und den anderen als Sophoí bezeichneten Denkern bis zu Platon und Isokrates oder auch noch zu Aristoteles reichen, die dann bereits den Begriff der 'Philosophie' für sich in Anspruch genommen haben.

Erstens spielt der Gedanke des Reisens als Quelle philosophischer Erkenntnis immer wieder eine wichtige Rolle[86] - was sich in der philosophischen

Terminologie in der prominenten Rolle niedergeschlagen hat, welche die Metaphern von Weg (Hodos: Met*hode*) und Pfad (Poros: Em*pirie*, *Aporie*) in ihr immer noch spielen. Philosophen beginnen zwar wie alle anderen Menschen mit gegebenen Situationen und Erfahrungsbeständen, aber sie fangen sofort damit an, die Horizonte zu überschreiten, in denen die anderen befangen bleiben.

Zweitens greifen diese Denker immer wieder auf einfache Modelle rationalen Argumentierens zurück, juridisch-politische Modelle seit Solon, geometrische Modelle seit Thales, zahlentheoretische Modelle seit Pythagoras, logische Modelle seit Heraklit und Parmenides, um ihre Auffassungen so zu 'begründen', dass jeder Mensch ihnen darin folgen kann - und muss.

Drittens beansprucht ihre Rede seit Thales 'alles' zum Gegenstand rationalen Argumentierens machen zu können, ohne dabei noch einen Bereich für traditionelle Autoritäten (wie dies bei Hesiod für die Mitteilungen über 'das Himmlische' gilt, d.h. über das 'Göttergeschlecht') zu reservieren.[87]

Wie die Beispiele Xenophons oder des Isokrates, die uns eindeutig unabhängig von Platon und Aristoteles überliefert sind, übereinstimmend lehren, war allen Beteiligten auch ganz klar, dass ein solches selber Denken Konsequenzen in der Praxis der Politen hatte, die es betrieben - bzw. sogar für die Selbstbehauptung der Polis erforderlich war, wie Demokrit gelehrt hat.

Philosophieren war als solches von Anfang an immer auch in dieser Bedeutung 'politisch'. Allenfalls mit dem sokratischen Daimonion beginnt sich ein Auseinandertreten eines in der Polis mit den anderen Selber-Tuns und eines Bei-sich-selbst-Denkens abzuzeichnen.[88]

Historisch hat sich die Philosophie aus dem Poliszusammenhang gelöst, in dem wenigstens die Vision einer gleichen Freiheit aller noch als ein reales politisches Thema hat erscheinen können. Seit den hellenistischen Reichen[89] haben sich Philosophen und die von ihnen produzierten Philosophien ohne Widerrede in Herrschaftszusammenhänge eingebunden, die nicht einmal mehr eine solche Vision zuließen. Erst mit den Revolutionen der Neuzeit gewannen derartige Visionen eine neue, für Philosophen zumeist als bedrohlich erfahrene Realität.

Radikale Philosophie und die Politik der Vielen

Radikale Philosophie zielt in ihrer Tätigkeit weder darauf, bestimmte Herrschende zu legitimieren, und auch nicht etwa darauf, 'selber die Führung zu übernehmen', sondern gerade darauf, eine radikal demokratische Politik von der Gefahr ihrer Umfunktionierung zu einer Herrschaftsaffirmation im Dienste bestimmter Herrschender (und sei es auch in Gestalt von 'Philosophen-Königen', von 'neuen Fürsten' jeglicher Art) zu befreien.

Radikale Philosophie will die Vielen zur Artikulation befähigen, ohne sie von vorneherein als 'Massen' zu konstituieren[90]. Sie teilt die Warnung Ortega y Gassets vor der Massendemokratie (vgl. Fernandez Buey/Riechmann 1996, xxiii) nur insoweit, als die 'Vermassung' als eine spezifische Praxis der Reduktion vieler Menschen auf den Status von Manipulationsobjekten begriffen und kritisiert werden muss; nicht aber deren konservativ kulturkritische Nostalgie für die aristokratischen und großbürgerlichen Individuen.[91] Zugleich greift sie aber auch die scheinbar entgegengesetzte These Louis Althussers auf, dass eine Politik der Emanzipation letztlich immer erst durch den außerordentlichen 'Einbruch der Massen' in den geordneten politischen Prozess in Gang gebracht werden kann. Indem sie nämlich diese rebellierenden 'Massen' geradezu als sich auflehnende Viele denkt, die in dieser ihrer Auflehnung einen Anfang damit machen, sich dieser 'Vermassung', welche die spezifische Massenförmigkeit ihrer Lebenstätigkeit bewirkt, praktisch zu entziehen.[92]

Radikale Philosophie dekonstruiert die Erziehungsprätentionen philosophischer Intellektueller ebenso wie die all derer, die sich explizit auf 'höhere Autoritäten' berufen, um als 'erzogene Erzieher' aufzutreten. Um so besser, wenn ein 'radikaler Philosoph' begriffen hat, dass er gar keinen Grund dafür hat, sich gegenüber anderen als Erzieher oder Vorbild aufzuspielen - oder wenn eine Philosophin dies leistet. Auch ohne deswegen gegenüber 'den Massen' auf die Verantwortung des eigenen kritischen Urteils zu verzichten. Die Vielen sind zwar immer auch andere, aber die radikalen Philosophinnen und Philosophen gehören selber dazu. Es geht in einem radikalen Philosophieren daher immer darum, in dem vorgängigen Zusammenhang dieser Vielen etwas deutlicher zur Geltung zu bringen, was darin immer schon gegenwärtig ist: Das Bestehen auf dem eigenen Urteil und dem eigenen Wollen gegen alle Versuche, Unterwürfigkeit zu erzeugen, ganz gleich ob gegenüber konkreten Herrschaftsverhältnissen oder gegenüber einer imaginierten gesellschaftlichen 'Totalität' oder dem 'Schicksal'. D.h. es geht immer schon um eine Gegenbewegung zum 'amor fati' (Nietzsche), zu einem 'gelassenen' Sich-Einrichten im 'Geschick' (Heidegger) oder zum Versuch, „der Fliege den Weg aus dem Fliegenglas zu zeigen" und „dabei alles zu lassen, wie es ist" (Wittgenstein).

Auch wenn dies im Zeitalter einer herrschaftszentrierten 'neuen Ordnung', wie sie nach dem Ende der neoliberalen Deregulierungsphase seit der Mitte der 1990er Jahre heraufbeschworen wird und hier und jetzt im Zeichen des erklärten, aber undefinierten Krieges weltweit von einer neuen starken Führungsrolle der USA durchgesetzt werden soll, eine naheliegende Versuchung für Intellektuelle darstellt, die kurzfristig auf der Seite der 'Sieger' zu sein bestrebt sind.

Eine Praxis der Vielen, also gerade nicht von 'Massen' im Verständnis der konservativen Kulturkritik, welche sich die Erkenntnis und Überwindung bestehender Herrschaftsverhältnisse zur Aufgabe machen, verdient sicherlich eine Qualifizierung als 'radikal'. Innerhalb einer begegnenden, mehrstimmigen Praxis können wir unser Selberbestimmen auf diese Weise ganz materiell als ein Produzieren eines 'pluralen Selbst' gegen spezifische Widerstände und Hindernisse begreifen. Dieses Produzieren enthält zum einen durchaus Momente einer Selbst-Erfindung - ob als Antizipation oder als imaginäre Projektion, wird sich immer nur ex-post entscheiden lassen - , die über die Identitätsbilder aller Beteiligten hinausgehen. Zum anderen wird es sich aber auch immer wieder auf wenige Elemente konzentrieren, die einen verlässlichen Zusammenhalt eines gemeinsam handelnden 'wir' stiften, um damit auch den Raum für eine vielfältige 'Selbstentwicklung' aller Beteiligten zu schaffen.

In einer solchen pluralisierenden Perspektive wird das Ziel der Selbstbestimmung dann auch nicht mehr in der Perspektive einer imaginären Selbsterschaffung verfolgt, die nach ihrem 'idealistischen' Selbstverständnis, schon indem sie eine ihre vorgegebene Schranke nur denkt, bereits über sie als Begrenzung hinausgeht, wie dies in der idealistischen Dialektik Hegels gedacht worden ist (vgl. Kwade 2000). Vielmehr wird vor diesem Hintergrund Selbstbestimmung als ein offener pluraler Prozess initiiert, in dem die Handelnden 'sich selber bestimmen', indem sie sich zu anderen, mit denen sie innerhalb der bestehenden Verhältnisstrukturen bereits verbunden sind, bewusst, artikuliert in Verhältnisse bringen, sich unter ihnen und in der eigenen Körperlichkeit selbst verankern. Selbstbestimmung vollzieht sich damit als eine iterative Rückbindung an eine gegebene Konstellation von sozialen Körpern in einer historischen Raumzeit, und gerade dadurch als eine spezifische Öffnung für eine aktiv zu ergreifende Zukunft.

II. Philosophie als radikale Tätigkeit

> *„Philosophy always tends to idealise itself - in particular, to identify itself exclusively with the canon of classic texts and with a few prestigious modern practitioners. The Radical Philosophy movement constantly has to confront this idealism, by emphasising the fact that, as an actual or possible component of the culture, philosophy is a social institution, with its peculiar patterns of authority, and its own codes and rituals: its own politics."*
> „Philosophie hat immer die Tendenz, sich selbst zu idealisieren - insbesondere dazu, sich selbst ausschließlich mit dem Kanon klassischer Texte und mit ein paar wenigen modernen VertreterInnen zu identifizieren. Die Bewegung für Radikale Philosophie muss diesem Idealismus beständig entgegentreten, indem sie die Tatsache betont, dass die Philosophie als wirklicher oder möglicher Bestandteil der Kultur immer eine gesellschaftliche Institution ist - mit ihrem eigentümlichen Autoritätsmuster und ihren eigenen Kodices und Ritualen, also mit ihrer eigenen Politik."
> (Radical Philosophy 1976, 1)

Radikale Philosophie macht mit dem Gedanken ernst, dass auch das philosophische Denken sich innerhalb der gesellschaftlichen Verhältnisse, innerhalb der historischen Prozesse und Situationen vollzieht, ohne es deswegen aufzugeben. Dementsprechend geht sie davon aus, dass jedes philosophische Denken auf diese seine Voraussetzungen reflektieren muss, ohne sich darin jemals selbst einholen, 'sich selbst über die eigene Schulter blicken' (Peirce) zu können. Diese Voraussetzungen sind nicht einfach sachliche Bedingungen, sondern eine immer schon längst begonnene diskursive Praxis der Kritik, mit der viele beschäftigt sind, die sie auch bereits reflektieren und performativ gezielt einsetzen.

Diese immer schon vorgegebene Reflexivität und Performativität des Denkens Vieler, aus dem radikale Philosophie ihre maßgeblichen Impulse bezieht, ohne es jemals vollständig rekonstruieren und thematisieren zu können, lässt sich zwar nicht einholen. Aber es ist möglich, anhand einiger zentraler Gedankenkomplexe zu entwickeln, wie sich die Gedanken einer 'radikalen Philosophie' in das umkämpfte Feld der Philosophie einschreiben können.

Dies ist allerdings - gerade angesichts der Wiederkehr der herrschenden Philosophieform - unter Verzicht auf den eigenen Einsatz philosophischer Mittel nicht möglich: Den zirkulären ('Retorsions'-) Argumenten, die seit Aristoteles' Argumentation, auch wer die Philosophie kritisiere oder gar ablehne, bewege sich damit bereits in ihren Formen, philosophiere also schon, eine Unterordnung unter die etablierten Formen des Philosophierens als zwingend unausweichlich erscheinen lassen, ist nur entweder durch vollständige Nichtbeachtung oder aber durch eine mit philosophischen Unterscheidungen operierende Kritik zu begegnen. In einer vielfältig über mediale und pädagogische Vermittlungen reproduzierten Welt ist das Erstere aber im Ernst unmöglich – selbst als Gedankenexperiment würde es ein Maß der 'zerebralen Hygiene' (Comte) voraussetzen, das in der effektiven Umsetzung von einer totalisierenden und permanenten Selbstzensur und von einer Selbstausschließung der sie praktizierenden Subjekte aus ihren eigenen Kulturwelten nicht zu unterscheiden wäre. Eine derartig weitreichende und umfassende 'Disziplinierung' müsste selbst herrschaftsförmig werden, also das Gegenteil von dem erreichen, worum es radikaler Philosophie geht. Der Gedanke einer 'radikalen Philosophie' muss daher mit tatsächlich *philosophischen* Mitteln in das umkämpfte Feld der Philosophie eingeschrieben werden; dazu sind die Kategorien des Argumentierens und der Herrschaftskritik, die an die elementare philosophische Unterscheidung zwischen einem 'Überreden' und einem 'Überzeugen' anknüpfen, besonders geeignet: Innerhalb des philosophischen Feldes vertreten sie gleichsam die außerphilosophischen Tätigkeiten wissenschaftlicher 'Nachweise' oder juristischer 'Beweise' einerseits und der politisch zu lösenden Aufgabe der Befreiung andererseits.[1]

Radikale Philosophie beginnt in kontingenter Weise, d.h. indem sie etwas aufgreift, das es schon gibt: Sie knüpft an das differenzierte Feld von *radical philosophy* im angelsächsischen Raum an sowie an dessen philosophische Kooperationsfelder auf dem europäischen Kontinent sowie in der v.a. lateinamerikanischen Peripherie. Dadurch, dass auch in der deutschsprachigen Debatte eigenständig an die '*radical philosophy*' angeknüpft wird, kann eine elementare Kommunikation darüber neu entfaltet werden, welches Denken und welches Handeln nach dem 'Schlaf der Vernunft', der im 19. und 20. Jahrhundert in der Tat Monster geboren (Goya) hat, eine 'wirkliche Bewegung' für Aufklärung und Befreiung begleiten und voranbringen kann.

Auf dem Weg dahin geht es erst einmal darum, mit zu vollziehen, worin der zeitgenössische Charakter dieser philosophischen Felder besteht. Als Grundmoment dieses Feldes wird dann die spezifische Verknüpfung zwischen dem radikalen Ziel der Herrschaftskritik und den Mitteln eines philosophischen Argumentierens herausgestellt. Dabei wird nicht unterstellt, dass es radikaler Philosophie möglich wäre, gleichsam die 'Literaturgattung Philosophie' abschließend zu definieren, indem sie ein für alle Mal zwischen philosophischen und nicht-philosophischen Argumentationen unterscheidet. Dies wird auch gar nicht angestrebt: Im Gegenteil behauptet radikale Philosophie, dass ihre Überlegenheit gegenüber älteren und verbündeten Formen kritischen Denkens überhaupt nur darin liege, dass sie ihre Argumentationen nicht 'a priori' oder 'methodisch' auf bestimmte Register des Argumentierens oder die herangezogenen Texte auf bestimmte kanonisierte Bereiche beschränkt und dadurch etwa in der Frage der Bedeutung eines 'Namens' oder einer 'Identität' nur zu einer ganz einschränkten Problemartikulation fähig sind, sondern 'je nach Lage' alle verfügbaren und neu zu entdeckenden oder zu erfindenden Argumente, einschließlich des Instrumentenkastens der 'analytischen Philosophie' (vgl. Lorenz 1982 u. U. Wolf 1993) oder der philosophierenden Psychoanalyse (vgl. Weber 1992), einsetzt und nutzt. Im Unterschied zu der intellektuellen Praxis sowohl des philosophischen Mainstreams als auch ihrer eigenen kritischen Kooperationspartner denkt radikale Philosophie in der eigenen Tätigkeit von vorneherein ausdrücklich die begegnende und entgegnende Tätigkeit Anderer mit, auch die ihrer bekannten Gegner. Denn auch die anderen philosophieren und tragen dabei Argumente vor, die es zu prüfen gilt. Indem sie die eigene Argumentation beständig mit der Reflexion auf die Argumente anderer begleitet, verschafft sich radikale Philosophie in dem 'Palaver der Menschheit' Gehör, das immer schon über das bloße Argumentieren hinausgeht und sich doch immer wieder neu für triftige Argumente öffnet.

Kapitel 1:
'Radical Philosophy' und ihre Kooperationsfelder

Die hier vertretene Konzeption einer radikalen Philosophie knüpft an ein ganzes Feld philosophischer Tätigkeiten, Publikationsforen und Kommunikationszusammenhänge an, die es bereits gibt. Aber nicht ohne Weiteres im deutschen Sprachraum. Es wäre meinerseits naiv zu glauben, so etwas ließe sich 'einfach übertragen'. Unbestritten gibt es sprachgrenzenübergreifende Entwicklungen. Nur sind sie gewöhnlich mit inhaltlichen Umarbeitungen verbunden. 'Radical Science' etwa wurde im deutschen Sprachraum zur 'Wissenschaftskritik' (vgl. Klüver 1988). Müsste 'radical philosophy' nicht bei einer Übertragung ins Deutsche entsprechend modifiziert werden? Das ist jedenfalls alles andere als einfach - denn das entsprechende Wortfeld ist bereits engstens mit Philosophiebegriffen besetzt: 'Kritische Philosophie' meint zunächst Kantianismus, 'Kritische Theorie' die Frankfurter Schule, 'kritische Theorie' etwas weiter gefasst alle kritischen Varianten des Marxismus, 'Philosophiekritik', analog zu 'Ideologiekritik' wäre noch frei, würde aber nicht den zentralen Gedanken transportieren, der mir wichtig ist: den Anspruch nämlich selbst auf dem Feld der Philosophie philosophisch tätig zu sein und andere dazu zu veranlassen, in entsprechender Weise philosophisch tätig zu werden - ohne sich deswegen zu schämen, weil sie 'eigentlich' doch als WissenschaftlerInnen oder als BewegungsdenkerInnen tätig werden wollten. Der Ausdruck 'radikale Philosophie' scheint dafür gut zu passen.

'Radical Philosophy'

Mit ihrem Ansatz Philosophie ohne Herrschaftsanspruch und ohne Herrschaftsrechtfertigung zu betreiben, kann radikale Philosophie an Ansätze einer angelsächsischen *radical philosophy* anknüpfen, die bereits seit Ende der 60er Jahre ihre philosophische Tätigkeit in den Zusammenhang pluraler emanzipatorischer sozialer Bewegungen stellt, ohne ein 'Verlassen der Philosophie' vollziehen zu wollen, aber auch ohne selbst wiederum ein neues Paradigma 'richtigen Philosophierens' zu propagieren. Der Zusammenhang der mit einem ganzen Bündel von philosophischen Fragestellungen und Verfahrensweisen operierenden *radical philosophy* ergibt sich nicht aus ihrer Integration als Philosophie, auf dem Felde der philosophischen Auseinandersetzungen, auf dem sie agiert, sondern aus der gemeinsamen Bezugnahme auf die dem Feld der Philosophie gegenüber zunächst einmal transzendenten Ziele der für Aufklärung und Befreiung kämpfenden sozialen Bewegungen.

Die britische Zeitschrift 'Radical Philosophy' (URL 'www.radicalphilosophy.com', 'www.ukc.ac.uk/secl/philosophy/rp') wird seit 1972 herausgegeben[2]. Ihre von der Studentenbewegung der 1960er Jahre geprägten Gründer wollten der damals in England herrschenden engen Kombination einer spät-wittgensteinianischen Philosophie der normalen Sprache, des analytischen Modells der Philosophie und der empiristischen Tradition entkommen und die eigene Debatte für die - in der angelsächsischen Philosophie bis dahin noch nicht zur Kenntnis genommene - marxistischen, insbesondere neomarxistischen Traditionen, für radikale Strömungen der kontinentaleuropäischen Philosophie (Existenzialismus und Frankfurter Schule), sowie für 'radikale Ideen', die sich aus der Psychoanalyse ergaben (Marcuse, R. D. Laing) öffnen. Sie begriffen sich als Repräsentanten der Impulse der 'radikalen Bewegungen' der 1960er und 1970er Jahre auf dem Felde der Philosophie, die ihre Zeitschrift ausdrücklich sowohl als ein linkes als auch als ein philosophisches Unternehmen begriffen. Dabei vermieden sie bewusst jede Einengung auf bestimmte Positionen, so dass die wechselnden Konjunkturen der Theorie - der Hegelmarxismus der 1960er (in England vertreten von Arthur, McCarney, Norman und Sawyers), der strukturalistische Marxismus der 1970er (bes. Hindess und Hirst als englische Althusserianer) oder die z.T. daraus hervorgegangenen poststrukturalistischen und postmodernistischen Positionen - zwar in der Zeitschrift zu Wort kamen, sie aber nicht dominierten[3]. Mit der Krise der Linken und dem Sieg des Neoliberalismus Margaret Thatchers in den 1980ern tritt die bisherige Orientierung auf die Gewerkschaften und die Labour Party zurück. Die Sicht auf die 'neuen sozialen Bewegungen' als Träger eines möglichen Regenbogenbündnisses mit transformatorischen Perspektiven löst neue Debatten innerhalb der Zeitschrift aus (dabei erfolgt vor allem die Rezeption der 'cultural studies' und der französischen Debatten seit Foucault sowie Deleuze/ Guattari). Der Zusammenbruch des Hegemonialsystems der Sowjetunion mit der Sowjetunion selbst bringt zusätzliche Diskussionen darüber in Gang, was die Orientierung auf 'Sozialismus' - der Untertitel von 'Radical Philosophy' ist unverändert 'A journal of socialist and feminist philosophy' - gegenwärtig überhaupt noch bedeuten kann.[4]

Seit 1976 veranstaltet die 'radical philosophy group' der Zeitschrift Jahreskonferenzen, die zu einer wichtigen Kommunikationsplattform für die britische Linke geworden sind.[5]

Die 1982 in den USA gegründete - und 1968 als 'Radical Caucus' innerhalb der 'American Philosophical Association' entstandene[6] - 'Radical Philosophy Association' (=RPA)[7] geht in ihren Aktivitäten stärker in praktische Interventionen hinein: „Die Mitglieder der RPA kämpfen gegen Kapitalismus, Rassismus, Sexismus, Homophobie, Behinderungsdiskriminierung, Umweltzerstörung und alle anderen Formen von Herrschaft" (RPA Homepage, Sept. 8, 2000) „AkademikerInnen der Linken setzen ihre akademischen Ressourcen ein um beklagenswerte Situationen zum Gegenstand von Forschung und Lehre zu machen, die weltweit aufgrund von Aktionen der USA entstehen" (Nigh 1994). Über die Herausgabe eines halbjährlichen 'Radical Philosophy Review' (seit 1990, Baltimore; seit 1998, E. J. Brill, Boston), eines vierteljährlichen 'RPA Newsletters', die Durchführung „gelegentlicher eigener Wochenendtagungen, einschließlich einer Serie von Tagungen zu Klasse, Rasse und Geschlecht" sowie seit 1994 von „internationalen/nationalen" Zweijahrestagungen zu allen geraden Jahreszahlen[8], der regelmäßigen aktiven Teilnahme an den Tagungen der 'Midwest Radical Scholars and Activists' (seit 1990) und der 'Socialist Scholars Conference' (seit 1986) und Arbeitsgruppen zu einzelnen Themen und Interventionsfeldern[9] hat die RPA etwa im Rahmen ihrer 'Mexico Study Trips' eine 'Karawane' nach Chiapas geschickt (1997), seit 1990 in jedem Juni eine Tagung in Havanna, Kuba, hauptsächlich organisiert (Conference of North American and Cuban Philosophers and Social Scientists) und gibt einen mit vielen weltweiten tagespolitischen Inhalten gespickten e-mail-Listen-Dienst - von Palästina über den Iran bis zur Bush-Wahl in den USA - heraus. Sie beschreibt sich selbst als ein 'International, Non-Sectarian

Forum for Philosophical Discussion of Fundamental Change', deren Mitglieder 'aus vielen Nationen kommen', ist aber de facto mit etwa 300 Mitgliedern schwerpunktmäßig eine US-amerikanische Organisation, auch wenn sie sich - wie die USA selber - weltweit erstreckt. Die RPA beansprucht eine 'Vielfalt radikaler Traditionen fortzusetzen, einschließlich des Feminismus, der Phänomenologie, des Marxismus, des Anarchismus, des Post-Strukturalismus, der postkolonialen Theorie und des Umweltdenkens (aber nicht auf sie begrenzt)". (RPA Homepage, Sept. 8, 2000) Festhalten an einer bis in das 18. Jahrhundert zurückgehenden und von den sozialen Bewegungen geschärften Tradition des 'Sinns für Radikalismus'[10] und eine kritische Bereitschaft zu Revision der Tradition aufgrund der gegenwärtigen Kämpfe prägen etwa die Einladung zur RPA-Konferenz 2000 (www.uvmedu/radphil/rpa2000.html). Das „Unternehmen der radikalen Philosophie wird als inhärent interdisziplinär betrachtet" und daher auch „nicht philosophisch ausgebildete Personen" als Mitglieder aufgenommen. Mit Iris Young, Sean Sawyer, Moishe Postone, Slavoj Žižek, Milton Fisk und Gabriel Vargas Lozarno sind aber auch auf der RPA-Konferenz einige Stimmen präsent, die auch in der britischen oder sogar in der kontinentaleuropäischen Debatte Gehör finden.

Kooperationsfelder und Bündnisstrategie

Geht es also um einen bloßen Nachvollzug einer weiteren angelsächsisch geprägten 'Kulturform' innerhalb der deutschsprachigen, europäischen 'Provinz'? Wirken wir hier etwa an der 'Kolonisierung' mit, deren substanzielle Kritik (vgl. zusammenfassend Bourdieu/Wacquant 2000) wir doch nicht abweisen können und wollen?

Als Argument gegen die Annahme eines primär angelsächsischen Charakters 'radikaler Philosophie' kann ich zunächst ganz oberflächlich auf eine jüngere 'Philosophie ohne Verstellung' einiger ehemaliger Mitarbeiter von Althusser (Lecourt, Balibar, Raymond) im frankophonen Raum verweisen, die sich jedenfalls bereits in einem intensiven Austausch mit der angelsächsischen 'Radical Philosophy' befindet[11] - und nur wenig grundsätzlicher darauf, dass etwa die englische Variante sich ausdrücklich auch dadurch definiert, dass sie auf kontinentale Philosophietraditionen Bezug nimmt - i.U. zu der völlig 'selbstbezogenen' angelsächsischen analytischen Philosophie. In welcher Weise mein Eintreten für eine 'radikale Philosophie' auch an deutschsprachige Diskussionslinien insbesondere der 1990er Jahre anknüpft, werde ich im einzelnen zu zeigen versuchen. Mein hauptsächliches Gegenargument ist jedoch allgemeiner: Wirksame Gegenwehr gegen einen intellektuellen Kolonisierungsprozess setzt zweierlei voraus: Erstens die Fähigkeit, überhaupt den Kampfplatz zu erreichen, die Arena, auf der die kolonisierende Macht ihre offensiven Vorstöße vorträgt, und zweitens die kritische Unterscheidungsfähigkeit gegenüber der eigenen 'herrschenden Kultur', die auch zu erkennen vermag, an welchen unbestreitbaren Schwächen der 'Deutschen Ideologie' und der 'kontinentaleuropäischen Kultur' der Prozess der 'Amerikanisierung' seit den 1920er Jahren in immer wieder neuen Schüben vor allem deswegen erfolgreich ansetzt, weil er in demokratischer Hinsicht überlegen ist (vgl. Maase 1992), indem er an die Stelle autoritärer Unterwerfungsforderungen und ideologischer Unterdrückungsmechanismen zumindest die Aktivierung der angesprochenen Subjekte in der Selbertätigkeit des ideologischen 'do-it-yourself' setzt.[12] Selber tätig zu werden, ist aber noch keine hinreichende Bedingung für eine befreiende und aufklärende Wirkung einer derartigen Tätigkeit. Auch in der intellektuellen Tätigkeit bedarf es vielmehr besonderer Vorkehrungen, um Individuen daran zu hindern, sich selbst 'in die Sklaverei zu verkaufen'. Da wir hier schon gar nicht auf das Machtwort eines höheren Wesens, auch nicht der 'modernen Fürsten' von Partei und Bewegungen hoffen können, allein und isoliert aber uns selber nicht an Irrtümern hindern oder zu Einsichten veranlassen können, die uns nicht spontan kommen, sind wir auch hier auf eine Strategie der Bündnisse mit anderen und andersartigen verwiesen. Diese Bündnisse werden auf gleicher Augenhöhe eingegangen und ohne die idealisierende Vermutung, unsere Bündnispartner seien ihrerseits vor Irrtümern gefeit oder spontan auf alle wesentlichen Einsichten programmiert. Sie beruhen vielmehr auf der schlichten Erfahrung, dass mehrere Subjekte des Denkens und Handelns, die sich offen in einen gemeinsamen Kommunikationszusammenhang einbringen, sich in einem offenen und unabschließbaren Erkenntnisprozess gegenseitig korrigieren können - und zwar um so besser, wenn sie sich stark unterscheiden - ohne sich allerdings in blockierende Gegensätze einzumauern.

Neben dem Feld der '*radical philosophy*' - innerhalb dessen die spezifische Position radikaler Philosophie, wie sie hier vertreten wird, sowohl Kooperationspartner wie Gegner finden kann - sucht radikale Philosophie ihren philosophischen Hintergrund vor allem in den Kooperationsfeldern der 'peripheren', v.a. lateinamerikanischen 'Philosophie der Befreiung' und einer neueren - von Lecourt (1982) u.a. vertretenen - kontinentaleuropäischen, v.a. frankophonen Tendenz einer „Philosophie ohne Verstellung“. Innerhalb der deutschsprachigen Debatte kann radikale Philosophie an das Feld der gegensätzlichen Versuche anschließen, die Kritische Theorie der Frankfurter Schule fortzusetzen[13], aber auch an Ansätze, die sich selbst als Darstellungsformen einer marxistischen Philosophie begreifen, ohne die 'Philosophieform' dabei affirmativ zu behandeln (Haug)[14], und an ein Feld von Ansätzen heutiger Philosophie, die eine Reflexion der Praxis insbesondere der neuen sozialen Bewegungen mit einer Orientierung auf die angelsächsischen '*cultural studies*' oder auch auf die 'poststrukturalistische' frankophone Philosophie verbinden.

Radikale Philosophie begreift sich als eine philosophische Tätigkeit aus der Störung[15] vorgängig laufender Tätigkeiten heraus. Das Ziel, das sie mit ihrer Arbeit auf dem Felde und mit den Mitteln der Philosophie verfolgt, liegt immer letztlich außerhalb der Philosophie - in einer Rückeinwirkung auf diejenigen Felder, von deren Unterbrechung die Arbeit radikaler Philosophie jeweils ausgegangen ist. Das können Probleme ganz unterschiedlicher Art sein, die nur eines gemeinsam haben: die Suche nach der Antwort auf die Frage, wie etwas, das Schwierigkeiten macht oder stört, auf produktive, veränderungstüchtige und weiterführende Weise gedacht werden kann. Das gilt für wissenschaftliche Forschungsfragen nicht anders als für Fragen der politischen Praxis oder des künstlerischen Produzierens.

Damit ist auch radikale Philosophie darauf verwiesen, immer sehr sorgfältig nach intellektuellen BündnispartnerInnen zu suchen - andererseits aber auch diesen nichts einfach auf ihr Wort zu glauben. Die Suche nach BündnispartnerInnen innerhalb der spontanen epistemologischen und wissenschaftspolitischen Reflexionen der Wissenschaftler, innerhalb der Reflexionsformen künstlerischen Produzierens, die KünstlerInnen und ÄsthetikerInnen entwikkeln, unter den Diskurselementen, mit denen sich politische Bewegungen und politisch Aktive über ihre Strategien verständigen, muss von radikaler Philosophie im strengen Verständnis empirisch betrieben werden - sie macht sich auf den Weg und nimmt auf, was sie findet - und prüft kritisch, was sie davon wofür gebrauchen kann und wo sie vielleicht selbst einen spezifischen Impuls setzen könnte. Die Vorstellung dagegen, dass sie diesen intellektuellen Praktiken etwas zu sagen hätte, das ihnen eröffnen könnte, was sie eigentlich, richtigerweise zu tun hätten, anstatt dessen was sie bereits zu tun im Begriff sind, wird radikale Philosophie nicht nur selbst ablegen, sondern bei philosophisch sozialisierten Intellektuellen kritisch überwinden müssen. In spezifischerem Sinne findet radikale Philosophie also ihre Bündnispartner zunächst in dem, was sich grob als kritische Ansätze innerhalb der wissenschaftlichen Disziplinen, der Zweige künstlerischen Produzierens oder der Bereiche und Formen politischer Praxis beschreiben läßt.

Gegenwärtig bewegt sich radikale Philosophie noch überwiegend in einem - durch nationalstaatliche Öffentlichkeiten nationalstaatlich oder -sprachlich verfasste Debatten - zerklüfteten Raum. Das wird dadurch noch verschärft, dass die herrschaftskritischen gesellschaftlichen Kräfte, auf die sie sich zu beziehen versucht, den Globalisierungsschub von Kapital und Weltkultur nur verzögert nachvollzogen haben - und sich als populare Kräfte auch nicht so ohne Weiteres aus lokalen und regionalen Verankerungen[16] und von sprachlichen Artikulationsmustern lösen können, wie dies dem Geldkapital oder einer medial verdünnten 'Weltkultur' offenbar relativ problemlos möglich ist. Aber nicht nur die geographische Zerklüftung erschwert die Arbeit radikaler Philosophie. Auch die abgestuften Arenen grundsätzlicher Diskurse von einer offiziös akademischen Diskussion über unterschiedlich abgestufte '*off*'- und '*off-off*'-Zusammenhänge bis hin zu einzelnen Bewegungsöffentlichkeiten, wie ihn etwa die Gewerkschaften, die Frauenbewegung, die 'Queers' und die Ökologiebewegungen ausgebildet haben, erschwert es radikaler Philosophie, diejenigen Bündnispartner in diesen vielfältigen Feldern zu finden, die mit ihrer Arbeit produktiv zu verknüpfen sind.

Insgesamt wird radikale Philosophie immer wieder darauf zurückgeworfen, sich ihre konkreten Bündnispartner doch innerhalb der Philosophie zu suchen. Ihr oberstes Ziel muss es aber bleiben, sich bei den Vielen, an die sie sich als Individuen richtet, mit denjenigen Elementen ihres eigenen Denkens zu verbünden, die nach Lösungen in Richtung von Aufklärung und Befreiung suchen. Gramsci hat diesen inneren Anknüpfungspunkt für eine die Individuen in ihrem Denken und Urteilen wirklich ernst nehmende Bündnisstrategie unter dem Titel des '*buon senso*' erörtert, der dem '*senso commune*' der Spießer sowohl entgegensteht, als auch in ihm enthalten, aus ihm immer wieder herauszuscheiden ist. Brecht hat mit ähnlicher Stoßrichtung den Vorschlag gemacht, die Individuen als 'Dividuen' zu begreifen, die immer schon selbst 'geteilter Meinung' seien - woran eine eingreifende Kritik immer schon anknüpfen könne und müsse. Beiden gegenüber ist inzwischen aber - im Zeitalter der fast unbegrenzten und fast ort- und zeitlosen technischen Reproduzierbarkeit aller Diskurse - darauf zu insistieren, dass dieses bündnisfähige Element nicht 'von selbst' oder in 'reiner Form' in den Köpfen der Menschen auftaucht, sondern immer schon in bearbeiteten Fassungen auftritt, unter der Einwirkung eines weltweiten medialen Apparates steht. So dass auch hier gilt, de *omnibus est dubitandum*, nichts darf ungeprüft als 'selbstverständlich' durchgehen.

Herausforderungen an eine radikale Philosophie

Da die Ziele radikaler Philosophie letztlich außerhalb des philosophischen Feldes und damit auch außerhalb ihrer selbst als Philosophie liegen, weil sie weder Wissenschaft noch Politik noch Kunst ist, also weder als solche bestandskräftige Wahrheiten noch ein gutes Leben oder dargestellte Schönheit oder Erhabenheit produzieren kann, gewinnt radikale Philosophie ihre zeitgenössische Aktualität gerade aus deren gegenwärtigen Defiziten. Die einzige spezifische Kompetenz radikaler Philosophie besteht darin, vorübergehend akzeptable intellektuelle 'Platzhalter' zur Markierung vorläufiger Leerstellen in den ausgearbeiteten Diskursen und Praktiken von Wissenschaften, Künsten und politischen Bewegungen zu produzieren, die ein ungelöstes Problem bis auf Weiteres markieren, ohne bereits eine wirkliche Lösung dieser Probleme darzustellen.

Damit hat radikale Philosophie allerdings mehr als genug zu tun, denn es herrscht gegenwärtig ein vielfältiger Mangel: Es fehlt sowohl an einer wirklich ausgearbeiteten wissenschaftlichen Durchdringung, des neuen 'globalen Netzwerkkapitalismus' und erst recht an erfolgreichen herrschaftskritischen politischen Vorstößen, vermutlich auch an künstlerischen Herausforderungen an die gesellschaftliche, medial vermittelte Selbst-Sicht der Vielen in der weltweit heraufziehenden neuen Epoche. Angesichts erneut stabilisierter Herrschaftsstrukturen, die längst damit begonnen haben, 'von oben' praktische Konsequenzen aus der Krise des Fordismus, dem Zusammenbruch des Realsozialismus, der ökologischen Krise und den Umbrüchen im patriarchalischen Geschlechterverhältnis zu ziehen, neue Typen von intellektuellen Orientierungsmustern durchzusetzen und ganz praktisch weltweit eine 'neue Ordnung' zu schaffen, findet die subversiv-philosophische Kritik der radikalen Philosophie überreichlich Stoff, an dem sie ansetzen kann.

Die von der politischen Losung der 'Befreiung' gemeinte radikale Kritik an jeglicher Herrschaft von Menschen über Menschen und die Devise einer der eigenen Voraussetzungen sich vergewissernden Aufklärung sind gewiss nicht zeitlos. Dennoch sind sie seit den ersten Kämpfen von Menschen um Befreiung und um die Überwindung von Vorurteilen immer wieder aktuell geworden. Angesichts der menschheitsgeschichtlich unerhörten Anhäufung militärischer, politischer und ökonomischer Macht, wie sie die neue unipolare Weltordnung kennzeichnet, ist die Suche nach Auswegen aus dieser Herrschaftsordnung aktueller denn je. Dass manchen verzweifelten Linken die Wiederherstellung wenigstens einer Konkurrenz zwischen führenden kapitalistisch geprägten Staaten - in offenbar verblassender Erinnerung an die Weltkriege des 20. Jahrhunderts - schon geradezu als wünschbar erscheint, lässt zumindest ahnen, wie dringlich die Überwindung dieses Weltzustandes geworden ist. Zugleich müssen wir festhalten, dass eine Fortdauer dieses Zustandes nicht unmittelbar mit einer Weltkatastrophe zusammenfällt, wie dies in den 1930er Jahren der Fall zu sein schien. Nachdem sich die Alternative von „Eine Welt oder keine?“ (Hobsbawm 1999, 300) - trotz einer in alternativen Kreisen immer noch betriebenen Katastrophenbeschwörung - mit dem Ende des Kalten Krieges erledigt zu haben scheint, hat sich unter der Hand auch die ältere Alternative von „Sozialismus oder Barbarei“ (vgl. Luxemburg 1916) erschöpft:

Schon Walter Benjamin hatte in der 'Nacht des Jahrhunderts' die Sichtweise ausformuliert, dass die Geschichte als der - nur aufzuhaltende - Marsch in die Katastrophe zu denken ist, anstatt als ein ohnehin garantierter und nur noch zu beschleunigender 'Fortschritt' (vgl. Wolf 1999c).

Nachdem die herrschaftskritischen Kräfte in der ‚Nacht des Jahrhunderts' also auf bloßen Antifaschismus zurückgeworfen waren, schien die weltweite Renaissance des Hegel-Marxismus im Kontext des Aufbruchs von 1968 einen umfassenden systematischen Neuanfang zu ermöglichen. Der Totalitätsanspruch des (linken) Hegelianismus erwies sich aber an allen Ecken und Enden als brüchig: Von vornherein gespalten in eine - theoretizistische, 'von oben' ansetzenden - *Kapital*-Lesebewegung, die einmal mehr versuchte, den Hegelschen Geschichtsdeterminismus 'materialistisch' ('kapitallogisch') umzudrehen; und einer empiristischen, 'von unten' bei den 'konkreten' Subjekten ansetzenden Suche nach einer „anderen Arbeiterbewegung" (Karl-Heinz Roth), erwiesen sich beide Ansätze bald als 'Fass ohne Boden': Während sich die KapitallogikerInnen damit konfrontiert sahen, dass die bürgerliche Gesellschaft immer neue Formen von Akkumulationsmodellen, Regulationsregimes und ideologischer Subjektivierung hervorbringt, die Marx noch nicht hatte denken können, sah der *grass-roots*-Ansatz bald den Wald vor lauter Bäumen nicht mehr: Immer neue Nuancen und Wendungen traten hervor, nicht nur auf den ausgetretenen Pfaden von Gewerkschafts- und Parteiengeschichte, sondern vor allem in den neuen Dimensionen der Alltagsgeschichte sozialer Bewegungen, der Frauengeschichte, der 'eigenen Geschichte' der MigrantInnenbevölkerungen. Je genauer die Forschung hinzuschauen begann, desto mehr Verdrängtes, Vergessenes und Unbeachtetes wurde zum Thema. Hinzukam, dass dem Hegel-Marxismus schon bald Konkurrenz in Form eines Hegel-Feminismus und hegelianischer Befreiungsnationalismen zuwuchs, die jenem den Anspruch auf die Erkenntnis der 'wahren' Geschichtslogik und des 'wahren' revolutionären Subjekts streitig machen. Bloß traditionell philosophisch statt gesellschafts- und geschichtsanalytisch, wie diese Debatten geführt wurden, mussten sie freilich ohne weiterführende Ergebnisse bleiben, so dass schließlich auch die Hoffnung, der Zusammenbruch des Realsozialismus werde endlich Raum frei geben für einen 'wahren' Marxismus, enttäuscht wurde. Ihr Anti-Leninismus und selbst ihr Anti-Stalinismus bewahrte die Neue Linke nicht davor, zusammen mit der Alten Linken unterzugehen.

Die alte Frage nach den damaligen 'Dritten Wegen', nach real möglichen anderen Entwicklungspfaden, welche sich der aufgezwungenen Wahl entzogen hätten, die sowohl der Zweite Weltkrieg als auch der Kalte Krieg weltweit bedeutet haben, ist inzwischen zu einer Angelegenheit historischer Forschung geworden. Diese erliegt zunehmend ihrer offenbar inhärenten Tendenz, derartige Fragen der Herrschaftsstruktur im Gewimmel der konkreten Ereignisse aus den Augen zu verlieren. Das enthebt die heutige Kritik jedoch keinesfalls der Aufgabe, an diesen gemeinsamen Problemkern zu erinnern, der darin liegt, dass die Anti-Hitler-Koalition zwar in der 'Nacht des Jahrhunderts' die Perspektive einer Abwehr der systematisch entwickelten Barbarei des Faschismus repräsentierte, aber für keine tragfähige Perspektive eines menschheitlichen Fortschritts mehr eintreten konnte - und zwar nicht nur auf Grund der Widersprüche zwischen den Verbündeten, sondern auch aufgrund der kurzsichtigen Herrschaftsgebundenheit aller beteiligten politischen Kräfte[17]. Das bedeutet keineswegs, dass damit die Entscheidungen der an den Kämpfen dieser Periode aktiv Beteiligten nachträglich entwertet würden. Aber sie werden in ihrer unablösbaren Tragik kenntlich: Als Formen der Handlungsfähigkeit in historischen Sackgassen, in denen es, radikal zugespitzt, „nichts Wahres im Falschen“ mehr, sondern nur noch 'kleinere Übel' gegeben hat.

Die Barbarei, in der wir offensichtlich leben, bedroht zwar 'in the long run' die Ökosysteme, welche die Grundlage auch des menschlichen Lebens sind, aber 'in the long run we are all dead', wie schon Keynes im Hinblick auf die Ohnmacht derartiger Überlegungen im praktischen Tagesgeschäft anmerkte. Die Ziele von Aufklärung und Befreiung sind damit unvermindert aktuell. Aber sie sind wieder ganz neu aufzugreifen und auf die tiefgreifend veränderte Lage zu beziehen. Nur 'hier und jetzt' haben die Ziele von 'Befreiung' und 'Aufklärung' und die Suche nach einem produktiven Verhältnis beider Ziele zueinander wirklich Bedeutung. Das gilt nach dem Epochenbruch in den 1990er Jahren mit großer Dringlichkeit.

Dieser Epochenbruch als ein Umbruch in der gesellschaftlichen Realität - Krise des Fordismus, Zusammenbruch des Realsozialismus, ökologische Krise, Krise der patriarchalischen Geschlechterverhältnisse[18] - kann letztlich nicht philosophisch bestimmt werden. Dennoch sind - mangels einer wissenschaftlichen Theorie der historischen Gegenwart oder einer radikal gegenwärtigen praktischen Politik - philosophische Konzepte hierzu in großem Umfang in der Zirkulation. Radikale Philosophie muss hier kritische Aufgaben übernehmen, indem sie den spontanen Philosophien dekonstruierend entgegentritt. Zugleich muss sie aber auch dabei mitwirken, neue Entwürfe zu artikulieren, wie sie etwa in dem Konzept einer 'Globalisierung von unten' (vgl. Brecher 1999) Gestalt anzunehmen beginnen.

Kapitel 2: Subversion der Philosophieform

Als Philosoph in laufenden Debatten Thesen zu formulieren (und in die mündlichen Diskurse Strukturen der Schriftlichkeit einzubringen), diese elementarste Form philosophischer Tätigkeit[19] soll durch 'radikale Philosophie' aus der herrschenden 'Philosophieform' herausgebrochen, 'umfunktioniert' werden. Dafür ist es erforderlich, dass schrittweise an die Stelle eines scheinbar geschlossenen Diskurses, der unvermittelt 'über alles' handelt, ein in seiner Textur durchschaubares Gewebe von konkret veranlassten Diskursen tritt. An die Stelle der Position eines Verkünders und Vermittlers eines Besitzstandes von Erkenntnissen, wie sie in Fortführung des (Selbst-)Erziehungsanspruchs der neuzeitlichen Aufklärungs- und Subjektphilosophie (vgl. Frank 1991) sowohl von den transzendentalphilosophisch als auch von den empiristisch geprägten kritischen Philosophien bezogen wird, aber auch an die Stelle der unvermittelbaren Umkehrung dieses behaupteten Erkenntnisbesitzes in eine asketische 'Besitzlosigkeit', wie sie sowohl die 'negative Dialektik' der Kritischen Theorie, als auch die 'anything-goes'-Haltung (bzw. das 'schwache Denken') der postmodernen Philosophie als Haltung einnimmt, setzt radikale Philosophie die Orientierung auf einen übergreifenden Produktionsprozess von Positionen, in dem es durchaus im Ringen unterschiedlicher Positionen immer wieder neu um gültige Ergebnisse, einschließlich eines 'starken', zu wirklichen Transformationen der historischen Wirklichkeit motivierenden und tauglichen Denkens unter paradigmatisch verbindlichen Regeln der Wirklichkeitsbewältigung geht. Allerdings geht es radikaler Philosophie in ihrer Tätigkeit nicht darum, alleine und gleichsam vor jeder wirklichen Untersuchung und Praxis zu tragfähigen Ergebnissen zu kommen. Vielmehr muss sie den Beitrag des eigenen Denkens nur als ein Hilfsgewebe begreifen, das dazu beiträgt, in politischer Praxis, wissenschaftlicher Untersuchung und künstlerischer Gestaltung wirkliche Ergebnisse zu erzielen. Dieses Hilfsgewebe der 'radikalen Philosophie' ist zwar immer wieder aufzutrennen - und daher niemals zu 'vollenden' - aber es gewinnt seine Tragfähigkeit als 'Denkbrücke' gerade daraus, dass es seine Veranlassungen, Knotenpunkte und Lücken nicht verbirgt und sie nicht nur offen liegen lässt, wie dies in postmodernen Texten inzwischen geschieht, sondern sie geradezu als solche thematisiert und reflexiv zum Ausgangspunkt weiterer Untersuchungen umarbeitet, durch die sie erfasst und zum Gegenstand greifbarer und tragfähiger Antworten gemacht werden können. Damit kann ihr Redesubjekt aus der sonst für die herrschende Form philosophischer Diskurse konstitutiven Position des 'Immer-schon-die-Antworten-Wissens' - also aus einer Position des institutionell vorgegebenen, konstitutiven Wahrheits-Besitzes - heraustreten, ohne deswegen in einer aporetisch verselbstständigten Fragehaltung auf die ganz handfeste und ernsthafte Suche nach Antworten zu verzichten. Radikale Philosophinnen und Philosophen untersuchen Fragenstellungen in vollem Wissen darüber, dass angemessene Antworten keine bloß philosophischen sein können. Dadurch wird es für sie auch miteinander vereinbar, selber zu denken und zu reden und dabei doch vorgefundenen Subjektpositionen zugehörig zu bleiben (oder neuen zugehörig zu werden), die mit anderen Subjekten geteilt werden - d.h. 'ich' zu sagen, ohne sich dadurch von dem 'wir' zu distanzieren - und auch 'wir' zu sagen, ohne sich diesem 'wir' immer schon unterworfen zu haben.[20]

Das „wer“, das sich im 'es denkt' radikaler Philosophie zu Wort meldet, sollte zwar das 'konkrete ich' nicht einfach überspringen, das jeweils spricht und schreibt. [21] Gerade das Postulat des Selberdenkens ließe dies gar nicht zu. Bei aller Respektierung dieser Individualität geht es in radikaler Philosophie aber keineswegs um so etwas wie ein 'eigentliches Ich-selbst-sein' dieses Individuums. Vielmehr geht es vor allem darum, neben einem 'selbst', das ich werden kann, immer auch ein 'wir' zu explorieren, das ich zusammen mit anderen werden kann, das in Zukunft sein könnte. Nicht ein 'wir', das als ein 'kollektives Subjekt' an die Stelle der individuellen Subjekte treten könnte.[22] Vielmehr geht es gerade in radikaler Philosophie, wie wir es im Rückgriff auf eine klassische Formel kennzeichnen können, um eine solche Konstellation individueller Subjekte, in deren Gemeinsamkeit die Freiheit aller die konkrete Bedingung der Freiheit jedes einzelnen darstellt.

Subjekte praktischer Transformation

Die kritische Suche der radikalen Philosophinnen und Philosophen, auf dem Weg des eigenen Denkens zu tragfähigen Urteilen zu kommen, zielt gerade nicht auf das Idiosynkratische, dessen sie dabei gewahr werden, sondern auf diejenigen Momente, in denen ein derartiges künftiges 'wir' antizipierbar wird und in denen Wege erkennbar werden, ihm konkret näher zu kommen. Insofern berührt sich die selbstkritische Haltung der radikalen Philosophie in ihrer konkreten Ausführung mit Bourdieus Konzeption, 'sozioanalytisch' im eigenen Denken den Effekten der bestehenden gesellschaftlichen Herrschaftsverhältnisse und des vorliegenden Gedankenmaterials nachzugehen , die dem einzelnen zunächst als 'selbstverständlich' erscheinen, um auf diese Weise die eigene soziohistorische Produziertheit hinterfragen zu lernen - in Richtung auf eine strategisch gezielte 'Neuzusammensetzung' als Subjekte praktischer Transformation (vgl. Bourdieu 1980).

Nun sind aber auch die Subjekte praktischer Vorstöße und Bewegungen innerhalb des komplexen Gewebes der gesellschaftlichen Reproduktionsprozesse, die sich keineswegs auf ein 'mechanisches System' reduzieren lassen[23] kein ein für alle Mal vorgegebenes Fundament[24] - ganz im Gegenteil sind sie selber in ihrer konkreten Materialität nur als aus diesen Reproduktionsprozessen begreifbar, welche sich immer wieder in ihrem ausgangsoffenen Ringen vollziehen. Sie sind ebenso unumgehbare Voraussetzungen des Fortganges dieses Prozesses wie sie bereits kontingente Resultate seines bisherigen Verlaufs sind.

Aus dieser Konstitution der Bewegungssubjekte in den laufenden Bewegungen, die sich unter den bestehenden diskursiven Konstellationen vollzieht, ergibt sich indirekt noch ein weiterer Aspekt der Aktualität radikaler Philosophie: Während die Herrschenden in der gesamten Epoche des Fordismus strategische intellektuelle Diskurse über die politische Gegenwart in Gestalt einer theoretischen Soziologie (Durkheim, Weber, Parsons, Luhmann) entwikkelt haben, tritt seit dem historischen Scheitern des in den 1890er Jahren begonnenen Zyklus einer politischen Arbeiterbewegung, welche den Kapitalismus gesellschaftstheoretisch in die Schranken forderte, wieder die herrschende Philosophieform in den Vordergrund, in der es um 'alles' geht, wie es Denken, Handeln und Wirklichkeitsbezug artikulieren kann. Zu nennen sind hier

- zum einen das Aufkommen einer zweischneidigen postmodernen Philosophie, die sich in ihrer problematischen Seite im Namen von Pluralität, Alterität und Diversität sowie im Namen von *Bewegtheit als solche* von den Politisierungsansprüchen der sozialen Bewegungen sowie von allen Versuchen losgesagt hat, eine zumindest ko-lingual übersetzbare gemeinsame Sprache der Kritik zurückzugewinnen.[25] In ihrem Kontext vollzog sich zugleich ein Prozess der Enttabuisierung der bis dahin auch innerhalb des philosophischen Feldes international 'zensierten' Vertreter eines ‚philosophischen Gegenfeuers' der 'konservativen Revolutionäre', die an der Frontlinie eines offensiven Vorstoßes gegen Aufklärung und Befreiung Positionen der offenen Herrschaftsaffirmation bezogen hatten, wie Martin Heidegger, Carl Schmitt oder Ernst Jünger.
- Ging es im postmodernen Kontext allerdings - zumindest teilweise - noch darum, die zynische Offenheit der Herrschaftsaffirmation durch die Vertreter des 'philosophischen Gegenfeuers' als Kritik an der 'Heuchelei' der Herrschaftslegitimation als Nichtherrschaft, wie sie den neuzeitlichen philosophischen 'Mainstream' seit John Locke geprägt hatte, während die ältere philosophische Tradition seit Platon nicht weniger skandalös für eine vernünftige Legitimation von Herrschaft eingetreten war, für eine fröhliche Subversivität zu nutzen, so dient diese Enttabuisierung herrschaftsaffirmativer Philosophie zugleich einer erneuerten *philosophia triumphans* als Stütze, die ausdrücklich aus der Perspektive und mit dem Ziel der offenen Legitimation der bestehenden Herrschaftsverhältnisse argumentiert.

An dem damit verbundenen 'neuen Selbstbewusstsein' der Philosophinnen und Philosophen[26], die sich für alle Fragen der Politik und des Alltagslebens als kompetente BeraterInnen anbieten[27], hat 'radikale Philosophie' allerdings keinen Anteil: Sie tritt demgegenüber vielmehr der Gefahr eines Rückfalls in eine traditionelle 'Philosophieform' kritisch entgegen, die eine auf neu geschminkte traditionelle Philosophie wieder zu einer höheren Instanz hypostasiert.

Was heißt argumentieren?

Rational verhält sich doch wohl, wer vor einem Beschluss das Für und Wider, die Argumente abwägt. Und nichts als Argumente[28] für seinen Entschluss[29] gelten lässt. Spätestens seit Heraklit und Parmenides die Tragfähigkeit und Sprengkraft einfacher logischer Operationen für die Entfaltung philosophischer Diskurse entdeckt haben, hat sich Philosophie gleichsam rückwirkend als Hüterin einer solchen rein argumentativen Rationalität angeboten.[30] Radikale Philosophie hat diesen Anspruch kritisch zu prüfen.

Es geht hier zunächst einmal[31] ganz 'abstrakt' um die Frage nach den Voraussetzungen des Argumentierens, wie sie hervortritt, wenn eine Antwort auf eine Frage gesucht oder eine von mehreren konkurrierenden Antworten auszuwählen oder zu verbessern versucht wird. Uns interessiert dabei hier nur, *dass* argumentiert wird und dass das Ergebnis der Argumentation sich aus nichts als Argumenten speisen soll.

Wichtig ist zunächst die Klarstellung, dass auch die Berufung auf 'die Praxis' innerhalb des Austauschs von Argumenten so wenig ein schlüssiges Argument ist wie die - in der Regel gleichbedeutende - pauschale Anrufung ›der Erfahrung‹ als diskursiver Begründungsinstanz. Denn das Theorie-Praxis-Verhältnis, von dem in den 60er und 70er Jahren so viel die Rede war, ist viel vermittelter als den Diskutierenden klar gewesen zu sein scheint. Unsere - erst einmal sehr viel einfachere - Herangehensweise knüpft insofern an keinen geringeren als an Aristoteles[32] an, der nüchtern festhielt, dass auch „die Theorie eine Praxis ist", d.h. auf der entsprechenden Tätigkeit eines Menschen beruht.[33]

Ich will mich hier auf eine allzu oft vernachlässigte Dimension konzentrieren: Die Elaboration, der Grad der Ausarbeitung eines Argumentes besagt nichts über seine Güte. Sonst könnten sich ja die Reichen, die Mächtigen, die Herrschenden, immer schon die „besseren Argumente" beschaffen. Und es wäre immer schon rational, sich ihnen zu unterwerfen. Hans Christian Andersens unbefangenes Kind hätte keine Chance mehr, den elaborierten Lobgesängen der Höflinge letztlich durchschlagend erfolgreich sein „Der Kaiser ist nackt!" entgegenzuhalten.

Zusammenfassend können wir daher festhalten:

1. Die Berufung auf 'die Praxis' oder 'die Erfahrung' ist noch kein Argument. Denn das, was den 'Inhalt' dieser Praxis oder dieser Erfahrung *ausmacht*, wird dann gerade zum Gegenstand einer strittigen Diskussion, die nicht durch wechselseitige Unmittelbarkeits- und Authentizitätsversicherungen argumentativ beendet werden kann.
2. Aber auch der umgekehrten Position, der gemäß die Güte eines Arguments allein am Grad seiner ('analytischen', 'technischen' oder 'hermeneutischen') Elaboration durch 'vermittelnde Gründe' zu messen wäre, kann nicht zugestimmt werden. Denn sonst könnten sich ja die Reichen, die Mächtigen, die Herrschenden, immer schon die „besseren Argumente" beschaffen. Zum Glück gilt aber, wie schon Goethe wusste, „Getretner Quark wird breit, nicht stark.".

Vielmehr wollen wir ein Argument erst dann gut und potenziell überzeugend nennen, wenn es einen Aspekt der Wirklichkeit eröffnet, einen Weltbezug verdeutlicht, der in den vielfältigen Lebenspraktiken der Angesprochenen eine tragfähige Rolle übernehmen kann. Ein derartiger - für die von einem Argument Angesprochenen - tauglicher und nützlicher Weltbezug kann dabei von sehr unterschiedlicher Art sein; wichtig ist an dieser Stelle nur, dass es wirklich der Weltbezug der argumentativ Angesprochenen selbst sein muss und niemand bei dessen Nachvollzug an deren Stelle treten kann. Hierin liegt vielleicht der tiefste Grund, warum die Unterscheidung von 'überzeugen' und 'überreden', von 'Gründen' und 'Ursachen' trotz aller Schwierigkeiten, die sie im einzelnen macht, keineswegs aufgegeben werden sollte.

Daraus ergibt sich allerdings noch eine dritte Abgrenzung: Wenn wir nämlich ernsthaft die Güte von Argumenten von ihrem Elaborationsgrad unterscheiden wollen, dann kann die Alternative zu einem Urteil in der Sache, zu dem jeder betroffene und beteiligte Mensch immer schon aufgefordert ist, bevor er vollständig über die dafür erforderlichen Mittel verfügt, auch nicht darin liegen, die Abwägung der Argumente einer autoritären Instanz zuzuweisen, die ihre Argumentation gar nicht elaborieren muss, sondern sich bspw. auf die Vorvätersitten, auf göttliche Offenbarung oder schlichtweg auf ihre 'souveräne Kompetenzkompetenz' berufen kann. Denn eine solche Instanz ist auch immer nur eine spezifische Vermittlungsform bestehender Herrschaftsverhältnisse, die mit vorgegeben oder arbiträr gesetzten Aus- und Einschlussmechanismen gegenüber Argumenten und Argumentierenden arbeitet und deren Urteile deshalb keine selbstverständliche Verbindlichkeit beanspruchen können.

Aber wenn wir uns nicht unmittelbar auf 'die Praxis' (oder 'die Erfahrung') berufen können - wie wägen wir dann Argumente ab? Was ist ein gutes, ein triftiges, ein überzeugendes Argument? Hierzu hat die Philosophie seit Thales und Pythagoras und die Rhetorik seit Protagoras und Gorgias vielerlei vorgebracht, was immer wieder daran scheiterte, dass letztlich versucht wurde, allein durch philosophische Tätigkeit ein allgemeines Wahrheitskriterium in die Hand zu bekommen.

Denn erst in dem Moment, wenn wir die Erwartung fallen lassen, unmittelbar ein Kriterium in die Hand zu bekommen, das uns die Mühe der konkreten Prüfung in der jeweils gegebenen Situation abnimmt, können wir durchaus in groben allgemeinen Zügen angeben, woran letztlich ein Argument sein spezifisches Gewicht festmachen kann: Ein Argument ist insofern für jemanden überzeugend, als es - sofern es überhaupt von anderen nachvollziehbar ist, in seinen logischen und semantischen Operationen keine offensichtlich selbstzerstörerischen Fehler macht und auf eine für andere akzeptable empirische oder historische bzw. diskursive Argumentationsgrundlage verweisen kann - einen Aspekt der Wirklichkeit eröffnet, einen Weltbezug verdeutlicht, der in seinen Lebenspraktiken eine tragfähige Rolle übernehmen kann. Ein derartiger, für den von einem Argument Angesprochenen tauglicher und nützlicher Weltbezug kann dabei von sehr unterschiedlicher Art sein - von der Reproduktion der intellektuellen Landkarte, mit deren Hilfe sich jemand generell oder feldbezogen orientiert, bis hin zur Vermittlung detaillierten Gebrauchswissens technischer, instrumenteller Art. Wichtig ist an dieser Stelle nur, dass es wirklich der Weltbezug des argumentativ Angesprochenen selbst sein muss und niemand dabei an seine Stelle treten kann, um sich einen solchen zusätzlichen Weltbezug auch selber zu eigen zu machen. Das heißt noch keineswegs, dass jedes Argument ein *argumentum ad hominem* sein muss, das nur für die spezifisch Adressierten funktionieren müsste. Allerdings kann kein Argument funktionieren, das nicht auch in einen konkreten Weltbezug der von ihm Angesprochenen übersetzbar und zumindest auch ein Stück weit angenommen ist.

Dieser Rückbezug auf den jeweils eigenen Weltbezug der Adressierten schließt Fremdbestimmung noch nicht aus. Dass es etwa 'rational' ist, sich den „*powers that be*" zu unterwerfen, mag in manchen Situationen durchaus stimmen. Es macht sie aber immer - zumindest unterschwellig - kenntlich: Denn bei der Abwägung von Argumenten bleibt der Unterschied erkennbar, ob wir uns einer Forderung oder einer Behauptung einfach fügen, weil wir der Gewalt weichen, oder weil uns die Argumentation dafür irgendwie überzeugt hat. Wir brauchen nicht einmal Heroismus oder Wagemut bei den Argumentierenden unterstellen, um annehmen zu können, dass sie zu unterscheiden wissen, wo sich das bessere Argument durchsetzt und wo Gewalt und Bestechung zu einem ganz anderen Ergebnis führen. Hierin liegt vielleicht der tiefste Grund, warum die Unterscheidung von 'Überzeugen' und 'Überreden', von 'Gründen' und 'Ursachen' trotz aller Schwierigkeiten, die sie im einzelnen macht[34], keineswegs aufgegeben werden sollte.

An dieser Stelle hilft ein Rückgriff auf Habermas' soziologische Analyse des Vernunftbegriffs ein Stück weiter: Denn 'Rationalität', das ist, wovon etwa Habermas zehrt und woran er zugleich kritisch arbeitet (vgl. Habermas 1981, 13ff.), als die in die Sprache der Soziologie übertragene, übersetzte 'Vernunft' der philosophischen Tradition. Gerade weil es Habermas dabei nicht gelingt, den Horizont der Philosophieform wirklich zu verlassen[35], wird an der für seine 'Gesellschaftstheorie' tragenden These deutlich erkennbar, wie sehr auch die scheinbar verselbstständigten soziologischen Analysen im selbstverständlichen Horizont der philosophischen Tradition verbleiben. So formuliert Habermas, „Verständigung" wohne „als Telos der menschlichen Sprache inne" (ebd., 387). Habermas hat allerdings klar gesehen, dass den traditionellen Philosophinnen und Philosophen als spezialisierten 'FunktionärInnen der Vernunft' offenbar ein blinder Fleck in der folgenden Richtung gemeinsam ist: Die besorgten Mütter etwa, die nach Tschernobyl den ExpertInnen nicht glauben wollten, dass es keinerlei Gefahr für sie und ihre Kinder gab, galten diesen ExpertInnen schon deswegen als irrational, weil sie - jedenfalls zunächst - nicht viel über die Physik und Chemie radioaktiver Strahlungen wussten, und als unverantwortlich, weil sie sich der staatlich organisierten gesellschaftlichen Vernunft nicht unterwarfen und selber ihre Probleme zu lösen versuchten. Das hätte die traditionelle Philosophie nicht grundsätzlich anders sehen können. Inzwischen wissen wir es aber aufgrund konkreter historischer Erfahrungen besser: Die Forschungen über die Langzeitwirkungen von Strahlungen niedriger Intensität und der Speicherung radioaktiver Substanzen im Nahrungskreislauf haben gezeigt, dass es wirkliche Gefährdungen gab - und immer noch gibt -, die praktisch in ganz Europa gewisse Ernährungsumstellungen als rational angeraten erscheinen lassen. Diese Art von automatischem Geltungsvorurteil zugunsten der Meinungen der PhilosophInnen oder WissenschaftlerInnen streift Habermas mit gutem Recht durch seine Vorschläge für eine Entsubstanzialisierung und Prozeduralisierung des Rationalitätsbegriffs ab. Insofern kann er immerhin ansetzen, derartige historische Erfahrungsprozesse zu denken.

Wir können diese historische Erfahrung folgendermaßen formulieren: Die Forschung hat inzwischen im Prozess weiterer, externer wie interner Auseinandersetzungen 'das schwächere Argument zum Stärkeren gemacht'. Trotz aller Herrschafts- und Machteffekte im Feld der wissenschaftlichen Arbeit geschah dies im Gesamtergebnis durchaus nicht in Gestalt einer 'käuflichen Elaboration' als kopflangerischer Herrschaftspraktik, sondern als eine langsame Durchsetzung der radikaleren, umfassenderen Frage und der besseren Argumente. Es gibt zwar immer noch eine der Atomindustrie nahestehende Forschung, die auch diese Ergebnisse zu bestreiten versucht, aber sie hat inzwischen die wesentlichen Schlachten verloren. Allerdings werden daraus noch kaum hinreichende praktische Konsequenzen gezogen. Das ist offenbar aber äußerst schwer durchzusetzen.

Auch in Fällen, wo die zu ziehenden Konsequenzen einfach und auf der Hand liegend sind, wie im Fall der Tabakindustrie, hat es eine viel zu lange Zeitspanne gegeben, in denen der begründete Verdacht einiger EpidemiologInnen, ToxikologInnen und VerbraucherschützerInnen, durch Rauchen werden die Krebserkrankungen gefördert, mit schlechten, interessierten, aber kostspielig wissenschaftlich elaborierten Argumenten erfolgreich bestritten worden sind.

Angesichts dieser Erfahrungen wäre es ein strategischer Fehler, das in institutionalisierte Wissenschaft elaborierte Argument allein deswegen schon dem einfachen Misstrauen von 'Laien' oder den informierten Vermutungen von Praktikern (etwa von ÄrztInnen) für überlegen zu halten. Mit Habermas können wir auch das scheinbar dogmatische Festhalten an derartigen Vorüberlegungen und Vermutungen angesichts vorliegender elaborierter Ergebnisse für so lange durchaus rational halten, wie nicht auch die Interessengrundlagen dieser Forschungen kritisch untersucht und die alternativen Forschungsprogramme vergleichbar weit vorangetrieben worden sind.

Philosophische Herrschaftskritik

Auf dem Felde der Philosophie haben wir es mit artikulierten Herrschaftsansprüchen zu tun, welche sich mit Argumenten legitimieren. Radikale Philosophie muss nicht neue Gründe finden, warum Menschen gegen Herrschaft sind, sondern den Gründen, die zu ihrer Legitimierung vorgebracht werden, durch philosophische Kritik den Schein nehmen, gute Argumente zu sein.

Wenn wir ernsthaft und substanziell die Güte von Argumenten von ihrem (u.U. wissenschaftlichen, zumindest wissenschaftsförmigen) Elaborationsgrad unterscheiden wollen - und dies scheint mir unabweisbar, um nicht in einen Zynismus der Unterwerfung unter eine käufliche Elaboration, zu verfallen -, dann haben wir nur zwei Möglichkeiten, einen vertretbaren Begriff von Rationalität oder von Vernunft zu retten: Entweder, wie Nietzsche es spöttisch formuliert hat, „vermöge eines Vermögens“, oder aber, indem wir unsere Konzeption von Rationalität oder Vernunft in Richtung auf die Dimension von Herrschaft explizit kritisch formulieren.

Das postulierte Vermögen, zu beurteilen, ob ein Argument gut ist, ohne auf seinen Elaborationsgrad hereinzufallen, kann individuell ausgeprägt und kollektiv verankert sein, wie die aristotelische Klugheit (Phronesis), wie sie im politischen Gemeinwesen der Polis verankert gedacht wird, oder die paulinische Glaubensstärke (Pistis), wie sie auf den Zusammenhang der frühchristlichen Gemeinde verweist, es kann aber auch unmittelbar als kollektiver Überprüfungshintergrund gedacht sein, wie der 'Paideia'-Kanon einiger Sophisten, die Vorvätersitten ('*Mos maiorum*') der alten Römer, das 'Gesetz' des talmudischen Judentums, der Koran der Muslime oder auch tatsächlich als institutionalisierte Berufungsinstanz wie die abendländische 'katholische Kirche' des Benedikt von Nursia. Allein schon diese Liste zeigt, dass die entscheidende Frage hier immer wieder die nach der Überprüfung, Legitimation und Anerkennung des postulierten Vermögens ist. Insbesondere wenn wir auch fragen, für wen die Urteile einer solchen Instanz Verbindlichkeit in Anspruch nehmen, erkennen wir das postulierte Vermögen in jedem Fall als eine spezifische Vermittlungsform bestehender Herrschaftsverhältnisse. Ein Metöke, ein *dissidenter* Christ, eine Sklavin, ein Verarmter, ein Ketzer oder ein Kopte haben keinen Grund, sich der Autorität der TrägerInnen derartiger Vermögen freiwillig zu fügen - auch wenn dies für den 'freien Bürger' Athens, den 'rechtgläubigen' Christen oder den 'römischen Staatsbürger' derartige Gründe hat geben können. Eine überzeugende Antwort auf die Frage nach der Legitimation eines Hineinwirkens von Herrschaftsverhältnissen in den Prozess der Argumentation kann „vermöge eines Vermögens“ nicht gefunden werden.

Der Unterschied zwischen einem unwiderstehlichen Zwang und einem überzeugenden Argument kann allgemein beschrieben werden: Die Überlegenheit eines Arguments muss sich immer dadurch bewähren, dass es den von ihm Angesprochenen etwas zu denken gibt, das dieser selber von sich aus nicht so gedacht hätte, das sie/er aber letztlich selber nachvollziehen kann. Ein Zwang dagegen bedarf keiner Bewährung, er muss sich nur durchsetzen. Niemand kann diesen Akt der nachvollziehenden Übernahme durch die/den/die ArgumentationspartnerInnen einseitig dadurch ersetzen, dass er sein Argument für evident oder selbstverständlich bzw. für wissenschaftlich bewiesen oder gar für a priori wahr erklärt.[36] Damit ist allerdings nicht schon jegliche Art von Gewaltförmigkeit aus dem Argumentieren entfernt: Insofern jede Argumentation eine Argumentationsgrundlage voraussetzt, zu der sie sich affirmativ verhalten muss, um überhaupt mit dem Argumentieren anfangen zu können, kommt sie unabwendbar auf den Punkt, dass ein Axiomenvorrat für einen Zusammenhang von Argumentierenden konstitutiv ist. Wer an dieser Stelle nicht mehr mitmachen will, verlässt damit auch diesen Zusammenhang von Argumentierenden. Daher kann jemandem, der oder die solche Auffassungen in Frage stellt, immer mit einem Ausschluss gedroht werden. Das von jedem und jeder Argumentierenden immer wieder neu zu lösende Problem liegt in dieser Hinsicht darin, konkret abzuwägen, wie weit er im Hinterfragen alter Argumentationszusammenhänge zugleich neue herstellen helfen kann. Und für eine Theorie rationalen Argumentierens braucht es nicht darum zu gehen, aus dieser Art von Zwängen postulativ herauszuspringen - sondern etwa kritisch zu unterscheiden, dass ein Ausschluss aus der Argumentationsgemeinschaft etwa der Mathematiker, der jemanden trifft, der das gesamte Axiomensystem hinterfragt, ganz anders zu beurteilen ist, als ein Ausschluss aus einem bestehenden philosophischen oder politischen Argumentationszusammenhang, der sich schon deswegen nicht auf ein konstitutives Axiomensystem berufen kann, weil diejenigen, die Philosophie oder die Politik treiben, kein vergleichbares Axiomensystem hervorgebracht haben[37]. Und wenn sich die Teilnehmenden als kritisch und demokratisch begreifen, dann können sie auch nicht durch einseitige Erklärungen allen anderen ein solches Axiomensystem auferlegen, auch wenn sie es ausarbeiten könnten. Zumal weder in der Politik noch in der Philosophie auf dieselbe Art von kontinuierlicher Weiterarbeit gesetzt werden kann, wie sie innerhalb der wissenschaftlichen Arbeitsprozesse im Rahmen der *normal science* dennoch bei zunächst festgehaltenen argumentativen Rahmenvorstellungen immer wieder zu tiefgreifenden paradigmatischen Umwälzungen führen.[38]

Radikale Philosophie muss sich in ihrem Insistieren darauf, Herrschaft als überwindbar zu denken,[39] vor allem mit *drei relevanten Gegenpositionen* auseinandersetzen: *Erstens* mit der Position, die Herrschaft will, um zu herrschen. Dies ist auch nicht die Position der Hauptlinien der Philosophie - auch wenn etwa Machiavelli und Montesquieu aus ihren unterschiedlichen Interessenpositionen einige Formulierungen gefunden haben, die dann für eine solche ausdrücklich konterrevolutionäre Herrschaftsaffirmation *sans phrase* (vgl. Bonald, de Maistre, Donoso Cortes) ausgebeutet werden konnten[40]. Es war aber immer schon die unausdrückliche Selbstverständlichkeit der Herrschenden - und die ganz ausdrückliche Position der intellektuellen Zyniker, wie sie seit Nietzsche auch innerhalb der Philosophie das Wort ergreifen. *Zweitens* mit der Position, dass Herrschaft unvermeidlich, weil sie zwar durchaus problematisch, aber anderen Alternativen dennoch vorzuziehen sei. Dies bildet den Mainstream der bisherigen ›politischen Philosophie‹ (Hobbes, Lokke, Rousseau), zu der aus der gegenwärtigen Erfahrung der ökologischen Krise und der feministischen Kritik an männlichen Selbsterschaffungsillusionen zusätzliche Argumente zuzuwachsen scheinen. *Drittens* mit der Position, dass Herrschaftsfreiheit inhärent unmöglich sei bzw. dass es gar nicht möglich sei, stabil zwischen Herrschaft und Freiheit zu unterscheiden, weil es ohne Herrschaft kein konsistentes Konzept der Selbstbestimmung geben könne (Hegel, Kojève, Rawls). Diese Position gibt es wiederum in zwei Varianten: Die eine greift auf fatalistische Vorstellungen von Geschichte, Gesellschaft und Lebenslauf zurück; die andere nährt sich letztlich aus dem Rückbezug auf logische Probleme der Reflexion, wie sie Tarski und Gödel herausgearbeitet haben.

Radikale Philosophie kann in allen drei Punkten triftig gegenhalten: Gegen Herrschaft um der Herrschaft willen gibt es *erstens* keinen 'logischen' oder 'ontologischen' Einwand, aber einen moralisch-politischen: Wer das will und dies öffentlich zugibt, ist keineswegs dumm oder schlecht. Er/sie ist nur in dem präzisen Sinne 'böse', dass er sich aufgrund von ihm/ihr selbst verantworteten 'Wahl' alle anderen, die nicht beherrscht werden wollen, eben dadurch zu überzeugten und erklärten Gegnern macht. An die Heuchelei der Darstellung von Herrschaft als Nichtherrschaft, welche in dem Argument steckt, sie sei 'für alle' vorzuziehen, kann *zweitens* einerseits als 'Verbeugung des Lasters gegenüber der Tugend' hinsichtlich der Zielsetzung der Herrschaftsüberwindung argumentativ angeknüpft werden, andererseits kann konkret herausgearbeitet werden, inwiefern in den unter ihr stattfindenden Herrschaftsverhältnissen wirklich Menschen von Menschen beherrscht werden - und es kann *drittens*, unter Nutzung aller einschlägigen politischen Erfindungen, vom allgemeinen Wahlrecht, dem Parlamentarismus und dem Rätesystem, bis zum 'imperativen Mandat', den Prinzipien des 'öffentlichen Diskurses' und der 'Geschlechterparität' oder der gesellschaftlichen 'Demokratisierung', die Arbeit daran aufgenommen werden, Herrschaftsüberwindung konkret voranzutreiben. Dabei ist es von grundlegender Bedeutung, den Prozess der Herrschaftsüberwindung nicht als die Herstellung eines Zustandes zu begreifen, in dem die Tätigkeit der Akteure erlischt: Ganz im Gegenteil ist der anschließende Prozess einer herrschaftsfreien Politik, der nicht Instrument, sondern Zweck von Selbstbestimmung ist, weiterhin immer auch, bei Strafe der Regression in erneuerte Herrschaftsverhältnisse, ein Prozess der beständigen Reproduktion von Herrschaftsüberwindung.

Radikale Philosophie kann in dieser kritischen Tätigkeit die abstrakt eindrucksvolle Formel Guérins - Ni dieu, ni maître, weder Gott noch Herr! - auf das Feld der philosophischen Tätigkeit zurückbeziehen und dadurch inhaltlich konkretisieren: Es geht in ihr darum, weder 'Herren der Wahrheit' zu akzeptieren, wie sie schon vor dem Anfang der griechischen Philosophie aufgetreten sind (vgl. Detienne 1967), noch sich einen Gott als Garanten der bestehenden Herrschaftsordnungen einreden zu lassen (der ursprünglich gerade als Instanz ihrer radikalen Infragestellung geschichtsmächtig geworden war, vgl. Duchrow 1994), wie dies seit der Spätantike eine in unterschiedlichen Gestalten zur 'Magd der Theologie' herabgesetzten Philosophie (vgl. Flasch 1988) widerfahren war. Vielmehr geht es immer noch - insofern durchaus in

Wiederaufnahme der radikalen Subjektphilosophie der frühen Neuzeit (Descartes, Hobbes, Spinoza, Locke)[41] - darum, jeglicher 'Sache' mit dem Anspruch auf eigenes Urteil und eigenen Entschluss jedes einzelnen entgegenzutreten. Und zugleich jedem in Anspruch genommenem 'Sachstand' - jeder für einfach hinzunehmend erklärten Ausgangslage gegenüber auf der eigenen Fähigkeit zu bestehen, auch mit neuen Fragen und Thesen einsetzen zu können - und insofern auch die 'Lücke' zwischen der eigenen Frage und ihren vorgefundenen Voraussetzungen befreiend in Anspruch zu nehmen.

Macht und Herrschaft

Gegen die behauptete Unmöglichkeit, zuverlässig zwischen einer zwanghaften 'Selbstunterwerfung', die unvermeidlich in Herrschaftsansprüche gegenüber anderen umschlägt, und einer ausgeglichenen 'Selbstdisziplinierung' zu unterscheiden, welche die eigenen Fähigkeiten, zu arbeiten und zu lieben, ebenso sichert wie die zuverlässige 'Einbeziehung der Anderen' in das eigene Denken und Handeln, ist auf die 'Lücke' hinzuweisen, die das unbewusste Metamorphosenpotenzial jedes Subjekts vor einem restlosen 'Aufgehen' in seinen 'Objekten' bewahrt. In analoger Weise kann der Vorstellung begegnet werden, es sei prinzipiell nicht möglich, triftig zwischen 'totalitärer Herrschaft' und 'vollständiger Demokratie' zu unterscheiden:

Zweifellos ist Foucaults Hinweis wichtig zu nehmen, dass unser Repertoire an Praktiken der Steuerung menschlichen Verhaltens wie eine Sprache zu begreifen ist, die erst im Sprechen mit anderen erlernt und geübt wird, bevor sie im 'stillen Selbstgespräch des Denkens' praktiziert werden kann. Die Führung anderer ist so wenig eine Anwendung einer vorgängigen und davon getrennten Praxis der Selbstführung wie das Sprechen eine bloße Anwendung des Denkens ist. Aber damit entfällt keineswegs der Gegensatz zwischen Unterwerfung und Befreiung, zwischen herrschaftsverstärkenden und herrschaftsüberwindenden Praktiken, die sich allerdings aus der naiven Vorstellung befreien müssen, die Gedanken für per se frei und unsere Handlungen für ebenso per se unterworfen zu halten. Die Problematik der 'Gouvernementalität' zu untersuchen, bedeutet daher keineswegs sich von der Suche nach in die Praktiken der Vielen eingebetteten Strategien von Befreiung und Aufklärung zu verabschieden.

Besonders wichtig ist an dieser Stelle eine Vorstellung des einzelnen Subjektes, des einzelnen Handlungsträgers als 'einer von vielen', welcher weder auf seine Unterwerfung unter Identifizierung heischende Großsubjekte noch auf sein Ausgeliefertsein an die Spontaneität der eigenen Wünsche reduziert werden kann, weil er immer mit 'vielen anderen' zu tun hat, unter denen er seine Position wählen, seine Praxis neu zusammensetzen kann.

In Hinblick auf das Verhältnis zu Macht und Herrschaft hilft vor allem eine klare Differenzierung zwischen der 'symbolischen', vollständig 'identifizierten' 'Volksmasse einer 'plebiszitären Massenpolitik' und der 'realen', immer von Bruchlinien und irreduziblen Differenzen durchzogenen, nicht restlos 'identifizierbaren' 'Volksmenge' (multitudo)[42] einer demokratischen Politik der 'Vielen'.

Radikale Philosophie ergreift mit der Linie der Herrschaftsüberwindung bewusst eine Möglichkeit, sich auf dem Felde der Philosophie zur Frage der Herrschaft zu verhalten, die 'von Anfang an' ergriffen worden ist. Ich verweise hier nur auf den Sophisten Antiphon[43] mit seiner These von der unabdingbaren, natürlichen 'gleichen Freiheit' aller Menschen. Derselbe Gedanke hat wohl auch die Kritik des Hippias von Elis an der vorsophistischen Philosophie strukturiert, wie sie in die vermutlich von ihm formulierte Thales-Anekdote (s. oben) eingegangen ist. Oder auf den - auf Antiphons Formulierung explizit wieder Bezug nehmenden - Text eines Essays über „Herren und Knechte" von 1620 (vgl. Wolf 1969, 149ff.)[44] - sowie auf den vom jungen Marx noch als radikalliberaler Linkshegelianer formulierten kategorischen Imperativ der Herrschaftsüberwindung: „Alle Verhältnisse umzuwerfen, in denen der Mensch[45] ein erniedrigtes, ein geknechtetes, ein verlassenes, ein verächtliches Wesen ist" (MEW 1, 385f.). Im Hinblick auf eine rational vertretbare gesellschaftliche und politische Praxis greift er damit auf die sog. „Zweckformel" des 'kategorischen Imperativs' (vgl. Kant, Grundlegung) zurück.[46] Damit wird eine gemeinsame Grundorientierung einer breiteren herrschaftskritischen Grundströmung angesprochen, deren Spannweite radikale Philosophie aufrechterhalten will, ohne die Unklarheiten und Selbstmissverständnisse vieler Beteiligter einer kritischen Bearbeitung zu entziehen und ohne die Auseinandersetzungen zwischen ihren unterschiedlichen Linien still stellen zu wollen.

Im modernen Anarchismus ist diese philosophische Haltung als zentraler politischer Programmpunkt formuliert worden. Erich Mühsam hat etwa 1932 zusammenfassend einen 'kommunistischen Anarchismus' formuliert, indem er den anarchistischen Grundgedanken der „Freiheit jedes einzelnen durch die allgemeine Freiheit" (Berlin [1932], 8) mit der kommunistischen Forderung nach einer „auf Gütergemeinschaft beruhende(n) Gesellschaftsbeziehung" verknüpfte, „die jedem nach seinen Fähigkeiten zu arbeiten, jedem nach seinen Bedürfnissen zu verbrauchen erlaubt" (ebd., 9). Dieses politische Programm bleibt auch dann moralisch eindrucksvoll, wenn wir uns darüber im Klaren bleiben, dass die Ausklammerung aller strategischen Fragen[47] kein äußerlicher Mangel ist, der gleichsam in einem zweiten Schritt behoben werden könnte. Mühsam - wie schon etwa Wieland, den er zitiert[48] - bleibt einfach dabei stehen, Befreiung als bloßen Wegfall von Herrschaft zu denken. Weder die

Konstitution von Subjekten der Befreiung noch die Reproduktion von befreiten Subjekten ist ihm ein Problem. Und so unbestreitbar der Glaube ein Irrtum ist, „die geistigen und sittlichen Eigenschaften der Menschen erständen mechanisch aus den Produktionsformen der Wirtschaft, die religiösen, rechtlichen und wissenschaftlichen Erkenntnisse einer Zeit seien nichts als der ideologische Überbau der materialistischen Gegebenheiten" (ebd. 11f.) - den Mühsam den „Marxisten" (ebd., 11) zuschreibt -, so wenig rechtfertigt dieser Irrtum wiederum den umgekehrten Irrtum, alle Fragen der Strategie idealistisch überspringen zu wollen. Vielmehr bleibt die Frage nach dem relativen Gewicht unterschiedlicher Prozesse und nach der eigenen Materialität und Politik einer „geistigen Vorbereitung" des „Sozialismus" (ebd., 12) eigens zu stellen und zu untersuchen, wie dies innerhalb der marxistischen Traditionslinie seit Labriola und dann seit Gramsci immer wieder versucht worden ist. Der Rückgriff auf „das angeborene Rechtsgefühl, das sozialen Ursprungs ist" (ebd., 41, vgl. 40) und „auf die natürlichen Lebensinstinkte" (ebd., 49) ist angesichts dieses Debattenstandes ebenso hilflos wie Mühsams Vorschlag, angesichts der heraufziehenden faschistischen Herrschaft auf Spaziergängen „die Schienenwege und Flussläufe auf ihre Eignung zu sozialistischer Verwendung zu prüfen und die Möglichkeiten zu untersuchen, wie schnellstens alle arbeitenden, alten und kranken Menschen in gesunde Wohnräume überführt werden können" (ebd., 93), also die vielfältigen materiellen „Zukunftsfragen" zu klären, die eine befreite Gesellschaft konkret zu beantworten hätte

Damit aber die konkreten gesellschaftlichen Untersuchungen und politischen Organisationsanstrengungen möglich werden, die im Anarchismus - nicht nur bei Mühsam, etwa auch bei Goldman (1917) - immer wieder übersprungen werden, bedarf es vor allem - neben einer durchaus nicht unwichtigen Praxis der Schaffung günstiger materieller Voraussetzungen für derartige Untersuchungen - der Entwicklung und Praktizierung eines öffentlichen Denkens, das diese Bemühungen begleiten kann. Also einer intellektuellen Arbeit der Kritik und Neuzusammensetzung des vorfindlichen Gedankenmaterials, die es den 'Vielen' erleichtert, aus der ihnen immer schon zugewiesenen Rolle als 'bloße Massen' herauszutreten[49].

Radikale Philosophie steht vor einer grundlegenden Schwierigkeit: Immer wieder geht es darum, in die Offensive zu kommen - was eben nicht einfach dadurch geht, dass mensch sie voluntaristisch ergreift - und zwar in dem vollen Bewusstsein, dass es eben nicht die radikalen Philosophinnen und Philosophen selber sind, von denen im gesellschaftlichen Leben tragfähige Praktiken ausgehen können. Die Praktiken der 'Vielen', die sich im Netz der herrschenden Gedanken bewegen, sich in ihm verfangen haben, vielleicht sogar widerständig in ihm 'zappeln', sind das außerhalb des Feldes der Philosophie liegende Alpha und Omega, die Anfänge und Zielpunkte der 'Interventionen' radikaler Philosophie. Radikale Philosophie beginnt immer dort, wo die seit Heraklit die Tätigkeit der Philosophinnen und Philosophen beherrschende Fiktion brüchig wird, die 'anderen' seien bloße Träumer und nur 'selber' bewege mensch sich in realitätsbezogener Wachheit (vgl. DK 22 B 1). Radikale Philosophinnen und Philosophen verweigern aber umgekehrt ebenso das *sacrificium intellectus*, das in der einfachen Umkehrung der heraklitischen Arroganz liegt: In der Unterwerfung unter den Intellektuellenhass von Kirche, Orden oder Partei, die im Namen einer praktischen - religiösen oder politischen - Eigentlichkeit der Vielen die Unterordnung der Denkenden einfordern. Das eigene Urteil der Intellektuellen kann ebenso wenig als eine - weil bloß irdisch, bloß vernünftig oder bloß kleinbürgerlich usf. - vernachlässigenswerte Größe konstruiert werden, wie das Urteilen der Vielen als ein bloßer Effekt eines umfassenden 'Verblendungszusammenhanges' begriffen werden kann. Es kann auch nicht darum gehen, die Realitäten von Mystifikation, Illusion, Täuschung und Propaganda - übrigens auch dies schon längst sowohl unter den 'Vielen' wie unter den 'Intellektuellen' - pauschal im Sinne einer Beruhigung mit einem immer schon verfügbaren und verbreiteten 'gesunden Menschenverstand' zu vernachlässigen. Kritik und Überprüfung bleibt auf beiden Seiten dringend erforderlich. Aber ebenso das Vertrauen in die grundsätzlichen Fähigkeiten sowohl der Vielen als auch der Intellektuellen, durch theoretische und praktische Kritik Irrtümer zu überwinden.

Befreiung und Aufklärung als Wiedergänger

Es ist durchaus bemerkenswert, wie wenig offensiv sich die Position der 'legitimen Herrschaft' historisch innerhalb der Philosophie artikuliert hat. Schon früh - genau genommen von Anfang an - finden wir komplizierte Erklärungen, dass legitime Herrschaft im Grunde gar keine Herrschaft sei, weil sie nur das zur Geltung bringe, was eigentlich jede und jeder wolle - die „Idee des Guten" (Platon) - oder was dem politischen Gemeinwesen durch seine Konstitution und seinen kollektiven Willen als Oberziel (Telos) vorgegeben sei - „die Herrschaft der Gesetze" (Aristoteles). Daneben steht bei Platon wie bei Aristoteles allerdings noch die Rechtfertigung von Herrschaftsverhältnissen als 'natürlich' (physei), auf die erst die politische Philosophie der Neuzeit verzichten sollte.

Angesichts dieser Kernschwäche der herrschaftsaffirmativen Philosophie gibt es für radikale Philosophie keinen Anlass dafür, sich ihrerseits von den Zielen der Befreiung und der Aufklärung zu verabschieden. Vielmehr geht es darum, sie von ihrer identitäts- und totalisierungsphilosophischen Umfunktionierung zur Grundlage einer 'hysterischen' Herrschaftsaffirmation zu befreien, die nur in der Selbstaufgabe der eigenen Partikularität eine wirkliche Freiheit und nur in der Unterordnung des eigenen situativen Urteils unter einen totalisierenden Theoriezusammenhang eine wahrhafte Erkenntnis zu finden vermag. Erst unter dieser, von radikaler Philosophie im Feld der Philosophie durchzusetzenden Voraussetzung, wird es argumentativ belastbar möglich werden, unsere Vorstellungen von Befreiung und Aufklärung insbesondere auch ökologisch, anti-eurozentrisch und feministisch neu zu bestimmen und nicht mehr nur traditionelle europäischen Voraussetzungen und herrschaftsaffirmative Schemata neu zu artikulieren. In dieser Perspektive sieht sich radikale Philosophie gerade in der neuen historischen Situation exemplarisch herausgefordert,

- wenn die VertreterInnen dieser Art von 'Selbstverständlichkeiten' beispielsweise Sinn für per se ideologisch und, weil ideologisch, per se für schlecht erklären und von sich behaupten, sich diesem Schlechten zu entziehen,
- wenn sie Materie für eine primitive 'metaphysische' Kategorie halten, die gleichbedeutend mit Korpuskel sei und also 'Wellen' und 'Felder' nicht erfasse, und folglich auch die Problematik des 'Materialismus' für historisch erledigt halten.
- Außerdem, wenn die gemeinsame Welt der Menschen auf dem Planeten Erde ('Globalisierung') nur als eine Bedrohung nationaler Besonderheiten gesehen bzw. nur als Herrschaftsanspruch eines Staates über andere Staaten betrachtet wird - und damit prinzipiell Herrschaft und Staat selbst als 'omnihistorische' Dimensionen menschlichen Handelns begriffen werden.
- Schließlich etwa, wenn die Ablösung einer unvollkommenen menschlichen 'Politik' durch den höheren Sachverstand von ExpertInnen aus Wissenschaft, Management und Verwaltung als bevorstehende technokratische Zukunft ausgemalt wird.

Derartige Momente des vorgefundenen und für 'selbstverständlich' gehaltenen Gedankenmaterials müssen kritisch aufgelöst werden. Insofern geht es um deren Überwindung durch eine inhaltlich bestimmte neue Aufklärung. Diese setzt allerdings das gerade Gegenteil von kollektiver Amnesie und den Abschied von allen euphorischen Vorstellungen voraus, durch den bloßen Vorsatz, 'selber' oder auch 'neu zu denken', sei die radikale Erneuerung des kritischen Denkens schon geleistet. Vielmehr geht es darum, in mühevoller Arbeit das vorliegende Gedankenmaterial zu sichten, um historisch Erledigtes und immer noch Berechtigtes voneinander zu scheiden und mit neuen Gedanken zu verknüpfen, um sich so die Voraussetzungen für einen realitätstüchtigen Blick auf die neuen Verhältnisse der Gegenwart zu schaffen. Diese Art von Arbeiten will radikale Philosophie in Angriff nehmen.

Damit wird es erforderlich, auch etwa in den Menschen-Natur-Verhältnissen, die zu „gesellschaftlichen Naturverhältnissen" geworden sind, zwischen 'nachhaltigen' und 'raubbauförmigen' Nutzungsverhältnissen zu unterscheiden. Analog zu der Unterscheidung zwischen 'Macht' und 'Herrschaft' innerhalb menschlicher Gesellschaften bedeutet die Einführung einer derartigen Unterscheidung keineswegs das Ende der Diskussion, sondern eröffnet ganz im Gegenteil erst ein weites Feld schwieriger Auseinandersetzungen.

Auf dieser Grundlage muss radikale Philosophie die kritische Auseinandersetzung nicht nur mit den ausdrücklich als philosophisch vorgetragenen Bemühungen um eine 'Analyse der Gegenwart' führen. Sie steht auch vor der Aufgabe einer - durchaus gleichberechtigten - Auseinandersetzung mit der Vielfalt der als partikulare Einzelwissenschaften auftretenden und akademisch institutionalisierten 'regionalen Philosophien' auf dem Felde von Geschichte, Gesellschaftspolitik und Subjektivität. Dabei wird sie sich mit einem bloßen 'Kaputtdenken der Sozialwissenschaften' (Wallerstein) nicht begnügen können.[50] Allerdings kann es radikaler Philosophie auch nicht darum gehen, alle diese Probleme 'wieder' selbst lösen zu wollen und sich dadurch selber zu einem oberflächlichen Dilettantismus zu verurteilen, der sich nur noch durch gesteigerte Arroganz zur Geltung zu bringen vermag (wie dies etwa Žižek vorzuexerzieren versucht). Es kann in ihr wiederum nur daran gearbeitet werden, durch das Produzieren besser geeigneter begrifflicher Grundlagen und disziplinärer Arbeitsteilungsmuster den Raum wieder zu öffnen für eine wirklich wissenschaftliche Forschung, die sich von den ideologischen Grundlagen der gegenwärtigen Disziplinenordnung löst, und durch die Erfindung neuartiger Forderungsmuster eine Praxis sozialer Bewegungen zu ermöglichen, welche nicht den bestehenden ideologischen Mechanismen ihrer Vereinnahmung auf den Leim geht und daher wirkliche Durchbrüche zu konkreten Befreiungsakten vollziehen.

Damit geht es darum, überhaupt eine Philosophie zu denken, in der das 'Denket selbst!' das '*sapere aude!*'[51] der europäischen Aufklärung[52] nach den Albträumen 'der Vernunft' im 20. Jahrhunderts wieder rückhaltlos ernst genommen wird. Dazu kann an die Bestimmung des 'Radikalen' angeknüpft werden, wie sie etwa der junge Marx 1843/44 noch als radikalliberaler Linkshegelianer gegeben hat: „Radikal sein ist die Sache an der Wurzel fassen".[53]

Im Begriff der Aufklärung haben sich ganz verschiedene Gedankengänge miteinander verschränkt, deren Unterschiede klar herauszuarbeiten sind, um die „Dialektik der Aufklärung" überwinden zu können. Als wichtigster Gedanke gehört hierher die Forderung des „Heraustretens aus jeder Form von Unmündigkeit", der Überwindung aller Herrschaftsverhältnisse, insofern sie auf

Orientierungslosigkeit, Unwissenheit und Aberglauben beruhen. Diese Formulierung berücksichtigt zwei wichtige Erfahrungen mit der bisherigen 'Dialektik der Aufklärung': Zum einen die historische Erfahrung mit der eigenen Materialität von Herrschaft - insbesondere der Potenziale von institutionellem Beharrungsvermögen und gewaltsamer Herrschaftsstabilisierung, die sich nicht mit der Überwindung der 'Unwissenheit' der Herrschaftsunterworfenen verflüchtigt - und zum anderen die Tiefe der Verankerung von Unterwerfung in den Positionen und Strukturen von Subjekten, die es verbietet, ihre Subalternität für in einem ernsthaften Sinne 'freiwillig' oder gar 'selbstverschuldet' zu halten. In der Formulierung des 'Heraustretens' verbirgt sich allerdings immer noch ein Problem: Die zugrundeliegende Metapher des Heraustretens aus dem Schatten in 'das Licht'[54] thematisiert nicht weiter, wohin damit getreten werden soll.

An diese Unterbestimmtheit knüpfen drei von dem Kerngedanken der Aufklärung zu unterscheidende weitere Vorstellungen an:

- der szientistische Gedanke, dass das „richtige Leben" eine Frage der wissenschaftlichen Erkenntnis sei, die mensch bloß gewinnen müsse, um ein für alle Mal die Sorge darum, wie 'richtig' zu leben sei, loswerden zu können, um sich auf dem einzig richtigen Lebensweg dauerhaft und selbstbewusst zu halten;
- der technokratische Gedanke, es gebe für jedes Problem genau einen optimalen Lösungsweg, zugespitzt zum „*one best way*"-Gedanken des Taylorismus bzw. zu der 'technokratischen Utopie' einer künftigen Ersetzung von Politik durch 'sachlich richtige' Lösungen sowie
- der rationalistische Gedanke, dass menschliche Lebenspraxis grundsätzlich für sich selbst völlig durchsichtig und im radikalen Sinne un-ideologisch, aus vollständiger Einsicht bzw. als Ergebnis wissenschaftlicher Beweisführungen, geführt werden kann.[55]

Diese zusätzlichen Gedanken, die den einen Grundgedanken eines absoluten und als solches sowohl umfassenden als auch für praktische Orientierungen hinreichenden Wissens der Philosophinnen und Philosophen aufgreifen und variieren, haben sich im 19. und 20. Jahrhundert als hoch problematisch erwiesen.

Es geht also darum, den grundlegenden Gedanken der Aufklärung, dass mehr Wissen über die Voraussetzungen, Bedingungen und Strukturen der eigenen Lebenspraxis ein wesentlicher Hebel jeglicher Emanzipation ist (dies war der durchaus nicht zynische Sinn der Parole „Wissen ist Macht" in der Arbeiterbewegung des 19. Jh.s), abzulösen von seinen intellektualistischen und totalisierenden Überformungen, aber nicht von einer wohlverstandenen, ihre Grenzen und Voraussetzungen reflektierenden Rationalität, die für Erkenntnisse und Entschlüsse nur argumentativ nachvollziehbare - d.h. je nach Argumentationsart unterschiedlich umgrenzte - Gründe akzeptiert und nicht etwa einen Typus von „Gründen" zulässt, die selbst keiner argumentativen Überprüfung mehr unterliegen. Das gilt ebenso für den Anspruch auf praktische Relevanz, der allerdings auch begreift, dass es zum Wollen und Wünschen nicht primär einer Begründung bedarf, allenfalls sekundär so etwas wie eine rationale Möglichkeits- (reale Bedingungen), Zulässigkeits- (anerkannte Normen) und Zumutbarkeitsprüfung verlangt werden kann.

Der zentrale Gedanke, dass durch einen Zuwachs an Erkenntnis (auf der Ebene der Gesellschaft - und tendenziell der Menschheit!) bzw. an Bildung (besonders auf der Seite derjenigen gesellschaftlichen Individuen, die von den bestehenden Herrschaftsverhältnissen in einer subalternen, unterworfenen Position gehalten werden) jede Herrschaft von Menschen über Menschen abgebaut und zurückgedrängt werden kann, bleibt von diesen Klarstellungen unberührt. Er tritt nur noch deutlicher als ein Vektor jedes Emanzipationsprozesses hervor - in seiner Gegenstellung ('Opposition') zu allen Vorstellungen, dass die „von Natur aus bösen" Menschen per se der Bändigung durch eine „höhere Gewalt" bedürfen, die sich durch Berufung auf ein „höheres Wesen" legitimiert. In dem Gedanken einer umfassend, über die gegenwärtigen Grenzen zwischen natur- und gesellschaftswissenschaftlichen Einzelwissenschaften hinweg integrativen politischen Ökologie der Menschheit, mit der diese ihre eigene wissenschaftliche Aufklärung über ihre natürlichen Lebensvoraussetzungen und ihre gesellschaftlichen Naturverhältnisse betreibt, findet das Postulat der Aufklärung, das lange Zeit für Konzeptionen einer Einheitswissenschaft in Anspruch genommen worden ist, eine zeitgenössische Konkretisierung (vgl. Lipietz 2000).

Radikale Philosophie sieht keine argumentativ vertretbare Alternative zu dem Anspruch auf allseitige Befreiung aller Menschen sowie dazu, dass umfassend angeeignetes Wissen den Vielen dabei helfen muss, ihre Lebensverhältnisse selbst zu bestimmen. Damit eine philosophische Arbeit, die sich in diesem Sinne in den Dienst von Befreiung und Aufklärung stellt - auch nach der kritischen Herausarbeitung der selbstgesetzten historischen *Dialektik der Aufklärung* und der postmodernen Kritik an den Großen Erzählungen des Evolutionismus und Positivismus des 19. Jahrhunderts - nicht von vornherein scheitert, sind die Begriffe der Aufklärung und der Befreiung allerdings selbst von ihrer positivistischen und evolutionistischen Umsetzung im 19. Jahrhundert sowie von der technokratisch-reduktionistischen Auslegung zu befreien, die sie im 20. Jahrhundert - nicht nur durch Sozialdemokratie und Stalinismus - erfahren haben - und die 'großen Erzählungen' in einer umfassenderen, 'menschheitlichen' Perspektive ohne eurozentrische oder androzentrische Vorprägungen neu auszuarbeiten.

Das Losungswort „Wissen ist Macht" verweist uns auf einen engen Zusammenhang, der zwischen Herrschaft über die Natur und Herrschaft über Menschen hergestellt wird. Lordkanzler Francis Bacon hat mit diesem - auch in der Arbeiterbewegung gern zitierten - Wort daher ein zentrales Problem des neuzeitlichen Denkens vorgegeben. Seine androzentrische und gewalttätige Metaphorik ist oft kritisiert worden und sein Entwurf einer umfassend auf Herrschaft zielenden 'Politik des Wissens' gilt als Dokument einer längst problematisch gewordenen 'ersten Moderne', zu der kein vertretbarer Weg mehr zurückführt. Andererseits gehörte zum 'Bacon-Projekt' (vgl. Schäfer 1993) aber ebenso die Einsicht, dass „der Natur nur dadurch befohlen werden kann, dass ihr gehorcht wird"[56], so dass also streng genommen gar keine 'Herrschaft' von Menschen über die Natur möglich ist. Menschen als „endliche Wesen", d.h. als „sinnlich-leibliche Wesen" unterliegen damit einer „Grenze der Willkür, d.h. des freien Setzens von Handlungszielen", die sie in sich selbst finden, indem sie ihre eigene Materialität reflektieren (Schäfer 1993, 193). Vor diesem Hintergrund gewinnt das Prinzip der „'charity', der allgemeinen caritas und benevolentia", unter das Bacon sein Gesamtprojekt gestellt hatte, einen begründbaren, ernst zu nehmenden Inhalt (ebd., 200): den eines verantwortlichen Umgangs mit 'der Natur', der sich gerade mit dem Fortschreiten ihrer Erkenntnis entwickelt und konkretisiert. Das Bacon-Projekt gewinnt eine ökologische Dimension und wird damit in eine Perspektive der nachhaltigen Ökologie der gesamten Menschheit eingliederbar.

In der Tat ist der umgekehrte Gedanke schwer nachvollziehbar, das Beste für die politische Ökologie der Menschheit sei menschliche Unwissenheit und Ohnmacht. Denn in der Konsequenz bedeutet er, dass die Menschheit nicht nur auf Populationsumfang und Verhaltensmuster prähominider Primaten zurückgehen müsste - denn schon die gegebenen Ökosysteme nur nutzenden Menschengruppen der Altsteinzeit (nicht erst die auf gezielten 'Verbesserungen' ihrer Tragfähigkeit für Menschen beruhenden Produktionsweisen seit der Jungsteinzeit) beruhen zentral auf vielleicht relativ einfachem, aber bewusst erworbenem, weitergebenem und akkumuliertem Wissen (vgl. Lévi-Strauss 1962).

Damit kann jedoch das 'Bacon-Projekt' nicht rehabilitiert werden: Denn es enthält auch den Gedanken einer schrankenlosen Machtakkumulation als 'Selbstzweck' - und damit notwendigerweise zu Herrschaftszwecken. Es bleibt einem patriarchalischen Bemächtigungsvorhaben verhaftet, dem auch Beschwörungen der 'Güte' des 'Hausvaters' keine wirksame Korrektur entgegenstellen können. Dies wird dann historisch in den Menschen-Naturverhältnissen[57] wie in den gesellschaftlichen Verhältnissen dann zu einem dringenden Problem, wenn die Menschen dazu in der Lage sind, einem Durchgreifen schwankender Naturbedingungen auf die innergesellschaftlichen Reproduktionsprozesse jedenfalls so weit zu begegnen, dass sie das Problem des Überlebens ihrer Gesellschaften 'über den nächsten Winter' oder 'bis zur nächsten Ernte' verlässlich lösen können.[58] Bis dahin gilt in abgewandelter Form das Argument des Hobbes, dass das Leben dieser Menschen derart „schrecklich, elend und kurz" (Leviathan) ist, dass jeder Machtgewinn gegenüber ungünstigen Natureinwirkungen zu begrüßen ist, selbst wenn er innerhalb der Menschengruppen zu Herrschaftsverhältnissen führt (wie in den sog. 'hydraulischen Despotien') oder längerfristig zu einer zumindest partiellen Überlastung der von diesen Menschen beanspruchten ökologischen Systeme durch einen herrschaftsförmigen, 'ausbeuterischen' Umgang mit bestimmten Naturbedingungen führt (wie etwa in der millenaren Entwaldung der Mittelmeerufer durch die dort seit etwa 5000 Jahren tätigen menschlichen Hochkulturen).

In dem Moment jedoch, in dem die Menschen einen 'Freiheitsgrad'[59] in ihren Naturnutzungsverhältnissen erreicht haben, der ihnen mehrere Möglichkeiten lässt, um die dauerhafte Reproduktion ihrer Gesellschaften zu erreichen, treten sie damit auch unabweisbar in die Verantwortung ein, wie Marx es formuliert hat, wie ein guter Hausvater die Erde künftigen Generationen 'vermehrt und verbessert' zu hinterlassen. Damit wird es erforderlich, auch in den Menschen-Natur-Verhältnissen, die zu „gesellschaftlichen Naturverhältnissen" geworden sind, zwischen 'nachhaltigen' und 'raubbauförmigen' Nutzungsverhältnissen zu unterscheiden. Analog zu der Unterscheidung zwischen 'Macht' und 'Herrschaft' innerhalb menschlicher Gesellschaften bedeutet die Einführung einer derartigen Unterscheidung keineswegs das Ende der Diskussion, sondern eröffnet ganz im Gegenteil erst ein weites Feld schwieriger Auseinandersetzungen. Allerdings bedeutet bereits die Einführung einer solchen Unterscheidung eine Verabschiedung von bestimmten romantischen Vorstellungen: So wenig wie 'keine Macht für niemand' eine haltbare Orientierung für eine wirkliche politische Praxis abgibt, ergibt sich aus der Forderung einer Überwindung aller herrschaftsförmigen Menschen-Natur-Verhältnisse bereits eine positive Vorstellung einer 'Allianz-Technologie', der nur noch ein 'Bündnis' von Menschen und 'Gaia' – als dem Inbegriff der irdischen Naturbedingungen – und keine menschlichen 'Bemächtigung' mehr zugrunde liegt. Allerdings werden sich die Menschen als Konsequenz ihres Handelns gefallen lassen müssen, dass sie für ihre Bemächtigung gegenüber von Naturmomenten gleichsam mit einer entsprechenden Verantwortung zu 'bezahlen' haben.

Descartes' Weiterentwicklung des 'Bacon-Projektes'[60] ging allerdings in eine entgegengesetzte Richtung: Indem Descartes den umfassenden Begriff der 'res extensa' der menschlichen Subjektivität der 'res cogitans' entgegenstellte, schuf er eine begriffliche Konfiguration, innerhalb derer nicht einmal mehr die Frage nach einer nicht-herrschaftlichen Gestalt der Menschen-Naturverhältnisse gestellt werden konnte - weil eben dies diese 'res extensa' als solche definierte: der allgemeine Gegenstand menschlicher Bemächtigung und Ausbeutung zu sein.[61] Es ist sicherlich kein Zufall, dass Žižek im Kern dieser Bemächtigungskonzeption, die aber von dem Grundansatz der cartesianischen Subjektphilosophie zu unterscheiden bleibt, selber wiederum einen Unterwerfungsgedanken findet, den der Selbstunterwerfung unter das 'Gesetz des Vaters': Wer dauerhaft herrschen will, insbesondere als gesellschaftliche, nicht-staatliche Figur, tut offensichtlich gut daran, sich selbst als Beherrschten darzustellen, indem er sich als (noch) höheren Mächten Unterworfener und zugleich von ihnen zur Herrschaft Beauftragter imaginieren und darstellen lässt. In der Konsequenz dieses Denkens der 'materiellen Natur' als allgemeines Bemächtigungsobjekt liegt etwa noch der Versuch des Bergsonschen 'Vitalismus', die subjektive Fassbarkeit dieser 'Objektivität' in dem 'Widerstand' begründet zu sehen, den diese 'res extensa' den menschlichen Bemächtigungsanstrengungen entgegenstellt.[62]

Jedenfalls in der 'marxistisch-leninistischen' Traditionslinie der Philosophie ist ganz ausdrücklich an diese Richtung einer prinzipiellen Herrschaftsaffirmation angeknüpft worden:

„Ihr (sc. Hegels und Feuerbachs) Denken wird immer wieder um jene Frage kreisen, die Bacon und Descartes das erste Mal implizit formuliert haben: Wie kann der Mensch Natur und Gesellschaft rational beherrschen?" (Buhr/Irrlitz 1968, 19) Buhr und Irrlitz haben es sicherlich so herrschaftsaffirmativ gemeint, wie sie es formulierten. Das ist aber noch nicht einmal der entscheidende Punkt.[63] Entscheidend ist vielmehr die damit artikulierte Denkform, die es kritisch aufzulösen gilt. Das operative Element dieser Denkform ist der Singular „der Mensch", mit dem sich eine dreifache herrschaftsaffirmative Verdrehung der zu lösenden Probleme vollzieht:

- Im Verhältnis zur Natur macht er vergessen, dass die Menschen in räumlich und zeitlich komplex strukturierten Ökosystemen leben, deren Tragfähigkeit sie 'bei Strafe des Untergangs' nicht dauerhaft überbeanspruchen dürfen (vgl. Lipietz 2000, 46ff.).
- Im Verhältnis zur Gesellschaft abstrahiert dieser Singular von den Gesellschaftsformationen der Menschen, die sich in Zeit und Raum vielfältig darstellen, und mystifiziert damit das Problem der Herrschaft von Menschen über Menschen in gesellschaftlichen Verhältnissen zu einem der 'Herrschaft des Menschen über die Gesellschaft'.

- Im Verhältnis zur Rationalität macht er schließlich vergessen, dass Rationalität immer auf der Kommunikation und Auseinandersetzung unter mehreren beruht - was in der angelsächsischen Tradition des juristischen Denkens (bei allen damit ansonsten verbundenen liberalen Reduktionismen) immerhin noch unter der Kategorie des '*contradictory argument*' gefasst wird, in dem mehrere argumentativ gegeneinander antreten und miteinander um tragfähige Antworten ringen.

Stattdessen verliert sich die Rede vom Menschen im Singular in einer Pseudopsychologie des 'Gattungswesens', wie sie zwar der alten politischen Ökonomie mit ihrer Anthropologie des Bürgers als des menschlichen Normalwesens zur Verfügung gestanden hatte, die aber in einer Theorietradition, die Ansprüche darauf geltend macht, historisch und materialistisch zu verfahren, nichts zu suchen hat.[64]

Kapitel 3: Historische Voraussetzungen innerhalb der Philosophie

Die Vielen, unter denen sich die Tätigkeit radikaler Philosophie entfaltet, sind zusammen handelnde, miteinander streitende, sich vielfältig austauschende Menschen. Dabei geht es nicht nur darum, 'how to do things with words' (Austin). Es geht auch darum, bei gezielten anderen Eindruck zu machen, wieder andere zu verunsichern, zu bestärken oder zu verführen. Nicht die abstrakt konstruierte Kommunikationsgemeinschaft reiner Subjekte, sondern wirkliche Zusammenhänge menschlicher Subjekte mit ihren Wünschen und Kämpfen bilden den Hintergrund radikaler Philosophie, von dem sie sich niemals vollständig ablösen kann. Diese bewegen sich kommunikativ immer auch schon im endlichen, aber erweiterbaren Raum des Palavers und in der bemessenen, aber verlängerbaren Zeit des Solange. Wir haben daher zu bedenken, wie sich diese Konzepte des Palavers und des Solange nutzen lassen, um das Aufbrechen in die neue Zeit in eine Weise zu denken, welche die Illusionen einer 'Theorie des gegenwärtigen Zeitalters' ebenso vermeidet wie ein Verfallen in den 'ewigen Frühling der Amnesie'.

Der Raum des Palavers

Als erste Voraussetzung und als letzter Leitfaden für einen tatsächlich herrschaftsüberwindenden Diskussionsprozess dient uns das Konzept des Palavers: Denn aus den gewöhnlich mit diesem Begriff assoziierten negativen Konnotationen – als regellos, undiszipliniert und nicht ziel- oder ergebnisorientiert – lässt sich in der Umkehrung eine Einsicht in dessen spezifisch radikales Potenzial gewinnen: Gerade weil das Palaver keine neu eintretende Person einfach den bisher schon in ihm verfestigten Mustern und Verabredungen unterwirft, sondern es 'jedem Menschen, wie er/sie geht und steht' offen hält, alles zu hinterfragen, eignet es sich als ein elementares – in gewissem Sinne letztinstanzliches[65] – diskursives Medium, in dem immer wieder neu über gemeinsam anerkannte Regeln, die Formen ihrer Beachtung in der individuellen Redepraxis, über Ziele und Erfolgskriterien verhandelt werden kann. Im Unterschied zu jeder durch eine vorgängig anerkannte Herrschaft strukturierten Diskussion gibt es in einem Palaver überhaupt nichts, was nicht jedenfalls hinterfragt werden könnte, und es ist auch nicht zuverlässig vorhersagbar, welche Hinterfragungsversuche Erfolg haben werden. Allerdings vollzieht sich in diesem iterativen Prozess der Auseinandersetzung und des Hinterfragens an keinem Punkt eine völlige Ablösung von den Ausgangspunkten: Jeder beteiligte Mensch – und jeder der als Heranwachsender gleichsam 'hinzutritt' – kann jederzeit jede Art von 'einfachen Fragen' stellen, die dazu zwingen, mit der Konstruktion von Gemeinsamkeiten und gemeinsamen 'Erfahrungen' wieder von vorne zu beginnen. Und an keinem Punkt der Entwicklung darf sich 'vernünftigerweise' eine solche Konstruktion derart verselbstständigen und verfestigen, dass sie sich etwa nicht mehr der kritischen Rückfrage stellen müsste, welche praktischen Interessenwahrnehmungen den erklärten Zielsetzungen und Handlungskriterien zu Grunde liegen. In diesem Sinne kann erfahrungsgesättigt behauptet werden, was sonst vielleicht schon als übermäßig optimistisch erscheinen könnte: Dass der Prozess des Palavers immer schon unter bestehenden Herrschaftsverhältnissen im Gange ist und andererseits aber auch immer schon erst Anfänge dafür gesetzt hat, herrschaftskritisch zu denken und in der praktischen Konsequenz nach herrschaftsüberwindenden Strategien zu suchen. Es geht daher auf einer elementaren diskurspraktischen Ebene darum, diese herrschaftskritischen und -überwindenden Momente des Palavers zu stärken und auszubauen.

Ich und/oder wir können uns in dieses übergreifende Palaver nur einbringen, indem ich/wir andere unterbrechen, die bereits daran teilnehmen. Und indem ich/wir zugleich zulassen, wiederum von anderen unterbrochen zu werden, die nicht weniger zur freien Rede berechtigt sind, als wir.[66]

In dieser 'Palaverperspektive' schließt eigene Selbstbestimmung immer schon die Selbstbestimmung der anderen mit ein. Auch wenn dieser Grundgedanke der „gleichen Freiheit“ (Balibar) weiterer Interpretationen und Erläuterungen bedarf – also bei allen, die abschließende Antworten erwarten unter den Verdacht einer bloßen ›Formel‹, einer ›Leerstelle‹ geraten muss – gibt er doch zumindest einen ersten Orientierungspunkt für eine unbeschränkte Herrschaftskritik: Die Liste der unter diesem Gesichtspunkt zu kritisierenden gesellschaftlichen Verhältnisse ist grundsätzlich nicht *a priori* aufzustellen oder gar abschließbar; vielmehr wird im immer auch deliberativen Prozess der gesellschaftlichen Auseinandersetzungen jeweils neu darüber entschieden, welche konkreten Herrschaftsverhältnisse auf die gesellschaftspolitische Agenda kommen.

An dieser Stelle ist es wichtig, dass wir uns einen qualitativen Unterschied klar machen, der zwischen 'des freien Mannes Recht auf freie Rede' und der von Flaubert ironisierten, in einer liberalen Gesellschaft arm und reich gleichermaßen eingeräumten 'Freiheit, unter Brücken zu schlafen' besteht. Zum einen schließt das Recht auf freie Rede nach antikem Verständnis den materiellen Zugang zu relevanten Diskursräumen ein (also etwa die Zahlung von Diäten für die Teilnahme an der Volksversammlung und die Bereitstellung geeigneter Versammlungsräume), wo die Chance besteht, bei den Vielen 'Gehör zu finden'. Dieses Recht kann jedenfalls nicht in Gefängniszellen und auch nicht wirklich an der 'Hyde Park Corner' ausgeübt werden, ist daher weit mehr als ein bloß formelles Recht. Zum anderen ist das Unter-Brücken-Schlafen in unseren Breiten eine für menschliche Übernachtungen ganz ungeeignete Form und daher keine Freiheit, sondern in aller Regel ein aus der Verweigerung geeigneterer Übernachtungsgelegenheiten erwachsender Zwang. Das 'Wort zu ergreifen', kann aber nicht das Ergebnis von Zwang sein (mit Ausnahme vielleicht eines erpressten Geständnisses). Wir reden aber nicht nur über ein materiales Recht für eine materielle Praxis, wir reden zugleich über eben diejenige Praxis, in der die Subjekte politischer Beschlüsse produziert werden. Die Eroberung dieses Rechtes enthält zugleich zumindest den Anfang einer Möglichkeit, durch Fragen, Thesen und Argumente die gegebene Ausgangslage radikal zu verändern: Indem sie den Verhältnissen durch Hinterfragen und durch das Eintreten für Alternativen die für ihre politische Reproduktion erforderliche Zustimmung entzieht.

Elfriede Jelinek hat in ihrer Charakterisierung des durch den Haider-Wahlsieg gefährdeten „Politischen“ eine plastische Beschreibung dieser elementaren 'Palaverschicht' jeder Demokratie gefunden: „daß Menschen sich über etwas verständigen, einander zuhören, Vorschläge einbringen, diskutieren, und dann wird abgestimmt. Dieses Prinzip der Rede und der Widerrede, woraus ein Drittes entsteht, also die Einrichtung der Wahrheit in der Wirklichkeit, vielleicht auch das Schaffen von etwas, wie die meisten es tun, tun müssen - ..., die Offenheit für etwas und das Abwägen und Verwerfen oder Annehmen“ (Jelinek 2000, 105f.).

Radikale Philosophie ist so gesehen nur eine der Gestalten der aktiven Beteiligung an dem und innerhalb des (vermutlich menschheitsursprünglichen, nicht nur ostafrikanischen) Palavers, durch dessen Einberufung Menschen immer schon ihre laufenden Tätigkeiten unterbrechen, wenn sie diese nicht mehr weiter brauchen oder wenn sie in ihnen nicht mehr weiter wissen.

Im Bereich des Palavers ist Raum für spielerische 'Experimente', für alle Arten von Komik, für Lachen. Denn - entgegen 'überschwänglichen' Vorstellungen über die 'Einheit von Theorie und Praxis', welche Praxis und Theorie letztlich gleichermaßen in überernster Angst erstarren lassen - kann radikale Philosophie die Differenz zwischen einem entschiedenen, aber klugen und verantwortlichem Handeln und dem spezifischen 'Probehandeln' des Denkens, gerade des philosophischen Denkens, sehen und beachten. Als Probehandeln, im Denken oder im 'Palaver' mit anderen, in dem ein 'Irrtum' oder ein 'Scheitern' kaum reale Wirkungen erzeugt und in dem selbst ein abgesprochenes experimentelles Handeln - bei entsprechend bewusstem Vorgehen - auf ein korrigierbares Ausmaß beschränkt werden kann, unterliegt es einer anderen Verantwortungsfreiheit als ein praktisches Handeln, das immer alle seine Folgen bedenken muss. Hegels kühne Devise 'Die Angst vor dem Irrtum ist nur die Angst vor der Wahrheit!' wäre als politisches Programm voraussichtlich ein Rezept für eine nicht abreißende Folge von Katastrophen. Es gibt auch durchaus plausible Argumente dafür, dass Hegel damit das 'Prinzip' ausgesprochen hat, nach dem in den nachfolgenden fast 200 Jahren faktisch verfahren und gehandelt worden ist. Als ein Prinzip des Denkens, der prozessierenden Gedanken 'im Kopf' oder im 'Gespräch', bedarf es dagegen nur einer kleinen Umformulierung, um schwer bestreitbar zu werden: An die Stelle der nur metaphysisch zu begründenden Singulare sind die entsprechenden Plurale zu setzen: „Die Angst vor den Irrtümern ist nur die Angst vor den Wahrheiten!“[67]

Allerdings kann sich radikale Philosophie nicht selbst in eine Position der falschen Naivität projizieren. Sie arbeitet zwar 'frei' am Prozess des Palavers mit, findet aber die Ausgangslage und die Mittel ihres eigenen Eingreifens historisch vor. Daher hat sie nicht nur mit individueller Spontaneität und Authentizität zu tun, sondern mit tief verankerten gesellschaftlichen Strukturen, die zumindest herrschaftlich überformt sind.

Die Aufgabe jedes auf dem Felde der Philosophie tätigen Intellektuellen besteht in nichts anderem als der jedes anderen Teilnehmers am 'Palaver der Menschheit', nämlich darin, eben das was er denkt, auszusprechen und es kommunikativ so zu artikulieren, dass andere seine Gedanken nachvollziehen und für sich selber würdigen können. Das ist nicht weniger schwierig, als einem Imperativ des Typs „Tu, was du willst!“ ernsthaft Folge zu leisten: Denn so wie es in diesem praktischen Imperativ nicht darum gehen kann, einfach zu tun, was einem so durch den Kopf geht, sondern das, was nach reiflicher Überlegung 'wirklich gewollt' wird, so geht es in diesem theoretischen Imperativ „Sag, was du denkst!“ nicht einfach darum, vor sich hin zu plappern, wie die Gedanken 'durch den Kopf ziehen', sondern sich selbst dazu zu bringen, etwas zu sagen, was einen Beitrag zum Palaver der Menschheit bilden kann.

Das ist keine Frage der akademischen Elaboration. Wie jeder weiß, gibt es lange akademische Abhandlungen - auch innerhalb der Disziplin 'Philosophie' -, in denen es überhaupt nicht gelingt, überhaupt in diesem Sinne 'etwas zu sagen'. Umgekehrt gibt es immer wieder das Phänomen einzelner 'Worte' - wie „Null Bock!“ oder „Das Persönliche ist politisch!“ - in denen sich Sinneffekte verdichten, die über viele Bereiche menschlicher Praxis hinweg in einem 'Zeitraum' wirksam werden. Aber dies ist auch keine Frage der schlichten, unerklärlichen 'Spontaneität'. Es geht um einen spezifischer zu fassenden Prozess des Produzierens, wie er z.T. in der Selbstreflexion poetischer Avantgarde-Praxis - etwa bei Bakhtin, Breton oder Brecht - in den Blick gekommen ist. Allerdings ist dieses Produzieren - im Hinblick auf die Tätigkeit radikaler Philosophie - als eine grundsätzlich menschheitliche Voraussetzung, als eine Anforderung an jeden Menschen, der sich am Palaver der Menschheit beteiligt, zu fassen - und nicht als die Spezialaufgabe einer Sondergruppe von 'KünstlerInnen'[68].

Die spezifische Aufgabe radikaler Philosophie liegt darin, dieser Artikulationsarbeit, zu der alle Menschen immer wieder herausgefordert sind[69], die ganze Vielfalt von Gedankenmaterial, Artikulationsmodellen und -verfahren zur Verfügung zu stellen, über welche die Menschheit verfügt.[70]

Radikale Philosophie begibt sich - etwa neben die Erzählung, die darstellenden Künste oder die Kunst der Politik[71] - mit strategischer, herrschaftsüberwindender Absicht in dieses Palaver ein. Als Beitrag zu dessen Einberufung kann radikale Philosophie immer wieder neu besondere Beiträge erbringen - neben und in Konkurrenz zu anderen Palaverkünsten, wie sie die menschliche Kultur/Zivilisation seit Hunderttausenden von Jahren herausgebildet hat.[72] Dieser besteht im Wesentlichen darin, die ursprüngliche Mündlichkeit des im Palaver sich artikulierenden Selberdenkens vor einem zirkulär-ideologischen 'Do-it-yourself' zu bewahren, indem diese Mündlichkeit durch die Lektüre und Produktion philosophischer Texte qualifiziert und überprüfbar gemacht wird.[73] Konsequenterweise verweigert sich radikale Philosophie allen Versuchen, ihr philosophisches Instrumentarium a priori einengen zu wollen. Sie unterwirft sich weder dem Historismus einer Auflösung philosophischer Argumentationen in die Lektüre älterer philosophischer Texte (schon gar nicht in Gestalt einer autoritär 'kanonisierenden' Hermeneutik) noch dem Empirismus einer Auflösung philosophischer Untersuchungen in immer kleinteiligere 'logische Analysen', der alle wichtigen Fragen dem 'common sense' von 'Normalmenschen' oder dem wissenschaftlichen Sachverstand überantworten wollen.

Sie lässt sich aber auch nicht dazu überreden, die über 2000-jährige und weltweite Geschichte philosophischer Tätigkeiten und philosophischer Literatur zu vergessen - oder aber den Umstand zu verdrängen, dass die Mehrzahl aller 'hauptberuflichen' Philosophinnen und Philosophen der Menschheitsgeschichte in der Gegenwart leben und ihre Argumente hier und jetzt philosophisch zu diskutieren sind.

Die Zeit des 'Solange'

Radikale Philosophie agiert immer im Hier und Jetzt. Sie kann nicht entscheidend mit dem Argument operieren, was für einen späteren Zeitpunkt 'versprochen' bzw. 'beansprucht' wird - nach der revolutionären Transformation, nach der Vollendung der Kritik.

Selbst wenn wir nicht rundheraus bestreiten, dass es einen solchen Zeitpunkt einmal geben könne - also etwa einen Zeitpunkt, an dem etwa die kapitalistische Produktionsweise oder das Patriarchat nur noch für HistorikerInnen von Bedeutung sein wird, oder an dem eine ausgearbeitete kritische Theorie der Herrschaftsmomente in Menschen-Naturverhältnissen in einer handhabbaren Form wirklich vorliegen wird - jedenfalls werden derartige Zeitpunkte nicht in absehbarer Zeit eintreten. Viele Probleme, welche die Pioniere sozialer Bewegungen offenbar in dem Moment, in dem sie sich selber in Bewegung setzen, als unmittelbar anstehend betrachtet haben und vielleicht sogar betrachten mussten, erweisen sich als tiefer gestaffelt und zäher, sobald sie einmal ernsthaft in Angriff genommen werden.

Radikale Philosophie stellt sich einer Frage, die

- sowohl das originär Marxsche Vorhaben des 'Verlassens der Philosophie' in Richtung auf die „praktisch-kritische Tätigkeit“[74]
- als auch der Nachfolgeanspruch der Kritischen Gesellschaftstheorie gegenüber der 'traditionellen Philosophie'
- als auch schließlich die nicht mehr weiter reflektierte 'Philosophieform' (vgl. schon Bammel [1924] 1981) des 'Marxismus-Leninismus'[75]

zu stellen unterlassen hat.

Sie stellt sich nämlich der schlichten Frage, was denn 'so lange' zu unternehmen ist, um sich im Denken zu orientieren - d.h. im unüberschaubaren Horizont der kommenden gesellschaftlichen Auseinandersetzungen über den an künftigen 'Bifurkationen' der Gesellschaftsentwicklung einzuschlagenden Weg. Gerade angesichts der von Horkheimer und Adorno bis zur Aporie vorangetriebenen 'Dialektik der Aufklärung' ist darüber hinaus auch noch zu fragen, wie sich handelnde und forschende Menschen in Bezug auf das Verhältnis von 'Befreiung' und 'Aufklärung' orientieren können, die nach den

'Schrecken der Vernunft' des 19. und 20. Jahrhunderts nicht mehr schlichtweg als zwei Seiten einer Medaille der 'Emanzipation' oder auch nur als in 'prästabilierter Harmonie' befindliche 'Dimensionen' gedacht werden können.

Radikale Philosophie unterscheidet sich insofern von älteren Generationen kritischen Denkens durch eine bewusst eingenommene Perspektive des 'Solange noch'. Sie antwortet damit auf die von Marx übersprungene, von Lenin in eine aporetische Praxis übersetzte und etwa von Adorno/Horkheimer durch eine aporetische Theorie beantwortete Frage, was 'solange noch' zu tun ist: bis die 'Revolution', die zum 'Absterben des Staates' in einer 'klassenlosen Gesellschaft' führt und alle Menschen zur gleichen Teilhabe 'befreit' hat - und bis wissenschaftliche Untersuchungen der gesellschaftlichen Verhältnisse rückhaltlos und vollständig die handelnden Menschen über deren Verknüpfung mit Herrschaft und Ausbeutung 'aufgeklärt' haben. Vermutlich sogar 'solange noch', bis die theoretischen und praktischen Voraussetzungen dafür erneut gewonnen sind, diese Fragen von Staatsüberwindung und Aufhebung der Klassenspaltung in theoretisch triftiger und praktisch realitätstüchtiger Weise neu und erneut zu stellen - wobei auch dieses zweite 'Solange noch' keinen kurzen Zeitraum umfassen dürfte.[76]

Aufbrechen in die neue Zeit

Die neue Zeit, deren Bestimmung seit der Mitte der 1990er Jahre immer dringlicher zur praktischen Aufgabe wird, wird schrittweise durch Unterscheidungen greifbar. Radikale Philosophie setzt artikuliert und konsequent die Haltung der Vielen fort, die sich weder an alten Gewissheiten festhalten und vor einer ernsthaften Aufnahme des Neuen abschotten wollen noch erinnerungslos die neuen 'Erfindungen' und 'Entdeckungen' der Gegenwart von den älteren Strukturen und Auseinandersetzungen ablösen wollen, auf die sie Antworten zu geben versuchen. Ihre Verankerung im Raum des Palavers und ihre Annahme der Zeit des Solange unterscheidet sich damit sowohl von einem 'revolutionären Attentismus', der eine deterministische Zukunftsgewissheit zum Vorwand der Untätigkeit nahm, wie von einer 'kleinbürgerlichen Ungeduld', welche an jeder neuen Ecke gesellschaftspolitischer Auseinandersetzungen bereits den möglichen Übersprung in ganz andere, befreite und aufgeklärte Verhältnisse zu ahnen glaubt.

Damit begibt sich radikale Philosophie in den gegenwärtig vorherrschenden einfachen Widerspruch hinein, in dem sich die Praxis der Vielen, welche sich nicht mit der Alternativlosigkeit der bestehenden Herrschaftsverhältnisse abfinden, bewegt: *Einerseits* ergreifen sie die Erschöpfung des ersten, brutalen

Impulses des neoliberalen Umstrukturierungsimpulses als Gelegenheit, welcher unter den Kriegsrufen der Thatcher standen: „There is no such thing as society, only individuals and their families!" und „There is no alternative!". Zumindest die eigenen Ansprüche, welche mit diesem Impuls verknüpft waren, lassen sich jetzt offenbar einklagen: So etwa eine Minimalgerechtigkeit für alle (Rawls), wie sie der angelsächsische philosophische „Mainstream" seit den 1970er Jahren neu eingeführt hat, die nicht auf das neoliberale Grundmotiv der „Leistungsgerechtigkeit" reduzierbar ist (vgl. Giddens 1999 u. 2000). Der neue „Dritte Weg" à la Giddens/Blair (vgl. Flassbeck u.a, 2000) oder die „neue Mitte" à la Hombach/Schröder (vgl. Dörre u.a. 1999 u. Dräger u.a. 2000) leben politisch nicht mehr von der These der völligen Alternativlosigkeit, sondern davon, dass sie mit Erfolg die These verbreitet haben, ihr Weg sei eben der beste aller möglichen Alternativen. *Andererseits* standen am Anfang der gesellschaftlichen Aufbrüche seit der Mitte der 1990er Jahre, welche in Europa zur fast flächendeckenden Auswechselung der liberalkonservativen durch sozialdemokratisch geführte Regierungen und in Asien zur 'Asienkrise' von 1997 geführt haben, neue Formen von sozialen Kämpfen, wie die Dezemberstreiks vom Dezember 1995 in Frankreich oder die Streikbewegungen etwa der südkoreanischen Gewerkschaften, welche den neoliberalen Umstrukturierungsstrategien 'von außen' Grenzen zu setzen begannen.

Soziale Bewegungen und ihre politischen Netzwerke haben sich inzwischen in globalem Maßstab (vgl. Brecher 1999, Mies 2001), nicht nur in Westeuropa[77] (vgl. Boual 1999), auf ihre eigene Kraft besonnen und neue Formen des Protestes organisiert, welche sich der Aufteilung von 'von innen' vorgetragenen Reformforderungen und 'von außen' erhobenen Forderungen einer 'Systemüberwindung' entziehen. In neuen diskursiven Modellen werden die alten Spaltungen zwischen Forderungen nach punktuellen Verbesserungen, systemischen Reformen, systemtranszendierenden Transformationen und revolutionären Umbrüchen bisher gezielt vermieden. Die politischen Neuaufbrüche stützen sich auf eine hinreichende eigene Kraft, um derartigen Aufspaltungsversuchen erfolgreich widerstehen zu können. Diese eigene Kraft der Vielen ergibt sich letztlich daraus, dass sie sich den Umstrukturierungsvorstößen von oben, für die sie gebraucht werden, eben auch verweigern können: Ohne ihr Mittun kommt auf Dauer weder ökonomische Wertproduktion noch Machtreproduktion zustande, die Herrschenden bleiben auch in möglichen neuen Entwicklungsmodellen auf die Beherrschten angewiesen, insbesondere auf deren subalternes Mittun.[78]

Gegenwärtige Bewegungsansätze haben sich inzwischen etwa in den von den Zapatisten ausgehenden 'Peoples' Global Action Network' oder in den von

Frankreich ausgegangenen, inzwischen fast weltweiten ATTAC-Netzwerk oder in den weltweiten, vor allem von Teilen der christlichen Kirchen getragenen Entschuldungsinitiativen zusammengefunden, welche gemeinsam seit 2000 mit dem 'Global Social Forum' im brasilianischen Porto Alegre dem 'World Economic Forum' der führenden 'global players' der neoliberalen Umstrukturierung der Welt einen Gegenpol entgegensetzen. Zwischen Regierungskräften, sozialen Basisbewegungen und der großen Mehrheit der aktiven Erwerbstätigen und StaatsbürgerInnen sind auch unter der Oberfläche der neuen Mobilisierung für den Krieg im 'Norden' wie im 'Süden' wieder Kommunikationsprozesse in Gang gekommen, welche die großen Regulations- und Verteilungsfragen wieder auf die gesellschaftspolitische Tagesordnung setzen können. Dabei geht es zunehmend nicht mehr darum, ob überhaupt politisch zu regulieren ist, sondern in wessen Interesse die Staatsmacht reguliert und verteilt (vgl. Panitch 1999).

Andererseits hat das neue Stadium der Menschheitsgeschichte, das allein dadurch schon erreicht ist, dass sich die Reichweite menschlicher Handlungen bis zur realen Möglichkeit einer irreversiblen Zerstörung oder Beeinträchtigung der Lebensgrundlagen ausgeweitet hat (vgl. Lipietz 2000), gerade mit der gewaltigen Kompression von Raum und Zeit, welche die neuen IuK-Technologien ermöglichen, die Zeit für die Durchsetzung einer wirksamen Kontrolle und Beschränkung derartiger Handlungen äußerst knapp werden lassen[79]. Die Wiedergewinnung einer auf dieses vorrangige strategische Ziel einer Rückgewinnung der nötigen Zeit für demokratische Politik gerichteten Handlungsfähigkeit von Subjekten linker Politik (und zunächst deren Konstitution und Selbstbestimmung als solcher) stellt sich daher als ebenso dringlich wie schwierig dar.

Diese Schwierigkeit verschärft sich noch ungemein dadurch, dass es den Kräften der Linken seit der Krise des Marxismus (vgl. Althusser 1978) bisher nicht gelungen ist, einen gemeinsamen diskursiven Raum und einen kompatiblen diskursiven Code für ihre strategischen Überlegungen zu finden. Dieses Problem beginnt mit der notwendigen Neudefinition der „Linken" gegenüber den „Rechten"[80] und der Bestimmung der Leitziele linker Politik - 'Befreiung' und 'Nachhaltigkeit'[81] sind noch keineswegs über die gesamte Breite der linken Bewegungen als miteinander zu verknüpfende Ziele akzeptiert. Dieses Problem bezieht sich weiterhin auf die Frage der Bestimmung der strategische Methode: Reform und Revolution, gewaltsame Konfrontation oder gewaltfreie Nichtkooperation, außerparlamentarische Mobilisierung oder parlamentarische Politik bis hin zur Regierungsbeteiligung. Es ist auch mit den ganz unterschiedlichen Antworten noch längst nicht erschöpfend behandelt, die innerhalb der

Linken auf die Frage gegeben werden, wer denn die Subjekte linker Politik überhaupt sind - politische Parteien, Gewerkschaften, Netzwerke, Initiativen bzw. engagierte Individuen (bzw. welche Kombinationen davon) - und in welchen „Arenen" - lokal, regional, national, europäisch, global; staatlich, zivilgesellschaftlich; systemisch, lebensweltlich - sie aktiv werden können und sollten.

Eine derartige Rekonstruktion von strategischen Verständigungsmöglichkeiten setzt eine - scheinbar paradoxe - gleichzeitige Bewegungen in zwei Richtungen voraus:

Erstens geht es um die (Wieder-)Herstellung eines gemeinsamen Diskursrahmens, d.h. um eine allgemeinere Verständigung über grundbegriffliche Bezugspunkte und theoretische Erklärungsmodelle, sowie über historische Referenzerzählungen - z.B. über die soziokulturellen Ursprünge und Entwicklungslinien der internationalen Linken, über den Stellenwert und politischen Beitrag der westeuropäischen Linken, über die Zusammenhänge zwischen 'großen ökologischen Krisen' und der 'Entwicklung der Produktionsweisen', oder etwa über die inneren Wechselwirkungsverhältnisse zwischen Geschlechterverhältnissen und Mensch-Natur-Verhältnissen als zwei nicht vollständig trennbare Seiten der die gesamte Geschichte durchziehenden Kämpfe um die materiellen und immateriellen (Re-)Produktionsverhältnisse[82]. Dabei werden sich die Linken auch immer wieder neu der Frage stellen müssen, wie sich ihre Ziele, ihre Kritik und ihre strategischen Vorschläge von denen der rechten Gegner des liberalkapitalistischen 'Mainstreams' unterscheiden. Deren kritische Aufarbeitung, von der Programmatik einer 'passiven Revolution' (Cavour, Bismarck - vgl. Gramsci) und des 'Radikalismus'[83] über den konservativ-revolutionären 'Antikapitalismus' (vgl. Gansel 1999)) und die 'Kulturkritik' (vgl. Konersmann 2001) bis hin zur 'Ökodiktatur' (vgl. Hinterberger u.a. 1996) wird daher zu einer unabweisbaren Aufgabe radikaler Philosophie: Im kurzen 20. Jahrhundert als „Zeitalter der Extreme" (Hobsbawm 1994) hat diese Rechte jedes Thema der Linken jedenfalls so erfolgreich mit ihrem 'theoretischen Gegenfeuer' (Althusser, Bourdieu) belegt und dabei auch durchaus wichtige linke Inhalte und Konzepte 'entwendet' und 'umfunktioniert', dass radikale Philosophie diese den Forderungen nach Befreiung und Aufklärung entgegengesetzte Kritik an kapitalistischen „Mainstreams" bei Strafe der politischen Zweideutigkeit nicht mehr einfach beiseite wischen oder ignorieren kann[84].

III. Philosophische Wahrheitspolitik

„Philosophers push the real contradictions in the conjuncture to the extreme. They give an extreme formulation to latent or intrinsic contradictions in the conjuncture, which no other discourse does in the same way, because the others are all governed by the need to reduce complexity. The counterpart to this is that, as a literary genre, philosophy is an open domain. There is no question of deciding in advance that this kind of writing or theoretical activity is philosophical and that not.“

„Philosophen spitzen die in einer konkreten Lage bestehenden wirklichen Widersprüche bis zum Äußersten zu. Sie geben uns eine extreme Formulierung von in der Lage latenten oder bloß intrinsischen Widersprüchen - auf eine Weise, wie dies kein anderer Diskurs leistet, eben weil alle anderen Diskurse von dem Bedürfnis geleitet werden, Komplexität zu reduzieren. Als Gegenstück dazu ist die Philosophie, als Literaturgattung betrachtet, ein völlig offener Bereich. Es kommt gar nicht erst in Frage, etwa vorab entscheiden zu wollen, dass eine bestimmte Art des Schreibens oder der theoretischen Tätigkeit philosophisch ist und eine andere dies nicht ist.“ (Etienne Balibar 1999, 37)

Um das Missverständnis zu vermeiden, radikale Philosophie auf einen situativen Pragmatismus im Dienste linker Politikziele zu reduzieren, soll das Konzept der radikalen Philosophie in Bezug auf das für das philosophische Feld zentrale Konzept der Wahrheit näher ausgearbeitet werden. Im Unterschied zu ihren älteren Bündnisfeldern, in denen die eigene Tätigkeit nicht ausdrücklich als philosophische gedacht wird[1], artikuliert sich radikale Philosophie konsequent als eine spezifische Gestalt philosophischer Tätigkeit: Die öffentliche Produktion von Wahrheiten greift auf philosophische Tätigkeiten[2] zurück, um als eine durchaus nicht relativistisch angelegte Wahrheitspolitik funktionieren zu können: Die Frage nach der 'Wahrheit' und nach den 'Wahrheiten' bildet den 'Knotenpunkt', an dem die Felder philosophischer Tätigkeit nach dem 'kurzen 20. Jahrhundert' wieder einsetzen - nach dem Versuch, einer öffentlichen Verdrängung von Wahrheit, wie ihn der neuzeitliche Liberalismus gemacht hatte, nach dem Unternehmen einer unmittelbaren 'Verwirklichung' der Philosophie, dem sich die Politik der Bolschewiki nach der Oktoberrevolution programmatisch verschrieben hatte, aber auch nach dem positivistischen Versuch, alle 'philosophischen Fragen' in Fragen positiver wissenschaftlicher Forschung aufzulösen. Mit diesem Konzept der Wahrheitspolitik (aus der jüngeren französischen Diskussion) wird im Rahmen radikaler

Philosophie einer liberalen Perspektive der Entpolisierung und Vergleichgültigung eine radikaldemokratische Perspektive der Politisierung und ernsthaften Vertretung von Wahrheiten entgegenstellt. Diese wahrheitspolitische Perspektive ermöglicht es, die Debatte gegenüber ihren Verengungen in der Metaphysikkritik der 1920er Jahre und im Positivismusstreit der 1960er Jahre nicht mehr nur auf die Fragen der 'Begründung' oder des 'Beweises' zu beschränken, in denen ohne Klärung der vorausgesetzten Wirklichkeitsbezüge und Artikulationsformen keine produktive Auseinandersetzung möglich ist, sondern zwei grundlegendere Problemfelder der Philosophie neu zu artikulieren, die sich auf das Produzieren von Wahrheiten beziehen: den Stellenwert der Aussage im Diskurs und die Frage nach der Frage (vgl. Derrida 1967a, 118, 1987, 247f. u. 1990, 27, sowie Heinrich 1964, 177 u. Jäger 1984 u. 1985).

Kapitel 1: Von der 'Aussage-Perspektive' zur 'Frage nach der Frage'

Nicht allein dass traditionelle Philosophie oft Antworten bereithält, bevor überhaupt die Fragen richtig ausformuliert sind, ist ein Problem. Darin kommt vielmehr ein tiefer liegendes Problem bloß zum Ausdruck: Dass diese Form der Philosophie sich in einer Welt, einer Wirklichkeit glaubt, die durch Aussagen erschöpfend darzustellen ist, so dass für die Fragen, Wünsche und Urteile der Menschen eigentlich kein Raum bleibt.

Radikale Philosophie kann demgegenüber zeigen, dass diese Privilegierung der Aussagen auf willkürlichen Voraussetzungen beruht und dass es möglich ist, die 'Frage nach der Frage' sehr viel gründlicher und unvoreingenommener zu stellen, als dies bisher philosophisch üblich ist.

'Auch die Fragen stellen, die die anderen stören!'[3]

Die 'Einmischungen' radikaler Philosophie sind nicht das schlussendliche Ergebnis lang vorangetriebener Forschungsprozesse. Aber sie sind auch nicht unmittelbar gespeist von dem empörenden Einblick in die ebenso tiefgreifende wie genaue Erfahrung der eigenen Unterworfenheit, die konkret praktischen Rebellionen ihre besondere Dignität verleiht. Aber sie kann dazu beitragen, dass beide - die Forschungsprozesse und die praktischen Rebellionen - nicht einfach vom überkommenen, vorliegenden und akademisch reproduzierten Gedankenmaterial[4] - gleichsam bis zur Erstickung und bis zum Verstummen überformt werden.

Anstatt den oft stammelnd oder zumindest subaltern vorgetragenen Fragen der praktischen KritikerInnen von Herrschaft einen elaborierten philosophischen oder 'wissenschaftlichen Diskurs aufnötigen zu wollen, der zwar kohärenter ist als ihre spontanen Äußerungen, ihnen es aber zugleich verunmöglicht, das wirklich anzusprechen, worum es ihnen im Kern geht, ihre Empörung gegenüber bestimmten gesellschaftlichen Herrschaftsverhältnissen. Das gilt etwa für alle Versuche, der Bewegung der GlobalisierungskritikerInnen eine komplexe philosophische 'Universalismus'-Debatte aufzuzwingen, die selbst nicht dazu in der Lage ist, die Aporien aufzulösen, in die sie sich aufgrund ihrer Herrschaftsaffirmation unter Berufung auf die universale Vernunft, d.h. die Vernunft aller anderen immer wieder verwickelt. Radikale Philosophie spricht gerade das an, was die Beteiligten zu verdrängen neigen: das schwer aufzulösende Kernknäuel von Herrschaft und Subalternität, von Verdunkelung und Dummheit, von Ausbeutung und Handlungsunfähigkeit, von Gewalt von oben und Komplizität von unten.

Mit dieser Hartnäckigkeit wendet sich radikale Philosophie auch gegen die immer noch fortwirkende Praxis vieler Linker nach 1945, die historischen Alternativen zum Nazi-Faschismus - den amerikanischen Fordismus und den sowjetischen Stalinismus - von 'kleineren Übeln' zu Errungenschaften umzudeuten. Radikale Philosophie versucht vielmehr, die Suche nach Antworten auf die Frage, wie Herrschaftskritik praktisch werden kann, von derartigen vorgängigen Verkürzungen zu lösen: In der 'Nacht des Jahrhunderts' lag die einzige Errungenschaft darin, dass der Nazi-Faschismus geschlagen wurde, der diese Nacht in zynischer Herrschaftsaffirmation wie kein anderer verkörperte, und dass es - trotz Hiroshima und dem GULAG - überhaupt historisch weiter ging, ohne dass das 'Ende der Geschichte' ganz praktisch verwirklicht wurde.

'Radikale Philosophie' fällt laufenden Diskursen ins Wort, ohne wirklich gefragt zu sein. An Knotenpunkten der Wissenschaftsentwicklung, in einem 'epistemologischen Einschnitt' (Canguilhem, Althusser) einer 'wissenschaftlichen Revolution' eine 'widersprechende Antwort' (vgl. Michael Jäger 1985) wird das Feld der bisher verfolgten Fragestellungen zur Umstrukturierung gezwungen (vgl. Balibar 1994, 99ff.) - aus sich heraus, aber auch nicht ohne diskursive Stützpunkte und Unterstützung. Radikale Philosophie kann versuchen, derartige Umbrüche aufzugreifen und zu stabilisieren. Die 'Einmischungen' radikaler Philosophie sind auch nicht unmittelbar gespeist von dem empörenden Einblick in die tief greifende Erfahrung der eigenen Unterworfenheit, die praktischen Rebellionen ihre besondere Dignität verleiht.

Radikale Philosophie setzt zwar auf dem Feld der Philosophie an; ihre argumentativen Vorstöße fragen aber immer auch danach, was in den philosophischen Problemstellungen an tiefer ansetzender Politik, an Kritik und Affirmation von Herrschaft, auf dem Spiel steht. Damit kann der Eindruck entstehen, sie würden auf dem Felde der Philosophie wiederum politische Zwecke verfolgen. Umgekehrt geht es ihr aber gerade darum, den inneren 'politischen' - nämlich auf das Verhältnis von 'Selbstbestimmung' und 'Herrschaft' bezogenen - Kern der Philosophie als Philosophie, als Tätigkeit aus 'bloßer Vernunft', als solchen sichtbar zu machen. Mit dieser Suche nach der 'inneren Politik' der Philosophie kann sie eine grundlegende Einsicht der Kritischen Theorie erneuern, die in den drei im Zweiten Weltkrieg miteinander um die weltweite Hegemonie ringenden historischen Formationen - dem amerikanischen 'Fordismus', dem sowjetischen, russischen 'Stalinismus' und dem deutschen 'Faschismus' - einen vergleichbaren harten Kern an Unterdrückung und Unterwerfung erkannt hatte, der sich ideologisch immer wieder in Denkfiguren seines Gegenteils artikulierte: als 'Freiheitskampf' des 'deutschen Volkes' oder der 'arischen Rasse' bei den Nazis oder als 'Staat des ganzen Volkes' im Stalinismus. Allerdings folgt radikale Philosophie damit nicht schon dem retrospektiven Bewusstsein der historischen Alternativlosigkeit, das die Kritische Theorie in der „Nacht des Jahrhunderts" mit dieser Einsicht verknüpft hatte. Sie hält aber auch an deren Einsicht fest, dass beide Alternativen zum Hitlerfaschismus, so wünschenswert ihr gemeinsamer Sieg auch gewesen ist, deswegen noch keinen Weg zu einem „Fortschritt in der Verwirklichung der Freiheit" wiesen (wie dies Hegel ebenso fälschlich wie symptomatisch für den preußischen Despotismus vertreten hatte[5]). Mit der Vermeidung einer faschistischen Bifurkation der Weltgeschichte war ein großes Übel vermieden. Aber damit war kein bestimmbarer historischer Fortschritt vollzogen - zunächst einmal einfach deswegen, weil erst der 'Kalte Krieg' über die Durchsetzungsfähigkeit des 'fordistischen' oder des 'stalinistischen' Entwicklungspfades entscheiden sollte. Dann aber auch deswegen, weil beide bestimmte destruktive Momente aus der Epoche des Hochimperialismus weiterentwickelt hatten, die sich einem minimal inhaltlich bestimmten Begriff des Fortschritts einfach nicht mehr subsumieren lassen. Das heißt: radikale Philosophie verweigert sich der - von vielen Späteren gezogenen - falschen Konsequenz aus der Einsicht in die faktische Überlegenheit beider Alternativformationen zum deutschen Faschismus. Denn es war in der Tat eine *falsche* Konsequenz, dass viele Intellektuelle im schon bald einsetzenden Kalten Krieg die von ihnen jeweils gewählte Alternative zum kriegerisch überwundenen Faschismus dann zum Träger des welthistorischen Fortschritts verklärten. Dies haben, vor allem in der 'volksdemokratischen' Phase der Nachkriegszeit, führende marxistische Intellektuelle getan, welche die historische Leistung des russischen 'Stalinismus', dem Angriff Hitlerdeutschlands standgehalten und ihn siegreich zurückgeschlagen zu haben, wiederum ohne weiteren Grund zum Indikator einer künftigen sozialistischen Entwicklungsperspektive nahmen (vgl. exemplarisch Lukács 1946). Nur wenig später hat eine solche imaginäre Menschheitsperspektive in der Richtung des historischen Fortschritts auch eine 'antitotalitäre Linke' für den amerikanischen Fordismus zu beanspruchen begonnen, der im Kalten Krieg um die weltweite Hegemonie rang (vgl. nicht weniger exemplarisch Laski 1948). Gegen diese Umdeutung der 'kleineren Übel' in Wohltaten, die vor allem auf der Ebene der intellektuellen Arbeit zerstörerisch gewirkt hat, besteht radikale Philosophie auf der Suche nach unverstellten Antworten auf die Frage, wie Herrschaftskritik wieder konsequent ausgearbeitet und praktisch vorangetrieben werden kann. Das schließt ein Eingehen auf wirkliche Kräfteverhältnisse und das Schließen von ihnen entsprechenden Bündnissen und Kompromissen keineswegs aus - aber sehr wohl ein anschließendes Schönreden des Schlechten, was dabei vorläufig in Kauf zu nehmen ist.

Aussageperspektive und Herrschaftsanspruch

In der philosophischen Tradition wird eine sprachliche Perspektive des Aussagens privilegiert und zur Grundlage ihres eigenen Anspruchs auf 'absolutes Wissen' gemacht: Die philosophische Tradition betrachtet überwiegend ein bewiesenes Wissen als eine Steigerungsform von Wissen, das seinerseits als eine Steigerungsform des Behauptens gilt - etwa in der Linie bloßes Meinen - Wissen - absolutes Wissen.

Die gnoseologische und praxeologische Unhaltbarkeit dieser verbreiteten Auffassung kann schon durch die simple logische Beobachtung dargetan werden, dass Aussage- bzw. Behauptungssätze keineswegs die einzigen sinnvollen Antwortsätze auf Fragen darstellen - z.B. die Frage „was soll ich tun?“ erfordert als Antwort einen Imperativ oder einen Beurteilungssatz, indem nichts als wahr behauptet, sondern etwas als schön, gut, recht oder edel beurteilt wird. Jedenfalls kann wohl unmittelbar nachvollzogen werden, dass eine Reduktion derartiger, unbestreitbar sinnvoller Sätze auf Behauptungssätze einer zusätzlichen Anstrengung bedarf, die sich keineswegs von selbst versteht.

Trotz der darüber deutlich hinausgehenden Analysen der Metaethik, der deontischen Logik oder der Sprechakttheorie sitzt diese Orientierung so tief, dass sie nicht nur etwa Russells Analyse des Verhältnisses von „Eigenname“ und „Kennzeichnung“ in die Sackgasse getrieben hat, sondern auch Kripkes tiefsinnige Interpretation des Wittgensteinschen Privatsprachenargumentes beeinträchtigt: Während Russell (wie in anderem philosophisch-logischen Kontext auch etwa Derrida [vgl. Bennington 1994, 113ff.]) dem unerreichbaren Ziel einer übersituativ vollständigen Benennung nachjagt, was im Kontext eines Handelns unter Zeit- und Ressourcenbegrenzungen selbstverständlich weder Eigenname noch Kennzeichnung noch auch die Zeigehandlung (Deixis) von Menschen überhaupt zu leisten versuchen[6], begreift auch noch Kripke Eigennamen als eine Art von Minimalklassifikationen (Kripke 1982[7], vgl. Gebauer 1989, 154). Auf jemanden zeigen, jemanden mit dem Namen vorstellen oder von jemandem namentlich erzählen - oder auch vergleichbare kommunikative Handlungen mit Bezug auf Sachen oder sachliche Verhältnisse - dienen noch gar nicht einer Aussagefunktion. Die machen vielmehr überhaupt erst Aussagen über eine konkrete Wirklichkeit möglich, indem sie beispielsweise das etwas als solches fixieren, auf das wir unsere Aussagen beziehen, einen bestimmten Bezug herzustellen (auf die anwesende Mutter[8], den Hammer in der Schublade, den abwesenden Freund, den berichteten Vorfall). Ohne eine derartige Fixierungsfunktion kämen wir überhaupt nicht dazu, „etwas über etwas auszusagen", wie Aristoteles die Aussage-Perspektive artikuliert hat. Allenfalls könnten wir ohne dies nur noch Aussage*formen* des Typs „Alle Vögel sind Tiere" oder „Alle Winkel sind teilbar" formulieren. Dabei ist es für jene Fixierungsfunktion ganz unerheblich, ob in Aussagen zu diesem Zweck bestimmte klassifikatorische Merkmale benutzt werden, wie im Fall der Kennzeichnung, oder ob ganz darauf verzichtet wird - wie im reinen Akt des Zeigens - oder auch es einfach den Adressaten überlassen, woran sie die benannte Mutter oder den genannten Freund wiedererkennen, bzw. wen sie etwa in ihrem Kontext als „Frieder Wolf" zu erkennen gewohnt sind, wie dies im Fall des Eigennamens offen bleibt, ohne seine situative Funktionsfähigkeit zu beeinträchtigen. Dass dies in einer Wissenschaftssprache Probleme machen kann, hat Quine durchaus scharfsinnig herausgearbeitet (vgl. Quine 1939 u. 1989) Aber zunächst einmal funktionieren diese elementaren logischen Operationen im Kontext einer situativen, praktisch eingebundenen Alltagsrede[9] - und stehen insofern zugleich auch gleichsam außerhalb einer als in sich geschlossenes System begriffenen Sprache[10], wie Derrida immerhin zu sehen scheint (vgl. Bennington 1994, 111f.).

Erst wenn wir einen solchen konkreten Bezug angeben können, sind wir dazu in der Lage, Behauptungen aufzustellen: „Einige Tische sind grün" ist nur eine schwache Behauptung, bedeutungsgleich mit „Es gibt grüne Tische", das seinerseits zu 'verifizieren' wäre, indem ich die Wahrheit der Behauptung „Dieser Tisch ist grün" in geeigneter Weise nachvollziehbar mache. Eine ausgewachsene Behauptung kommt - wenn wir den sehr speziellen Fall, dass eine Behauptung „Alle Tische sind grün" empirisch und nicht definitorisch wahr ist, hier vernachlässigen[11] - nicht ohne einen konkreten Realbezug aus: „Dieser Tisch ist grün", „Frieders Tisch ist blau" oder „Mamas Tisch war rot". Damit gewinnen wir zugleich überhaupt die Möglichkeit, eindeutig über Veränderungen zu reden: „Vorhin war dieser Tisch noch grün" könnten wir ohne eine Fixierung dieses Bezugspunktes der Aussage gar nicht formulieren - und „Vorhin war hier noch ein grüner Tisch“ fixiert zwar explizit keinen bestimmten 'Gegenstand' mehr, enthält aber mit 'hier' und 'jetzt' sprachliche Ausdrükke für die situative Fixierung von Raum- und Zeitpunkten.

Wir werden gegen diese ehrwürdige philosophische Tradition den ganz unbescheidenen Versuch unternehmen, ein wenig Licht in das Dunkel zu bringen, mit dem bisher die epistemologische Position der Aussageperspektive umhüllt worden ist. Eine derartige Dunkelheit wird nämlich zur Herstellung einer diese spezifizierenden apodiktischen Aussageperspektive gebraucht, welche die traditionelle Philosophie als das zentrale Modell für die eigenen Sprachhandlungen in Anspruch nimmt. Wenn das Aussagen die grundlegende Form des sprachlichen Handelns wäre und wenn seinerseits das Aussagen als transzendentale Funktionsbedingung ein 'apodiktisches Aussagen' voraussetzt, dessen Inhalt sich als 'absolutes Wissen' darstellt, dann kann Philosophie für sich - als Vertretung eines solchen Aussagens - eine prinzipielle Überlegenheit gegenüber allen gewöhnlichen Formen des Redens und Denkens beanspruchen. Genau dies ist aber keineswegs so evident, wie dies unterstellt wird.

Greifen wir auf die unprätentiös präzise Redeweise des frühen Wittgenstein zurück, dann können wir etwa formulieren: „Zu sagen, 'dies ist der Fall'“, bedeutet in der Regel[12], damit auch, „zu sagen, 'ich weiß, dass dies der Fall ist'“. Dies wäre die traditionelle Aussage-Perspektive: Wer etwas behauptet, geht damit eine Art von Begründungsverpflichtung ein - wenn jemand seine Behauptung bezweifelt, sollte er in der Lage sein, diese Behauptung irgendwie zu untermauern. Falls sich herausstellen sollte, dass ihm dazu nichts Triftiges einfällt, wird damit allerdings schlimmstenfalls seine Behauptung als etwas leichtfertig beurteilbar und nicht etwa im Rückblick als Behauptung annulliert. Dass dem Behauptenden kein gutes Argument einfällt, besagt nichts darüber, ob seine Behauptung wahr ist. Sogar eine falsch begründete Behauptung kann faktisch oder theoretisch wahr sein.

Was bedeutet es aber demgegenüber, eine *apodiktische* Aussageperspektive einzunehmen? Jedenfalls ist mit dem Apodiktischen der Anspruch verbunden, die aufgestellte Behauptung nicht nur irgendwie zu untermauern, plausibel zu machen, sondern sie in einer relevanten Weise 'beweisen' zu können.

Diese Steigerungs-Perspektive ist aber keineswegs so evident, wie unterstellt wird. Es ist nämlich durchaus möglich, in Begründungen und Beweisversprechen gar keine Steigerung der Aussage-Perspektive zu sehen, sondern einen näher zu spezifizierenden Zusatz: *Neben* die Behauptung tritt in dieser Sicht das Beweisversprechen.

Mein Vorschlag - welcher dieser philosophischen Tradition gezielt widerspricht - besteht dem gemäß darin, Begründungen und Beweisversprechen als ein zusätzliches Angebot im Kommunikationsprozess zu begreifen, das einen damit verknüpften Kommunikationsinhalt verstärkt, ohne ihn zu steigern: Die logische Grammatik von „Ich weiß gewiss (unbedingt, bewiesenermaßen usf.), dass dies der Fall ist“ würde dann etwa einer Wette, einer Garantieerklärung oder einem Schwur entsprechen. Also etwa in Gestalt einer Wette: „Ich weiß, dass dies der Fall ist und biete Dir 100 Euro auf 1 Euro, falls ich doch Unrecht haben sollte.“ Die Möglichkeit eines solchen Zusatzes zur Aussage ist völlig hinreichend, um die Bedeutung der *assertorischen* Perspektive etwa im Vergleich zur *interrogativen* - „ich frage Dich, ist das der Fall?“ - oder zur *postulativen* - „ich fordere Dich auf, dafür zu sorgen, dass dies der Fall ist!“ - Redeperspektive deutlich werden zu lassen. Auch für Fragen und Aufforderungen sind vergleichbare Zusätze möglich, etwa die Androhung, zu Sanktionen zu greifen, falls die Frage nicht beantwortet oder der Aufforderung nicht Folge geleistet wird. Aber diese Zusätze treten vielleicht deutlicher als etwas ganz anderes auf als das Fragen oder Auffordern selbst. Damit die Vorstellung einer Steigerung zu verbinden, dass etwa eine schlichte Frage zu einer Frage mit Fristsetzung und Sanktionsdrohung oder eine schlichte Aufforderung zu einem sanktionsbewehrten Imperativ gesteigert würde, ist in dieser Hinsicht wenig plausibel. Noch weniger der Gedanke, dass sich das schlichte Fragen bzw. Auffordern dann gleichsam von diesen gesteigerten Formen ‘begründen’, oder ‘ableiten’ ließe. Damit entfällt auch die Plausibilitätsgrundlage für den Gedanken, dass das bewiesene Wissen in anderer Weise mehr wäre als das bloße Wissen, als dass eben zum unmittelbar gegenständlichen Wissen noch ein Wissen über den Beweis dafür hinzu kommt. Die Vorstellung, es gebe ein gegenüber dem bloßen Wissen gesteigertes ‘absolutes Wissen’, das gleichsam in seiner Stärke erst das bloße Wissen[13] begründet oder gar ermöglicht, tritt in diesem Vergleich als willkürliche Setzung hervor. Sie leistet nicht, was sie beansprucht, bleibt unklar und ist letztlich überflüssig. Lassen wir sie doch fallen!

Die Bedeutung der Perspektive des Aussagens zu relativieren, impliziert allerdings nicht, dass die für Philosophen besonders heißen, strittigen oder streitträchtigen Unterscheidungen von ‘wahr’ und ‘falsch’ bzw. von ‘gut’ und ‘schlecht’ fallen gelassen werden müssen; jene Relativierung macht allerdings deutlich, welch grundlegende Bedeutung - insbesondere unter herrschaftskritischen Gesichtspunkten - das (oft von oben angemaßte) Recht hat, die zu behandelnden Fragen zu stellen und damit die möglichen Antworten bereits vorzuselektieren.

Die Vorstellung „das Subjekt (der Rede) zwingt das Objekt (den Gegenstand der Aussage) dazu, endlich ‘die Wahrheit über sich zu sagen’“ - hat zwar Francis Bacon bekanntlich zu der machistischen Formulierung verleitet, „Mutter Natur“ aufs „Folterbett“ spannen zu wollen. Sie gehört aber eher in das metaphorologische Register der Inquisition mit ihrer „hochnotpeinlichen Befragung“ als in die Epistemologie wissenschaftlicher Forschungsprozesse. Denn außerhalb von gesellschaftlichen Machtverhältnissen macht die Intensivierung der Befragung durch Androhung und Vollzug von Sanktionen überhaupt keinen Sinn[14], erweist sich als ebenso willkürlich wie der Gedanke, ‘bewiesenes Wissen’ sei eine Steigerung von bloßem Wissen.

Demgegenüber bietet die ältere Vorstellung, Erkenntnis beruhe auf der kritischen Auswertung einer immer schon aufgehäuften Vielfalt von Behauptungen und Auffassungen, d.h. auf der ‘richtigen’ Unterscheidung zwischen Relevantem und Irrelevantem, Falschem und Echtem, Wesentlichem und Unwesentlichem usf., den Vorteil eines weniger willkürlichen Zugangs zum Problemfeld. Sie trägt dem Umstand Rechnung, dass sich jedes Denken und Reden immer schon auf ein diskursiv artikuliertes und verhandeltes Gedankenmaterial bezieht und beziehen muss - und sich durch Unterscheidungen und Abgrenzungen, also in spezifischer Bedeutung kritisch zu diesem Ausgangsmaterial verhalten muss.

Dabei dürfte es hilfreich sein, nicht nur die Vielzahl der dabei zu treffenden Unterscheidungen unverkürzt - und auch nicht vorab systematisiert - ins Auge zu fassen, die wir in unserem Reden und Denken kritisch immer schon treffen. Vielmehr sollten wir auch die durchaus nicht perverse Polymorphie der Redeformen beachten, die ebenso neben der Aussage stehen wie diese Unterscheidungen neben der Unterscheidung von ‘wahr’ und ‘falsch’: Neben der Aussageform sind in der Philosophie des 20. Jahrhunderts immerhin die Redeformen des Imperativs und des Werturteils beachtet. Es steht aber zu vermuten, dass die Redeformen noch weit vielgestaltiger sind - etwa auch das ‘Geschmacksurteil’ lässt sich nicht auf die bereits genannten Formen reduzieren. Und was ist mit der politischen Parole? Wichtiger noch: Es gibt keinen tragfähigen Grund dafür, alle diese Formen als Modifikationen der Aussageform zu betrachten - ganz im Gegenteil: Erst wenn wir die Aussageform selbst als eine Form unter anderen betrachten, die nicht alle auf eine ‘Grundform’ zurückführbar sind, tritt deutlich hervor, dass auch das ‘Behaupten’ eine spezifische Sprachhandlung bildet - das sich neben dem ‘Wünschen’, dem ‘Befehlen’, dem ‘Bewerten’ oder dem ‘Fragen’ durch eine eigenständige Handlungslogik profiliert.[15]

Das macht uns auch frei dafür, Kommunikation und Sinnproduktion nicht mehr exklusiv von der Aussageperspektive her zu betrachten. Sätze wie „Hübsch hässlich habt Ihr’s hier!“ (aus der Feuerzangenbowle) sehen nur so ähnlich aus wie Aussagen, machen aber auf andere Art Sinn, erschließen andere Zugänge zum Realen.

Die Einwortsätze von Kleinkindern sind auf dieser theoretischen Grundlage in der Komplexität der kommunikativen Bedeutung analysierbar, die sie gleichsam noch nicht linguistisch interiorisieren, versprachlichen können - auch wenn sie diese gegenüber verständigen Erwachsenen, die sich auf ihre Spielsituation ernsthaft einlassen, durchaus schon zur Sprache bringen können. „Hund" bedeutet dann etwa vielleicht manchmal auch „hier ist ja ein Hund!" - in der Bedeutung einer neutral überraschten Feststellung -, zumeist wird es aber eher „Oh wie schön, dass hier ein Hund ist!" oder „Oh wie furchtbar, dass hier ein Hund ist" und vermutlich sogar beides zugleich, in wechselnden Intensitäten, heißen/bedeuten.

Das klingt einigermaßen trivial. Und es ist dies vermutlich auch. Aber es ermöglicht uns nicht nur, uns von Denkformen wie der Privilegierung der Aussage zu verabschieden[16], welche die philosophische Tradition in allerlei zirkuläre und letztlich leer laufende Argumentationen[17] verstrickt.[18] Und es eliminiert vor allem die mit ihrer Hilfe konstruierte Position der Philosophinnen und Philosophen als Hauptzuständige für die apodiktischen Aussagen, die ein 'absolutes Wissen' formulieren, die angeblich jede Art und Form von 'Wissen' fundieren. Damit entfällt dann auch die Grundlage für die zweite, kaum weniger skandalöse Verwischung in dem Ansatz der traditionellen Philosophie: Wenn nämlich Selberdenken zur Selbstunterwerfung führen soll, dann sind diejenigen, welche die Position der wahrheitspolitischen Verfügung über 'alles Wissen' besetzt halten, offensichtlich selbst die geeignetsten KandidatInnen für die Position einer für legitim erklärten Herrschaft. Die anderen sollen sich dann nicht nur überhaupt einer legitimen Herrschaft unterwerfen - also, traditionell gedacht, 'Königen' -, sondern am besten gleich einer Herrschaft der Philosophen - also 'Philosophen-Königen'[19].

Die Macht, Fragen zu stellen und zu hinterfragen

Die andere Seite der Privilegierung der Aussageperspektive in der herrschenden Philosophieform ist die Berücksichtigung der Frage allenfalls in Form der „rhetorischen Frage": Denn für diese Philosophieform besteht die Problematik der Frage eigentlich nicht[20], da in der metaphysischen Philosophie als immer schon feststehend unterstellt wurde, was denn die eigentliche Frage sei - nämlich die Frage nach der Einheit des Seienden.[21] Damit waren von vorneherein nur Antworten auf die Frage nach dem Grund des Bestehenden und nicht nach dessen Alternativen zulässig und legitim.

Gegen diese 'Zensur' möglicher Antworten stellt radikale Philosophie die Frage nach der Frage: Wer stellt unter welchen Bedingungen und mit welchen intellektuellen Mitteln in welcher Weise derartige Orientierungs- und Zusammenhangsfragen, die in einem jeweils topisch gegebenen Horizont[22] als letzte Fragen erscheinen müssen?

Wir können jetzt auch die 'Frage nach der Frage' neu artikulieren, in dem wir deutlich sehen, dass das Fragen sich ebenfalls nicht in die Aussage-Perspektive 'einmauern' lässt und durchaus auch kein „Privileg" (Derrida) darstellt. Durchaus sinnvolles Fragen kann auch auf ganz andere Antworten zielen als auf Aussagen. Etwa „Gefällt Dir das?", „Kommst Du morgen mit?" zielt nicht darauf, durch Aussagen beantwortet zu werden und setzt auch nicht voraus, dass der Fragende etwa die 'privilegierte' Position eines Untersuchungsrichters einnimmt, der ein Recht auf eine entsprechende Antwort geltend macht. Wir können dann auch leichter sehen, dass Fragen zwar auf Antworten zielt, aber weit mehr ist als nur der 'Mangel' einer bestimmten Antwort. Zwar gibt es Fragen - etwa bei einigen Brettspielen oder in schulischen Prüfungen - die nur von den bereits feststehenden Antworten gleichsam 'abgezogen' sind. Das sind aber keineswegs die interessanten Fälle. Interessant sind ganz offensichtlich diejenigen Fragen, die neue Horizonte eröffnen und nach Antworten suchen, die noch unbekannt sind und erst entdeckt oder sogar erst hervorgebracht werden müssen.[23]

Die Kategorie der Frage als grammatischer Modus - i.U. zu Indikativ und Imperativ - dürfte sehr alt sein. Warum taucht sie in den philosophischen Logiken nicht auf?[24]

Machen wir auf dem Weg zur Antwort einen kleinen Umweg: In der rhetorischen Theorie gab es offenbar zumindest die Kategorie der rhetorischen Frage. Das können wir als einen ersten Hinweis darauf begreifen, warum für die philosophischen Logiken seit Aristoteles[25] die Problematik der Frage nicht eigentlich besteht: Die metaphysische Philosophie, in deren Dienst diese Logik stand, konnte sich darauf konzentrieren, die Antwort auf die Frage nach der Einheit des Seienden im Zusammenhang der Seinsbedeutungen zu erörtern - im Spannungsfeld einer Ontologie - als Lehre vom ›Seienden als Seienden‹ - und einer Theologie - als Lehre von dem ›höchsten‹ Seienden -, die beide behaupteten, die Antwort auf diese für zentral gehaltene Frage zu liefern. Es ging eigentlich nur noch darum, das richtige Verhältnis beider philosophischer Grundlagendisziplinen zu bestimmen. Dabei fällt die von Aristoteles gefundene gegenstrebige Harmonie beider Herangehensweisen schon früh auseinander - vermutlich bereits im spätantiken Alexandrien[26], sicherlich aber im islamischen Aristotelismus der *Falasifa* bzw. in der ihre Impulse aufgreifenden westeuropäischen Hochscholastik, nämlich in die ontologische These von der ›Univozität des Seienden‹ (Avicenna [Ibn Sina] 1937 u. Duns Scotus 2001, vgl. Schmaus 1957) und die theologische Auffassung der 'Analogie des Seienden' (Thomas von Aquin, vgl. Siewerth 1965).

Diese Konzentration der dominanten Linie der philosophischen Tradition auf das Verhältnis von Theologie und Ontologie verdeckte bisher ziemlich erfolgreich den Umstand, dass die durch die entsprechenden metaphysischen Verhältnisbestimmungen beantwortete Frage nach dem Sinn von Sein[27] sich als solche keineswegs von selbst ergibt oder spontan aufdrängt. Bereits eine unverkürzte historische Erinnerung kann uns etwa lehren, dass die 'Grundfrage' des Thales - „woraus/woher ist alles?" - schon nicht einmal mehr die des Sokrates gewesen ist. Dieser fragte offenbar grundlegend: „Wie wissen wir, was das Gute ist?" Oder dass etwa Heideggers elegante Neufassung der Grundfrage der Philosophie - „warum ist überhaupt etwas und nicht vielmehr nichts?" - ihrerseits nicht sinnvoll auf die antike griechische, hellenistische und römische Philosophie anwendbar ist: Denn in einer als anfangs- und endlos gedachten Welt bliebe eine solche Fragestellung einfach unmotiviert, grund- und ziellos.

Fragen der Kohärenz unserer Praktiken, des Zusammenhangs unseres Denkens, der Vereinbarkeit unserer Diskurse oder des gemeinsamen Orientierungshorizontes unseres Handelns sind durchaus auch unter anderen Kategorien als der Frage nach dem Sein oder dem Subjekt formulierbar. Genau hierauf zielt die Frage nach der Frage: Wer stellt unter welchen Bedingungen und mit welchen intellektuellen Mitteln in welcher Weise derartige Orientierungs- und Zusammenhangsfragen, die in einem jeweils 'topisch' gegebenen Horizont als letzte Fragen erscheinen müssen? Darauf gibt es keine allgemeinen Antworten. Selbst wenn wir uns auf die begrifflichen Fragestellungen konzentrieren - und also alle Fragestellungen im Medium poetischer Intuition, religiöser Mystik oder darstellerischer Dramatik außer Betracht lassen -, bedeutete eine vorgängige Verengung dieser Problematik auf die sog. Seinsfrage einen geradezu tragischen Verlust an Formulierungs- und Anknüpfungsmöglichkeiten. Jedes mögliche Denken wird durch diese Verengung eindimensional auf das Verhältnis von Ontologie und Theologie bezogen, wie es Aristoteles' Umarbeitung der platonischen Metaphysik definiert hat. Dadurch wird jede Herrschaftskritik immer schon als ein das eigene Sein und den eigenen Subjektstatus, also die eigene Handlungsfähigkeit, unterminierendes, also letztlich selbstzerstörerisches Unternehmen dargestellt. Natur und Geschichte sind aber vielgestaltiger und vielfältiger und auch das philosophische Nachdenken über sie ist sehr viel mannigfaltiger als dies im Tunnelblick einer bloßen Seinsphilosophie erkennbar werden kann, selbst wenn diese etwa noch im Spannungsfeld von Ontologie und Theologie dialektisch aufgeladen wird, wie dies Hegel getan hat.

Der nur scheinbar hochabstrakte philosophische Tatbestand, dass die Philosophen die Frage nach der Frage so spät und so zögerlich gestellt haben[28], verweist uns auf ein Politikum: So wie in der Politik die Strategie klar zu sein schien - und damit erst recht das Ziel - nämlich die Legitimierung der jeweils konkret bestehenden Herrschaftsformen aus ihrer Alternativlosigkeit –, genau so schien in dieser breiten philosophischen Linie immer schon vorab klar zu sein, was eigentlich die Frage war, um deren Beantwortung es ging: Die Frage nach dem Grund des Bestehenden und nicht nach dessen Alternativen. Philosophisch die Frage nach der Frage zuzulassen, bedeutet in der Konsequenz, auch politisch die gezinkte Alternative von Herrschaft oder anarchischem Chaos für hinterfragbar und kritisierbar zu erklären.

Kapitel 2: Wahrheit als Einsatz von Kämpfen

Das Wahre steht zwar zur Verhandlung an, kann aber nicht ausgehandelt werden. Nicht anders als bei Urteilen, in denen es etwa um das 'Richtige', das 'Schöne' oder das 'Gute' geht, geht es in der Auseinandersetzung um das 'Wahre' um ein bestimmtes Ergebnis, das deliberativ erzielt werden muss, und nicht einfach durch ein dezisionistisches *fiat* herbeigezaubert werden kann. Denn in der Beantwortung der Frage, ob etwas Bestimmtes als wahr, richtig, schön oder gut gelten kann, steht am Ende der diskursiven Auseinandersetzung ein eigenes Urteil jedes Beteiligten, das sich von einer willkürlichen Festlegung unterscheidet. Wer glaubt, sich 'freihändig', völlig willkürlich, entschließen zu können, etwas so oder anders zu beurteilen, hat die logische Grammatik des 'Urteilens' nicht verstanden. Allenfalls kann ein Urteil so ausfallen, wie es allein im schottischen Prozessrecht ausdrücklich vorgesehen ist: 'not proven' – die Urteilsgrundlagen reichen nicht aus, um zu einem wirklich tragfähigen inhaltlichen Urteil zu kommen. Aber auch dieses Urteil kann niemand einfach zu fällen 'beschließen'. So etwas kann ein Mensch allenfalls sagen – dann täuscht er aber seine KommunikationspartnerInnen, vielleicht sogar sich selbst. Davon zu unterscheiden ist vielleicht noch die Entscheidung, sich aus der inhaltlichen Auseinandersetzung zu verabschieden und einfach den Urteilsstand festzuhalten, bei dem das eigene Denken jeweils angelangt ist. Wer dies tut, kann jedoch nicht mehr den Anspruch erheben, ein überprüftes Urteil zu vertreten.

In der Wissenschaft gilt eine 'opportunistische' Modifikation des eigenen Urteils aufgrund von extern motivierten Entscheidungen (neben der Fälschung von Ergebnissen) schlichtweg als die einzige wirklich unverzeihliche 'Sünde'. Sofern Philosophie dies überhaupt als Möglichkeit in Betracht gezogen hat, hat sie eine derartige 'Inkonsequenz' (Kant) oder eine solche 'Unredlichkeit' (Sartre) als genau den Akt gekennzeichnet, durch den sich eine Position (bzw. ihre VertreterInnen) aus der ernsthaften Erörterung selbst ausschließt. Mit etwas mehr epistemologischer Zuspitzung können wir sagen, dass weder die

Wissenschaften noch letztlich auch Philosophie sich überhaupt der Mitarbeit am gesellschaftlichen 'Produzieren von Wahrheiten' enthalten können, ohne sich in einen performativen Widerspruch zu verwickeln.

Innerhalb der Philosophie hat diese Beobachtung immer wieder Positionen bestärkt, die jedes derartige Urteilen als absolut begründet begreifen - im doppelten Sinne der 'absoluten Wahrheit', die auf ein 'absolutes Sein' verweist, und einer 'absoluten Macht', die 'letztinstanzlich' zu entscheiden beansprucht.[29] Seit der Engführung von Philosophie und Christentum, wie sie mit Paulus beginnt, werden diese beiden Dimensionen von 'Absolutheit' in der Figur des Gottes zusammengedacht, der sowohl 'höchstes Sein' als auch 'souveräne Allmacht' sein soll. In diesem Sinne hat etwa der Transzendentalphilosoph Reinhard Lauth für die 'absolute Ungeschichtlichkeit der Wahrheit' plädiert (1966) oder der nicht weniger konservative analytische Philosoph Ronald Dworkin (1996) die Anwendbarkeit der Wahrheitskategorie auf alle Arten von Urteilen vertreten. Allerdings ziehen diese Positionen auf unterschiedliche Weise[30] den falschen Schluss, eine Rückkehr zu traditionellen Positionen eines auf Herrschaft angelegten 'absoluten Wissens' sei erforderlich, um wieder ernsthaft von Wahrheit sprechen zu können.

Die Vernunft ist nicht die letzte Instanz eines antizipierten '*consensus omnium*' im millenaren Palaver der Menschheit, sondern allenfalls dessen immer vorläufiger Platzhalter, der vor allem dazu dient, künftige Wege offen zu halten. Sie darf daher nicht auf die Summe der jeweils vorherrschenden, etablierten Auffassungen verkürzt werden. Sie entspricht vielmehr selbst nur dann der in ihr enthaltenen (selbst)kritischen Tendenz, wenn sie jeden und jede in grundsätzlich gleicher Weise auf die von ihnen zwanglos und sachgerecht zu treffende Wahl anspricht.

Wahrheitspolitik

Zunächst ist festzuhalten, wie tiefgreifend der traditionell philosophische Wahrheitsbezug durchaus mit Recht diskreditiert ist. Eine zentrale „Schieflage" der traditionellen Philosophie liegt schlicht darin, dass sie die Reichweite der Wahrheitskategorie überdehnt hat. Abgesehen von der trivialen These, dass auch andere elementare Bewertungskategorien - wie gut/schlecht, schön/hässlich, richtig/falsch - indirekt in wahrheitsfähige Aussagen umformuliert werden können („es ist wahr, dass X schön ist"), wird damit gleichsam die argumentative Grammatik derartiger Urteile verfälscht: Nicht nur die kontradiktorische Strukturierung des Beurteilungsfeldes, wie sie für Wahr/Unwahr gilt, wird auf Felder übertragen, für die es durchaus ein „mehr oder minder" und vielleicht auch ein „sowohl als auch“ gibt, es wird auch suggeriert, es gäbe für alle diese Beurteilungsfragen gleichsam wahrheitsfähige Entscheidungsverfahren. Warum soll etwas nicht mehr oder weniger gut oder sowohl schön als auch hässlich sein? Warum soll etwas nur gut *sein*, wenn es intersubjektiv als gut *beweisbar* ist?

Das zugrundeliegende Problem wird deutlicher, wenn wir es ausdrücklich auf den öffentlichen Gebrauch von Vernunft und Urteilskraft beziehen. Das ist möglich, auch ohne dafür eine Verbindlichkeit zu beanspruchen, die in der Konsequenz in eine Legitimierung von Herrschaft umschlagen muss.[31] Die Vorstellung einer „Partei der Wahrheit“ führt politisch zum Ausschließlichkeitsanspruch und damit zur Intoleranz, rationalitätstheoretisch führt sie zu einer intellektualistischen Verengung auf Erkenntnislehre (Gnoseologie) oder gar zu einer szientistischen Verkürzung auf Wissenschaftslehre (Epistemologie), anstatt die spezifische Rationalität ethischer, ästhetischer oder sonstiger kultureller bzw. politischer 'Einsichten' zu thematisieren - die etwa auf 'überdeterminierte' und 'objektiv uneindeutige' reale Verhältnisse auf eine kreative Weise reagieren, ohne einen triftigen Realitätsbezug zu verlieren.

Alain Badiou hat demgegenüber in den letzten Jahren eine 'Wahrheitspolitik' konzipiert, die dem 'philosophischen Gegenfeuer' der lebensphilosophischen Bewegung seit Renan und Dilthey den von ihnen stark gemachten 'Ereignischarakter' aller Sinneffekte ernst nimmt, ohne den Zusammenhang von 'Wahrheit' und 'Befreiung' - und damit den Gedanken der 'Aufklärung' - grundsätzlich aufzugeben, den dieses 'Gegenfeuer' zu verabschieden versuchte. In seinem neueren Hauptwerk „Sein und Ereignis“ (frz. 1988), sowie in seinem daraus entwickelten 'Manifest für die Philosophie' (frz. 1989, dt. 1998, engl. 1999, vgl. Martin 2001), vertritt Badiou eine zentrale These: „Die Kategorie der Wahrheit - und sei es auch unter einem anderen Namen - bildet die zentrale Kategorie jeder möglichen Philosophie.“

Das könnte so verstanden werden, dass auch jedes radikale Denken sich unvermeidlich wieder in den Fallstricken der Philosophieform verstricken muss - indem es deren seit Parmenides und Platon zentrale Kategorie reproduziert. Zweifellos impliziert Badious These, dass ein strategisches Absehen von der Wahrheitsfrage - wie in Deweys Konzept einer 'Amerikanischen Geschichtsphilosophie' oder in Wittgensteins Konzept eines vollständigen philosophischen Quietismus - die Aufgabe einer öffentlichen Wahrheitspolitik nicht etwa ein für alle Male löst und damit aus dem Feld der gesellschaftlichen Diskurse entfernt. Es nimmt ihr nur die bisherige Reflexionsform, ohne ihr eine neue zu geben, und erschwert damit die öffentliche Erörterung der damit verbundenen Probleme. Denn unter der Voraussetzung, dass es keinen Augenblick, keinen Zeitpunkt geben wird, in dem sich die 'absolute Wahrheit' als solche unmittelbar zugänglich macht, sich 'offenbart', lässt sich das Problem einer Wahrheitspolitik nicht dauerhaft verdrängen. Die Auseinandersetzungen um gültige Erkenntnisgrundlagen eines gemeinsamen Handelns setzen so etwas wie das ernsthafte Bemühen aller um 'Wahrheit' voraus: Jede und jeder hat seinen Beitrag zur öffentlichen Wahrheitspolitik erst einmal dadurch zu leisten, dass er/sie zu erreichen versucht, was für ihn/sie selbst die überprüfbare 'Wahrheit für andere' ist, und sich gerade nicht auf eine bloß 'private' Wahrheit für ihn/sie selbst zurückzieht. Ein solcher Rückzug in private Unverbindlichkeit wäre eine 'falsch bescheidene' Verfehlung der gestellten Aufgabe.[32] Daraus ergibt sich jedoch keineswegs die Schlussfolgerung, dass alle diskursiven Praktiken des Produzierens von Wahrheiten im politischen Raum der Öffentlichkeiten[33] weiterhin der traditionellen philosophischen Vorstellung von der 'einen Wahrheit über alles'[34] oder auch einer theologischen 'Heilswahrheit' unterzuordnen wären. Ganz im Gegenteil öffnet sich die wahrheitspolitische Betrachtungsweise des Prozesses der Wahrheitsproduktion der Einsicht, dass es ohne Verlust an Ernsthaftigkeit der Wahrheitssuche sowohl einzelne Wahrheiten über Partikulares als auch plural miteinander ringende Wahrheiten über 'das Ganze' bzw. über konkrete 'Ganzheiten' geben kann und in einem lebendigen wahrheitspolitischen Prozess auch weiterhin geben muss.

Wie schon Herbert von Cherbury vor der liberalen Entpolitisierung der Wahrheit gesehen hat, führt eine solche Betrachtungsweise weder zu einer Theorie der 'mehrfachen' Wahrheit noch zu einer bloß äußerlichen Verknüpfung von durch verschiedene Geltungsbereiche voneinander getrennt bleibenden Teilwahrheiten. Vielmehr macht es die allgemein zugängliche 'Tatsache der Wahrheit' ('est veritas') unausweichlich erforderlich, eine Verfasstheit der produktiven Koexistenz und des agonalen Konfliktes von sich inhaltlich ausschließenden Wahrheiten zu entwickeln, die nicht zu ihrer Gleichgültigkeit führt. Das macht es notwendig, Verfahren der Auseinandersetzung über konfligierende Wahrheitsansprüche zu entwickeln, die autoritative und interessierte Eingriffe fernhalten und zugleich die argumentative Auseinandersetzung sowohl zu äußerster Anspannung und Zuspitzung in der wechselseitigen Kritik als auch zu wechselseitiger Überbietung in der Präzision des Eingehens auf den Inhalt, die Voraussetzungen und die Implikationen der Argumente der anderen Positionen vorantreibt. Die irreduzible Pluralität von in diesem Sinne ernsthaft vertretenen Wahrheiten zieht keinen Relativismus nach sich; sie stellt allerdings große Anforderungen an die Verfasstheit des wahrheitspolitischen Raumes: Diese muss es leisten, jede Vermischung von Herrschaftseffekten und Interessenperspektiven mit der wahrheitspolitischen Auseinandersetzung präventiv zu unterbinden bzw. sie immer wieder rasch kritisch aufzudecken, falls sie dennoch auftreten sollten. Damit vermindert sich nach keiner Richtung die Intensität, mit der nach Wahrheit gesucht wird. Zugleich muss diese Verfasstheit nicht nur diese faktisch vorgefundene bzw. immer mögliche Pluralität in produktive Bahnen leiten, sondern darüber hinaus auch dafür Sorge tragen, dass die strukturelle Pluralität des 'Palavers der Menschheit' innerhalb des Prozesses der Wahrheitspolitik kontinuierlich wirksam bleibt: Der beständige Neueintritt von aktiven und passiven TeilnehmerInnen und die faktisch unaufhebbare Mannigfaltigkeit ihrer Erfahrungen, Sprachen und intellektuellen Ausstattungen. Daraus ergeben sich die Anforderungen einer grundsätzlichen Offenheit für noch nicht weiter elaborierte neu prima-facie-Argumente an jedem Punkt der Debattenentwicklung sowie eines respektvollen, 'vorurteilsfreien' Umgangs mit allen 'andersartigen' Argumenten, die *bona fide*, ohne manipulative Absichten, in den Debattenprozess eingebracht werden. Zugleich hebt dies nicht die gegenläufige Anforderung auf, dass die Debatte den jeweils verfügbaren Zeitraum nutzen muss, um zu Ergebnissen zu kommen - so dass es nicht vor jedem 'Beschluss' möglich ist, 'alles auszudiskutieren'. Das macht es erforderlich, produktive Verfahren des Umgangs der bei derartigen 'Beschlüssen' immer stehen bleibenden Differenzen zu finden, die insbesondere verhindern, dass Dringlichkeitsgesichtspunkte in die langfristig zu betreibende Wahrheitspolitik übergreifen.

Institutionalisierung von Wahrheiten

Die beständig zu bewältigende Tagesaufgabe einer solchen 'öffentlichen Wahrheitspolitik' besteht zunächst darin, überhaupt die Frage nach einer öffentlichen 'Institutionalisierung der Wahrheit' (vgl. Balibar 1994, 21ff.) in ihrem seit Hobbes diskutierten doppelten Sinne, d.h. als 'Durchsetzung durch die Öffentliche Gewalt' und als ihre 'Konstitution' durch eine Verständigung über einen konstanten Sinn der Worte (ebd. 32ff.), durch eine entsprechende wahrheitspolitische Praxis zu beantworten. Genau diese Frage führt aber - spätestens mit der Durchsetzung moderner bürgerlicher Verhältnisse, die das eigene Urteil jedes einzelnen Individuums jedenfalls erst einmal gleich zählt - zu einem akuten 'wahrheitspolitischen' Problem: Angesichts inhaltlich unterschiedlicher Urteile vieler einzelner wird es immer wieder erforderlich, über die Gültigkeit divergierender Urteile zu entscheiden. Das erfordert eine institutionelle Regulationsform, die eine durchsichtige, überprüfbare Gestaltung der Beurteilungsverfahren mit sich bringt, sowie eine hierarchische Anordnung von Urteilsinstanzen und die Auszeichnung einer 'letzten Instanz', damit für alle verbindlich geltende Urteile zustande kommen können. Hobbes hat diese Frage der 'Institution der Wahrheit' in den Mittelpunkt seiner philosophischen Reflexion gerückt und mit der ihn auszeichnenden Konsequenz dem von ihm postulierten 'Souverän' als zentrale politische Aufgabe gestellt (vgl. Balibar 1994, 26ff.). Spinoza hat die darin liegende Achillesferse der Hobbesschen Philosophie (vgl. Wolf 1969, 102ff., Buck 1973 u. Balibar 1985, 35f.) in seiner 'Ethik' systematisch kritisiert, indem er den Hobbesschen Trennungen (insbesondere von *Name* und *Bedeutung*, von *Philosophie* und *souveräner Entscheidung*) den ursprünglichen Prozess der 'konstituierenden Gewalt' (vgl. Negri 1997) der Wahrheit entgegenhielt, welcher sich jeder unmittelbaren Gegebenheit oder auch direkten Offenbarung entzieht (vgl. Balibar 1994, 42ff.): Den nicht zu überspringenden Ausgangspunkt jeder konkreten wahrheitspolitischen Institutionalisierung bildet - wie Raymond (1992, 21) gezeigt hat - die (nur scheinbar anticartesianische[35]) Feststellung: „Der andere ist mit Vernunft begabt." Dieser irreduzible 'Pluralismus der Vernunft', der sich aus diesem Ausgangspunkt ergibt, definiert einen „engen Pfad zwischen einem Auseinanderfallen, in dem die Anerkennung [der anderen Subjekte als TrägerInnen von Vernunft, FOW] zerstört, und einem Monolithismus, in dem sie verboten wird" (vgl. Raymond 1992, 21 u. 35ff.). Das erfolgreiche Beschreiten dieses 'engen Pfades' ist nun aber nicht nur eine Leistung, zu der 'wissenschaftliche Vernunft' als solche wenig beizutragen hat, auch wenn diese im 20. Jahrhundert etwa von Bertrand Russell (Russell 1920) als unmittelbar und umfassend in gesellschaftliche Praxis umsetzbar begriffen worden war (vgl. Raymond 1992, 23ff.). Wie weit dies gelingen kann, ist vielmehr der Gegenstand eines 'politischen Denkens' (vgl. Deppe 2001, 12ff.) und einer politischen Praxis, von gemeinsamen Festlegungen - Beschlüssen, Konsensen oder auch Kompromissen - über unsichere Lagen und Perspektiven im Hinblick auf Unterlassungen und Handlungen, die in anderen Hinsichten strittig sind und strittig bleiben[36]. Hobbes' Grundgedanke einer Befriedung der gesellschaftlichen Auseinandersetzungen durch eine Aufteilung der Bereiche zwischen einem 'privaten' und einem 'öffentlichen' Vernunftgebrauch[37] ist der spezifische Ausgangspunkt dieser Strategie der Institutionalisierung: Mit dem Wegfallen der Selbstverständlichkeit einer als 'natürlich', also in sich selbst gründend, gedachten Vernunft[38], aber auch der davon abgeleiteten „Prinzipien, auf denen der Untertanengehorsam tatsächlich beruht, ... der Autorität und der öffentlichen oder allgemeinen Nützlichkeit" (Adam Smith)[39] tritt die Aufgabe einer gesellschaftlichen Delegation der Wahrheitspolitik an dafür geeignete Institutionen als solche klar und deutlich hervor - und wird so lange, bis diese Delegation gelingt, zum naheliegendsten spezifischem Gegenstand einer Philosophie, die sich von der traditionellen Auffassung zu befreien beginnt, „in den unermesslichen Räumen des Irrtums bildet die Wahrheit nur einen einzigen Punkt" (Marmontel, vgl. Raymond 1992, 29), ohne deswegen die Ernsthaftigkeit abzulegen, mit der etwa Spinoza (veritas norma sui et falsi) und Herbert von Cherbury (est veritas) nach der Wahrheit gesucht haben (vgl. Balibar 1994, 51f. u. 55ff.).

Seit Hobbes ist es auf dem Felde der Philosophie klar ausgesprochen, dass mit der Antwort auf die Frage '*Quis interpretabitur? Quis judicabit?*'[40] gegeben wird, auch Strukturen von Macht und Herrschaft gesetzt sind. Und eine einfache Reflexion lehrt uns, dass jedenfalls bei unterschiedlichen Urteilen darüber, welche Verfahren, welche Hierarchie bzw. welche letzte Instanz 'richtig' sind, nicht mehr die ehrliche Überzeugung der KontrahentInnen, selber Recht zu haben, als Kriterium der Richtigkeit dienen kann. Im Gegenteil ist klar, dass jedes effektiv in der offenen Kommunikation zustande kommende 'wahre' oder 'richtige' Urteil für viele KontrahentInnen contra-intuitiv bleiben, der eigenen 'Urteilsevidenz' widersprechen muss. Nicht erst die Aussicht auf die Konflikte, die immer dann drohen, wenn alle Beteiligten ihre Urteilsevidenzen in einem gesellschaftlich durchsetzbaren 'Rechthaben' durchzusetzen versuchen, sondern allein schon dieses Widersprechen zur eigenen 'Intuition' provoziert die Frage, für welche Bereiche auf ein derartiges Urteil höherer Stufe bzw. zumindest auf ein Urteil letzter Instanz verzichtet werden kann und für welche Bereiche von Fragen dagegen eine derartige verbindliche Beantwortung unverzichtbar ist. Dabei wird aber eine noch wichtigere Frage übersprungen: die Frage nämlich, was eine derartige 'öffentliche Verbindlichkeit' von Wahrheit überhaupt bedeuten soll: Das volle Spektrum der Möglichkeiten, das in der politischen Philosophie zunächst auf den engeren Optionenfächer staatlichen Handels eingeschränkt gedacht worden ist, reicht von Zensur und Propaganda über die Aufnahme in Lehrpläne oder in einen (informellen) Kanon oder eine Berücksichtigung als Grundlage eines politischen Handelns bis zur ernsthaften Zur-Kenntnis-Name im Öffentlichen Diskurs. Dieses Spektrum und diese Fragestellung traten jedoch in der - insofern an Hobbes anschließenden - liberalen Diskussion des Verhältnisses von 'Wahrheit', Gesellschaft und Staat in den Hintergrund, die sich auf die nachgelagerte Frage konzentrierte, welche Arten von Wahrheiten ohne Schaden zum Gegenstand einer staatlichen Sanktionierung werden könnten und welche überhaupt eine andere als 'private' Geltung beanspruchen sollten. Damit fiel der jeder wirksamen Institutionalisierungsstrategie vorgelagerte Problembereich der 'Verfasstheit' der Wahrheitspolitik aus der Betrachtung heraus. Der herrschaftskritische Ansatz radikaler Philosophie führt dazu, dass sie auf dem Gebiet der öffentlichen Produktion von Wahrheiten ausdrücklich zwei Fragen aufwirft, die im liberalen Modell der impliziten Wahrheitspolitik als nicht weiter klärungsbedürftig übersprungen werden:

1. auf welchen Gebieten Urteile über die Wahrheit öffentlich produziert und ggf. auch verbindlich umgesetzt werden müssen,

2. was es überhaupt bedeutet, Urteile über Wahrheit mit öffentlicher Verbindlichkeit auszustatten bzw. genereller, sie wahrheitspolitisch zu verhandeln und ggf. auszuzeichnen.

Aufgrund der radikaldemokratischen Perspektive, welche die wahrheitspolitische Prüfungsaufgabe auf die befreiende Kraft öffentlich produzierter und praktisch umgesetzter Urteile bezieht, vollziehen wir in beiden Fragen eine Umkehrung der liberalen Toleranz-Perspektive: Diese postulierte, dass in 'privaten' Bereichen (*forum internum*) gänzlich auf öffentlich produzierte und verbindliche Urteile verzichtet werden soll und dass es zugleich Aufgabe der Staatsgewalt sei, jedenfalls alle 'fanatischen' Positionen, die diese Bereichstrennung nicht mit zu vollziehen bereit sind, von der wirksamen Beteiligung am öffentlichen Diskurs auszuschließen. Im Kontext radikaler Philosophie wird dagegen postuliert, dass ein öffentliches Zur-Geltung-bringen und eine politische Sanktionierung von Urteilen überall dort erforderlich sind, wo bestehende Herrschaftsverhältnisse erst durch die praktische Umsetzung ihres kritischen Begriffs überwunden werden können. Darüber hinaus rückt in diesem Kontext nicht mehr die Frage der staatlichen Sanktionierung von Positionen in den Mittelpunkt der Überlegungen, sondern die nach einer praktischen Umsetzung in politisches Handeln überhaupt (von dem das Regierungshandeln oder die Gesetzgebung nur einen Teil ausmachen). Dabei geht es dann vor allem um die Frage, wann eine Erkenntnis so weit gediehen ist, dass sie als Handlungsgrundlage taugt, als um die Frage, welche Meinungen oder Sprachhandlungen durch staatliche Zensur behindert werden dürfen oder gar sollen[41].

Die liberale Perspektive, die auch etwa Popper noch teilt, ist aber nicht nur willkürlich (in ihrer Entpolitisierung jeder Art von Privatsphäre) und nicht konsequent genug (in ihrer Verknüpfung von inhaltlicher Gleichgültigkeit und Zensurkritik), sondern auch zahnlos gegenüber herrschaftsaffirmativen philosophischen Ansätzen, die spätestens seit Fichtes Artikulation des Nationalismus danach strebten, den Bestand an öffentlich verbindlichen Wahrheitsurteilen gerade dort wieder auszuweiten, wo sie einen eigenen Beitrag zur Reproduktion von Herrschaft leisten: Denn die gegenüber öffentlich gültigen Wahrheiten prinzipiell skeptische Position des Liberalismus untergräbt dessen Stellung gegenüber den Wahrheitsansprüchen politisch konkurrierender Ansätze, die er nur noch pauschal unter den 'Fanatismus'-Verdacht stellen kann. Zudem übersieht der Liberalismus einen wesentlichen Punkt: Es kann – in herrschaftskritischer Perspektive – nicht um bloße Unverbindlichkeit gegenüber beliebigen Urteilen gehen, sondern um die Ermöglichung und Förderung eines maximal qualifizierten individuellen Urteils und um gemeinsam gezogene praktische Konsequenzen – auch ohne eine vorausgesetzte 'Normalisierung' der Urteile. Das konkretisiert sich an einer Neufassung des Konzeptes des 'Pluralismus': Nicht derjenige respektiert den für eine lebendige gesellschaftliche Wahrheitspolitik erforderlichen Pluralismus, der alle (anderen) dazu auffordert, ihm gegenüber auf Wahrheitsansprüche zu verzichten, für sich selbst nur 'private' Wahrheitsansprüche erheben will[42] und sogar noch alle VertreterInnen substanzieller Wahrheitsansprüche aus der Debatte ausschließen will (vgl. von Brentano 1971). Sondern allein derjenige, der sich argumentativ gerade auch auf diejenigen einlässt, die mit Gründen dafür eintreten, in neuen Bereichen, etwa den vom Liberalismus seit dem 19. Jahrhundert tabuisierten Bereichen der ökonomischen Herrschaftsverhältnisse, zu verbindlichen Gestalten einer öffentlichen Wahrheitsproduktion zu kommen. Damit wird der Gedanke einer gesellschaftlichen 'Wahrheitspolitik' nicht mehr als Bedrohung gesehen, die es 'still zu stellen' gelte, sondern als eigenständiger, selbstzweckhafter Inhalt demokratischer Politik, die eben nicht die relativistische 'Vergleichgültigung' und 'Depotenzierung' aller Geltungsansprüche voraussetzt. Erst mit dem Gedanken einer derartigen 'Wahrheitspolitik' können wir dem Ernst der individuellen Urteilsevidenzen *und* der Vielfalt ihrer Entfaltungs- und Kultivierungszusammenhänge auf eine konsistent artikulierbare und auch praktisch kohärente Weise gerecht werden.

Damit können wir den Gedanken fassen, an die Stelle einer Strategie der Delegation einer Produktion der unverzichtbaren öffentlichen Wahrheiten[43] an geeignete Institutionen eine Strategie ihrer gemeinsamen Produktion unter den Regeln einer wahrheitspolitischen Verfasstheit zu setzen, über die auf dem Felde der Philosophie zu verhandeln wäre. Um diesen Gedanken klarer fassen zu können, ohne in einen dogmatischen 'Wahrheitsabsolutismus' zurückzufallen[44], blicken wir noch einmal auf die Wahrheitspolitik des Liberalismus zurück, die sich im pragmatischen Widerspruch zwischen Wahrheitsverzicht durch Privatisierung und einer anhaltenden Institutionalisierung der politischen Gewalt des 'government' bewegte, deren verbleibender 'Wahrheitskern' sich auf den von jedem Einzelnen in Austausch und Konsum zu erfahrenden ökonomischen 'Reichtum der Nationen' reduzierte.

Wahrheitspolitische Strategien

Der neuzeitliche bürgerliche Liberalismus hat sich der Problematik einer Politik der Wahrheit aufgrund der historischen Umstände des 16. und 17. Jahrhunderts gleichsam in der umgekehrten Fragerichtung angenähert: Innerhalb traditionell geprägter hierarchischer Gesellschaften und angesichts 'absolutistisch' angelegter souveräner Staatsgewalten wurde durch die Unterscheidung von '*forum externum*' und '*forum internum*', von Fragen des 'öffentlichen Glaubens' und 'Gewissensfragen', ein 'privater Freiraum' erstritten, in dem jede und jeder einzelne 'nach seiner Fasson selig' werden konnte, ohne sich an verbindlich vorgegebene öffentliche Urteile halten zu müssen.

Bekanntlich war dies der Ausgangspunkt der philosophischen Problematik des Verhältnisses von 'Toleranz' und 'Fanatismus' im 17. Jahrhundert, welche jedenfalls zunächst keineswegs mit einer 'Vergleichgültigung' der verhandelten Inhalte verbunden war: Etwa Spinoza und Herbert von Cherbury war eine derartige Vergleichgültigung fremd (vgl. Lagrée 1989 u. Stroppel 2000)[45]. Dabei ging es auch nicht primär um Religion, sondern viel grundsätzlicher um gesellschaftlich verbindliche Wahrheit: In Anlehnung an Balibars Spinoza-Lektüre (insb. Balibar 1985, 34ff. u. 1994, 45ff.) können wir hier von einer „Problematik der Verfassung (constitution) der Wahrheit" reden, die sich „genau gleich wie eine Institution dem Gedanken einer unmittelbaren Gegebenheit oder einer Offenbarung" entgegenstellt, die aber im Unterschied zur 'Institutionalisierung' nicht den Gedanken einer 'höheren Instanz' impliziert und die sich - als Prozess zu denken - „gänzlich in der Immanenz vollzieht" (ebd., 45 u. 47), also auch 'im Getümmel' der um öffentliche Anerkennung ringenden Positionen.

Es nimmt den unmittelbaren individuellen Urteilsevidenzen nichts von ihrem Ernst und Geltungsanspruch, wenn sie nicht in eine öffentlich verbindliche Beurteilungsmodalität zweiter Ordnung eingebunden werden - was vielmehr sogar damit verknüpft ist, jedenfalls einen Teil der individuellen Urteilsevidenzen durch Verlagerung der Urteilskompetenz zu entwerten und zu banalisieren. Es beseitigt auch nicht den Streit über diese Art von Evidenzen. Ganz so wie gegen die dekadente Maxime, 'über Geschmack könne mensch nicht streiten', durchaus mit Recht eingewandt worden ist, worüber mensch denn sonst derart lehrreich und produktiv streiten könne wie über Geschmacksfragen, kann für die religiösen Überzeugungen behauptet werden: Ihre Elaboration in von den individuellen Mitgliedern frei gewählten 'Gemeinden' und 'Kirchen'[46] und ihre Umsetzung in gemeinschaftliche Frömmigkeitspraktiken,[47] schöpferische literarische und künstlerische Selbstdarstellungen[48] und mit philosophischen Mitteln elaborierten Theologien[49] anstatt in einer allgemein und von Staats wegen öffentlich für verbindlich erklärten und durchgesetzten 'Wahrheit' hat sie nicht schwächer werden lassen. Dass im 21. Jahrhundert in Westeuropa - zu dem inzwischen auch Deutschland gehört - daneben auch nicht religiöse Lebens- und Weltauffassungen unter den Vielen an Bedeutung gewonnen haben, kann nicht plausibel als das Resultat einer aus der religiösen Toleranz resultierenden 'Säkularisierung' begriffen werden. Überzeugender lässt es sich als Ergebnis eines zunehmend in den - selbst durchaus konkurrierenden - Prozessen einer Liberalisierung und Demokratisierung der Politik ermöglichten öffentlichen Wettbewerbs zwischen religiösen und nichtreligiösen Orientierungsmodellen des individuellen und sozialen Lebens, in dem auch für die Vielen zugänglich wurde, was bis dahin ein Privileg elitärer Schichten gewesen war: Ein irdischer 'Humanismus' bzw. eine atheistische 'Ethik', die ohne göttliche Garantien auskamen und sich daher nicht vollständig gegenüber der Frage der Realitätstüchtigkeit ihrer Lebensauffassungen immunisieren konnten (vgl. Negri 1997, 404ff.). Allerdings verblieben derartige Ansätze zu einer Repolitisierung von Wahrheitsfragen in der Regel, wenn sie sich nicht zu revolutionären Ideologien entwickelten, in denen Wissenschaftsanspruch und Orientierung auf den 'Zukunftsstaat' den gegenwärtigen wahrheitspolitischen Aufgabenraum auf das Wegräumen von Hindernissen zu reduzieren schienen[50] (vgl. exemplarisch Cabral 1974 a u. b), im engen Rahmen einer privaten Produktion von 'Weltbildern', die über ein spontan ideologisches 'do-it-yourself' nicht hinausfanden[51].

Aus der liberalen Privatisierung der Wahrheit ergab sich ihre Entpolitisierung: Wer für seine Ansichten, sofern sie noch nicht in den unauffällig herrschenden 'common sense' der 'etablierten Normalmenschen' eingegangen waren, im Konflikt als öffentlich anzuerkennende Wahrheiten zur Geltung bringen wollte, wurde demgemäß als 'Fanatiker' ausgegrenzt (bzw., falls weiblichen Geschlechtes, als 'hysterisch' diffamiert). Damit setzte sich nicht etwa eine wahrheitspolitische Perspektive durch, wie sie von Spinoza und Herbert von Cherbury vorgedacht worden war - deren 'Tribunal' und 'Kampfplatz' die Philosophie hätte werden können, wie Kant es später gedacht hat, sondern eine Herabsetzung der Wahrheit zu einem bloßen 'Meinen', in dessen Vollzug die Gleichheit der Menschen zur Gleichgültigkeit ihrer Überzeugungen, Zwecke und Absichten führte.

Diese Entwicklung zum Liberalismus wurde radikalisiert und vollendet in Humes - wie Kant rückblickend urteilte - 'alleszermalmender' Kritik aller aprioristischen Elemente des neuzeitlichen Rationalismus. Die damit verbundene Reduktion des wahrheitspolitischen Feldes auf die Schranken des 'common sense' und der in ihm verkörperten bewährten 'Gewohnheiten', die in der Politik die intellektuellen Voraussetzungen für gegenrevolutionäre Denker wie Burke, Gentz und Tocqueville geschaffen haben (vgl. Bongie 1965), bedeutete allerdings für das Feld der wissenschaftlichen Anwendung menschlicher Vernunft zunächst einmal keine Einschränkung - indem sie nämlich auf der Hoffnung aufbaute, ein umfassend 'experimentelles' Verfahren nach dem Modell der modernen Naturwissenschaften würde letztlich alle wahrheitspolitischen Fragestellungen gleichsam automatisch erledigen.[52]

Auch wenn 'totalitäre' Staatstheoretiker des 20. Jahrhunderts allein schon darin, überhaupt das individuelle Urteil anzuerkennen, ein gefährliches Einfallstor für eine individualisierende Auflösung der Verbindlichkeit öffentlicher Urteile gesehen haben (vgl. Schmitt 1938), macht etwa das Beispiel isolierter 'marranischer' Gruppen von Juden im nördlichen Portugal den begrenzten Charakter einer derartigen Nischenfreiheit sehr deutlich; diese Juden hatten das Verbot eines öffentlichen abweichenden religiösen Bekenntnisses akzeptiert, weil ihnen gleichzeitig die private Praktizierung ihrer Religion zugesichert worden war. Seit dem 15. Jahrhundert hatten sie aber gänzlich 'vergessen', dass die von ihnen 'privat' gepflegten religiösen Überzeugungen zur jüdischen religiösen Tradition und nicht zum gesellschaftlich herrschenden[53] katholischen Christentum gehörten.

Im Rückblick hat der Versuch Kants, gegenüber David Humes skeptischem Agnostizismus nicht nur die Möglichkeit einer von den Selbstverständlichkeiten des 'common sense' abgehobenen Wissenschaft und eines 'öffentlichen Gebrauchs' von Vernunft und Urteilskraft zurückzugewinnen, sondern dabei zugleich einen Minimalbestand von verbindlichem 'Wissen aus bloßer Vernunft' zu sichern, auch die Tür aufgemacht für eine Rückkehr herrschaftsaffirmativer Positionen in der Philosophie - von Fichtes nationaler Identitätsphilosophie über Hegels dialektische und geschichtsphilosophische Erneuerung der Aristotelischen Metaphysik und Politik bis hin zur 'positiven' auf die faktische christliche Offenbarungsreligion zurückbezogene Philosophie des späten Schelling. Durch die damit geschaffene Öffnung sind dann unterschiedliche Gegenpositionen zu der von den 'philosophes' im 18. Jahrhundert europaweit durchgesetzten Ausrichtung der Philosophie auf die Ziele von Aufklärung und Befreiung vorgestoßen - von Kierkegaards frommer Selbstaufopferung der Intellektualität über Schopenhauers und Nietzsches fatalistische bzw. zynische Affirmation der Herrschaft als anthropologischer 'Naturtatsache' bis zu Heideggers Verankerung der Selbstunterwerfung im 'Hören auf das Sein'. Diesen unbestreitbar gefährlichen Entwicklungen gegenüber bleibt das einfache Insistieren auf dem ursprünglichen liberalen Konzept des privat selber urteilenden Individuums, das jeder Art von öffentlicher Wahrheitspolitik die Grundlage entzieht, wie es etwa Popper polemisch praktiziert hat, nicht nur hilflos, sondern es wird hinderlich: Indem ein derartiges Insistieren nämlich durch eine generelle skeptische Tendenz nicht nur jedes wirkliche Wissen bestreitet, sondern speziell auch den 'im Dunkeln belassenen' Beherrschten den Zugang zu einem 'wirklichen Wissen' über die Bedingungen ihrer eigenen Aufklärung und Befreiung bestreitet, durch die sie sich allein die Voraussetzungen dafür schaffen können, als kritische Individuen in das Palaver der Menschheit mit der Chance einzutreten, ihre Erfahrungen mit den Unterwerfungsstrategien, denen sie selbst ausgesetzt sind, adäquat zur Geltung zur bringen.

Wenn wir uns aus der dieser neuzeitlichen Entwicklung insgesamt zugrundeliegenden liberalen Perspektive herausbegeben und uns etwa auf den Standpunkt einer radikaldemokratischen Palaverperspektive stellen, dann erscheint diese Entwicklung in einem etwas anderen Licht: Anstatt die Frage in den Vordergrund zu stellen, in welchen besonderen Bereichen die individuellen Überzeugungen sich ohne Unterstellung unter eine öffentlich sanktionierte Verbindlichkeit der Urteilsfindung entwickeln könnten und sollten, oder die umgekehrte Frage, in welchen Bereichen überhaupt eine öffentliche Politik der Wahrheit erforderlich ist, bzw. in welchen spezielleren Bereichen sie bis zu einer politisch sanktionierten Verbindlichkeit als Wahrheiten, nicht bloß als politisch beschlossene Sachen, voranzutreiben ist, rückt vielmehr die Frage ins Zentrum der Überlegungen, was überhaupt die öffentliche Verbindlichkeit, die wahrheitspolitische Anerkennung von Wahrheiten in einem radikal demokratischen politischen Prozess bedeuten kann.[54] Und die Frage verlagert sich von dem Gedanken einer bloßen Abweisung und Abwehr von in der Regel staatlicher[55] Repression auf die Ermöglichung und Förderung eines maximal qualifizierten individuellen Urteils zur Teilnahme an einem 'wahrheitspolitischen Zusammenhandeln' auch ohne eine vorausgesetzte 'Normalisierung' der Urteile.

Philosophische Arbeit steht nicht anders als jede andere Form menschlicher Tätigkeit unter räumlichen, zeitlichen und materiellen Begrenzungen. Sie muss Prioritäten setzen und - insofern ihre Tätigkeit vor allem darin besteht, auf dem 'Kampfplatz' der Philosophie (Kant) eine eigene Position zu markieren und zu behaupten - im Umgang mit anderen 'Philosophien' taktische und strategische Festlegungen treffen. Philosophische Diskurse 'arbeiten' mit 'umkämpften Vorstellungen', die sich aber gerade wegen ihres umkämpften Charakters als Bezugspunkte einer transsubjektiven Selbstverständigung anbieten, weil sie nämlich gegensätzliche Inanspruchnahmen und Artikulationen zulassen - und so der Herausbildung der jeweils zu verhandelnden Gegensätze Raum geben. Aber sie arbeiten eben nicht nur an einzelnen Gedanken und Vorstellungen, sondern immer auch in öffentlichen Diskursräumen, die von 'Wahrheitspolitiken' strukturiert werden.

Radikale Philosophie zieht aus der Widersprüchlichkeit der liberalen Konzeption einer 'impliziten' Wahrheitspolitik nicht nur die Konsequenz, durch ihre philosophische Tätigkeit, die Aufgaben der Wahrheitspolitik explizit zu machen. Zugleich arbeitet sie mit philosophischen Mitteln sowohl an der Auflösung des 'Schleiers der Privatisierung' als auch an dem Übergang von einer Strategie der Delegation an Institutionen zu einer radikaldemokratischen Verfasstheit der wahrheitspolitischen Auseinandersetzungen, die diese nicht etwa der falschen Unmittelbarkeit des Common Sense unterwirft, sondern in einer selbst politisch zu bestimmenden Verfasstheit der aktiven Teilnahme aller unter entsprechend gemeinsam zu findenden Regeln öffnet. Damit kann radikale Philosophie sich selbst in der konsequenten Verfolgung ihrer Zielsetzungen als eine spezifische wahrheitspolitische Strategie begreifen und entwikkeln: Als eine ausdrücklich betriebene Wahrheitspolitik, die Aufklärung und Befreiung nicht mehr bloß als einen völlig unproblematischen 'Selbstlauf' – nach dem Wegfall von repressiven Hemmnissen wie der klerikalen 'Verdunkelung' oder der staatlichen 'Unterdrückung' – begreift, sondern als eine positive Gestaltungsleistung politischer 'Selberorganisierung', die sich nicht in einem beständigen spontanen Prozess einer ewigen Wiederkehr des gleichen Chaos erschöpft, sondern die Hervorbringung einer wahrheitspolitischen 'Verfasstheit' leistet.[56] Diese wichtige Einsicht in die eigenständige Bedeutung des Prozesses der 'Selberorganisierung' weist der radikalen Philosophie als Philosophie die Aufgabe zu, geeignete Reflexionsformen über die wahrheitspolitischen Entdeckungen (etwa über die Verhältnisse zwischen logischer Konsistenz und performativer Widersprüchlichkeit in arbeitsteilig geführten und verschriftlichten Diskursen) und Erfindungen (etwa des 'freien Mannes Recht auf freie Rede' oder das 'allgemeine Stimmrecht') zu entwickeln und allgemein zugänglich zu machen. Zugleich lässt sie jedoch auch den 'dienenden Charakter' dieser Aufgabe deutlich hervortreten – nicht als Dienst an einer 'höheren Wahrheit' bzw. in der praktischen Umsetzung einer 'höheren wahrheitspolitischen Instanz' (antik die Freundschaft und die Kirche, modern der Staat und die Partei) – sondern als Dienst an einer politischen Praxis aller, in welche die allgemeine Wahrheitspolitik als Dimension eingeht. Diese politische Praxis aller, um die es hier geht, können wir letztlich nur adäquat begreifen, indem wir eine Position nachvollziehen, der gemäß politische Auseinandersetzungen immer schon nicht nur ein Mittel zum Zweck, sondern auch ein Stück weit einen 'Selbstzweck' bilden[57], nicht anders als das Tanzen[58] als Form des Zusammenhandelns[59].

Kapitel 3: Das Konzept der philosophischen Initiative

Die Tätigkeit radikaler Philosophinnen und Philosophen kann nicht auf dauerhafte, bleibende Ergebnisse zielen. Sie kann der wissenschaftlichen Forschung, der künstlerischen Imagination und der politischen Artikulation nicht vorweggreifen. Deren eigene „Materialität und Widersprüchlichkeit" (Althusser 1968) sorgt allein schon dafür, dass es auch radikaler Philosophie unmöglich bleibt, deren konkreten Ergebnisse 'von außen' zu antizipieren. Allenfalls kann sie vorübergehend akzeptable Platzhalter zur Markierung vorläufiger Leerstellen oder Dunkelflächen in den ausgearbeiteten Diskursen und Praktiken von Wissenschaften und Bewegungen zur Verfügung stellen, die dabei helfen ein ungelöstes Problem bis auf Weiteres zu markieren.

Das Philosophieren radikaler Philosophinnen und Philosophen kann eine strategisch erfolgreiche Politik der Befreiung weder ersetzen noch herbeiführen. Sie kann nur - wie dies einst John Lockes Philosophie für Newtons Mechanik und den bürgerlichen Liberalismus getan hat (vgl. Wolf 1983b) - den 'Boden bereiten' für deren wirkliche Debatten[60]. Ebenso wenig ist dies möglich für die reale Organisation epistemologischer Durchbrüche in der Forschung, etwa in Gestalt einer gesellschaftspolitisch argumentierenden politischen Ökologie, die erst dazu in der Lage wäre, die technokratisch angelegten und nur vage ethisch reflektierten Maximen einer *global governance* durch eine realitätstüchtige und mobilisierungsfähige globale Strategie des Übergangs zur nachhaltigen Entwicklung zu ersetzen. Eine derartige 'Entwicklung zur Nachhaltigkeit' müsste sowohl etwa an den avanciertesten Stand der Klimaforschung als auch den besten Stand der Erforschung des politisch-ökonomischen 'Weltsystems' anknüpfen und ihn mit den in zunehmend globaler kommunizierenden Bewegungsöffentlichkeiten laufenden Verständigungsprozessen verknüpfen. Dies kann einerseits nur auf der Grundlage wirklicher, mit hinreichenden Mitteln und entsprechender raum-zeitlicher Erstreckung durchgeführter Forschungsprogramme geschehen. Andererseits bedarf es dazu einer Verstetigung der Kommunikation in globalen Bewegungsnetzwerken, durch die über wechselnde Mobilisierungskonjunkturen hinweg erst Machtgefälle und Herrschaftsstrukturen strategisch thematisierbar werden. Die Forschungsergebnisse einer historisch-kritisch ausgearbeiteten politischen Ökologie, die jenseits der traditionellen Dichotomie von Natur- und Gesellschaftswissenschaften liegt, kann radikale Philosophie weder vorwegnehmen noch gleichsam alleine herstellen, auch wenn sie zu deren Aufkommen und Voranschreiten durch den Abbau von intellektuellen Hindernissen wirksam beitragen kann.

Durch das strategische Konzept der situativ und kontingent zu ergreifenden Initiativen kann radikale Philosophie die eigene philosophische Praxis nicht nur faktisch als ein Moment in einem pluralen Geflecht von Kräften und Praktiken anlegen - was auf dem 'Kampfplatz Philosophie' (Kant) immer schon geschehen ist -, sondern auch als solche ausdrücklich reflektieren. Das Konzept der Initiative[61] artikuliert eine spezifische Reflexionsform radikaler Philosophie. Auch wenn Philosophie immer schon in ihrer Tätigkeit von derartigen Initiativen lebt, hat sie dies bisher nicht in ihr programmatisches Selbstverständnis aufgenommen. Die damit vertretene positive Bezugnahme auf die relative Begrenztheit, die jeder Initiative eigen ist, lässt sich auf zwei Umstände zurückbeziehen: Zum einen daraus, dass (radikale) Philosophie den Wissenschaften, den Künsten und der Politik prinzipiell nicht vorgreifen, sondern nur deren Leerstellen markieren kann - und vor allem sich ganz allgemein der 'topischen' Kontingenz der eigenen Ausgangslage bewusst ist. Zum anderen um so mehr aus der gegenwärtigen Situation, in der nach den vergangenen, auch selbst mit produzierten Niederlagen der Kräfte von Aufklärung und Befreiung kein systemischer Neuanfang möglich ist, sondern allenfalls einige erste neue Peilungen und Orientierungspunkte gesetzt werden können.

Darüber hinaus sorgt die Komplexität des Realen, die es zwar nicht 'unmöglich', aber doch irreduzibel auf einen einzigen materiellen Bereich macht, für ein gehöriges Maß an Unvorhersehbarem, an in strenger Weise Zufälligen, Aleatorischem und Arbiträrem. Prognose und Antizipation bleiben daher auch innerhalb der getrennt analysierbaren Bereiche den unterschiedlichen Formen einer Handlungskunst[62] vorbehalten, die sich nicht restlos in Wissenschaft auflösen lässt.

Die Illusion systematischen Neubeginnens

Zunächst hatten viele Intellektuelle der in den 1960er Jahren wieder in Gang gekommenen 'sozialen Bewegung' - damals zunächst noch im Singular - die Illusion, ihr Neubeginnen gleichsam 'systematisch' absichern zu können. In einer weltweiten Kapitallesebewegung wurde vielfältig der Versuch gemacht, sich des 'festen Landes' des 'Kontinentes der Geschichte' zu versichern, der mit dem 'epistemologischen Einschnitt' von Marx' epochemachender wissenschaftlicher Entdeckung, seiner Begründung der Kritik der politischen Ökonomie gewonnen schien. Dieser intellektuelle Vorstoß hat in der Tat auch Ergebnisse produziert, auf die kein künftiges kritisches Denken wird verzichten können - die umfassende theoretische, historische und philosophische Lektüre der Produkte des 'unvollendeten Projektes' einer wissenschaftlichen Überwindung des vorherrschenden Verständnisses von Wirtschaft, Staat und Gesellschaft, wie sie Marx und z.T. auch Engels hinterlassen haben. Aber gerade dabei wurde deutlich, dass dieses Unternehmen nicht nur faktisch nicht 'abgeschlossen'[63], sondern bei richtigem Verständnis auch unabschließbar war, jedenfalls solange die von der kapitalistischen Produktionsweise beherrschte bürgerliche Gesellschaft noch 'alive and kicking'[64] ist und immer neue Formen von Akkumulationsmodellen, Regulationsregimes und ideologischer Subjektivierung ausbildet. Es ging der Sache nach also um weit mehr als eine bloße 'Renaissance', wie die Beteiligten glaubten, um eine Rückkehr zu den 'Klassikern', eine Wiedergewinnung eines verloren gegangenen Standes an theoretischer Einsicht - so wichtig es gewesen ist, Marx überhaupt wieder ernsthaft zu lesen und diejenigen marxistischen AutorInnen wieder zu vergegenwärtigen, welche von der stalinistischen These, der sog. 'Leninismus' sei „der Marxismus unserer Epoche", aus dem Horizont der offiziellen marxistischer Debatten entfernt worden waren.[65] Aber auch der damals konkurrierende Ansatz einer Wiederaneignung der Geschichte der Arbeiterbewegung (vgl.

etwa Lucas-Busemann 1984) erwies sich als ein 'Fass ohne Boden': Immer neue Nuancen und Wendungen traten hervor, nicht nur auf den ausgetretenen Pfaden von Gewerkschafts- und Parteiengeschichte, sondern vor allem in den neuen Dimensionen der Alltagsgeschichte sozialer Bewegungen, der Frauengeschichte, der 'eigenen Geschichte' der MigrantInnenbevölkerungen. Je genauer die Forschung hinzuschauen begann, desto mehr Verdrängtes, Vergessenes und Unbeachtetes wurde zum Thema.

Aufgabe einer 'bestimmten Dekonstruktion'

Die erste Aufgabe radikaler Philosophie liegt damit in einer 'bestimmten Dekonstruktion', d.h. in einer solchen Entwirrung der Fäden, der für Zweiten Weltkrieg und Kalten Krieg konstitutiven Formationen und Alternativen, dass durch kritische Untersuchung der damals wirksamen und der damals bewussten Grundlagen der 'Selbstverständigung' der aktiv Beteiligten wieder ein Boden gefunden werden kann, von dem aus diese historischen Sackgassen zumindest als solche begriffen werden können, so dass gleichsam neu 'die Lage gepeilt' und ein 'neuer Kurs' navigiert werden kann.

Auch wenn Geschichte nicht ungeschehen gemacht werden kann, so ist doch zumindest ein Teil der materiellen und 'ideellen' Resultate des Geschichtsprozesses reversibel. Diesen Teil der Resultate der Periode der Weltkriege und Gegenrevolutionen, die das 20. Jahrhundert war, gilt es zu bestimmen, um die Motive von Befreiung und Aufklärung für gegenwärtiges wirksames Handeln neu zugänglich zu machen. Dabei wird es immer wieder darum gehen, durch die quälende Schicht szientistischer, etatistischer und imperialistischer Anrufungen, die das 'kurze 20. Jahrhundert' auf den Gedanken von Aufklärung, Autonomie und Fortschritt aufgehäuft hat, wieder eine wirklich aktuelle Bedeutung dieser Leitgedanken der inzwischen nicht mehr nur europäischen Emanzipationsbewegungen zu produzieren. D.h. sowohl auf diese Gedanken zurückzukommen, sie wiederherzustellen als auch sie so auszuarbeiten, dass sie ihrer Inanspruchnahme durch Strategien der Herrschaftslegitimation - 'von oben' oder auch 'für oben' - mehr und präziseren Widerstand bieten können.

In dieser Arbeit eines 'Erinnerns und Durcharbeitens' auf gesellschaftlicher Ebene kommen über die zerstörerischen Gewaltakte des 'kurzen zwanzigsten Jahrhunderts' (Hobsbawm 1994) hinaus, das mit der Katastrophe des Ersten Weltkrieges einsetzte, auch seine strukturelle Wurzeln im 'langen zwanzigsten Jahrhundert' (Arrighi 1994) in den Blick, d.h. ihre Vorbereitung in der scheinbar siegreichen und widerspruchsarmen 'Blüteperiode' des 'Hochimperialismus', wie sie sich im britischen Weltreich ideologisch als 'Viktorianismus', in den aufsteigenden neuen Weltmächten Amerika und Deutschland als 'modern era' bzw. als 'Wilhelminismus' und im stagnierenden Frankreich als 'fin de siècle' manifestierte (vgl. Deppe 1997).

Radikale Philosophie muss mit ihrer historisch-kritischen Arbeit zurückgreifen auf die revolutionären Prozesse des 17., 18. und 19. Jahrhunderts, in denen sich ein kritisches, praktisch subversives Denken entwickelt hat, wie es in der philosophischen Revolution, die sich vor allem im Werk von Marx vollzogen hat, zwar konzentriert, aber nicht aufgehoben ist. Das schließt die Notwendigkeit ein, die bisher ausgebildeten Marxismen als historische Bestandteile eben der Formationen zu erkennen, die es zu begreifen gilt. Aber es enthält ebenso auch das unabweisbare Erfordernis, nicht hinter die Marxsche philosophische Revolution zurückzufallen – in ein anarchistisches Wunschdenken oder in einen aufklärerischen Zweckoptimismus, die sich weder die Frage nach der materiellen Reproduktion von Herrschaft und Ideologie stellen können, noch auch den Zusammenhang von Wissenschaft, Technologie und gesellschaftlichen Verhältnissen anders als einen normativ vorgegebenen 'Fortschritt in der Verwirklichung der Freiheit' denken.[66] Nachdem dies schon für den Zusammenhang von Recht, Warenaustausch und Staatsgewalt, wie ihn Hegel von der staatlichen Politik aus zu begreifen versucht hatte, offensichtlich gescheitert war, müssen wir auch das Scheitern der Versuche des wissenschaftsgläubigen 'Positivismus' und des marktgläubigen Liberalismus konstatieren, diesen Zusammenhang reduktionistisch adäquat zu denken und hinreichend umfassend praktisch zu beherrschen: Weder hat das Heraustreten der wissenschaftlichen Forschung und der wissenschaftlichen Bildung aus der ideologischen Kontrolle der Kirchen als solches einen automatischen Prozess der Befreiung und Aufklärung in Gang gesetzt[67], noch hat die Entfesselung des Welthandels seit den 1860er Jahren die Versprechungen erfüllen können, welche die Befürworter des Freihandelsgedankens damit verbunden hatten – statt eines ewigen Weltfriedens trat eine Epoche der zunehmend globaler geführten Weltkriege ein.

Gewiss wird radikale Philosophie für ihre kritische Arbeit an der Auflösung der Effekte der Herrschaftslegitimation im vorfindlichen Gedankenmaterial alle Kräfte und Motive aktivieren müssen, die sich im gemeinsamen menschlichen Kulturerbe seit der Altsteinzeit finden lassen. Um sich dabei aber nicht im Uferlosen zu verlieren, bedarf sie einer klaren Orientierung auf vorrangige Untersuchungsziele. Dieser Vorrang kann nicht im untersuchten Material seine Begründung finden. Vielmehr findet er sie aus den Dringlichkeiten der Gegenwart: Nicht indem er auf heutige Prioritäten zurückgreift und diese unkritisch in die Vergangenheit zurückprojiziert, sondern indem er angesichts heutiger politischer und ideologischer Blockaden von Aufklärung und Befreiung bestimmte Initiativen ergreift, die er dann mithilfe von - durch dekonstruktive Sonden freigelegtes - Gedankenmaterial artikuliert.

Neue Orientierung ergibt sich nicht 'von selbst' aus diesem weiten Feld theoretischer und historischer Forschungen. Dazu bedarf es eines Gesichtspunktes, der erst einmal zu 'setzen' ist - etwa der Frage nach den Gründen für die Niederlagen, die sich mit bestimmten Konzeptionen und Praktiken verknüpft haben.[68] Einen solchen Gesichtspunkt zu setzen, mit einer derartigen orientierenden Frage einen Anfang zu machen, bedeutet immer, eine intellektuelle Initiative zu ergreifen. Eine solche Initiative 'ergibt sich' niemals einfach aus dem Stand der Debatte oder dem bearbeiteten Gedankenmaterial. Diese Art von Initiative zu 'fördern' und zugleich zu 'kultivieren' ist das strategische Anliegen radikaler Philosophie.

Damit gewinnt das Konzept der Initiative für radikale Philosophie einen vergleichbar zentralen Stellenwert wie das Konzept des Projektes für den Pragmatismus, der die außerhalb des angelsächsischen Bereichs immer noch unterschätzte erfolgreichste Leitphilosophie des zwanzigsten Jahrhunderts darstellt - und wie ihn das Konzept des 'Gedankens', der 'Idee', im älteren praktischen Idealismus[69] inne hatte.

'Gedanke', 'Projekt' und 'Initiative'

Nach den Irrwegen und Niederlagen der Kräfte von Befreiung und Aufklärung im 20. Jahrhundert kann radikale Philosophie nicht zum großen Wurf ansetzen. Vielmehr geht es darum, wieder einen Boden zu finden, von dem aus die genannten historischen Sackgassen zumindest als solche begriffen werden können, so dass gleichsam neu 'die Lage gepeilt' und ein 'neuer Kurs' navigiert werden kann. Dieser Situation erweist sich die Kategorie der „Initiative" als angemessen. Denn mit ihr wird es radikaler Philosophie möglich, ein bloßes Nomadisieren zwischen spontan sich aufdrängenden Problemen und Fragen zu vermeiden, aber dennoch offen zu bleiben für die grundsätzlich nicht vollständig zu antizipierenden (nicht nur geographischen) Effekte von 'Gelände' und 'Klima' der argumentativen Auseinandersetzung, d.h. der vielfältigen historischen Voraussetzungen und Bedingungen, unter denen sie ihre Initiativen vorträgt. Und sie weiß die eigene Tätigkeit von vornherein auf ein Feld bezogen, auf dem auch andere Handelnde ihre Initiativen ergreifen - und zwar sowohl mit differenten als auch mit entgegengesetzten Zielsetzungen, so dass strategische Festlegungen immer auch Bündnisse und Gegnerschaften definieren müssen.

Eine philosophische Klärung und Weiterentwicklung dieses Konzeptes der Initiative[70] muss sich kritisch auf die philosophischen Konzepte beziehen, die in der jüngeren Philosophie gleichsam ihren Platz besetzt halten. Das ist, nach der 'Idee', dem 'Gedanken', als Konzept aus der Tradition des neuzeitlichen Idealismus, vor allem die im Anschluss an den Pragmatismus in den Erziehungswissenschaften verbreitete (vgl. Magnor 1976) (und im Existenzialismus in radikalisierter Form philosophisch aufgegriffene[71]) Projekt-Vorstellung. Dabei zeigt sich die Kategorie der Initiative sowohl der idealistischen Kategorie der „Gedanken" als auch der pragmatistischen Kategorie des „Projekts" als überlegen. Denn die Projekt-Vorstellung ist allein aus dem Register des Unternehmenshandelns entnommen, in welchem die verfolgten Ziele als linear, gleichsam nur technisch, realisierbar unterstellt werden und der immer auch unterliegende „Konflikt menschlicher Interessen und Tätigkeiten" (vgl. Clausewitz 1980, 112f.) als von vornherein im harmonischen 'Wettbewerb' auf den Märkten oder im offenen Gespräch gleichsam aufgelöst gedacht wird. Damit werden weder die durchgängige Umkämpftheit des Feldes noch die resultierenden immer wieder möglichen Veränderungen sowie die sich immer wieder herstellenden Unterschiede in den strategischen Positionen der Beteiligten reflektiert. Beide werden gleichsam unsichtbar gemacht. Durchaus in dieser Richtung problematisiert etwa Bauman (1995, 22) die Vorstellung eines „Lebensprojektes" als an die Unterstellungen von „langfristiger Stabilität" und „dauerhafter Identität des Lebensraumes" gebunden. Allerdings zieht er als Alternative nur einen „Prozeß der Selbstkonstitution" in Betracht, der nicht bloß „kein sichtbares Ende" mehr hat, sondern „nicht einmal mehr eine stabile Richtung" annehmen kann. Das Konzept der Initiative macht es demgegenüber möglich, ein ganzes Spektrum von weiteren Möglichkeiten zu denken, in denen ein Selberhandeln Vieler zu einem Zusammenhandeln führen kann, das deutlich in eine kommunizierbare Richtung geht, auch ohne schon ein Ende in einem abgeschlossenen Erfolg zu antizipieren.

Deutlicher noch ist die Überlegenheit des Konzepts der Initiative gegenüber dem Konzept des „Gedankens", der „Idee" des klassischen 'Idealismus', das als 'jenseits von Zeit und Raum' gedacht wird, und dessen 'Verwirklichung' als geradezu selbstverständliche Aufgabe der entsprechenden historischen 'Verkörperungen' erscheint. Allerdings muss dieses Konzept zu diesem Zweck gegenüber älteren Verwendungsweisen vor allem aus der geschichtsphilosophischen Einbindung herausgelöst werden, in der es etwa bei Engels, z.T. aber auch bei Marx, noch befangen geblieben war.[72]

Beispielsweise Dewey legt seinem Denken über politische Demokratie (und demokratischer Erziehung) einen Begriff des Projektes zugrunde, der durch die grundsätzliche Abgeschlossenheit der es definierenden Zwecke und Mittel definiert ist, welche bis zu einer technokratischen Planung 'von oben' gesteigert werden kann. Dieser Begriff von 'Projekt' kompensiert in durchaus idealistischer Weise die von ihm zunächst vorgenommene 'Einklammerung' der historisch-gesellschaftlichen Wirklichkeit durch die aktivistische Vorstellung, es sei grundsätzlich möglich, in der Projektform jedes - für Störungen aus der gegenständlichen Handlungswelt und durch andere Handelnde offene - Handeln in ein von seinem Anfang bis zu seiner Beendigung beherrschbares Herstellen zu übersetzen. So wichtig und lehrreich für eine radikale Philosophie die von Dewey geleistete Kritik an dem Herrschaftscharakter der traditionellen philosophischen Modelle eines handlungsleitenden Wissens über Geschichte und über die 'Strukturen' (vgl. Dilthey) von 'Staat/Wirtschaft/Gesellschaft' (vgl. Max Weber) bleiben muss, bleibt doch festzuhalten, dass Dewey hier in spezifischer Weise 'zu weit geht': Indem er den Bezug auf die Herrschaftsstrukturen der historischen Wirklichkeit gleichsam durch die Geschlossenheit seines Projektgedankens ersetzt, eliminiert er zugleich den einzigen Bezugspunkt, durch den demokratische Politik ihre zirkuläre Selbstbezüglichkeit als eine unendliche prozedurale Veranstaltung ohne befreiende Substanz überwinden kann. Radikale Philosophie weiß die eigene Tätigkeit von vornherein auf ein Feld bezogen, auf dem auch andere Handelnde ihre eigenen Initiativen ergreifen - und zwar sowohl mit differenten als auch mit entgegengesetzten Zielsetzungen, so dass strategische Festlegungen immer auch Bündnisse und Gegnerschaften definieren müssen.

An genau dieser Stelle des Denkens der Differenz zwischen einer solipsistischen Wahrheitsimagination und einer realen Wahrheitspolitik mit wirklichen Anderen enthüllt Deweys Kritik an der 'deutschen Philosophie' einen zentralen Zusammenhang: Gerade wenn wir uns die - aus kontinentaleuropäischer Perspektive zunächst überraschende - Kritik John Deweys an der innerphilosophischen 'Wahrheitsorientierung' der deutschen Philosophie als ein wesentliches Element der deutschen Misere im 20. Jahrhundert vor Augen führen, wird deutlich, dass im Vorschlag, den Anspruch auf eine philosophisch zu produzierende 'absolute Wahrheit', der sich alle anderen unterwerfen sollen, durch eine pragmatische 'Projektorientierung' zu ersetzen, in gewisser Weise das Kind mit dem Bade ausgeschüttet wird: Die Kennzeichnung der von Kants „Zwei-Welten-Lehre" eingeleiteten Abweichung vom 'Mainstream', vom 'gesunden Menschenverstand' (Dewey 2000, 57) des in der Linie von Hume über J.S. Mill und Sidgwick bis zu Dewey selbst oder zu G. E. Moore und Russell fortschreitenden angelsächsischen 'Common Sense' als „geradezu wahnhafter Idealismus" (Honneth 2000, 13)[73] zieht für Dewey eindeutig die Konsequenz nach sich, nicht nur „Idealismus und Persönlichkeit, sofern sie nicht mit empirischer Analyse und experimenteller Anwendung auf konkrete soziale Zustände in Zusammenhang stehen" zu feindlichen Instanzen zu erklären (Dewey 2000, 57). Deweys aus dem Beispiel Hitlers begründete „Warnung vor der Gefahr, die dem Glauben an abstrakte, absolute 'Ideale' anhaftet" (ebd., 58), führt ihn schließlich zu einer Problematisierung jedes Weiterdenkens von „Ideen über die Situationen, in denen sie entstanden war" (ebd., 83). Seine bedenkenswerte Kritik an der „Spaltung zwischen Wissenschaft und nützlichen Leistungen einerseits und (der) aus dem idealen Streben andererseits entstehende(n) Ohnmacht des Handelns andererseits" (ebd., 95) führt zu einer bemerkenswerten Unterscheidung zwischen einer 'empiristischen', am für den 'common sense' Gegebenen haftenden und daher strukturell konservativen, und einer 'experimentellen' Philosophie ein, die wirklich offen verfährt (ebd., 158f.). Sie schneidet aber der von ihr selbst postulierten „klugen und mutigen Philosophie der Praxis" (ebd., 162) nach zwei Richtungen die Quellen ab, aus denen sie sich speisen müsste: Zum einen wird mit Deweys Kritik jeder Art von Apriorismus[74] der Rückgriff auf diejenigen Stränge eines radikalen Hinterfragens bestehender Verhältnisse abgeschnitten, die nicht selbst die Form wissenschaftsförmiger Erfahrungsproduktion annehmen. Anstatt etwa derartige Impulse, Fragen und Gedanken aus sozialen Bewegungen aufzugreifen und kritisch weiterzuverarbeiten, werden sie als irrational beiseite gelassen. Zum anderen beschränkt sich Dewey auf seine eigene nationale Perspektive: „Amerika ist zu jung, um eine Philosophie der Evolution nach deutscher Art für unser Denken aufnahmefähig machen zu können." (ebd., 160) Damit wird nicht nur willkürlich das Gedankenmaterial beschränkt, auf das sich philosophische Kritik bezieht, sondern ein bestimmter Teilbestand - die Tradition der Konzeptionen, in denen die USA als neues 'gelobtes Land' und ihr Volk als das neue 'auserwählte Volk' beschrieben werden, tendenziell der Kritik enthoben. Anstatt das intellektuelle Erbe der gesamten Menschheit kritisch zu erörtern und im allseitigen 'Palaver' zur Geltung zu bringen, beschränkt sich Dewey auf den Entwurf einer „amerikanischen Geschichtsphilosophie" (ebd., 162) - und das auch noch in offensichtlich hegemonialer Absicht.[75]

Eine philosophische Ausarbeitung des Konzepts der 'Initiative' kann auf die Theorie strategischen Handelns zurückgreifen, wie sie Clausewitz für den Krieg, der „nichts ist als die fortgesetzte Staatspolitik mit anderen Mitteln" (Clausewitz 1990, 8, 34ff., vgl. 112f. u. 674ff.), vorgelegt hat. Hier interessiert dieses Konzept uns nicht wegen seines inhärenten Bezugs auf Gewaltanwendung, sondern vor allem als ein elementares Beispiel eines 'Handelns zu mehreren', dem weder ein 'gemeinsamer Plan' - und damit so etwas wie ein 'kollektives Subjekt'[76] - noch etwa ein automatischer Koordinierungsmechanismus zugrunde liegt, wie dem marktförmig organisierten Äquivalententausch[77]. Anders als in Hannah Arendts Konzept des 'Zusammenhandelns' (Arendt 1958.) setzt Clausewitz' Analyse der Initiative im Krieg nicht schon ein emphatisch gedachtes Gemeinwesen voraus[78], sondern setzt an der faktischen Interaktion mehrerer Handelnder an. Das Konzept der „Initiative" wird in Clausewitz' Analyse taktisch (ebd. 361) wie strategisch (369) dem „Angreifenden" zugeordnet, der den Zeitpunkt seines „Erscheinens" (361) sowie die „Räume" und „Seiten" seines „Anfalls" wählt, indem er angreift. Auf einer elementareren Ebene als in der von Gramsci popularisierten strategischen Gegenüberstellung von 'Bewegungskrieg' und 'Stellungskrieg' (vgl. Gramsci 1991, 167ff. [H. 1, § 117) liegt diesem Begriff eine Vorstellung zugrunde, der gemäß der „Verteidiger ... als abwartend, also als stehend, der Angreifende als in Bewegung ..., und zwar sich bewegend in Beziehung auf jenes Stehen" gedacht wird (ebd., 371). Indem „der Angreifende, auf dessen Seite sich das positive Handeln findet" (ebd., 397, vgl. 554: „das positive Handeln, die Initiative"), die Initiative ergreift, von der durch die konkrete Lage beschränkten „Freiheit seiner Wahl" (ebd., 372) Gebrauch macht, vollzieht er den „Stoß oder Akt des Angriffs", welcher „an sich ein vollständiger Begriff ist", aber unter den wirklichen Verhältnissen immer auf seinen Widerpart, die Verteidigung zurückbezogen bleibt: „Aber Zeit und Raum, an welche er gebunden ist, führen ihm die Verteidigung als ein notwendiges Übel zu" (ebd., 584) - ganz wie umgekehrt jede wirksame Verteidigung „mit mehr oder weniger offensiven Prinzipien durchdrungen" sein muss (ebd.). Auch losgelöst von der spezifischen gesellschaftlichen Realität des neuzeitlichen Krieges, aus der heraus Clausewitz seine Unterscheidungen entwickelt - und selbst noch abgelöst von der allgemeineren Vorstellung des „Zweikampfs" von „zwei Ringenden", an die er dabei anknüpft (ebd., 17), ist dieses Konzept der 'Initiative' bedeutungsvoll: Es hebt hervor, dass erstens in einem umkämpften Feld von Kräfteverhältnissen agiert wird und dass, zweitens, wo, wann und womit einer den Anfang macht, dies Gegenstand einer Wahl ist, die mit einer spezifischen, situierten Freiheit ausgeübt wird und die über die strategische Position (Offensive/Defensive sowie die konkrete Mischung im jeweiligen Dominanzverhältnis beider) der Wählenden mit entscheidet.

'Radikale Philosophie' löst sich aus einer Reihe von bergenden Fesseln. Sie kann sich weder bei traditionellen Selbstverständlichkeiten beruhigen noch auf gesellschafts- und geschichtsphilosophische Garantien bauen. Weder 'die okzidentale Rationalität' noch 'das Proletariat' bieten ihr noch ein 'unerschütterliches Fundament'. Sie weiß sich ohne symbiotischen Partner - weder die 'Geisteswissenschaften' noch die 'Sozialwissenschaften' könnten diese Rolle ausfüllen - vorläufig auf sich selbst gestellt: Sie bedient sich aller analytischen Instrumente und aller historischen Einsichten, die sie intellektuell nachvollziehbar und überprüfbar anzueignen vermag, zum Zwecke der Hinterfragung und der Abgrenzung der im vorgefundenen Gedankenmaterial in öffentlichen Diskursen wie in wissenschaftlichen Fachdebatten lebendigen Vorstellungen - und zur Konstruktion neuer, synthetischer Problematiken und Konzepte, die sich in politischen Auseinandersetzungen wie in theoretischen Debatten immer erst noch bewähren müssen. Damit liefert sie zwar nicht schon als Platzhalter wirklich triftige, praktisch endgültige Fragen und Antworten - aber immerhin diese belastbaren Zwischenergebnisse, um jeder und jedem Einzelnen eine eigenständige Untersuchung der eigenen Verhältnisse und eine aktive Einmischung in die laufenden Auseinandersetzungen des eigenen Zeitalters zu ermöglichen. Und zwar ohne die gefährliche Illusion, diese Auseinandersetzungen eines Tages durch die 'Herrschaft der eigenen Vernunft' zu einem Ende bringen zu können; sondern mit der bewussten Vorstellung, den eigenen Beitrag mit allem Ernst und allem Willen zur Antwort (vgl. Michael Jäger 1984 u. 1985) zu leisten, aber eben doch als einen Beitrag unter und neben anderen.

D.h. es geht um ein 'begegnendes Handeln' in dem Sinne, dass es den anderen Subjekten überhaupt Raum und Zeit lässt, ihrerseits auf die von ihm selber ausgehenden Impulse zu 'antworten', so dass sich schließlich das Geflecht einer gemeinsamen - jedenfalls mehrstimmigen, vielleicht dissonanten, vielleicht harmonischen, vielleicht auch in sich kontrapunktischen - Praxis herausbilden kann. Zum anderen gehört dazu, dass es das eigene Handeln immer wieder 'abstimmt', um das Handeln der anderen überhaupt zu 'treffen', um auf die gemeinsam gebildete Realität bezogen im eigenen Handeln 'triftig' zu werden. Das bedeutet nicht schon, sich unbedingt mit den eigenen Impulsen 'rücksichtslos' durchsetzen zu wollen. Viel eher bedeutet es, in der Überlagerung der vielfältigen Initiativen und Impulse einen eigenen Beitrag dazu zu leisten und zu behaupten, was als resultierende 'Gesamtrichtung' im 'Zusammenspiel' aller produziert wird.

Wer reflektiert eine Initiative ergreift, bezieht sich auf die eigene strategische Lage zurück und setzt in ihr einen neuen Anfang. Er/sie verfolgt ein Ziel, ohne auf eine abschließbare Antizipation von Handlungssequenzen setzen zu können. Diese Orientierung ist nicht prognostisch, sondern strategisch begründet - d.h. er/sie erwartet Initiativen anderer, mit denen er/sie sich verbünden kann oder die er bekämpfen muss. Er oder sie stellt sich in Raum und Zeit, am eigenen, gegebenen Ort, und macht einen für andere greifbaren Anfang. Er/sie wählt Zeitpunkt, Richtung und eingesetzte Mittel und Kräfte in einer 'gradierten Freiheit' aus - und übernimmt die Verantwortung für den in dieser Initiative unternommenen 'Vorstoß', auch ohne vorweg wissen zu können, bis wohin diese tragen wird. In dieser kontingenten Art kann radikale Philosophie nicht anders als jedes politische Handeln agieren - nur mit dem Unterschied, dass sie ihre Initiativen auf dem Felde der Philosophie zu entfalten versucht.

Radikale Philosophie ist keine virtuelle politische Partei oder soziale Bewegung. Die von ihr angesprochenen Subjekte sind in ihrem Selberdenken angesprochen und nicht daraufhin, sich bereits produzierten Vorgaben anzuschließen. Das kann durchaus auch zu einem praktischen Eintreten für gemeinsame 'praktische Ideen' führen, nicht aber zur unkritischen Übernahme eines als bereits vorhanden unterstellten Vorrats an Problemen, Konzepten und Überzeugungen, für die diese Subjekte dann gleichsam passiv gemeinsam antreten könnten. Zu einer sozialen Bewegung fehlt der radikalen Philosophie zudem die konkrete Ausarbeitung derartiger 'praktischer Ideen' zu einer widerständigen oder programmatischen Initiative, wie sie in einer konkret gegebenen Lage ergriffen werden kann.[79]

Nicht einmal auf dem Felde der Philosophie selbst kann sie 'Wunder wirken': Sie kann die überfällige 'Dekomplikation' der Philosophie, die dieser ihre Herrschaftsprätentionen nimmt, zunächst nur um den Preis ihrer fast uferlosen Rekomplikation durch Neulektüren herbeiführen; und sie kann den neuen Philosophien des 20. Jahrhunderts nicht im Handstreich ihre spezifischen Grundlagen entziehen. Eine stabile 'Schulbildung' radikaler Philosophie muss demgemäß als kaum möglich gelten: Hat doch jede und jeder für sich selber herauszufinden, von welchen Ausgangspunkten aus und mit welchen Mitteln er oder sie wirksame philosophische Initiativen ergreifen kann. Dies wird immer nur provisorisch und zeitweise mit den Initiativen anderer zusammengehen.

IV. Wahrheitspolitische Initiativen

Radikale Philosophie kann sich nicht damit begnügen, auf dem 'Kampfplatz der Philosophie' (Kant) überhaupt einen Platz für sich zu erobern. Sie hat sich von der Illusion befreit, in ihr käme die Bewegung des Philosophierens schlussendlich zu ihrer Wahrheit, als Abschluss der Suche nach Wissen, oder gar zu ihrer 'Erfüllung', als Abschluss der praktischen Suche nach Schönheit und Gerechtigkeit. Sie kann daher auch nicht von sich aus alle anderen Philosophien zu bloßen Vorläufern oder Verirrungen herabsetzen, welche von nun an nur noch von historisch-antiquarischem Interesse sind. Dennoch muss es auch ihr darum gehen, ihre Kritik der Philosophieform auf das Feld der Philosophie zu tragen und jedenfalls allen herrschaftsaffirmativen Philosophien den Boden zu entziehen, indem sie die in ihrer Form verborgene Unwahrheit als solche deutlich sichtbar hervortreten lässt. Als Philosophie kann sie diese nur dadurch zurückdrängen und letztlich auch 'aus dem Feld schlagen', dass ihr diese selbst grundlegend philosophische Operation gelingt.

In der bisher gegebenen Darstellung hat sich radikale Philosophie im Feld ihrer BündnispartnerInnen bewegt und dessen allgemeine Grundzüge artikuliert. Damit beschreibt sie einen Diskursraum, den sie mit anderen intellektuellen und auch philosophischen Kräften bewusst teilt und auch weiterhin teilen will. Allenfalls in der Beschreibung ihres wahrheitspolitischen Selbstverständnisses ist dabei bisher so etwas wie ein erstes Spezifikum radikaler Philosophie, wie es hier vorgeschlagen wird, zur Sprache gekommen. Dabei kann radikale Philosophie als auf dem Felde der Philosophie argumentierende Kraft, so sehr sie sich auch gegenüber der traditionellen Philosophieform subversiv verhält, auf keinen Fall stehen bleiben, ohne aus der Arena vertrieben zu werden. Sie muss vielmehr die ältere metaphysische Philosophie ebenso wie die mit ihr in der Herrschaftsaffirmation wetteifernden neueren Philosophien der Ordnung in ihrem Kern angreifen: in ihrem Anspruch wahrhaft[1] die Wahrheit zu sagen[2]. Dabei weiß sie, dass dies angesichts der Unmöglichkeit jeder rationalen Unmittelbarkeit von Erkenntnis alles andere als einfach ist. Vielmehr ist es eine Frage der argumentativen Strategie, d.h. der richtigen Explikation, Begründung und Vermittlung der eigenen Thesen. Auch wenn uns die Philosophieform immer wieder diese Voraussetzungen vergessen macht: Durch die erfolgreiche Umsetzung einer solchen Strategie können überhaupt erst ein Standpunkt und eine Perspektive konstruiert werden, von denen aus dann philosophisch, oder auch wissenschaftlich oder künstlerisch, eine oder mehrere 'Wahrheiten' ausgesprochen werden können. Dies geschieht immer schon in einer ganz praktisch politischen Auseinandersetzung mit anderen, die andere, z.T. auch entgegengesetzte Ziele verfolgen können.

Radikale Philosophie konstituiert sich durch wahrheitspolitische Initiativen, die sie angesichts bestehender und von anderen Philosophien besetzter Positionen ergreift. Und gerade weil es ihr in letzter Instanz nicht nur um das Feld der Philosophie, sondern um die realen gesellschaftlichen Verhältnisse und Praktiken geht, ist es für sie nur umso dringender, innerhalb dieses Feldes durch ihre Initiativen anderen Philosophien wahrheitspolitisch 'das Gesetz des Handelns' auferlegen zu können. Dabei stützt sie sich auf das im philosophischen Feld Ausgeblendete, auf die laufenden Auseinandersetzungen nicht nur im historischen Prozess partikularer politischer Kämpfe, sondern gerade in den mit allgemeineren Geltungsansprüchen auftretenden Bereichen von Wissenschaft und Kunst, welche innerhalb der gesellschaftlichen Realitäten ihre Autonomie zur Geltung bringen, indem sie 'für alle' zu sprechen beanspruchen.

Die wahrheitspolitischen Initiativen radikaler Philosophie machen einen Vorstoß in einer gegebenen Lage. Sie setzen einen Anfang. Darin beruhen sie auf einer freien Wahl. Wir hätten es auch unterlassen können, einen derartigen Anfang zu setzen. Diese Wahl ist aber zugleich auch 'gezwungen': Keinen eigenen Anfang zu setzen, 'selber keinen Zug im Spiel zu machen', heißt nur, anderen die Initiative zu überlassen. Zugespitzt gesagt, wissen die so Tätigen dabei nicht vollständig, was sie zu tun im Begriff sind. Auch radikale Philosophinnen und Philosophen können immer nur unvollständige Kenntnisse über die konkret gegebene Lage verarbeiten, um ihre Initiativen wirklich zu ergreifen, d.h. um von sich aus Ort und Zeit eines philosophischen (Gegen-) Angriffs zu bestimmen.

Das meint in der gegenwärtigen historischen Situation vor allem die Auswahl einiger Schlüsselkonzepte, an denen die inneren Verteidigungslinien der eigenen Position (oder die ihrer Vorgängerinnen) ins Wanken zu geraten drohen. Das allgemeine Ziel dieser Operation ist die Affirmation der eigenen Wahrheit radikaler Philosophie, welche als grundsätzliche Wahrheit gegen Herrschaft und für Befreiung, gegen Obskurantismus und für Aufklärung eintritt. Ihr konkreter Zweck liegt darin, aus einer Situation der Defensive, in der Herrschaftskritik als ein anstößiger Regelverstoß gegen die guten Sitten gilt und Herrschaftsüberwindung als eine extremistische Utopie behandelt wird, wieder zu einer Situation der Offensive zurückzukehren, in der die Herrschenden sich und ihre Herrschaft argumentativ verteidigen müssen, anstatt sie weiterhin zur selbstverständlichen oder unsichtbaren Grundlage aller gültigen diskursiven Äußerungen zu erheben.

Derartige Initiativen können als solche, auch wenn es in ihnen um die Wahrheit geht, nicht wahr oder falsch sein, nicht einmal wirklich falsch oder richtig, aber doch klug oder unklug. Es gibt auch nur ausnahmsweise bloß eine ganz offensichtliche mögliche Initiative, die zu ergreifen klug wäre, und nicht etwa mehrere. Wir haben meistens die Qual der Wahl, wenn wir handelnd nach vorne blicken. Nur im Rückblick fällt es leicht, eine kluge Wahl zu treffen, die dann meist auch gleich als 'richtig' und 'einzig möglich' erscheint. Das unterschlägt aber das unvermeidliche Springen ins Ungewisse, das auch die am Besten vorbedachte Handlung immer zu vollziehen hat, intellektuelle Handlungen wie philosophische Initiativen durchaus mit eingeschlossen.

Die Klugheit einer wahrheitspolitischen Initiative hängt nicht allein davon ab, ob sie eine Reihe von Auseinandersetzungen eröffnen kann, die direkt zu einem 'Erfolg' oder einem 'Sieg' führen. Denn das ist nicht ohne Bezugnahme auf Art und Stärke der Reaktionen von anderen Positionen bestimmbar, die um dieses Feld kämpfen. Sondern es geht in ihr immer auch um die längerfristigen Effekte, welche sie auf künftige Auseinandersetzungen haben wird - auf die eigene Fähigkeit zu einer selbstkritischen Offenheit und auf die eigene Glaubwürdigkeit. Aber auch die strategische Antizipation derartiger Reaktionen und der eigenständigen Initiativen anderer gehört durchaus zur geforderten Klugheit einer solchen Initiative.

Die im Folgenden entfalteten vier wahrheitspolitischen Initiativen radikaler Philosophie sind nicht zufällig, auch wenn sie situationsbezogen angelegt sind. Sie lassen sich zwar nicht aufeinander reduzieren, bilden dennoch eine ganz bestimmte, kohärente Konstellation. Die ersten beiden Initiativen beziehen sich auf Voraussetzungen jeder wirksamen wissenschaftlichen, künstlerischen oder politischen Praxis: Sie müssen 'sinnvoll' sein und als solche kommuniziert werden können und sie müssen realitätsbezogen sein - d.h. jeweils realitätserschließend, realitätstauglich oder realitätstüchtig. Die dritte Initiative bezieht sich dagegen auf so etwas wie den notwendigen Inhalt einer derartigen Praxis, welcher aus der vorgängigen Materialität von Ökologie, Geschlechterverhältnissen und kollektiver Identitätsbildungen entspringt, wie sie von ideologischen Mächten wie 'Kultur', 'Nation' oder 'Rasse' dominiert werden. Die vierte Initiative unternimmt es schließlich, die Art von Beziehungen zwischen politischen Subjekten, zwischen zusammen und gegeneinander Handelnden zu artikulieren, in denen allein die Forderung nach 'Selbstbestimmung aller', nach Autonomie, in immer neuen Anläufen immer mehr und immer besser in wirklichen Zusammenhänge übersetzt werden kann. Sie handelt also, in einem sehr näherungsweisen Verständnis, von Fragen der Form, die mit einer tragfähigen Bestimmung der Inhalte noch keineswegs beantwortet sind.

Abschließend möchte ich noch einmal den gemeinsamen Zug hervorheben, welcher die vorgeschlagenen Initiativen als wahrheitspolitische auszeichnet:

Jede dieser Initiativen läuft auf eine 'gemeinsame Selbstaufforderung' philosophisch tätiger Intellektueller hinaus, als radikale Philosophinnen und Philosophen einen spezifischen Beitrag zur Durchsetzung einer radikaldemokratischen Transformation der herrschaftsaffirmativ verfälschten Verfasstheit der gegenwärtigen Diskurse zu leisten.

Erste Initiative: Making sense our way! Nach der philosophischen Postmoderne

„Wenn Du Dich nicht um die Politik kümmert, kümmert sie sich um Dich!" So wie es keinen 'Ausstieg' aus der Politik geben kann, es sei denn in Gestalt der 'bedingungslosen Kapitulation' vor ihr, so gibt es auch keinen 'Ausstieg' aus der Sinnproduktion. Es gibt keine Option, sich nicht zu den Sinneffekten zu verhalten, die immer schon erzielt werden. Ganz im Gegenteil haben gerade die Beherrschten, auch wenn sie von Sinnangeboten wie von Politik immer wieder betrogen werden, ein ganz spezifisches Interesse an Sinnproduktion und Politik: Nur durch gemeinsame Sinnproduktion, indem sie eigensinnig und eigenartig miteinander sprechen und auf dieser Grundlage zusammen initiativ werden und handeln, können sie ihr widerständiges und widersprechendes Gegenhandeln entwerfen und Gegenmacht aufbauen, durch die ihre Alternativen öffentlich sichtbar und schließlich auch möglich werden. Eine derartige Sinnproduktion ist nicht mit einer harmonisierenden oder verharmlosenden Erbaulichkeit zu verwechseln, welche in alles, was geschieht 'seinen Sinn' hineinsieht. Gerade auch das empörend Sinnlose lässt sich nur als solches kennzeichnen, wenn überhaupt Sinn produziert wird, von dem es sich abhebt. Im Gegenteil wird radikale Philosophie immer wieder auch vor der Aufgabe stehen, ganze Schichten eines derartigen Pseudo-Sinnes abzutragen, damit Individuen und Gruppen fähig werden, die Sinnlosigkeit ihnen zugemuteter Verhältnisse zu begreifen und dann auch etwas dagegen zu unternehmen.[3]

In den im weitesten Verständnis postmodernen philosophischen Ansätzen ist aus der Erkenntnis, dass die Geschichte keinen Sinn (kein ihr immanentes Ziel) *hat*, sondern ihr ein Sinn immer erst in den ideologischen Kämpfen um Hegemonie beigelegt wird[4], die Schlussfolgerung gezogen worden, mit den Kategorien der 'großen Erzählungen' und letztlich auch 'der Geschichte' in der Konsequenz noch die Kategorie des Sinns ganz zu verabschieden.[5] Das ist gegenüber dem von Dilthey formulierten Postulat des älteren Historismus, „das, was geschehen ist und geschieht, dies Einmalige, Zufällige und Momentane ... auf einen wert- und sinnvollen Zusammenhang" zurückzubeziehen

(Dilthey 1927, 3) eine wichtige Klarstellung: Gerade als ein „Inbegriff von Kämpfen" (Horkheimer 1933, 105) betrachtet, entzieht sich die wirkliche Geschichte immer schon derartigen Versuchen, ihr einen einheitlichen und umfassenden 'Sinn' zuzuschreiben. Die Niederlagen von Aufklärung und Befreiung in der Vergangenheit werden nicht durch künftige Siege 'aufgewogen' oder gar 'aufgehoben'.

Dem etwa von Bolz daraus in einem einflussreichen Artikel gemachten Slogan „*Stop making sense!*" liegt allerdings ein philosophischer Kategorienfehler zugrunde, der darin besteht anzunehmen, 'Sinn machen' (wie wir inzwischen auch auf hochdeutsch sagen können) sei eine Handlung, die wir auch unterlassen könnten. Das ist aber nicht der Fall: Zunächst einmal liegt bereits in der als sinnvolle Äußerung geäußerten Aufforderung, das Sinn machen einzustellen, ein performativer Widerspruch, d.h. es wird dazu aufgefordert, 'zu tun, was ich sage, aber keineswegs zu tun, was ich tue'. Das mag angehen, wo es einfach um die Setzung modischer Diskurssignale geht, welche in der nächsten Saison bereits wieder durch andere abgelöst werden.[6] Aber als strategische Orientierung angesichts der subtil herrschaftsaffirmativen Effekte einer weltweiten Kulturindustrie, welche auf den Wellen der Moden surft, wenn sie diese schon nicht machen kann, trägt ein derartig kurzatmig konstruiertes Konzept nichts bei. Außerdem übersieht eine derartige Haltung in großstädtisch fieberhafter 'Nervosität' die Breite und Tiefe, in der Sinneffekte auftreten: Selbst physikalische Ereignisse, tierisches Verhalten oder stumme Handlungsverweigerung von Menschen werden nicht weniger in den gesellschaftlichen Prozess der Reproduktion von 'Sinn' einbezogen, der immer schon im Gange ist, als aktive Äußerungen, die sich selbst als sinnhaft oder Sinn übermittelnd begreifen. Ein Regenbogen, ein Schwanzwedeln oder die beredte Stummheit von zur Aussage gepressten ZeugInnen können sogar in höherem Grade 'Sinn machen' als manches Gerede oder Geschreibsel. Insofern schlägt die scheinbar radikale Forderung, sich der ideologischen Sinnproduktion zu verweigern, zwangsläufig bewegungspolitisch in eine Handlungsunfähigkeit um, die es den herrschenden ideologischen Kräften überlässt, unserer Existenz *ihren Sinn* beizulegen. Wissenschaftspolitisch entspricht dem eine in den jüngeren Geisteswissenschaften wieder weitverbreitete Haltung, sich selber als im Grunde selbst urteilslosen 'Verwalter' eines sinnlos gewordenen musealen Traditionsbestandes zu begreifen, mit dem allenfalls noch 'geistvoll' gespielt werden kann. Diese wahrheitspolitische Selbstaufgabe wirkt indirekt herrschaftsaffirmativ. Daher setzt radikale Philosophie der scheinradikalen Parole „*Stop making sense!*" die gegenwärtig in Bewegungen und Wissenschaften allein noch herrschaftskritisch wirksame Parole „*Making sense our way!*" entgegen. Für deren Realitätstauglichkeit spricht der von Frankreich, Indien und Kanada ausgehende Aufschwung der transnationalen Protest- und Bewegungsnetzwerke seit der Mitte der 1990er Jahre, in dem das Potenzial der neueren Entwicklung der IuK-Technologien gegenüber der Phase der fordistischen, zentralistischen 'Kulturindustrie' zunehmend kreativ genutzt werden konnte.

Sinnkrise und Sinnfragen

Bei allem Streit über die gegenwärtige Weltgesellschaft, ihre Herrschaftsverhältnisse und die Stabilität ihrer Entwicklungsperspektiven ist eines kaum zu bestreiten: Im Übergang zu neuen gesellschaftlichen Verhältnissen, wie sie in den 1990er Jahren hervorzutreten begonnen haben und mit der neuen 'Staatspolitik' im Kampf gegen den Terrorismus greifbare Konturen annimmt, wird die „Sinnfrage"[7] mehrfach brisant: In dem Maße, wie die mediale Vermittlung von Kommunikation omnipräsent wird („Kommunikationsgesellschaft"), die Umsetzung von Wissenschaft in technische Fähigkeiten überall wirksam („Wissensgesellschaft") und die technologische 'Verarbeitung' von aus Informationselementen rekombinierten Botschaften koextensiv mit menschlicher Tätigkeit („Informationsgesellschaft") und in der die gesellschaftliche Produktion sich zumindest wertmäßig in den Metropolen zunehmend von dem löst, was die traditionelle Jurisprudenz als 'materielle Sache' zu begreifen gewohnt ist („immaterielle Produktion"), wird die Frage nach der Verfügung und Kontrolle über die Sinnproduktion, die im 'Hochfordismus' vor allem auf die subjektive Seite der Unterwerfung der gesellschaftlichen Individuen unter die vom Marketing vorgegebenen Konsummuster bezogen war (vgl. Wolf 1991b), zu einer strategischen Kernfrage für neue Bereiche:

- Existenziell für die partiell oder umfassend auf abhängige Arbeit angewiesenen menschlichen Individuen, denen über die bloße formelle Verantwortlichkeit der 'freien Lohnarbeit' hinaus abverlangt wird, sich als organisierende Subjekte der eigenen Ausbeutung zu konstituieren und im Dienste einer optimalen Ausbeutung zu bewähren[8],
- kommerziell für eine mediale 'Inhaltsproduktion', die diese Subjekte so weit interessieren soll, dass sie deren Aufmerksamkeit und geldwerte Nachfrage auf sich zieht,
- soziokulturell für eine Politik der Reproduktion genau des Maßes an 'Gemeinwesen', das noch diese Subjekte lebensfähig hält, ohne ihre kommerzielle Nutzbarkeit - in Ausbeutung und im Konsum - zu beeinträchtigen,
- soziomilitärisch für eine Politik der situativen Mobilisierung derselben Subjekte für einen langdauernden Krieg gegen die 'Feinde der Zivilisation'.

Keines dieser Momente ist ohne das Gelingen einer spezifischen Sinnproduktion möglich, die auch in großem Umfang betrieben wird und immer weiter 'modular' ausdifferenziert wird[9]. Der Slogan der Verweigerung gegenüber der Sinnproduktion heißt spätestens in dieser zur Kenntlichkeit entstellten Lage im Klartext nur noch, den individuellen Rückzug aus diesen Bereichen zu empfehlen bzw. zumindest die eigene anhaltende Präsenz in diesem Bereich durch eine 'paradoxe' Kommunikationsweise gegenüber der weniger 'raffinierten' Konkurrenz zu profilieren (vgl. Bolz 1997).

In charakteristischer Weise hat die Debatte über die 'Postmoderne' erst mit ihrer Übertragung in den frankophonen Diskussionszusammenhang eine philosophische Gestalt angenommen (Lyotard 1979, vgl. Welsch 1987, 31ff.). In dieser Gestalt wurden die drei 'großen Meta-Erzählungen', von denen eine die „Hermeneutik des Sinns (im Historismus)" ist (Welsch 1987, 32), als Voraussetzungen einer Einheit des gesellschaftlichen Wissens reflektiert, welche mit dem Ende der Moderne entfallen seien. Diese These, wir lebten in einer „postmodernen Situation" (Lyotard 1979) oder in „postmodernen Verhältnissen" (Bauman 1995, 226) unterstellt zugleich als reale Gegebenheit, was bestenfalls eine eigenwillige Interpretationsweise der sich tatsächlich seit den späten 1970er Jahren tiefgreifend verändernden historischen Realität ist. Bei genauerem Hinsehen erweist sich diese postmoderne Interpretationsweise, welche zeitweise in der angelsächsischen literarischen Öffentlichkeit hegemonial gewesen zu sein scheint (vgl. Welsch 1987, 14ff.) als eine Kritik an einigen 'modernen' Auffassungen, die insoweit Angst vor der eigenen Courage hat, als sie den kritisierten Auffassungen weiterhin ihre Geltung für eine vergangene Epoche der 'Moderne' zuschreibt.[10] Das lässt sich beispielhaft an den von Zygmunt Bauman formulierten „Grundsätzen einer Theorie der Postmoderne" (Bauman 1995, 226ff.) verdeutlichen, die zu unterstellen scheinen, dass Merkmale wie 'Komplexität', 'Organisation', 'Autonomie' , 'Unbestimmtheit', 'Kontingenz' oder 'Selbstkonstitution der Subjekte' nicht schon auf historische Verhältnisse vor dem unterstellten 'Ende der Moderne' angewandt werden müssten. Für den spezifischen Bereich der Sinnproduktion und der Sinnpolitik[11] lässt sich eine entsprechende Auffassung belegen: Seit de Saussures Revolutionierung der Sprachwissenschaft (1915/1968) muss sich jede wissenschaftliche oder philosophische Reflexion über sprachlich reproduzierten Sinn, um ernsthaft diskussionswürdig zu sein, auf den vollzogenen Übergang von einer Vorstellung der schlichten Referenzialität einzelner sprachlicher Zeichen zu Reflexivität und Interdependenz ganzer sprachlicher Systeme diskursiv einstellen. Diese theoretische Revolution gegenüber älteren sprachtheoretischen Auffassungen wird in 'postmodernen' sprachphilosophischen Texten dahingehend missverstanden oder auch verharmlost, dass es um einen historischen 'Regimewechsel' ginge – vom Regime der Referenzialität einzelner Zeichen zu einem der Reflexivität und Interdependenz komplexer sprachlicher Systeme – als ob es jemals eine Epoche der schlichten Referenzialität von Sinn gegeben hätte, in denen Rückbezug und Verankerung einzelner Handlungen auf systemische Sprachstrukturen hätten übersprungen werden können.[12] Dementsprechend ergeben sich auch Konsequenzen für die Auffassung komplexer historischer Totalitäten, welche sich eben nicht mehr auf die eine, umfassende und homogene Totalität reduzieren lassen, wie sie noch die Hegelsche Systematik hervorbringt. Auf dieser philosophischen Ebene der Hegelkritik (vgl. Arndt 2001) hatte schon Althusser den entsprechenden Gedanken formuliert (1968, 137ff., vgl. Tosel 1988, 1311), wobei näher zu untersuchen bleibt, wie diese folgenreiche philosophische These mit den genannten wissenschaftlichen Umwälzungsprozessen verknüpft ist.

Inzwischen ist dieser flüchtige Moment, in dem es sowohl 'subversiv' scheinen als auch hegemonial wirken konnte, „*Stop making sense!*" als Forderung zu vertreten, eindeutig vorbei.

Der „Sinn des Lebens" *en gros* wird zunehmend zum Gegenstand einer weltweiten medial vermittelten Inhaltsproduktion, mit differenzierten Identifizierungsangeboten für bestimmte soziale Kategorien, für 'ethnische' oder 'psychosexuelle' Gruppen. Private Produktionsunternehmen, Medien- und Kommunikationsmonopole und andere 'global players' übernehmen weitreichende Orientierungsfunktionen. Damit verändert die Kritik an den 'ideologischen Staatsapparaten' einen auf der Hand liegenden Teil ihrer Pointe: Hegemoniale, durchaus herrschaftliche Orientierungsreproduktion auf der Grundlage 'ideologischer Waren' tritt damit deutlich als etwas hervor, das von keinem Staatsapparat mehr eingefangen wird und daher auch keiner politischen Kontrolle mehr unterliegt, wie dies in traditionellen staatlichen und parastaatlichen (etwa kirchlichen) Apparaten jedenfalls der Form nach der Fall gewesen war. Die Art der Hegemonialkämpfe, die Instanzen und Einsätze einer Sinnpolitik verändern sich damit sehr weitgehend: 'Außerstaatlichkeit' wird durch die neoliberale Offensive neu besetzt – als herrschaftliche Privatheit der global die Menschen zu passiven Konsumenten machenden 'Kulturindustrie'. Öffentliche Sinnkonstitution von unten muss sich zunehmend gegen eine solche globale Privatheit nicht weniger scharf verteidigen als gegen seine nationale und staatliche Vereinnahmung. Die Heterogenität, Autonomie und Irreduzibilität der „Sprachspiele" (Lyotard 1979, 127-150), welche das 'postmoderne Wissen' zu verteidigen vorgibt, sind immer schon ein Problem, seit Menschen überhaupt sprechen, und sie verschwinden auch nicht unter dem Doppelfeuer von kommerzieller 'Weltzivilisation' und unipolarer 'Staatenwelt'.

En détail wird individueller Lebenssinn zum Geschäftsgegenstand einer rasch wachsenden Dienstleistungsbranche.[13] Als beständig reproduzierte Verstärkung wird in Bezug auf beide Geschäftsbereiche der erlebte Sinn einzelner Handlungen, Begegnungen und Erlebnisse medial vielfältig erfasst, kommuniziert und reproduziert. Sozialwissenschaftliche Forschungen auf der Höhe der Zeit bieten staatlichen Instanzen keine groben Konzepte zur Vermeidung von explosiven Revolutionen oder einer implodierenden Anomie mehr an, sondern Analysen der sozialen Milieus, in denen sich - relativ unbeeindruckt von allen „geistig-moralischen Wenden" der offiziellen Politik und trotz allen säkularen 'Wertewandels' - die eine 'Lebenswelt' organisierenden 'Werte' und 'Haltungen' reproduzieren, durch die sich erlebter Sinn in übergreifende 'Sinnzusammenhänge' einfügt.

Damit wird auch deutlich, dass seit dem imperialen Aufstieg der US-Volkskultur eine Abstraktion zum Problem geworden ist, welche auch zu Anfang des modernen Prozesses der Aufklärung nicht unproblematisch war. Ich möchte diese Abstraktion als die Illusion des 'weißen Blattes' bzw. des 'stummen Volkes' bezeichnen.[14] In der Erkenntnistheorie wie in der politischen Theorie finden wir seit der frühen Neuzeit elaborierte Vorstellungen darüber, wie dieses weiße Blatt zu beschreiben bzw. wie diesem Volk, diesen 'Unteren', eine Stimme verliehen werden kann. In diesen von Machiavelli und Locke (vgl. Balibar 1998) ausgehenden Vorstellungen vollzieht sich schon früh eine Einengung des möglichen Realitätsbezuges auf die neuen 'Naturwissenschaften' sowie der politischen 'Voice' auf die neuen politischen FührerInnen und Intellektuellen bzw. auf die publizistischen Vermittler von Erkenntnissen und 'Willensbildung'. Eine solche Betrachtungsweise überspringt einfach die gewaltige Ausdehnung und Kraft der[15] durchaus realitätsbezogenen und auch in hohem Maße willensbildungsmächtigen[16] primären Kommunikation und Selbstverständigung 'von unten'. Diese Einbezogenheit der Vielen tritt dabei von vornherein doppelt auf: als 'passive' Einbezogenheit der 'subalternen Massen', in ihre eigene Unterwerfung unter ideologische Mächte (vgl. Balibar 1978, 152[17]) und als 'subalterne Widerständigkeit', welche die Möglichkeit in sich birgt, dass aus subalternen Massen rebellische Viele werden, wie sie allen derartigen Initiativen von Aufklärung und Befreiung immer schon vorausgehen. Dieses primäre Palaver der Vielen ist vor jeder Initiative der Herrschenden immer schon aktiv und bietet ein reichhaltiges Potenzial - für seine kommerzielle und propagandistische 'Ausbeutung', aber auch für eine Aktivierung der in ihm zunächst subaltern bleibenden herrschaftskritischen Impulse. Seine schlichte räumliche Ausdehnung und zeitliche Wirkungskraft lassen sich etwa daran exemplifizieren, wie sich unter Kindern das von Rühmkorf gesammelte 'Volksvermögen' mündlich tradiert.[18] Auch die 'Moden' der individuellen Selbstdarstellung gehören hierher, wie sie spätestens seit den 1950er Jahren innerhalb von Jugendkulturen mit eigentümlichen Praxisfeldern, vom Straßenfußball bis zum 'break-dance', entstehen, auch wenn sie immer mehr und immer schneller von weltweiten medialen Apparaten aufgegriffen, umgearbeitet, kommerzialisiert und verbreitetet werden, um dann wiederum weltweit immer mehr Jugendliche zu ergreifen. Aber auch hier wäre es falsch eine auf diese Weise reproduzierte Subalternität mit einer schlichten 'Passivierung' zu verwechseln: 'passive Revolutionen' bedürfen nicht weniger der Mitwirkung der Unterworfenen als 'aktive' - der Unterschied liegt in der Art und Weise, der 'Qualität', dieses Mittuns. Vor allem aber enthält dieses 'primäre Palaver der Menschheit' auch Potenziale, welche über die immer wieder von Neuem umkämpfte Reproduktion der Subalternität der Vielen hinausweisen.

Viele Intellektuelle hängen an den älteren Kommunikationsmedien, in denen sie immerhin selber noch ihr 'kulturelles Kapital' (Bourdieu) erworben haben, und setzen unbewusst noch die Traditionslinie der platonischen Kritik der Schriftlichkeit (Theut-Mythos, Phaidros 274b3) als dem damals neuen Kommunikationsmedium (vgl. Assmann 1992) fort. Die von ihnen daher gerne gehegte 'kulturkritische' Vorstellung, wer liest, erzählt nichts mehr, wer Radio hört oder Fernsehen sieht, liest nicht mehr usf., wer im Internet surft, führt keine Gespräche oder liest keine Bücher mehr, wird durch die verfügbare Empirie in keiner Weise bestätigt. Im Gegenteil spricht einiges dafür, dass mediale Vermittlungen verstärkend und anregend auf die mündlichen Kommunikationsprozesse zurückwirken und sie keineswegs ersetzen. Dies gilt etwa für die großen Romane des 19. Jahrhunderts als Stoffe für bildungsbürgerliche 'Konversation', die Fernsehspiele der 1950er und 1960er Jahre als alle Schichten verbindender gemeinsamer Gesprächsstoff in Familie, Nachbarschaft und am Arbeitsplatz, aber auch für zugleich globalere und selektivere neuere multimediale Kampagnen[19], von 'Star wars' oder 'Star trek' bis zu 'Harry Potter' oder dem 'Herrn der Ringe', in denen Bücher, ob als Bestseller oder Longseller, um welche die gesamte Kampagne erst aufgebaut wird, oder als 'Buch zum Film' eine durchaus zentrale Rolle spielen, oder auch für neue Formen einer dichten Verknüpfung von Gesprächsdokumentation, Montage von Archivmaterial und Spielfilmelementen, wie sie Breloer in seiner Darstellung der Mann-Familie gleich gestuft mehrfach ins Fernsehen bringt, begleitet von einer breiten Verkaufskampagne der gesamten literarischen Produktion der Familie weit über den traditionellen Buchhandel hinaus. Außerdem bringen diese neuen Medien zugleich jeweils ihre spezifischen Formen des Dilettantismus hervor, von den Amateurschriftstellern über die Film - und Videoamateure bis zu Fanzine-HerausgeberInnen, Fandom-Website-BetreuerInnen oder auch den 'Hackern'.[20] Das Problematische dieser Entwicklungen liegt keineswegs im Verschwinden der primären Kommunikation - vom Nachbarschafts- und Büroklatsch bis zu den SMS - es liegt vielmehr darin, wie weit deren mediale Vermittlung die Möglichkeiten zu deren Bestimmung und Kontrolle von oben eröffnet, bzw. in welchem Maße die dadurch angebotene 'Zerstreuung' die mit ihr beschäftigten individuellen Subjekte zu eigenständigen Initiativen, zu Widerstand und Gegenmachtbildung oder zu alternativen Praktiken unfähig macht. Damit ist aber noch nicht die gegenläufige Frage erledigt, welche Möglichkeiten zu einer neuen Selbstaktivierung von unten, vielleicht auch auf informellen 'Gegenspuren' und in 'alternativen Netzwerken' auf der Grundlage dieser Medien geschaffen werden bzw. 'erfunden' werden können.

Vielseitige Kommunikation ist nicht nur die durchgängige Grundfunktion der vielen Palaver, in welche die Menschen immer schon aktiv und eingebunden sind. Sie dient auch, wie Armand Mattelart (1992, 5ff.) gezeigt hat, in dem „sich bildenden weltweiten Raum" beispielsweise dazu, terroristische Angriffe zu organisieren oder Krieg zu führen, den (technischen) Fortschritt zu verbreiten und jenseits der nationalen Staatlichkeit so etwas wie 'Kultur' zu schaffen - d.h. sie funktioniert, in Radikalisierung des de Saussureschen Konzeptes der Sprache, in ihrem Prozess zugleich strukturell als ein „kollektives Gedächtnis, welches die Kommunikation zwischen den Mitgliedern einer historisch in bestimmter Weise verorteten Kollektivität möglich macht" (ebd., 297). Das eigene Kommunizieren der Vielen, an dem die allermeisten Menschen immer schon irgendwie beteiligt sind, lässt sich nicht durch seine kulturindustrielle Überformung und seine kommerzielle Kanalisierung zum Schweigen bringen. Damit bleibt immer ein Potenzial eigenständiger Sinnproduktion erschließbar, das für treffende eigensinnige Ansprachen aktiviert werden kann. Und die Vielen, von deren aktiver Subalternität die Kulturindustrie doch lebt, bleiben dauerhaft unvorhersehbar: Auch die aufwändigste professionelle Planung in Produktion und Studios kann den 'Massenerfolg' nicht garantieren.

Verweigerungsstrategien

Angesichts einer immer umfassender alle Kommunikationsprozesse medial vermittelnden, alle potenziellen Alternativen (etwa die Filmer der dänischen Dogma-Gruppe) immer früher und immer vollständiger einbeziehenden und auf diese Weise die gesellschaftlichen Individuen in ihren Lebenstätigkeiten immer totaler erfassenden 'Sinnmaschinerie'[21], welche über die alte 'Kulturindustrie' (vgl. Haug 1971 u. 1980) weit hinausgeht - liegt es nahe, eine Strategie der Verweigerung (vgl. schon Marcuses 'große Weigerung' (1964,

257) zu ersinnen und auch praktizieren zu wollen. Dies ließ sich in die einfache Aufforderung übersetzen: *„Stop making sense!“* (Bolz 1985 u. 1989)

Dass dies vielleicht doch nicht ganz so einfach ist, zeigt vielleicht bereits der von dem Autor dieses Slogans damit später verknüpfte Hintergrundkontext: „Religion ist der Thesaurus des Sinns, und aller Sinn ist religiös. Deshalb fordern die fröhlichen Wissenschaftler aus Atheismus: Stop making sense!“ (Bolz 1989, 7). Leider ist dies noch nicht einmal der Anfang eines Gegenangriffs, geschweige denn einer Gegenstrategie. So wie die Lebensstrategie der von Willis (1977) analysierten *lads*, die in dem Song *„We don't need no education“* zum Ausdruck kommt, fast sofort von der Organisierung der gemeinsamen Verweigerung in die Herstellung einer geteilten Handlungsunfähigkeit umzuschlagen droht – um schließlich zum Gegenstand der kulturindustriellen Verwertung eines bloßen 'styling' zu werden. Genau analog geht die scheinbar radikale Verweigerung jeglichen Sinns hier damit einher, der Religion das Produzieren von Sinn zu überlassen.[22] Dass es vor den Buchreligionen längst literarische, künstlerische und philosophische Praktiken gab, mit denen Menschengruppen gemeinsamen oder geteilten 'Sinn' für sich zur Darstellung brachten, wird dabei großzügig vergessen. Ganz abgesehen von gemeinsamer Sinnproduktion im politischen Handeln, wie es jede und jeder TeilnehmerIn etwa einer Streikvollversammlung hat erleben können. Der postulierte „diskursanalytische Positivismus“ verabschiedet denn auch nicht nur das Phantasma, „einen 'Autor' besser zu 'verstehen', als er 'sich selbst verstanden' hat“ (ebd.)[23], sondern auch noch den „wahnsinnigen Eigendünkel des kritischen Bewußtseins“ und zwar als solchen und ohne jede weitere Spezifizierung. Dann kann jedenfalls ein philosophischer Text gar nicht mehr sinnvoll gelesen werden: Wer nur noch liest, „was dasteht“, liest entweder vor, wiederholt also schlicht den gelesenen Text, oder er liest gar nichts mehr.[24] Er müsste also als Textinterpret verstummen. Konsequenz einer solchen Haltung[25] wäre aber auch eine spezifische Produktion von Handlungsunfähigkeit.

Dabei hebt sich der Fall der *'Pink Floyd'* insofern positiv vom Fall Norbert Bolz ab, als das Stück der ersteren als emanzipatorische Stellungnahme interpretiert werden kann, indem sie sich auf Marx' Kritik an jeglichem 'Erziehungsanspruch' berufen können – *'we don't need no thought-control'* – (vgl. Nemitz 1997, 161f.)[26] Etwas Vergleichbares ist aber im Hinblick auf den Slogan *„Stop making sense!“* nicht möglich: Der von Bolz (1989, 7) erhobene Anspruch, nur nach diesem Schritt käme die „Materialität der Medien und Signifikanten“ überhaupt in den Blick, ist angesichts der materialitätsbezogenen Analysen aus der Frankfurter Schule, der Althusserschule, der Analysen zur Kritik der Warenästhetik[27] oder der von Deleuze und Guattari ausgehenden Forschungslinien[28] nicht aufrechtzuerhalten.

Bolz' Slogan ist nicht nur philosophisch falsch. Er beruht auf einem massiven faktischen Irrtum darüber, was in der Welt gegenwärtig der Fall ist. Dieser Irrtum liegt darin, zumindest einen wichtigen Unterschied zwischen der 'Sinnmaschinerie' der heutigen digitalen Medien, welche zwar nicht die Differenz zwischen senderbezogenen Rundfunksystemen und elektronischen Netzwerken aufhebt, ihn aber doch zu relativieren scheint (sog. 'Konvergenz'), und der älteren Kulturindustrie, die das 'Kunstwerk' nur analog 'reproduzieren' konnte (Benjamin 1968, 7ff., vgl. Rochlitz 1985 u. Miller 1990), schlichtweg nicht zur Kenntnis zu nehmen: In einem digitalen Kommunikationsnetzwerk wird der gegenständliche Unterschied zwischen 'Original' und 'Kopie', zwischen 'Produzieren' und 'Reproduzieren', grundsätzlich hinfällig. Das hat weitreichende Konsequenzen - nicht nur in Hinblick auf private Aneignungsrechte von 'Urhebern', sondern auch im Hinblick auf zentralisierbare Kontrollmöglichkeiten[29] und auf das Verhältnis von 'Empfängern' und 'Sendern', wenn der Tendenz nach jeder 'Sendekanal' auch zum 'Rückkanal' umfunktioniert werden kann, wenn dadurch neue Zwischenfiguren wie der DJ oder der Webmaster möglich und erforderlich werden. Allein durch ihre geradezu noch gesteigerte Omnipräsenz fordern die neuen Sinnmaschinerien den Vergleich mit der älteren Kulturindustrie heraus. Diese war aber, von ihren kontrollierenden Zentralen - den wenigen Zeitungsverlagen, den wenigen Rundfunk- und Fernsehsendern - aus betrachtet[30], die in jedem Fall (dem des Medienmoguls oder des staatlichen Zensors bzw. Medienmanipulators) der zentralen politischen Macht nahe standen, von dem alten Kontrollideal der Erziehungsdiktatur erfüllt, eben deswegen zu jeder Zeit wissen zu können, mit was sich die von dem System erfassten Menschen jeweils beschäftigten, weil es ihnen vom System mechanisch vorgegeben wurde. Angesichts der Auflösung der Zentralität der Sender in Rundfunksystemen mit der Bildung von umfassenderen Sender-Empfänger-Netzwerken, deren Komplexitätsentwicklung nicht mehr durch die zentralen 'Nadelöhre' knapper Frequenzen oder teurer Sendeapparate begrenzt wird, verlieren diese Zentralen diese Art von Kontrolle, während sich gleichzeitig die Telefonie-Netzwerke, in denen eine derartige Kontrolle immer schon allenfalls in Gestalt einer begleitenden Ausspähung möglich war, geradezu multiplizieren (vgl. Dräger 1997). Die kommunikative 'Findigkeit' der Vielen wird in Prozessen zur unüberwindlichen Schranke für Kommunikationskontrollen, etwa in 'wie ein Lauffeuer' verbreiteten 'Gerüchten' und 'Witzen'. Was schon immer der Schwachpunkt medialer Machtapparate gewesen ist, die problematische 'Linientreue' der einzelnen InhaltsproduzentInnen und die 'Sensationslust des Publikums', wird zum potenziellen Ausgangspunkt von medialen Gegenangriffen: Selbst relativ unscheinbare Netzwerke, die kritische Informationen veröffentlichen und dissidente Expertise bündeln - und dies in Räumen tun, die über die von den älteren Medien 'erfassten' nationalen Räume und 'Publikums'-Typen hinausgehen - können grundsätzlich eine politisch wirksame Gegenöffentlichkeit aufbauen, die dann nicht mehr 'totzuschweigen' ist.[31] Damit soll allerdings kein idyllisches Bild des demokratisierenden Selbstlaufs der neuen IuK-Technologien (vgl. etwa Bühl 1998) gezeichnet werden[32]. Gerade gegenüber dem in Hollywood entwickelten marketingvermittelten 'fordistischen' Kontrolltypus der medialen Kommunikation, welcher durch das Korrumpieren der InhaltsproduzentInnen und die Überflutung mit 'interessanten Botschaften' die offene Zensur und das 'Totschweigen' von Botschaften eher an den Rand gedrängt hat, setzen sie keinen historischen Schnitt. Zudem wird durch sie die spannende Frage, wer eigentlich von welchen Botschaften erreicht wird, zwar in neuer Weise konkretisierbar. Ihre Beantwortung entscheidet sich aber letztlich an der eigenständigen Aktivität der Vielen als NutzerInnen, wie weit diese nämlich dazu bereit sind, selber nach für sie nützlich verwendbaren Inhalten zu suchen und sich nicht bequem mit dem zufrieden zu geben, was ihnen die großen Anbieter und deren Suchmaschinen von sich aus anbieten. Auch wenn die Technik gegenüber den Möglichkeiten eines direkten Eingreifens von Staatsgewalt neue Barrieren zu schaffen scheint (vgl. etwa die Debatte über Verschlüsselung und zu hinterlegende 'Nachschlüssel'), wäre es doch eine Illusion, von ihr technisch ausgelöste soziale Emanzipationsprozesse zu erwarten. Ohne entsprechende soziale Bewegungen wird ein solches alternatives, kritisches NutzerInnenverhalten nicht zustande kommen.[33]

Sinn als Produktionseffekt

In dieser sowohl veränderten als auch fortgesetzten Lage medialer Vermittlung ist es weiterhin möglich, in der Auseinandersetzung mit dieser 'Sinnmaschinerie' an einen Punkt in älteren Reflexionen über das Theater anzuknüpfen: an Brechts Überlegungen über das 'Produzieren'. Damit können wir auch über den beispielsweise von Leander Haußmann postmodern formulierten performativen Widerspruch hinauskommen, der darin liegt, dem Publikum etwas 'vorzuspielen', was die dieses Spiel Produzierenden selber für unmöglich halten: „und sehen uns dabei zu, wie wir die Wahrheit suchen, die zu finden wir aber schon lange die Hoffnung aufgegeben haben" (Haußmann 1998, 10). Bekanntlich setzt es nicht voraus, dass die Regie „schlauer als die Zuschauer" (ebd.) ist, mit Erfolg im Zusammenspiel von Darstellern und Publikum nach Wahrheiten zu suchen. Die „Wahrheit" im Singular war zwar nicht zufällig ein beliebter Titel für kommunistische Parteizeitungen[34]. Dagegen aber, dass Brecht sich „in deren Besitz ... gewähnt hatte", wie Haußmann behauptet (ebd., 11), spricht einiges. Die Wahrheit ist jedenfalls kein Ding, das einer individuellen oder kollektiven exklusiven 'Aneignung' unterliegen könnte, nicht weniger 'der Sinn' als übergreifender Singular (vgl. Merleau-Ponty 1948). Gerade Brecht hat dies gewusst (vgl. Fahrenbach 1986, 42ff.). Lebendige „Wahrheiten" und die Fähigkeit, sie zu erkennen, sind vielmehr in ähnlicher Weise ein Jeder-Mensch-Gut, wie dies schon Protagoras für die demokratische Handlungskompetenz herausgearbeitet hat (vgl. o.): Wer eine Wahrheit erkannt und die Fähigkeit zu ihrer Erkenntnis erworben hat, hat eben deswegen ein Interesse, dies mit anderen zu 'teilen', ohne dass Erkenntnis und Fähigkeit dadurch 'kleiner' würden. Ganz im Gegenteil, indem sich andere aus eigener Einsicht daran aktiv beteiligen, wird diese geteilte Handlungsfähigkeit stärker und reichhaltiger. Diese menschheitliche Allmende entzieht sich jeder partikularen Indienstnahme immer wieder dadurch, dass jeder gleichsam ihren Quellkode 'hacken' kann, ohne dafür etwas anderes mitbringen zu müssen, als Mut und die Bereitschaft, sich nichts vormachen zu lassen.

Diese Überlegung schließt auch eine Präzisierung, jedenfalls eine ausdrücklichere Fassung des Brechtschen Gedankens des 'Produzierens' mit ein: Denn im Unterschied zur kapitalistischen Warenproduktion, an deren Ende ein ablösbares Resultat steht, die zum Verkauf angebotene Ware, redet Brecht programmatisch von einem 'Produzieren', in dem die Selbstveränderung der KünstlerInnen mit der Veränderung der ZuschauerInnen zusammenwirkt, um eine Veränderung der Verhältnisse durch das eigene Handeln der Vielen zu erleichtern. Das wirft zwei Fragen auf: Die Frage nach der inhaltlichen Reichweite des kommerzialisierten Status der Theaterberufe und die Frage nach der gesellschaftlichen Existenzweise derartiger Veränderungsmöglichkeiten, aus denen Darsteller und Publikum eine gemeinsame, zumindest miteinander verknüpfbare Selbstveränderungsperspektive gewinnen können.

In der gegenwärtigen Situation bietet ein Umweg über den Charakter der wissenschaftlichen Erkenntnisarbeit einen Anknüpfungspunkt dafür, beide Fragen bestimmter zu formulieren: Spätestens die Auseinandersetzung über 'open source'-Programmierung in ihrem Verhältnis zu einer Programmentwicklung mit geheimgehaltenen Quellcodes (also etwa LINUX vs. Microsoft) hat deutlich gemacht, dass auch Marx' Überlegungen über die intrinsischen Grenzen der privaten Aneignung (vgl. Balibar 1993, 213ff.), die an einer wissenschaftlichen Arbeit als 'allgemeiner Arbeit' (MEW 25, 113f., vgl. Haug 1999a, 126ff.) scheitern müsse, sehr viel realitätshaltiger sind, als dies die herrschende ökonomische Theoriebildung ins Auge fasst, welche nicht privat anzueignende 'Güter' allenfalls als eine Art von exotischer Ausnahme betrachtet[35]. Und so wie die 'user' ein Interesse an der aus der 'open-source'-Methode resultierenden höheren Verlässlichkeit haben, was sie wiederum zu potenziellen MitarbeiterInnen im Programmierungsprozess macht und damit wiederum die Wirksamkeit dieser Methode verstärkt, haben alle Menschen am Palaver der Menschheit insofern ein Interesse an einem verlässlichen Produzieren von 'Sinn' oder 'Wahrheit' als sie damit eine verlässliche Teilhabe aller anderen erreichen können - wobei gerade die Beherrschten und Marginalisierten darauf rechnen können, dass auch sie Verbündete finden, wenn bisher marginalisierte oder unterdrückte Stimmen in diesem Palaver zu Wort kommen.

Brechts Konzept des 'Produzierens' lässt sich vor diesem Hintergrund weiter ausarbeiten: So wie die „Produzenten, Träger und Verschleißer der 'herrschenden Ideen'" (Bauer 1928 [Werkausgabe Bd. 9, 207 zit. n. Haug 1996, 157]) alle zusammen die lebendige Grundlage bilden für das Funktionieren der gesamten Sinnmaschinerie, sind diese Grundlage für das Theater letztlich die Zuschauer. Demgemäß lautet Brechts zentraler Ratschlag „nie vergessen zu machen, dass man etwas vor-spielt, was die Zuschauer praktisch angeht; dass das Vor-Spiel aus dem Nachspielen geboren ist; und dass die wirkliche Handlung von den Zuschauern erwartet wird." (Haug 1996, 158). In dem Maße, wie diese Zuschauer selber in anderen Zusammenhängen in die umfassende Sinnmaschinerie einbezogen oder eingebunden sind, werden ihre wirklichen Handlungen davon erfasst, was sie an Alternativen denken können. Und diese 'wirklichen Handlungen' wirken auch außerhalb des Theaters auf die Prozesse gesellschaftlicher Sinnproduktion zurück.

Angesichts und im Inneren der Sinnmaschinerie, die zunehmend - betrachten wir nur die SMS-Kultur vieler Jugendlicher, wenn wir schon die elitäreren Kommunikationsformen des Internets nicht für verallgemeinerungsträchtig halten[36] - die Unterscheidung von DarstellerInnen und Publikum unterspült und aushöhlt, bedarf dieser Ratschlag der Weiterentwicklung: „nie vergessen und nie vergessen machen, dass mensch etwas mit-spielt, was einen selbst und die anderen praktisch angeht; dass das Mit-Spielen aus dem Weiter-Spielen geboren ist; und dass die wirkliche Handlung erst im Zusammenspiel 'aller' entsteht" - wobei das „alle", um das es jeweils gehen kann, konkret zu spezifizieren ist, je nachdem, wer von dem, worum es geht betroffen und/oder an ihm beteiligt ist.

Anstatt also etwa bloß einen Film oder die Aufführung eines Theaterstükkes zu produzieren, kann auf der Grundlage dieses Ratschlags genereller, auf eine unterschiedliche spezifische Darstellungsformen übergreifende Weise im real-virtuellen kommunikativen Prozess ein gemeinsamer Handlungs-Sinn produziert werden. Dieser lässt sich - nicht anders als Brecht dies schon im Rahmen der 'alten Kulturindustrie' der Weimarer Zeit unternommen hatte - durchaus auch 'innerhalb' derselben Sinnmaschinerie in seinem Eigensinn produzieren, gegen die uns die Aufforderung zur Sinnverweigerung zunächst durchaus mit Recht zu mobilisieren versucht hatte.

Christian Jäger hat in diesem Sinne an Deleuze und Guattaris Konzept einer 'minoritären Literatur' angeknüpft, das wir hier im Sinne einer Praxis der Sinnproduktion aufgreifen können, die nicht selbst darauf zielt, als 'majoritär' selbst in eine Position der Herrschaft zu gelangen. Das bedeutet als solches weder den Verzicht auf weitreichende und anspruchvolle Gestaltungsstrategien im politischen Zusammenhandeln oder im Hervorbringen von Texten oder Kunstobjekten. Es bedeutet nur, die eigene Sinnproduktion wie das eigene Handeln von vornherein mehrstimmig zu denken - als ein Sich-Einmischen, das sich nicht 'von außen' vollzieht und sich nicht mit grundsätzlichen 'Überlegenheitsansprüchen' gegenüber den 'Einreden' der anderen die Ohren verstopft.

Nur heißt es jetzt strategisch: „*Making sense our way!*" Es geht nicht mehr nur darum, selber Sinn zu produzieren, im Sinne eines einfachen do-it-yourself. Vielmehr ist die Verlaufsform, die konkrete Handlungsweise des Sinnproduzierens immer wieder neu zu entwerfen und kann dennoch nicht vom verhandelten Inhalt abgelöst werden. Experimentelles Handeln und wirkliches Handeln, wie wir sie noch zwischen einem spielerischen, privaten Probierhandeln in intimen Bereichen oder in 'Laborversuchen' und einem 'ernst gemeinten Tun' in der öffentlichen Wirklichkeit unterscheiden können, sind innerhalb der Sinnmaschinerie nicht mehr scharf voneinander unterscheidbar und können ineinander übergehen. Zugleich können auch subversiv angelegte Sinnproduktionstrategien immer wieder in die bestärkende Reproduktion von Sinn umschlagen, von 'von oben' vorgegebenen Sinnangeboten, aber auch von alternativem gemeinsamen Eigensinn vieler Individuen. Dies ist zum Zusammenhandeln über elementarste face-to-face-Zusammenhänge (wie einer Rauferei mit den 'Ordnungskräften') unbedingt erforderlich, stellt aber auch noch keine Garantie für den Erfolg dar.

Deswegen rechtfertigt sich allerdings noch keineswegs eine Rückkehr zu einem Konzept der Rolle von Konzepten in den Praktiken der Vielen, wie es in Bezug auf die als umfassender Mittler begriffenen Kunst nicht nur in der stalinistischen Konzeption des 'sozialistischen Realismus', sondern auch in älteren sozialdemokratischen Kunst- und Literaturvorstellungen vertreten und durchgesetzt worden war: „dass diejenigen, für die das Kunstwerk bestimmt ist, (die fantasierte Arbeiterklasse) Kunst genau so sehr brauchen wie sie IDEEN brauchen, um den Kapitalismus und die Klassengesellschaft zu verstehen" (Roberts 2001, 6). Radikale Philosophie abstrahiert eben nicht gewaltsam davon, „dass die Menschen in der Welt bereits mit Praktiken aktiv sind, welche durchaus schon kritisch und transformatorisch angelegt sind" (ebd.).

Sinnpolitik

Sowohl die Politik der mexikanischen Zapatisten für ein weltweites Bündnis gegen den Neoliberalismus, aus der inzwischen das transnationale Netzwerk 'People's Global Action' hervorgegangen ist (vgl. Habermann 2002), als auch die konkreter gegen die neoliberale Politik auf den internationalen Finanzmärkten bezogenen Netzwerkbildungen, welche seit 1995 von Frankreich unter dem Markennamen ATTAC! ausgegangen sind (vgl. George 2001), haben auf rein kommunikative Effekte, ohne den Einsatz von ideologischen Autoritäten und materieller Machtpositionen, gesetzt. So konnten sie sich in vollem Umfang auf die von den 'unseren' bereits ausgeloteten Potenziale einer Aufhebung der Kontrolle durch mächtige Sendezentralen von Rundfunk und Fernsehen stützen, welche mit der Ausweitung der kommunikativen Möglichkeiten der Telefonie-Netzwerke durch Telefax und Internet verknüpft waren. Als Vehikel dienten ihnen symbolische Verdichtungsleistungen - mit den Konzepten des 'Neoliberalismus' als politischer Kennzeichnung des Inbegriffs der gegenwärtigen Gestalt der gegenwärtigen Kapitalherrschaft und dem durchaus begrenzten reformpolitischen Konzept der Tobin-Steuer wurden symbolische Bezugspunkte geschaffen, welche den inhaltlichen Zusammenhang politischer Netzwerke ohne eine vorgängige ideologische 'Vereinheitlichung' gewährleisten konnte. Eine vergleichbare kritische Operation im Symbolischen ist den noch sehr viel komplexer strukturierten Bündnisnetzwerken für eine 'Globalisierung von unten' gelungen (vgl. Brecher u.a. 1999, Mies 2001), welche genau das Kernkonzept der 'Globalisierung' kritisch differenzierten (vgl. Altvater/ Mahnkopf 2000) und politisch umfunktionierten, das neoliberalen Strategien seit den späten 1980er Jahren zur Begründung der eigenen Unvermeidlichkeit und zugleich in der Entgegensetzung zur Behauptung der lokalen Borniertheit zur Rechtfertigung zentraler Politikzielsetzungen diente.

Diese Wiederaneignungen der Sinnproduktion durch einen neuen Typus politischer Kommunikationsprozesse exemplifizieren den Erfindungsreichtum und die strategische Spontaneität der Vielen. Zugleich beruhen aber auch sie auf vielfältigen intellektuellen Vorbereitungs- und Ausarbeitungsprozessen (vgl. etwa die Rolle des Amsterdamer 'Transnational Institute' - www.tni.org). Neue Modelle der Konzeptkunst haben sich in einem gleichzeitig abgelaufenen immanenten Weiterentwicklungsprozess in gesellschaftspolitischer Absicht 'politisiert', aber jetzt unter selbstkritischer Beachtung der performativen Momente der künstlerischen Tätigkeit, d.h. unter Vermeidung einer bloßen 'Mittlerrolle' oder einer 'massenpädagogischen' Bevormundungsabsicht (vgl. Roberts 2001, 2ff.). 'Radikale Philosophie' kann auch hier nur dazu beitragen, dass die Intellektuellen der realen politischen Kommunikationsprozesse ihre eigenen Initiativen eigenständiger artikulieren und sich insbesondere gegen eine rückwirkende Wiedereingliederung in gegenwärtig herrschende oder in vergangene oppositionelle Diskurse, mit den Effekten der opportunistischen Verunsicherung bzw. der dogmatischen Verhärtung besser wehren können. Ihren tragfähigen, vielleicht sogar strahlkräftigen, im Lichte der Ziele von Aufklärung und Befreiung 'effektiven Sinn' werden diese kommunikativen Vorstöße und die an ihnen mitarbeitenden Intellektuellen immer wieder selber 'finden'[37] müssen. Radikale Philosophie kann sie, so zeitnah sie es schafft, immerhin dabei kritisch und solidarisch begleiten und ihnen dadurch gleichsam 'den Rücken freihalten' gegen die im vorliegenden Gedankenmaterial angelegten spontanen 'Fehlschlüsse', in die sie spätestens dann immer wieder zu verfallen drohen, sobald sie sich aus dem ersten Moment des Bewegungsaufbruchs mit seinen spontanen Evidenzen heraus entwickeln.

Zweite Initiative: Reclaiming reality! Die Herausforderungen des Realen annehmen!

Politisches Handeln bezieht sich unmittelbar zumeist auf die Symbole von Macht und nur mittelbar auf diejenigen Prozesse, in welchen sich Herrschaft und Mächte reproduzieren. Doch es ist nur scheinbar selbstbezüglich, auch wenn dies kurzfristig zu dominieren scheint. In der längeren Frist kommt die Macht einer Politik aus ihrer Realitätstüchtigkeit, denn 'nothing succeeds like success'. Skeptizismus (oder gar Agnostizismus) kann dabei von Herrschenden doppelt genutzt werden: Als beständige Prüfsonde gegenüber der Festigkeit der Realitäten der eigenen Herrschaft im eigenen Kreis und als Nebelwerfer gegenüber den Vielen, die beherrscht werden, sich aber vielleicht in Zweifel über die Realität dieser Herrschaft verwickeln lassen. Umgekehrt können die Beherrschten eine skeptische Haltung nur gegenüber einem ideologischen Dogmatismus von Herrschenden nutzbringend verwenden, nicht aber zur Auseinandersetzung mit den eigenen, schmerzhaft erfahrenen Realitäten des Beherrscht-Werdens. Das würde die Verabschiedung von jedem Kampf um Befreiung bedeuten. Daraus ergibt sich selbstverständlich nicht, dass sich die vielen Beherrschten auf eine Realpolitik beschränken lassen müssen, wenn dies die passive und ungeprüfte Hinnahme der Realitäten der Herrschaft bedeutet. Aber das spezifisch für die Beherrschten nützliche Gegenteil zur Realpolitik ist nicht die Wunschpolitik, sondern eine Politik, welche Wünsche nach Befreiung in realitätstüchtige Strategien zur Veränderung der bestehenden Verhältnisse übersetzt.

Worum es in der Debatte geht

Radikale Philosophie fragt im Gegenzug zu allen Rückfällen in eine metaphysische Weltbildproduktion nach dem konkret vermittelten Realitätsbezug von Wissenschaft und Politik.[38] Die Frage der Realitätstüchtigkeit menschlichen Denkens ist eine - in letzter Instanz - praktische Frage, die durch philosophieförmige Reflexionen weder in triftiger Weise aufgeworfen noch etwa beantwortet werden kann[39]. Dennoch hat es innerhalb der *'radical philosophy'* eine wichtige Debatte unter dem Losungswort *'Reclaiming reality'* gegeben (vgl. Bashkar 1980, 1986 u. 1989). Dies ist als eine konkreter bestimmte Gegenreaktion auf drei Entwicklungen zu begreifen:

- Erstens sind generell mit dem *linguistic turn* der angelsächsischen Philosophie die Themen des 'Agnostizismus' in formal erneuerten Formen wieder aufgetreten, die nicht einfach mit dem reduktionistischen Hinweis auf die kleinbürgerliche Orientierungslosigkeit ihrer VertreterInnen argumentativ erledigt werden können;
- zweitens rückte speziell die Oxforder Variante der wittgensteinianischen analytischen Philosophie, die in den 1960er Jahren eine bis in die 1990er Jahre fortwirkende Monopolstellung einnahm, in Gestalt des Sprachspiel-Faktizismus - in dem die Feststellung *„This language game is played!"*[40] als eine unhintergehbare Immunisierungsinstanz gegen jede Art von philosophischer Kritik fungierte - jede Art von Kritik sofort in den Verdacht des 'legislating on language', woraus sich eine neue Begründung dafür ergab, dass Philosophie sich darauf beschränken müsse, 'alles so zu lassen, wie es ist' (Wittgenstein 1960, 124);
- außerdem hatte bei Derrida und Deleuze die auf den Prozess der psychoanalytischen Therapie bezogene Lacansche These „Das Reale ist das Unmögliche" - auf dem Umweg über eine identitäre Bedeutungstheorie (vgl. Wolf 2001a) - der These von der Unmöglichkeit (und daher zugleich einer grundlegenden Illegitimität) aller Ansprüche auf eine 'objektive Erkenntnis' der Realität neue Argumente geliefert.

Die Herausarbeitung der grundsätzlichen Realitätsbezogenheit wissenschaftlicher Arbeiten rechtfertigt nicht den Rückfall in einen naiven 'Begriffsrealismus', welche die historische Produziertheit und reflexive Funktionsweise auch unserer wissenschaftlich 'bewährtesten' Begriffe überspringen. Ein derartiger Begriffsrealismus beruht auf einer Illusion, welche gleichsam das fertige Lehrbuch im Blick hat und dabei die ganz reale Perspektivenvielfalt, unter der immer auch wieder deren 'Ungedachtes' thematisierbar und dekonstruierbar wird, zu einem bloßen Schein herabsetzen zu können glaubt, demgegenüber er den Anspruch auf unmittelbare Repräsentation des als fertig unterstellten 'Wesens' erhebt.[41] Das immer auch agonale 'Spiel der Signifikanten' ist aber niemals abschließbar: Im beständigen Fluss der Diskurse, in dem sich 'Sinn' ebenso kommuniziert wie konstituiert, wird es keine 'letzte Gestalt' vernünftiger Rede geben, weder im Sinne eines 'allein vernünftigen politischen Programms zur Beendigung aller weiteren Politik' noch im Sinne einer ein für alle Mal abgeschlossenen Darstellung der 'Wahrheit' oder auch nur einer ein für alle Mal gefundenen 'Sprache der Wissenschaft'.[42]

Gegenüber einem pädagogisierenden Selbstmissverständnis der Psychoanalyse und einer erziehungsdikatorischen Selbstzerstörung linker Politik war es eine naheliegende Abwehrstrategie, allzu schlichte Ansprüche auf Realitätserfassung zurückzuweisen.[43] Allerdings zeigte die Debatte innerhalb der Zeitschrift *Radical Philosophy* schon bald, dass damit wichtige Fragen[44] nicht geklärt waren: In einer organisierten, vielfach kommunikativ vermittelten wissenschaftlichen Forschung und Öffentlichkeit sowie in den allgemeinen und fachspezifischen gesellschaftlichen Öffentlichkeiten, in denen über die Voraussetzungen und Schlussfolgerungen in Bezug auf Forschungsergebnisse gerungen wird, bedarf auch die praktische Bedeutung von Wissenschaft und Technik für die Menschheit, auf die sich Marx als praktische Frage berufen hatte, einer expliziten diskursiven Vermittlung und Artikulation. Die von Guattari und Deleuze in ihrer Diskussion des Begriffs der Philosophie entfaltete Fragestellung, wie eine Konstruktion von Begriffen betrieben werden kann, ohne dabei in Idealismus zu verfallen (vgl. MacKenzie, 1997), lässt sich nicht einfach dadurch beiseite schieben, dass auf der Unumgänglichkeit einer Erkenntnis der Wirklichkeit bestanden wird. Auf diese Frage kann auch nicht allein *ex post* durch eine historisierende und zugleich 'sozioanalytische' Wissenschaftsforschung eine Antwort gefunden werden, sondern zu ihrer Beantwortung bedarf es angemessener, nach vorne gerichteter Begriffe und Reflexionsformen, in denen sich die Diskutierenden über ihre Argumente verständigen können: also einer philosophierenden Wissenslehre oder auch Epistemologie, die dazu in der Lage ist, Paradigmenwechsel und Grundlagenkrisen als Durchbrüche und Hindernisse, vielleicht sogar als Rückschritte in der Erkenntnis der Realität zu begreifen.[45] Sofern diese Epistemologie mehr als Wissenschaftsforschung ist, also Bedingungen künftiger wissenschaftlicher Erkenntnisfortschritte zu artikulieren versucht, muss sie sich als Philosophie begreifen. Und damit sie sich dabei nicht umstandslos in die diskursiven Fallen der bisher herrschenden Philosophieform verstrickt, muss sie ihre eigene Andersartigkeit im Feld der Philosophie besonders kennzeichnen – indem sie etwa als '*Philosophie sans feinte*' oder als 'starke Positionen in der Philosophie' (Balibar, Lock) auftritt.

Die Bereiche, auf die sich diese Philosophie rückblickend reflektierend richtet und aus denen sie den Stoff für ihre Reflexionen bezieht, können dabei nicht auf die Tätigkeitsfelder der Philosophinnen und Philosophen und der WissenschaftlerInnen (vgl. Althusser 1967/74) beschränkt bleiben. In dem Maße, wie sich diese Reflexionen der Frage nach einem Wissen über mögliche gesellschaftliche und gesellschaftspolitische Veränderungen annähern, machen sie es auch erforderlich, die gesellschaftlichen Verhältnisse zu reflektieren, unter denen die Vielen einen entscheidenden Beitrag zu derartigen Veränderungen leisten können.

Damit nähert sich diese Argumentation dem über eine bloße Epistemologie hinausweisenden Kern dessen, was die Debatte über '*reclaiming reality*' unabdingbar erforderlich machte. Der Frage nach dem Ort und Stellenwert, dem 'Standpunkt' wissenschaftlichen Wissens im gesellschaftlichen Reproduktionsprozess von in ihren Grundstrukturen umkämpften Gesellschaften oder des Verhältnisses der wissenschaftlichen Tätigkeit der WissenschaftlerInnen zu anderen Bereichen ihrer Lebenstätigkeit bzw. zu den Arbeits- und Lebenstätigkeiten anderer gesellschaftlicher Individuen. Genau dieser Kern erschwert aber auch deren (Rück-)Übersetzung in den kontinentaleuropäischen, speziell den in Deutschland geführten philosophischen Diskurs. Dieser Kern tritt nämlich genau dann deutlicher hervor, wenn wir den Begriff des Wissens zum 'absoluten Wissen' zuspitzen oder den Begriff des Politischen zum Konzept einer 'totalisierten Politik'. Denn damit kommt beide Male der 'moderne Staat' mit seinem Anspruch auf eine prinzipiell 'Alles' erfassende und das 'letzte Wort' beanspruchende 'Souveränität' in den Blick, der in Kontinentaleuropa[46] theoretisch ausgearbeitet und politisch-ideologisch 'realisiert' worden ist. Dagegen hat die entsprechende Realität innerhalb der angelsächsischen Theorietradition seit John Locke als theoretischer Gegenstand die eingeschränktere Gestalt der 'Regierung' angenommen. Dem Totalitäts- und Absolutheitsanspruch des 'souveränen Staates' gegenüber scheint eine agnostische oder skeptische Position immer ein Moment der Kritik mit sich zu bringen; während die partikularen 'indirekten Gewalten' der Unternehmen und Verbände im Rahmen der angelsächsischen Tradition mit ihrer ungebrochenen possessiv-individualistischen (vgl. MacPherson 1964) Optik aus dem Agnostizismus und Skeptizismus vor allem die Unsichtbarkeit der eigenen Herrschaftspositionen gewinnen können. Ein Kampf für wissenschaftlich begründete Aufklärung trifft daher in kontinentaleuropäischen Kontexten immer wieder auf eine durchaus berechtigte populare Skepsis gegenüber jeder 'von Staats wegen' betriebenen oder gar propagierten Wissenschaft und kann sogar an eigene populare 'Gegenwissens'-Bestände anknüpfen. Demgegenüber konnte sich der im angelsächsischen Kontext herrschende 'Empirismus' vor allem auf die säkulare Praxis des '*muddling through*' auf Seiten der Herrschenden[47] stützen, ohne dieser gegenüber noch einen Ansatzpunkt für Kritik zur

Verfügung zu stellen. Dazu kommt noch erschwerend hinzu, dass der postmodern-agnostische Pragmatismus gerade Betroffene ohne starke gemeinsame Traditionen an einer solidarischen Auseinandersetzung untereinander über die verschiedene Erfahrungen hindert, welchen unterschiedliche Erlebnisperspektiven zugrunde liegen, um überhaupt wieder im Hinblick auf gemeinsame materielle Voraussetzungen und allgemein, 'für alle', zu formulierende Handlungsziele diskutieren zu können, die über die lebensweltliche Unmittelbarkeit des je-eigenen 'Erlebens' hinausgreifen.

Skepsis als Tendenz

Gerade in Kontinentaleuropa und in Deutschland, die in zwei von Deutschland ausgehenden Weltkriegen und bei der von Deutschen betriebenen industriellen Ermordung europäischer Juden 'Tatort' historisch einzigartiger Verbrechen und Zerstörungen gewesen sind, wird deutlich:

- Zum einen, dass in jedem schlichten Anspruch 'zu wissen' auch schon der Anspruch steckt, es 'besser zu wissen' als andere, womit jedes Wissen immer schon als Bestandteil einer 'Politik' in einem potenziell umkämpften Feld fassbar wird. Daraus ergibt sich, dass jeder Versuch, diese 'Politik' ein für alle Mal 'still zu stellen', indem die in jedem schlichten Wissensanspruch immer schon stillschweigend eingeräumte Möglichkeit des Irrtums für eine besondere, höhere Art von Wissen geleugnet wird - ganz unabhängig davon, ob ein derartiges Wissen dann als 'absolut', 'tiefer', 'höher' oder 'evident' bezeichnet wird - und diese unaufhebbare 'Wissenspolitik' in einen einseitigen Herrschaftsanspruch umschlagen lässt, der vernünftigerweise nicht hingenommen werden kann. Hierin liegt das ganz unbestreitbare Moment des Popperschen 'Fallibilismus'.
- Zum anderen und durchaus gegenläufig ergibt sich aus den Erfahrungen des 20. Jahrhunderts, dass zwar grundsätzlich nichts einem potenziellen politischen Streit entzogen werden darf, dass aber umgekehrt auch immer wieder vielfältige Fragen nicht angemessen durch politische Entscheidungen beantwortet werden können. Das lächerliche Beispiel der 'deutschen Physik' (vgl. Heisenberg 1992 u. Kather 1995) und das dramatische Beispiel des Lyssenkoismus in der Sowjetunion und in der kommunistischen Bewegung (vgl. Lecourt 1977) zeigen exemplarisch, wohin eine solche falsche 'Totalisierung' des Politischen in den Wissenschaften führen kann.[48] Politisierung (vgl. Brückner 1968) als politische Thematisierung und Hinterfragung können eine spezifische Untersuchung und Beantwortung konkreter Fragen keineswegs ersetzen - auch wenn sie, wo 'es gut geht', wichtige Erkenntnishindernisse aus dem Weg räumen können. In diesem Sinne

haben etwa die Politisierung von Fragen des Alltagslebens durch die Frauenbewegung oder die Politisierung der Fragen eines eurozentrischen Lektürekanons durch Bewegungen US-amerikanischer 'Minderheiten' die Voraussetzungen für neuartige - und über bis dahin unerschütterlich scheinende ideologische Schranken hinweggehende - Erkenntnisse möglich gemacht; - auch wenn die damit erklärten politischen Absichten deswegen noch nicht mit der wirklichen Produktion der entsprechenden Erkenntnisse selbst verwechselt werden dürfen. Derartige Erkenntnisse könnten etwa näher angeben, wie Kapitalakkumulation und patriarchale Unterwerfung sich im gesellschaftlichen Reproduktionsprozess gegenseitig sowohl behindern als auch bestärken oder wie afrikanische Traditionen in die 'europäische' Konstruktionslinie der herrschenden Kultur zwar eingegangen, aber dabei zugleich zum Verschwinden gebracht worden sind.

In der spontanen Tendenz vieler sozialer Bewegungen in der Phase der neoliberalen Destrukturierungsprozesse zu Agnostizismus und Skeptizismus - zumindest gegenüber 'allzu vollständigen Weltanschauungen' (Brecht) findet sich ein immer wieder unbestreitbarer Kern des Überprüfungsvorbehaltes gegenüber einem überschwänglichen Denken des Ganzen, das allzu leicht in idealistische Projektionen verfällt. Darin liegt zugleich aber auch eine mögliche Blockierung des kritischen Denkens, die angesichts der sich gegenwärtig vollziehenden beschleunigten wissenschaftlichen und technologischen Neuerungsschübe, mehr noch in der Auseinandersetzung mit den neuen Ordnungs- und Regulierungsvorstellungen der inzwischen wieder etablierten sozialen, ökonomischen und politischen Weltmächte immer gravierender und schädlicher wird.

Erkenntnistheorie, Wissenschaftstheorie, Wissenschaftspolitik

Reclaiming reality darf auch nicht mit einem traditionell 'erkenntnistheoretischen' Programm in der Machart von Külpes 'kritischem Realismus' verwechselt werden. Es geht nicht darum, durch einen 'mittleren Weg' zwischen den gegensätzlichen 'philosophischen Standpunkten' hindurchzufinden - zwischen der spontan 'materialistischen' Perspektive auf der Seite der mit der materiellen Reproduktion der Gesellschaften unmittelbar befassten Beherrschten und Ausgebeuteten und der zumeist gemäßigt 'idealistischen' Betrachtungsweise auf der Seite der Herrschenden und ihrer 'Oberleitungsagenten', für die alle vielfältigen Sachfragen sich zwar letztlich nur auf ein Problem der wirksamen Verteidigung ihrer Position und der dauerhaften Maximierung von Ausbeutung reduzieren lassen, die aber dennoch immer auf ein bestimmtes Maß von realistischer 'Bodenhaftung' angewiesen sind, das ihnen in modernen Gesellschaften eine spezialisierte Fachforschung gewährleisten muss. Es geht aber auch nicht darum, zur Naivität eines für unvermittelt gehaltenen Realitätsbezugs zurückzufinden – dem es dann schwer fallen müsste, überhaupt noch die Möglichkeit des Irrtums zu erklären. Erst Recht kann es nicht darum gehen, eine derartige Naivität als 'verstellte' Form eines staatlichen Herrschaftsanspruchs über die Wissenschaften als potenziell kritische Instanz und Ressource eines eigenständigen Selber-Denkens gesellschaftlicher Individuen in allen Arten von Öffentlichkeiten akzeptabel zu machen. Allerdings geht es darum, über die vielfältigen Vermittlungen hinweg an der Orientierung auf einen verbindlichen Realitätsbezug wissenschaftlicher, künstlerischer oder politischer Praxis festzuhalten, an dem gerade die in den realen Verhältnissen Beherrschten ein unverzichtbares Interesse entwickeln müssen.

Im Hinblick auf wissenschaftliche Produktion von wirklichem Wissen bedeutet das, dass nicht in erster Linie die allgemeine Frage der Realitätstüchtigkeit von Wissenschaft im Allgemeinen oder eines bestimmten historisch spezifizierten Wissenschaftstypus zu untersuchen ist, sondern vor allem die Bedeutung der vielfältigen kognitiven und institutionellen Vermittlungen, in denen sich wissenschaftliche Forschungsarbeiten bewegen, also etwa die realitätserschließende Bedeutung von grundlegenden Konzepten wie Kausalität/Erklärung, Zeit, Raum, Systemzuständen, Ordnung/Unordnung einerseits oder etwa die Bedeutung disziplinärer Arbeitsteilung für die Qualifizierung bzw. Verhinderung von Realitätserkenntnis (vgl. Wolf 1973). Auch wissenschaftstheoretisch gilt in diesem Sinne, dass in einer organisierten, vielfach kommunikativ vermittelten wissenschaftlichen Forschung und Öffentlichkeit sowie in den allgemeinen und fachspezifischen gesellschaftlichen Öffentlichkeiten, über die Voraussetzungen und Schlussfolgerungen in Bezug auf Forschungsergebnisse, etwa auch über das Verhältnis von disziplinär gebundenen und trans- oder interdisziplinären Forschungsprogrammen bzw. über die disziplinären Dispositive als solche (vgl. Wallerstein 1995 u. 1996) gerungen wird. Auch die praktische Bedeutung von Wissenschaft und Technik für die Menschheit kann nicht unter Absehung von ihrer realitätserschließenden Leistung begriffen werden, wenn sie sich nicht auf allzu eng gefasste und viel zu kurzfristig betrachtete praktische Erfolge beschränken will. Eine solche Untersuchung bedarf einer expliziten diskursiven Artikulation und Vermittlung, welche nicht allein durch eine historisierende, 'sozioanalytische' Wissenschaftsforschung geschehen kann. Sie bedarf vielmehr auch angemessener, nach vorne gerichteter 'epistemologischer' Reflexionsformen, in denen sich die Diskutierenden über ihre Argumente im Hinblick auf die Realitätsbezogenheit unterschiedlicher Dimensionen der wissenschaftlichen Arbeitsprozesse verständigen können. Es geht also immer auch um die Ausarbeitung einer philosophischen Epistemologie, welche dazu in der Lage ist, Paradigmenwechsel und

Grundlagenkrisen als Durchbrüche und Hindernisse, vielleicht sogar als Rückschritte in der Erkenntnis der Realität zu begreifen, und die Realitätstüchtigkeit der Wissenschaften insgesamt differenzierend im Hinblick auf ihre strategischen Verbesserungsmöglichkeiten zu untersuchen.

Anstatt diese Frage des Realitätsbezugs der institutionalisierten wissenschaftlichen Arbeit in die seit Rawls (vgl. Müller-Plantenberg 2000) vielfältig aufgegriffenen Rahmen einer Erörterung des 'Gesellschaftsvertrages' (vgl. Althusser 1966/1985 u. Deppe 1997, 63ff.) zu zwängen, wird es in der Ausarbeitung einer derartigen philosophischen Epistemologie lohnend sein, zunächst einmal zu untersuchen, wie sich kritische Grundlagendebatten in unterschiedlichen Bereichen wissenschaftlicher Arbeit seit den 1950er Jahren in immer wieder neuen Anläufen entwickelt haben. Eine solche empirisch-historische Herangehensweise vermeidet es, sich einfach mögliche Neubestimmungen der kognitiven und institutionellen Grundlagen auszudenken. Das kann nämlich sowohl dazu führen, dass es zu einer strukturellen Überforderung wissenschaftlicher Arbeit kommt, wie dies gesellschaftskritischen Bewegungen immer wieder unterlaufen ist, oder aber dass, wie es in jüngeren Debatten um 'angewandte Wissenschaft' mehrfach geschehen ist, relativ leichtfertig Grundanforderungen an die intrinsische Qualitäten wissenschaftlicher Arbeit oder demokratische Grundprinzipien preisgegeben werden.[49]

Um diese Problematik klar herauszuarbeiten, müssen vor allem auch zentrale Schwierigkeiten begriffen werden, an denen sich bisher alle Anläufe zu einer inhaltlichen Politisierung der Wissenschaften (vgl. Brückner 1968) gestoßen, wenn nicht sogar gebrochen haben:

- das Fehlen einer theoretischen Artikulation des Verhältnisses von Wissenschafts-Citizenship und allgemeinen demokratischen BürgerInnenrechten in der einzelwissenschaftliche Kompetenz unmittelbar mit bürgerschaftlichem Engagement verknüpfenden 'radical science' der 1950er und 1960er Jahre;
- die blockierende Faszination durch die Vorstellung einer totalisierenden Gesellschaftstheorie als Rahmen der eigenen kritischen Tätigkeit, bei gleichzeitig unbestrittener Ablehnung ihrer hegelianischen (oder stalinistischen) Trugbilder, im Fall der mitten in die Krise des Marxismus hinein in eine Marxismusrezeption umschlagenden Wissenschaftskritik der Studentenbewegung der Bundesrepublik Deutschland;
- die Schwierigkeiten, angesichts einer hochgradig spezialisierten und unanschaulichen wissenschaftlichen Forschung im Bereich der angewandten Atomphysik zugleich eine Form der 'Laienexpertise' zu entwickeln, welche den Erfahrungshintergrund und die Ängste aus der eigenen Lebenspraxis festhält und zugleich in adäquater Weise die Methoden und Ergebnisse

wissenschaftlicher Untersuchungen zur Beurteilung von Risiken bzw. zur Selektion risikominimierender Verhaltensweisen nutzt, um eine alternative Form institutionalisierter wissenschaftlicher Expertise (Freiburger Öko-Institut) aufzubauen, welche etwa den gesellschaftlichen Diskurs und die fachpolitische Auseinandersetzung über die Vertretbarkeit der zivilen Nutzung der Atomkraft bzw. über mögliche und durchsetzbare Ausstiegsszenarien strukturieren konnte;

- das Fehlen einer gemeinsamen Theorie- und Auseinandersetzungssprache zwischen den verschiedenen Dimensionen und Ebenen kritischer Theoriebildung einer eklektisch und pluralistisch ansetzenden globalisierungskritischen Gegenexpertise, die bisher durch eine pragmatische Ausrichtung an politisch ausgehandelten Leitbegriffen wie 'nachhaltige Entwicklung' oder 'Reregulierung der Finanzmärkte' sowie durch eine Orientierung auf empirische Offenheit, politische Toleranz und theoretische Sensibilität kompensiert wird.

Die Probleme und Hindernisse liegen also auf mehreren Ebenen, von denen interessierte politische Eingriffe in den wissenschaftlichen Arbeitsprozess bzw. politische Akkomodationen Seitens der WissenschaftlerInnen nur gleichsam die 'äußerste Spitze' des Eisbergs bilden. Viel gravierender sind die Implikationen der disziplinären Aufgliederung der gegenständlichen Welt, durch die strategisch wichtige Fragen einer allseitigen Unzuständigkeit unterworfen und damit nicht mehr wissenschaftlich behandelbar gemacht werden, wie dies etwa mit der psychoanalytischen These von der Determination durch Unbewusstes und der marxistischen These von der Ausbeutung in Form des Warenaustausches weitgehend geschehen ist. Aber auch das Fehlen bestimmter Begriffe etwa für den historischen Gesamtzusammenhang einer Ökologie der Menschheit oder die faktische Blockierung der Entwicklung anderer Begriffe wie etwa Mehrwertproduktion und Überdetermination spielen in der inhaltlichen Entwicklung institutionalisierten Wissens, im 'Gang der Wissenschaften', eine schwerlich zu unterschätzende Rolle.

Demgegenüber wird es nicht genügen, derartige positive Herausforderungen grundsätzlich oder im Wechselspiel der (Un-)Zuständigkeitszuschreibungen an einzelne Politikfelder zu einer nicht weiter bearbeitbaren Gegebenheit zu erklären, wie dies etwa die Konzeptionen eines sozialdemokratischen „Dritten Weges“ seit den 1990er Jahren in Bezug auf die Effekte der neoliberalen Globalisierungsstrategie machen (Cuperus u.a. 2001). Etwa die Unterscheidung zwischen den 'unbeabsichtigten Nebenwirkungen' eigenen politischen Handelns, der Auswirkungen des Handelns von Vorgängerregierungen oder anderer politisch wirkender Kräfte, den durchschnittlichen und langfristigen Wirkungen von Systemstrukturen und echten Effekten auf der Ebene von

Ökosystemen und Physik bzw. Chemie des Planeten Erde verweist uns philosophisch auf die Aufgabe, nicht nur allgemein die Realitätstüchtigkeit von Wissen und Handeln zu reflektieren, sondern innerhalb des Realen auch die besonderen Materialitäten unterschiedlicher Realitätsfelder zu reflektieren.

Dritte Initiative: Reclaiming matter! Materialität und Materialismus

Aus der Perspektive der Herrschenden sind die 'Reste an Erdenschwere', welche überall den Gegenständen und Verhältnissen von Menschen anhängen, ein lästiges Hindernis für ein reibungsloses Funktionieren der von ihnen 'von oben gestifteten' Herrschaftszusammenhänge. 'Innere' und 'äußere Natur' wird aus dieser Perspektive als alles das gefasst, was noch nicht der Herrschaft unterworfen ist. Diese Materialität der Geschlechterverhältnisse und der Menschen-Natur-Verhältnisse (der menschlichen Ökologie) kann auch für die Beherrschten drückende Lasten mit sich bringen, weswegen die Parolen der 'Herrschaft der Menschheit über die Natur' auch bei ihnen populär sind. Genauer betrachtet, haben sie jedoch kein wohlverstandenes Interesse daran, dass gesellschaftliche Naturverhältnisse und gesellschaftliche Geschlechtlichkeit durch Herrschaftsverhältnisse strukturiert werden - auch wenn patriarchalische Strukturen (für Männer) und ökologische Grenzüberschreitungen (für die jeweils noch nicht Betroffenen) sehr greifbare Vorteile zu bieten haben. Ein radikaler Materialismus legt den Finger auf diese Rechnung mit den kurzfristigen Vorteilen aus der Nichtbeachtung der ökologischen und geschlechtlichen Materialität menschlicher Lebensverhältnisse: Anstatt der Komplizität mit den Herrschenden in der Ausbeutung und Unterdrückung dessen zu erliegen, was diese als 'Natur' zusammenfassen, erweist sich eben deren sorgfältige Beachtung als eine Quelle neuer politischer Kräfte und Bündnisfähigkeiten der Beherrschten. Darüber hinaus lässt ihre Beachtung die kosmischen und planetaren Voraussetzungen menschlichen Lebens in den Blick treten, deren Erkenntnis zwar keine 'technical fixes' ermöglicht, aber zumindest eine adäquate Berücksichtigung in menschlichen Planungen.

'Materialismus', das klingt nach 19. Jahrhundert, nach einem Denken, das Philosophie auf die Artikulation einfacher 'Weltanschauungen' reduzierte, die nebeneinander lagen, wie bunte Klicker im Beutel eines spielenden Kindes (vgl. Dilthey 1906, vgl. Heinrich 2000, 12ff.). Oder in einem anderen Bild, nach einer individuellen Haltung der rücksichtslosen Orientierung auf materielle Genüsse (oder gar auf 'materiellen Reichtum' im Sinne von Geldbesitz).[50] Oder gar für die historisch Versierten nach einer inzwischen untergegangenen

Staatsideologie, die ihren ideologischen *point d'honneur* darin zu sehen beanspruchte, die 'Grundfrage der Philosophie' eindeutig im Sinne des Materialismus entschieden zu haben (vgl. Stalin 1924ff.).[51]

Niemand, der weiß wovon er redet, möchte in kontinentaleuropäischen Diskursräumen zu solchen Verhältnissen zurückkehren. Deswegen hat sich die gegen Lenins polemische Schrift zum Empiriokritizismus gerichtete These Korschs (vgl. Hobsbawm 1999, 186) inzwischen zu einer Art von falscher Selbstverständlichkeit entwickelt, jede Rede von Materialismus indiziere als solche bereits ein vorkritisches Verhältnis zur Wirklichkeit, einen naiven Glauben an eine unvermittelte Erkenntnis des 'Dings an sich' bzw. zumindest einen Rückfall in den 'bürgerlichen Dualismus' kartesianischer bzw. humeanischer Subjekt-Objekt-Spaltungen.

Die ungeprüft selbstverständliche Ablehnung des Materialismus im heutigen Mainstream, welche tief in die sozialen Bewegungen hinein wirkt, bringt offensichtlich einige wichtige Probleme mit sich:

- Erstens ergibt sich daraus ein unklares Verhältnis zur Religion: Wenn die Dialektik der Aufklärung so zu interpretieren wäre, dass in ihr eine prinzipielle Begrenztheit philosophischer Vernunft und wissenschaftlichen Verstandes als einer bloß menschlichen Leistung[52] zum Ausdruck käme, dann könnte Religion mehr sein als ein gelegentlicher Verbündeter von Aufklärung und Befreiung im Kampf gegen eine Herrschaft, die sich auf die Legitimation durch einen positivistischen Szientismus und eine darauf gestützte technokratische Utopie stützt. Sie kann dann etwa sogar als eine immer notwendige Ergänzung menschlicher Vernunft konzipiert werden, als Quelle eines „Denkens vom Bündnis her" (Heinrich 2000), das aus 'bloßer Vernunft' nicht möglich wäre. Mit einer solchen Ergänzungsthese würde sich eine solche Religionsphilosophie allerdings wiederum dem von ihr abgelehnten „Positivismus" annähern, der aus dem von ihm diagnostizierten „irrationalen Charakter der Religion" keineswegs deren notwendigen Niedergang ableitete, sondern dieser „gleichwohl eine blendende Karriere [eröffnete], auf die sie sogleich eingestiegen ist unter dem Vorwand, die wissenschaftlichen Erkenntnisse vervollständigen zu wollen, denen noch die „Ergänzung durch die Seele" fehle" (Balibar 1977, 232). Ein solches Denken könnte sich dann von einer religiösen Selbstunterstellung unter höhere Mächte nicht mehr klar unterscheiden, wie dies beispielsweise nach den ersten Niederlagen der 'Hippies' im New-Age-Denken (vgl. Bochinger 1994) geschehen ist[53].
- Zweitens macht es eine derartige Haltung kognitiv unmöglich, die hermetische Selbstbezüglichkeit des hegelianisch konzipierten umfassenden Ge-

schichtszusammenhanges als Selbstproduktion der Menschheit als „Geist“ intellektuell zu überwinden und gleichsam philosophisch zu 'erden'. Diese hegelianische Immanenz, wie sie auch noch der feuerbachianische Humanismus des jungen Marx von 1843 unangetastet ließ (vgl. Reichelt 1983), bleibt noch zutiefst in der traditionellen Philosophieform befangen. Daher wird durch sie nicht nur der Bruch zwischen dem Verhaftet-Sein dieser frühen Überlegungen in der traditionellen Philosophieform zu den Klassenkampfthesen des reifen Marx 'unlesbar' gemacht. Auch jede theoretische Vermittlung zu einer ökologischen und feministischen Auffassung dieser rückbezüglich in 'Geschlecht'[54] und 'Ökologie'[55] verankerten konkreten Stofflichkeit der gesellschaftlichen Praxis von Menschen wäre dadurch abgeschnitten, so dass dem spontanen Wuchern ideologischer Vorstellungen kein kontrollierender Kontrapunkt mehr entgegengesetzt werden könnte.

- Drittens - und in engem Zusammenhang damit - würde sich die heutige kritische Philosophie durch eine ungeprüfte Aufgabe des Materialismuskonzeptes von wichtigen historischen Traditionslinien abschneiden, welche die herrschende Philosophiegeschichtsschreibung immer schon marginalisiert hat, eben weil sie 'materialistisch' waren. Ein kritischer Rückbezug auf solche Traditionslinien[56] ist aber selbst eine wichtige Dimension der gegenwärtigen philosophischen Auseinandersetzungen, die nur um den Preis der dauerhaften Schwächung der eigenen Position vernachlässigt werden kann.

Die Geschichte des Materialismus in der Philosophie ist selbst immer ein Stück weit noch als Geschichte einer Konfrontation sich bekämpfender Parteien[57] zu rekonstruieren (vgl. O. Bloch 1985,4) - von einem faktischen Ausgangspunkt beim Gegner jedes „Materialismus“, der Bischof Berkeley war, (der noch auf Henry More zurückgriff, der seinerseits auf den „ungenannten und unnennbaren“ Hobbes als Materialisten anspielte (ebd., 5ff.)) im konstruktiven Rückgriff bis auf Platons „Kampf der Giganten“ zwischen der „erdgebundenen Rasse“ und der „Partei der Ideen“ (Sophistes 246a ff.). Wie wir inzwischen wissen, hat der Marx der Feuerbachthesen „den Gegensatz von Materialismus und Idealismus nach beiden Seiten dialektisiert“ (Haug 1999c, 414), zugleich aber selber den Anspruch formuliert, einen „neuen Materialismus“ (10. These, MEW 3, 7) auf den Weg zu bringen - mit einer Rezeptionsgeschichte, welche die darin offenbar liegenden Probleme weitgehend ignoriert hat (vgl. Haug 1999c, 412ff.).

Radikale Philosophie unternimmt einen Neuansatz, ergreift eine Initiative, um die Problematik des Materialismus neu zu durchdenken. Um dabei nicht bereits Erreichtes zu vergessen, kann beispielsweise auf Ernst Bloch und Max

Horkheimer zurückgegriffen werden, welche im 20. Jahrhundert die Materialismusproblematik am weitesten vorangetrieben haben.

Ernst Bloch (1972, 439) hat schon auf die Schwierigkeit hingewiesen, welche es macht, „mit der allgemeinen Stange im allgemeinen Nebel herum" zu fahren, um den „großen Nomenklaturen *Idealismus, Materialismus*" auf den Grund zu gehen. „Der kluge Idealismus steht dem klugen Materialismus näher als der dumme Materialismus." zitiert Bloch aus Lenins philosophischen Randbemerkungen. Dabei betont Bloch die „kritisch-*positiven*" Momente sowohl des „subjektiven" als auch des 'objektiven' Materialismus, ohne die ein „historischer Materialismus" nicht dazu in der Lage wäre, das „gleichmacherische Nivellement der Dingsubstanz" hinter sich zu lassen, „zu dem das materialistische Weltbild als nur mechanisches immer wieder geneigt war" (Bloch 1972, 443). Demgegenüber betont er als „wirklich gemeinsam ... und ein Kennzeichen für allen philosophischen Materialismus", welcher dem intelligenten Materialismus gegen den dummen zur Seite steht, den schwierigen „Versuch einer so betrugs- wie illusionsfreien, auch mythologiefreien Erklärung der Welt aus sich selbst: den mündig gewordenen Menschen ansprechend", „ohne alle transzendenten Lückenbüßer" (Bloch 1972, 446).

Diese Probleme stehen auch im Zentrum der Position, welche Max Horkheimer in den 1930er Jahren ausgearbeitet hat. Diese ist zu Unrecht nur noch in ihrer Abgrenzung gegen den metaphysischen Materialismus des theoretischen Stalinismus in Erinnerung. Horkheimers Kritik hatte sich aber zunächst gegen die vom Diltheyschen Historismus erhobenen Anspruch[58] gewandt, sich im eigenen philosophischen Denken jenseits der Entgegensetzung von Materialismus und Idealismus zu bewegen (Horkheimer 1933, 70ff.). Das zugrundeliegende „Mißverständnis", das den „Gegensatz zwischen Materialismus und Idealismus" als einen „Streit zweier metaphysischer Richtungen" begreift (ebd., 73) sei „vor allem dadurch bedingt, daß die materialistische Theorie und Praxis verkannt wird", nämlich „als eine Antwort auf metaphysische Fragen" (ebd.). Für „das Verständnis der gegenwärtig wichtigsten Eigentümlichkeiten" dieser „Gedankenrichtung" (ebd.) verweist Horkheimer auf den „geschichtlichen Kampf", in dem der Materialismus „eine ganze Reihe von Gedanken und praktischen Verhaltensweisen" bezeichnet (ebd., 76). Demgegenüber erweise sich die scheinbare metaphysische Geschlossenheit „materialistischer Systementwürfe" als ein bloßer Schein: „bei genauerer Analyse zeigt sich aber, daß die inhaltliche Fassung der materialistischen Theorie ihre einheitliche Struktur sprengt" (ebd., 77). Die „materialistische Theorie" ist nur „eine Seite der Anstrengungen, die menschlichen Verhältnisse zu verbessern" (ebd., 85f.); zugleich besitzt der Materialismus „in der Erkenntnis von der unaufhebbaren Spannung zwischen Begriff und Gegenstand einen kritischen Selbstschutz vor dem Glauben an die Unendlichkeit des Geistes" (ebd., 87) und kann sich daher auch anstatt „als unmittelbare Einsicht in den Grund der Existenz" als „eine dieses Spannungscharakters bewußte Theorie verstehen" (ebd., 93). Die „materialistische Forderung, Wissenschaft und Philosophie zu vereinigen", werde „vollständig mißverstanden", wenn sie etwa zur „Verabsolutierung bestimmter Wissensinhalte" führe, insbesondere auch dazu „eine bestimmte Auffassung von der Materie" festzulegen, anstatt diese Frage der „fortschreitenden Naturwissenschaft" zur Entscheidung zu überlassen (ebd., 95). Auch diese trage allerdings „stets den nie restlos zu entziffernden Stempel ihrer subjektiven Herkunft an sich" (ebd.).

Indem Horkheimer von diesen Thesen aus die Differenz von Materialismus und „Positivismus und Empiriokritizismus des 19. Jahrhunderts" (ebd.) bestimmt, verdeutlicht er auch die implizite Stoßrichtung seiner Überlegungen gegen die gleichzeitig innerhalb des sowjetischen Marxismus betriebene Kanonisierung des theoretischen Stalinismus als „Marxismus-Leninismus" (vgl. Labica 1984), welche sich auf Lenins Polemik gegen den Empiriokritizismus berief. Demgegenüber propagiert Horkheimer einen „Materialismus der Gegenwart" (ebd., 104): Dessen theoretische Seite bildet „die ökonomische Theorie der Gesellschaft und der Geschichte" (ebd., 105)[59] und dessen praktische Seite der „Übergang" zu „einer besseren Wirklichkeit, welche aus der heute herrschenden hervorgeht" (ebd.). Für eine verselbstständigte materialistische Prinzipienlehre, wie sie der gleichzeitig ausgearbeitete DIAMAT formulierte, blieb nach diesem Verständnis kein philosophisch ausweisbarer Platz mehr. Das Problem, wie dieser historische Inhalt sich zur Materialität menschlichen Lebens, zu deren ökologischer Dimension und deren planetarer und kosmischer Einbettung verhielt und wie diese Zusammenhänge selbst von und mit den Subjekten zur Sprache gebracht und erörtert werden könnten[60], wurde damit allerdings zugleich diskursiv ausgeblendet.

Auch etwa der 'absolute Historizismus' der Gramsci-Linie der 'Philosophie der Praxis' und die Althussersche Wendung zur Untersuchung der 'eigenen Materialität und Widersprüchlichkeit' des 'Kontinents Geschichte' werden in dieser Linie so verstanden, dass für eine materialistische Rückbindung historischer Prozesse etwa an ökologische oder humanbiologische Bestimmungen kein Raum mehr bleibt.[61] Diese Auffassung von der Naivität jedes Materialismus als solchem hat sich damit sogar unter Intellektuellen zu der Überzeugung gesteigert, der Fehler liege schon darin, das Problem des Materialismus überhaupt zu stellen (Hobsbawm 1999, 186ff.).

Damit verschiebt sie die Problemstellung sowohl gegenüber proto-philosophischen Fragestellungen als auch gegenüber der traditionellen Philosophieform: Proto-philosophisch wurde danach gefragt, 'was die Welt im Innersten zusammenhält' (Goethe) oder 'woraus alles' (Thales) entstanden ist. Innerhalb der herrschenden Philosophieform wurde das dann in eine Reflexion des Zusammenhangs von 'Sein' und 'Wahrheit' (Parmenides) oder von 'Subjekt' und 'Objekt' (Descartes) übersetzt.

Die damit verbundene philosophische Frage ist die nach dem Verhältnis von materialistischen und idealistischen Positionen in der Philosophie, also von 'Materialismus' und 'Idealismus'. Im Kontext der politischen Ökologie ergibt sich daraus die Problematik der konkreten stofflichen Vielfalt und Dynamik spezifischer Materialitäten der planetaren Ökosysteme und der vielfältig-spezifischen - lokalen, regionalen, globalen - Wechselwirkungen, in denen Menschen zu ihnen stehen.

Wenn wir die letztgenannten Abgrenzungen ernst meinen, müssen wir uns aber einigen Fragen über die Anwesenheit von Materialismus auf Seiten herrschaftsaffirmativer Philosophien stellen: War es ein bloßer Zufall, dass sich die großen MaterialistInnen immer wieder der Verwandlung der Philosophie in eine Instanz der Legitimation der Herrschaft von Menschen über Menschen entzogen zu haben scheinen? Hatte der Materialismus, bevor er in Gestalt des zum DIAMAT verkürzten 'dialektischen Materialismus' unter Stalin selbst zur „Legitimationsideologie" umgebaut wurde, selbst weniger Anteil an dem Skandal der Philosophie: Auf der Grundlage des Selberdenkens die Unterworfenen selber einsichtige Gründe für ihre Unterwerfung produzieren zu lassen, Herrschaft als legitim zu denken? Und was kann Materialismus dann gegenwärtig noch bedeuten - nach der Okkupation des Materialismus-Konzeptes für herrschaftsaffirmative Zwecke durch Schopenhauer und Nietzsche sowie eben nach dem immer noch nachwirkenden Skandal des theoretischen Stalinismus, der darin lag, die avancierteste Denkform von Aufklärung und Befreiung, wie sie Marx und - nur wenig undeutlicher - Engels praktiziert hatten, nicht nur überhaupt auf die tradierte Philosophieform zurückzubringen, sondern sie sogar zur Grundlage besonders 'fortgeschrittener' Formen tendenziell totaler Herrschaft zu machen (vgl. Richter 1996/97)?

Die Abenteuer des unausgeführt gebliebenen 'neuen Materialismus', den Karl Marx in seinen zur Selbstverständigung notierten 'Thesen ad Feuerbach' (vgl. Labica 1987a, Haug 1999c) postuliert hatte, geben uns immer noch zu denken. Zugleich sind sie für uns aber auch durch das inzwischen entfaltete 'philosophische Gegenfeuer' eines gegenläufigen, herrschaftsaffirmativ zynischen 'Materialismus' bestimmt, der unter Intellektuellen wie etwa in populären Freidenkerorganisationen durchaus wirksam geworden ist. Diesem widersprüchlichen Befund können wir uns nicht mehr durch einen schlichten Positions- und Bezeichnungswechsel entziehen. Weder durch den Rückgang auf eine 'dritte Position', wie der feuerbachianische junge Marx sie noch unter dem Titel von 'Naturalismus' oder 'Humanismus' zu beziehen versucht hatte, noch auch die Wiedereinschreibung in eine philosophisch vager gefasste große revolutionäre Tradition des 18. Jahrhunderts, wie dies der späte Engels versucht hatte. Aber eben auch nicht durch die Spezifizierung dieses neuen 'Materialismus' allein auf die 'Wissenschaft der Geschichte' noch auch durch dessen epistemologische Universalisierung für die Gesamtheit der Wissenschaften - wie dies Engels in seinen Notizen zur 'Dialektik der Natur' unternommen hatte. Desillusionierung gegenüber allen postulierten 'höheren Wesen', Zurückweisung jeder als unüberschreitbar behaupteten Grenze für menschliche Erkenntnis - und als Konsequenz daraus den Verzicht auf jede Art von Illusionen, aber auch die Zurückweisung aller Herrschaftsansprüche - und alles dies in der Perspektive einer materiellen Praxis als ein Geflecht von Praktiken aller Art, in die menschliches Denken immer schon zurückwirkt - damit ist eine philosophische Haltung umrissen, auf die auch radikale Philosophie nicht verzichten kann und will. Aber ohne eine klare Rückbindung an die wirklichen Entdeckungen der Wissenschaften und an eine konkrete Politik der Herrschaftsüberwindung musste dieser 'neue Materialismus' ambivalent bleiben: Seine VertreterInnen waren - wie Michael Löwy es für die Generation von Lukács gezeigt hat - nicht nur im einfachen Wortsinne 'unbewaffnete Propheten'. Sie waren auch philosophisch nicht dafür gerüstet, sich im harten 'philosophischen Gegenfeuer' behaupten zu können, in das sie im 'kurzen 20. Jahrhundert' geraten sollten - und zwar sowohl von den intellektuellen VertreterInnen der 'konservativen Revolution' (einschließlich von 'Grenzgängern' wie Georges Sorel) als auch von im Zuge des Aufstiegs des theoretischen Stalinismus zur herrschenden Philosophie der Sowjetunion und der verbleibenden 'kommunistischen Weltbewegung' oder der 'Fabianisierung' bzw. später 'Keynesianisierung' der sozialdemokratischen Arbeiterbewegung.

Lenins mehrere Anläufe, um zu einer lebendigen philosophischen Neubestimmung des - von Dietzgen, Plechanow und Kautsky übernommenen - 'dialektischen Materialismus' zu kommen, haben nur in wenigen Punkten wieder das Reflexionsniveau erreicht, das Marx - und z.T. auch Engels - hinsichtlich einer näheren philosophischen Bestimmung des 'neuen Materialismus' vorgegeben hatte.

Eine zweite Gruppe von Fragen ergibt sich aus einer Abwesenheit: Aus der grundsätzlichen Abwesenheit der differenten Materialität männlicher und weiblicher Geschlechtlichkeit innerhalb der scheinbar geschlechtsneutralen, in Wirklichkeit aber androzentrischen und patriarchalischen Diskurse der philosophischen Tradition. Judith Butler (1993) hat so weit überzeugend daran die

Problematik der „Materialisierung des Geschlechts“ angeknüpft, auch ohne damit schon die Frage möglicher Zusammenhänge zwischen gesellschaftlichen Geschlechterkategorien und biologischen Bestimmungen darüber hinaus klären zu können, dass letztere jedenfalls nicht unmittelbar in den Prozess dieser ‘Materialisierung’ intervenieren können. Damit schafft sie eine Rückverbindung zu den älteren Untersuchungen Adornos über die Nichtunmittelbarkeit und Nichtidentität der Gegenstände der Erkenntnis auch in einer materialistischen Perspektive (Adorno 1966, vgl. Hull 1997).

So verlockend es auch ist, sich in diese Einzeluntersuchungen hineinziehen zu lassen, müssen wir noch einmal zum allgemeinen Kern der Materialismusproblematik zurückkehren: zu Materie und Materialität als dem Vorgängigen, dem immer schon vor jeder Erfassung Liegenden, dem ‘Chaotischen’ und ‘Unvorhersehbaren’. Dies bedeutet keineswegs *per se* eine Rückkehr zu auf einer bloßen Umwertung des aristotelischen Form-Materie-Verhältnisses beruhenden Materiebegriff als dem schlechthin Ungeformten oder auch zu einer animistisch geprägten Vorstellung von Materie als dem fruchtbaren ‘Muttergrund’[62]. Nach den ‘Abenteuern des Materialismus’ in den Naturwissenschaften wie im politischen Denken des 20. Jahrhunderts ist es nötig, noch einmal radikaler über die Bedeutung des Materialismus innerhalb des Philosophierens nachzudenken. Blochs Hinweise auf die damit aufgestellte Herausforderung, eine Aufgabe zu lösen, „die als Lösung des Weltknotens an sich in der Welt selber steht, als Realproblem ihres eigenen Grundes“, und darauf, dass daher „die Tiefe der *Immanenz*, die Immanenz der *Tiefe*“ geradezu „das Eigene der materialistischen Sache“ bilden, können uns dabei helfen, uns diese Sache nicht zu einfach zu machen.

Die Leistung des atomistischen Materialismus

Die immer noch aktuelle Bedeutung der von Leukipp und Demokrit ausgearbeiteten Gestalt der griechischen Philosophie liegt nicht etwa darin, dass sie von der neuzeitlichen Naturwissenschaft (vermittelt über Gassendi) wieder aufgegriffen und als physikalische Atomtheorie ‘bestätigt’ worden ist. Sie liegt vielmehr eben darin, dass sie der aristokratischen Philosophie des Parmenides, welche die Episteme des Sophós den Doxai der Vielen entgegensetzte und mit Argumenten reflektiert.

Demokrit hat nicht von Materie, schon gar nicht von ‘Materialismus’ gesprochen. Im Gegenteil bereitet er der materialistischen Interpretation sogar eine gewisse Verlegenheit, weil er eben das, was später ‘Atome’ genannt wurde – die „kleinsten Körper“, welche die Grundkategorie seiner Auffassung der Weltordnung bildeten, ausgerechnet ‘idéa’ – im Sinne einer geschlossenen

Gestalt - genannt hat (DK 68 B 141, vgl. A 57). Immerhin hat er das „vernünftige Denken“ (Nous) und die 'Seele' (Psyché) für „dasselbe“ erklärt und auf derartige „Körper“ zurückgeführt, deren - dem Feuer vergleichbare - Beweglichkeit durch deren Kleinteiligkeit und Kugelform erklärbar sei (DK 68 A 101), sowie die Bewegungen des menschlichen Körpers als ein Mitgerissenwerden durch derartige 'psychische' Bewegungen interpretiert (DK 68 A104).

Dennoch ist Demokrit eindeutig Materialist, wenn auch die aristotelische Unterscheidung von Formprinzip und ungeformter Materie an seiner Philosophie vorbei zielte. Diese vielfältig gestalteten Atome gelten ihm als von menschlichem Denken und Tun unabhängige, aus sich heraus wirkende und letztlich unvorhersehbare Grundbestimmungen der gesamten Wirklichkeit, aus denen sich geistige Prozesse nicht weniger als konkret stoffliche erklären lassen. Seine philosophische Position beruht auf einer eigenständigen umfassenden Auffassung von der Welt und der Rolle des Philosophen in ihr: Empedokles und Anaxagoras hatten der Herausforderung durch die aristokratische Philosophie des Parmenides - wie sie in ihrer Entgegensetzung der Episteme des Sophós zu den Doxai der Vielen gipfelte - keine geschlossene Erneuerung (der von Parmenides' logisch argumentierenden Kritik am Denken der Vielheit getroffenen) älteren ionischen Naturphilosophie entgegensetzen können. Sie mussten in ihrer philosophischen Defensive gleichsam ergänzende Prinzipien in Anspruch nehmen, die sie aber nicht selbst innerhalb ihrer philosophischen Entwürfe erklären konnten. Empedokles griff auf die Kräfte von Liebe (Philia) und Hass (Neikos) zurück, die als Anziehungs- und als Abstoßungskraft die Bewegungen und Konfigurationen der von ihm angenommenen vier Elemente zu erklären hatten, selbst aber keine Elemente waren. Anaxagoras benutzte die 'Vernunftkraft' des „Nous“ als ein dynamisches und zugleich Zusammenhang stiftendes Moment seiner Konstruktion, das nur formell als ein Element unter allen anderen gedacht war (DK 59 A 55). Leukipp und Demokrit waren demgegenüber als erste dazu in der Lage, eine kohärente Antwort auf die eleatische Kritik an den Meinungen der Vielen (einschließlich der frühen milesischen 'Sophoí' und pythagoreischen 'Philósophoi') zu formulieren, die auf derartige 'Ergänzungen' verzichten konnte: Die als unteilbar gedachten kleinsten Körper, die sich im „Leeren“ bewegten, konnten durch ihre Begegnungen und Konstellationen 'Alles' aus ihren Konfigurationen und deren Veränderungen erklären, ohne noch besondere Anziehungs- oder Abstoßungskräfte und ohne ein spezielles Prinzip ihrer Bewegung und ihres Zusammenhanges erforderlich zu machen. Zugleich erklärten sie Veränderung auf der Grundlage von etwas Gleichbleibendem, Vielheit auf der Grundlage von Einheit, Nichtsein (=Leere) auf der Grundlage von Sein: die materiellen 'kleinsten Körper' waren gleichbleibende und seiende Einheiten, deren konkrete Stofflichkeit und Zusammenwirken die von den Vielen erfahrene Vielfalt der 'Erscheinungen' auf der Höhe der von den Eleaten formulierten Ansprüche an logische Kohärenz des Denkens zu erklären vermochten.

Mit diesem 'atomistischen Weltmodell' hatte der atomistische Materialismus die intellektuelle Aufgabe gelöst, die sich seiner Zeit stellte: Er hatte eine philosophische Perspektive konstruiert, in der noch einmal - wie bei dem älteren Milesiern - die Philosophie nicht als Gegensatz, sondern als eine Vertiefung der Erfahrungen, der 'Meinungen' (Doxai), der 'Vielen' funktioniert.[63] Dennoch konnte diese Philosophie den mit Heraklit aufgekommenen Anspruch auf ein 'Wissen höheren Grades'[64] aus zwei Gründen mit Recht erheben:

- Die Lehren dieser Philosophie waren insofern den unreflektierten 'Meinungen' der Vielen qualitativ überlegen, als sie eine im Lichte logischer Analysen und der umfassenden Einbeziehung auch divergenter Erfahrungsberichte überprüfte und korrigierte Fassung dieser Überzeugungen darstellten;
- sie konnten in der Auseinandersetzung mit der eleatischen Kritik der ersten 'Weltmodelle' der Milesier die logische Konsistenz der eigenen Auffassungen verteidigen,[65] ohne in den 'Diskursrelativismus' der Sophisten Gorgias[66] und Protagoras[67] zu verfallen, der jede Art von 'Wissen' in der Vielfalt der 'Meinungen' versinken lässt[68].

Marginalisierung des Materialismus im Gang der Philosophiegeschichte

Diese Leistung ist in der weiteren Philosophiegeschichte marginalisiert und verdrängt worden: Dem spätantiken Spiritualismus der Geistmetaphysik (vgl. Oehler 1968/69) war es gelungen, den im Hellenismus und in der römischen Republik noch starken Materialismus (Epikur, Lukrez) so weit polemisch zu diffamieren und kulturell zu marginalisieren, dass er anschließend weder in den religiös beherrschten philosophischen Traditionssträngen des Ostens noch in den schwachen Rinnsalen 'heidnischer Literatur' eine historisch relevante Rolle spielte, welche im halbbarbarischen Westen erhalten blieb. Die neuzeitliche Rezeption des antiken Atomismus, wie sie der fromme Katholik Gassendi aus theoriestrategischen Überlegungen im Blick auf die Entwicklung der neuen Physik eingeleitet hat, betrachtete und nutzte ihn von Anfang an eher als einen Hypothesengenerator für die neue Physik, denn als eine umfassende philosophische Argumentationsgrundlage. Das wäre auch angesichts der Intensität und Geschlossenheit der Herrschaftsverhältnisse des Ancien Régime weder risikoarm noch einfach gewesen. Erst Karl Marx hat in seiner linkshegelianisch angelegten Doktorarbeit von diesen Zusammenhängen immerhin so viel verstanden, dass er in den „Systemen“ von Demokrit und Epikur den bisher vernachlässigten „Schlüssel zur wahren Geschichte der griechischen Philosophie“ gesehen hat und in einem Anhang die plutarchische Polemik gegen Epikurs Theologie als repräsentativ für „das Verhältnis des theologisierenden Verstandes zu Philosophie“ kritisierte. Allerdings bleibt er dabei noch in der herrschaftsförmigen Variante der Denkform der neuzeitlichen Aufklärungsphilosophie verhaftet, wie eine Nebenbemerkung zeigt: Marx zitiert David Hume, um die postulierte 'Souveränität' der Philosophie zu untermauern: „Es ist gewiß eine Art Beschimpfung für die Philosophie, wenn man sie, deren souveränes Ansehen allenthalben anerkannt werden sollte, zwingt, bei jeder Gelegenheit sich wegen ihrer Folgen zu verteidigen und sich bei jeder Kunst und Wissenschaft, die an ihr Anstoß nimmt, zu rechtfertigen. Es fällt einem dabei ein König ein, der des Hochverrats gegen seine eigenen Untertanen beschuldigt wird.“ (Hume 1790, 485)

Marx verschwendet hier keinen Gedanken darauf, dass diese von dem Schotten Hume im Jahre 1736, also etwa 100 Jahre nach der Hinrichtung von Charles I. in London und etwa 60 Jahre vor der Hinrichtung des 'Bürgers Capet' durch die französische Republik, gefundene Formulierung für die Rolle der Philosophie selbst vielleicht noch auf ein Problem verweisen könnte. Der junge Marx setzt sogar noch eins drauf, indem er zweideutig selbst formuliert, das „Bekenntnis“ dieser Philosophie sei die Stellungnahme „gegen alle himmlischen und irdischen Götter“ gewesen, „die das menschliche Selbstbewußtsein nicht als die oberste Gottheit anerkennen. Es soll keiner neben ihm sein.“ (MEW Erg.-Bd. 1, 262) Die Philosophie als 'König' und ihr Inhalt, das 'menschliche Selbstbewusstsein', als 'einziger Gott' - damit bewegt sich der junge Marx zuspitzend in der Denktradition des modernen Idealismus.[69] In einer Anmerkung verortet er sich selbst als konsequenteren Hegelianer als die unmittelbaren Hegelschüler, denen er vorwirft, ihrer Aufgabe nicht nachgekommen zu sein, *„aus seinem* (sc. Hegels) *innern wesentlichen Bewußtsein* das zu erklären, was für ihn selbst die Form *eines exoterischen Bewußtseins* hatte“, wodurch erst aus einem „Fortschritt des Gewissens“ ein „Fortschritt des Wissens“ gemacht worden wäre (MEW Erg.-Bd. I, 326): „Allein die *Praxis* der Philosophie ist selbst *theoretisch*. Es ist die *Kritik*, die die einzelne Existenz am Wesen, die besondere Wirklichkeit an der Idee mißt.“ (ebd., 327f.) Marx zieht eine in der Marxrezeption selten näher betrachtete politische Konsequenz: „Im Inhalt bringt es nur die liberale Partei[70], weil die Partei des Begriffes, zu realen Fortschritten, während die positive Philosophie[71] es nur zu Forderungen und Tendenzen, deren Form ihrer Bedeutung widerspricht, zu bringen imstande ist.“ (ebd., 331) Entsprechend den zurückgebliebenen deutschen Verhältnissen, der 'deutschen Misere', kommt hier bei dem Kandidaten

Marx die eigenständige Problematik des Materialismus noch gar nicht in den Blick, wird angesichts der europäischen Herrschaft der 'Heiligen Allianz' vom Verhältnis von 'Offenbarung' und 'Vernunft' überlagert. Nur unter diesen ganz besonderen Voraussetzungen konnten die wenigstens überhaupt politischen 'Liberalen' für den historischen Fortschritt einstehen.

Damit knüpfte Marx an die 'andere Seite' des neuzeitlichen Materialismus an, die mit dem antiken Materialismus nichts zu tun hatte: an die spezifische Verknüpfung zwischen wissenschaftlichem und gesellschaftlichem 'Fortschritt', als deren Mittelglied die im Prozess der kapitalistischen Akkumulation vorangetriebene Entwicklung der „Produktivkräfte" auftrat[72], wie dies Marx später von dem Ricardianer Jones übernehmen sollte. Die Entdeckungen von Kopernikus und Galilei wurden demgemäß von einigen besonders radikalen Philosophen, die über den von Locke und Newton geprägten *Mainstream* hinauszugehen bereit waren, nicht bloß als eine wissenschaftliche Spezialfrage begriffen, sondern als die Begründung einer 'neuen Wissenschaft' begrüßt, welche ganz neue Perspektiven materieller Verbesserungen und letztlich die Antizipation einer 'bürgerlichen Gesellschaft' eröffnete, welche unmittelbar auf 'Natur' (u.d.h. auf 'Vernunft') beruhte. Dieser im 17. Jahrhundert von Hobbes auf den Weg gebrachte, systematisch argumentierende und auf 'herstellbare Verhältnisse' abstellende 'mechanische Materialismus' wurde im 18. Jahrhundert in den Schriften Lamettries und d'Holbachs zu einer umfassenden Absage an das dem Ancien Régime zugrundeliegende religiös begründete 'Weltbild' ausformuliert, welches die Selbstinterpretation führender bürgerlicher Revolutionäre leitete (vgl. Haupt 1987).

In diesem Sinne haben später Marx und Engels die eigene Geschichtsauffassung auch als 'historischen Materialismus' bezeichnet: Durchaus auch im Sinne einer intellektuellen Haltung, welche mit einer neuen revolutionären Praxis einherging, mit der Praxis 'proletarischer Revolutionen'. Damit luden sie allerdings dazu ein, zum einen die Frage nach der spezifischen Differenz zwischen einer 'proletarischen' und einer 'bourgeoisen' revolutionären Praxis zu vernachlässigen und zum anderen - und im Zusammenhang damit - dazu, in ihrer Nachfolge zu einer an die Populärmaterialisten des 19. Jahrhunderts anknüpfenden Produktion materialistischer Weltbilder zu verführen.

Radikaler Materialismus

In unserer Reflexion müssen wir vom Thema der Materie (i.U. zum Geist), über das der materiellen (i.U. zur ideellen) Praxis, zu dem des Materialismus (im Gegensatz zum Idealismus) übergehen, was sich nicht einfach 'von selbst' versteht. Dabei wird es möglich, analog zu dem, was Godelier für die These über das Verhältnis von Basis und Überbau vorgeführt hat, den Begriff der „Materie" als einen streng funktionalen Gesichtspunkt, eine Art und Weise der Selbstdarstellung von Wirklichkeit zu aktualisieren: als Artikulation 'von unten', im widerständigen Material mit seinen unvorhersehbaren Kontingenzen, als Produktion von Zusammenhängen aus der materiellen Praxis heraus - im Gegensatz zu einer Artikulationsperspektive von „Oberleitungsagenten", die Ordnungen des Wirklichen entsprängen aus ihren befehlenden Worten. Eine solche Unterscheidung ist durch entsprechende historische Untersuchungen weiter auszuarbeiten - aber sie ist bereits in dieser einfachen Form ein wirklicher Gewinn, indem sie die Ordnung, und damit die durch sie strukturierten Gemeinwesen, tatsächlich nicht nur überhaupt praktisch fasst, wie auch die Oberleitungsagenten (i.U. zum sich nur noch kontemplativ verhaltenden „Obergott" oder „automatischen Subjekt"), sondern indem sie tatsächlich nach der Tragweite und Tragfähigkeit der „materiellen Praxis" fragt, durch die eine „Synthesis" von unten historisch möglich werden kann. Hiernach wäre es dann möglich, einen radikal heutigen Materialismus zu formulieren, der Herrschaftskritik und illusionslos konkrete Wirklichkeitsauffassung in triftiger Weise miteinander verknüpft, um etwa in einer gesellschaftspolitisch konkretisierten 'politischen Ökologie' die widersprüchliche Dynamik der Gesellschaftsstrukturen in ihrer mehrfachen internen (Ökonomie, Geschlechterverhältnisse, Ideologie, Politik) und externen (gesellschaftliche Naturverhältnisse, naturgeschichtliche Naturverhältnisse) 'Überdetermination' als Grundlage einer zugleich befreienden und verantwortlichen Praxis zu entwickeln.

Es ist erforderlich, in unserer Reflexion vom Thema der Materie (i.U. zum Geist), über das der materiellen (i.U. zur ideellen) Praxis, zu dem des Materialismus (im Gegensatz zum Idealismus) überzugehen: Denn für die 'idealistische' Vogelschau-Perspektive vom Standpunkt der „Oberleitungsagenten", die von oben „Zusammenhang stiften", sind nicht nur die konkreten Erfahrungen der Beherrschten in den Stoffen, in denen sie zu arbeiten haben, grundsätzlich störend, auch deren ökologische und biologische Materialität kommt allenfalls als ein 'Widerstand' in den Blick.

Auch wenn wir hier die Relevanz der Frage nach dem Materialismus verteidigen, so ist im post-theologischen Zeitalter, in dem wir zu leben scheinen, in der Tat der Grund für eine Diskussion über 'die Materie' wirklich entfallen: Denn in dem Moment, wo die Vorstellung außermaterieller höherer Wesen oder eines Gottgeistes verblasst, wird es uninteressant, der Wirklichkeit noch das Beiwort „materiell" mitzugeben. Auch andere Begriffe von Materie, welche sich nicht als bloße Anti-These zum Gottes-Begriff verstehen, können ebenfalls nur noch historisches Interesse beanspruchen. Dies gilt bspw. für den aristotelischen der formbaren, aber selbst formlosen *Hyle* und den des newtonianischen trägen Naturstoffs, die deutlich vergangenen „Weltbildern" oder „Wissenschaftsprogrammen" angehören, denn sie implizieren etwa eine aktuale zeitliche und räumliche Unendlichkeit der Welt, was seit Cantors Untersuchungen zu transfiniten Mengen und Einsteins Klärung des Begriffs der immer auf ein Bezugssystem zu beziehenden Zeitmessung (vgl. Ascheberg 1995) als überholt gelten muss.

Ähnlich wie es Godelier (1990, 20ff.) für die These über das Verhältnis von Basis und Überbau vorführt, kann aber auch heute noch der Versuch unternommen werden, die „Materie" als einen streng funktionalen Gesichtspunkt, eine Art und Weise der Selbstdarstellung von Wirklichkeit zu aktualisieren: als Artikulation von unten, im widerständigen Material mit seinen Kontingenzen, Unverfügbarkeiten und Unvorhersehbarkeiten, sowie als Produktion von Zusammenhängen aus der materiellen Praxis heraus - im Gegensatz zu einer Artikulationsperspektive von „Oberleitungsagenten", die seit dem ägyptischen Schreibergott Ptah den Eindruck verbreiten, die Ordnungen des Wirklichen - und damit dessen eigene Wirklichkeit - entsprängen allein aus ihren befehlenden Worten. Eine solche Unterscheidung wäre erst durch entsprechende historische Untersuchungen zu gewinnen - aber sie wäre auch ein wirklicher Gewinn, indem sie die Ordnung, und damit die durch sie strukturierten Gemeinwesen, tatsächlich nicht nur überhaupt praktisch fasst, wie dies auch die Oberleitungsagenten i.U. zum sich nur noch kontemplativ verhaltenden „Obergott", an dessen Stelle im modernen Staat der 'Souverän' oder im kapitalistischen Akkumulationsprozess das Kapital als „automatisches Subjekt" tritt. Mit dieser Unterscheidung wird vielmehr tatsächlich nach der Tragweite und Tragfähigkeit der „materiellen Praxis" gefragt, durch die eine „Synthesis" von unten historisch möglich werden kann.[73]

Eine andere, in gewissem Maße konvergente Perspektive findet sich in den Debatten über eine gesellschaftspolitische Strategie sozialer Bewegungen, die auf Herrschaftsüberwindung zielen.

Das einflussreiche theoretische Manifest für eine radikaldemokratische 'Regenbogenpolitik' der 'neuen sozialen Bewegungen', welches Ernesto Laclau und Chantal Mouffe 1985 vorgelegt haben, bleibt an genau diesem Punkt philosophisch kurzschlüssig. Gegen ältere Politikmodelle der Linken, welche Klassenlagen und Klasseninteressen als 'gegebene äußere Realitäten' eins zu eins in politisch bewegende Handlungsziele zu übersetzen versuchen, wenden sie durchaus mit Recht ein, dass symbolisch vermittelte Kommunikationsprozesse nicht so schlicht referenzialistisch funktionieren können. Darüber verschwindet ihnen jedoch das Problem des Realen in der Politik, d.h. der Realitätstüchtigkeit symbolischer Artikulationen angesichts zunächst einmal vorgegebener gesellschaftspolitischer Herausforderungen. So richtig es auch ist, darauf hinzuweisen, dass sprachliche Artikulation zunächst einmal reflexiv erfolgen muss und es daher nicht angeht, einzelne sprachliche Äußerungen oder Zeichen isoliert auf das Reale zu beziehen, über das die politisch Kommunizierenden miteinander reden, verschwindet damit weder die Problematik der Realitätstüchtigkeit komplexer Handlungsprogramme noch auch das Problem der referenziellen Bezüge zwischen sprachlichen und nichtsprachlichen Handlungen, etwa des Zählens und des ökonomischen Austausches, wie sie etwa für die betriebswirtschaftliche Buchführung von konstitutiver Bedeutung sind. Dieses Problem lässt sich an der Verallgemeinerung verdeutlichen, mit welcher sie die Problematik der kolonialen Herrschaft und die Marxsche Problematik des Äquivalententausches gleichermaßen zu erfassen versuchen: „If, through the chain of equivalence, all the differential objective determinations of its terms have been lost, then identity can only be given either by a positive determination underlying them all, or by common reference to something eternal." (Laclau/Mouffe 1985, 127) Während aber gilt, „the materiality of commodities and the non-materiality of value are not equivalent to each other" (ebd., 128), so dass auch für Laclau und Mouffe „the use-value/exchange-value distinction can be conceived in terms of differential and, hence, positive positions" (ebd.), gilt dies nach ihrer theoretischen Konstruktion für die Position des Kolonialherren keineswegs: „a relation of equivalence absorbing all the positive determinations of the colonizer in opposition to the colonized, does not create a system of positive differential positions between the two, simply because it dissolves all positivity: the colonizer is discursively constructed as the anti-colonized" (ebd.). In dieser Analyse liegt nicht nur ein mit guten Gründen problematisierbares Verständnis von 'Identität' und 'Äquivalenz' zugrunde[74]; sie wird auch abgesehen davon weder der Marxschen Wertformanalyse noch der Problematik der Entkolonisierung gerecht:

Marx' Begriffe von Tauschwert und Wert beruhen auf keiner 'Unterscheidung' innerhalb eines übergreifenden Wertbegriffes und die 'Wertformen' der 'unmittelbaren Austauschbarkeitsform' und der 'Wertausdrucksform' sind auch keine tautologisch ineinander umschlagenden Glieder einer Kette von Gleichungen, sondern real unterschiedene asymmetrische Relationen, welche auch unabhängig voneinander Bestand haben können: Wer auf den Markt kommt mit der Ansage 'Ich suche jemanden, der mir für mein Pfund Fleisch drei Pfund Reis gibt' (unmittelbare Austauschbarkeitsform) kann nicht einmal damit rechnen, dass es auf diesem Markt überhaupt Reis im Angebot gibt, und schon gar nicht damit, dass derjenige, der Reis anbietet, überhaupt dazu bereit ist, für seinen Reis Fleisch zu nehmen oder gar in der verlangten Relation von drei Pfund für eins. Umgekehrt sind diejenigen, welche die

Ansage formulieren, 'Ich würde etwa ein Pfund Fleisch als einen fairen Gegenwert für meine drei Pfund Reis betrachten' (Wertausdrucksform) nicht deswegen schon sicher, auf dem Markt auf jemanden zu treffen, der Reis für Fleisch in diesem quantitativen Verhältnis zu tauschen sucht, bleiben dabei zugleich für Relationen zu anderen Angeboten offen, die sie ebenfalls als einen fairen Gegenwert betrachten würden. Die Reflexivität ihrer jeweiligen Diskurse bedeutet überhaupt nicht, dass dieses Finden des konversen anderen für die genannten 'Warenhüter' unwichtig oder trivial wäre. Es ist vielmehr für die gesamte politische Ökonomie und ihre Kritik von zentraler Bedeutung.[75]

Andererseits haben die Kolonialherren immer nicht nur eine symbolische Herrschaft ausgeübt, der sich die Beherrschten auch durch Gegenidentifikationen entziehen müssen. Ihre reale Herrschaft vollzieht sich in der Nutzung und Umgestaltung realer gesellschaftlicher Verhältnisse, welche immer auch subalterne Herrschaftsverhältnisse unter den Kolonisierten, insbesondere traditional stammesgesellschaftlichen, patriarchalisch-familiale und kapitalistische Herrschaftsverhältnisse mit einschließen. Eine Strategie der kolonialen Befreiung, welche die positiven Möglichkeiten einer Überwindung oder zumindest 'liberalisierenden' oder auch 'demokratisierenden' Umgestaltung dieser subalternen Herrschaftsverhältnisse nicht klar ins Auge fasst, wird vom Tage eins der staatlichen Unabhängigkeit der Kolonie an in kaum zu bewältigende Schwierigkeiten geraten. Erst Recht gilt dies in einer Situation neokolonialer 'Dependenz', in welcher der Staatsapparat von den Inhabern derartiger subalterner Herrschaftspositionen kontrolliert wird, welche ihrerseits in kapitalistischen Abhängigkeitsverhältnissen zu fremden politischen und ökonomischen Mächten stehen. Ohne eine realitätstüchtige Strategie, welche diese Verhältnisse differenziert und positiv reflektiert und plausibel verspricht, wichtige reale Herausforderungen zu bewältigen, vor denen diese Mächte sichtbar versagen, sind gerade unter derartigen Bedingungen alle Versuche aussichtslos, auch nur die Hegemonie der herrschenden politischen Kräfte zu erschüttern.

Die Reproduktion von Hegemonie und die Produktion inhaltlicher Vorstellungen und Erkenntnisse rücken dabei in diesem Prozess gegenwärtig in dem Maße immer näher aneinander, wie die eigene Leistungsfähigkeit der Subjekte zur Wissenproduktion immer mehr zum Kernpunkt ihrer Ausbeutbarkeit als abhängig Arbeitende wird und zugleich dieser Bezug auf die für spezifizierte Leistungen mobilisierte Subjektivität zum wichtigsten Stützpfeiler der kulturellen Legitimation bestehender gesellschaftlicher Herrschaftsverhältnisse wird.

Im Nachvollzug dieses Zusammenhanges liegt der Ausgangspunkt für ein radikal zeitgenössisches Konzept des Materialismus, das über dessen einseitig herrschaftskritische Artikulation (vgl. Wolf 1983c, 101ff) hinausführt, ohne diese preiszugeben. Das ist - neben dem Festhalten an der Rückbindung aller theoretischen Konstruktionen an die untersuchte 'Materialität' und die in dieser 'zu findenden', nicht bloß zu projizierenden, 'Widersprüchlichkeit' - in Anknüpfung an drei integrative Konzepte innerhalb der neueren Wissenschaftsentwicklung möglich:

- an das Konzept einer selbst historischen Materialität des Planeten Erde (was sich nicht nur in Auseinandersetzung mit der problematischen GAIA-Hypothese - vgl. Midgley 2001 - entwickelt hat, vgl. Davis 1996);
- an die Konzepte einer 'Humanökologie', wie sie inzwischen nicht mehr nur in Verfolgung einer ethologisch und biologisch reduktionistisch angelegten Theoriestrategie vorgelegt werden, sondern auch innerhalb der neueren 'politischen Ökologie' als einem integrativen theoretischen Feld (vgl. Wolf 2000d);
- an die Konzeptionen materiell produzierter Subjektpositionen innerhalb der von Foucault und Deleuze ausgehenden Forschungslinien, in denen die 'Regulierung' vorgegebener humaner und ökologischer Materialitäten zum Forschungsthema werden kann.

In einer solchen erneuerten Konzeption von Materialismus dürfen wir allerdings nicht die Spezifik des Gegensatzes von 'Materialismus' und 'Idealismus' als philosophische Kampfkonzepte vernachlässigen und uns von der konkreten Untersuchung der Perspektive der Herrschaft etwa auf ganz allgemeine Erörterungen über 'Materie' und 'Geist' abdrängen lassen, die längst nichts Spezifisches mehr bedeuten. In diesem Sinne wäre es auch eine - nicht einmal raffinierte[76] - negative Vorabentscheidung aller philosophischen Fragen des Materialismus, wenn wir ihn auf Aristoteles' Begriff von Materie (der mit der Durchsetzung der neuzeitlichen Naturwissenschaften seine wissenschaftlichen Bezüge verlor) oder ihn stattdessen auf den mechanistischen Materiebegriff der newtonianischen Physik bezögen, wie sie im 19. Jahrhundert verstanden wurde. Schon mit der Maxwellschen Thermodynamik trat in der Physik ein Begriff von 'Energie' daneben, der einem derartigen 'Materialismus' jeden Wissenschaftsbezug nahm.[77] Seit der Einsteinschen Wendung der modernen Physik, seit Plancks Quantentheorie und Heisenbergs Unschärferelation, kann dieser Materiebegriff als wissenschaftlich vollständig erledigt gelten.[78] In ähnlicher Weise hat die Bedeutungskritik des späten Wittgenstein, welche er als Selbstkritik der von ihm selbst im sog. „Tractatus" vertretenen reduktionistischen Thesen entwickelte, ein für alle Mal mit der Vorstellung eines Materialismus als Dingmetaphysik aufgeräumt.

Damit ist es auch nicht mehr überzeugend, wenn im Mainstream der angelsächsischen Tradition der neuere Materialismus als positivistisch inspirierter

'Physikalismus' auftritt: So verdienstvoll es sein mag, allgemeinverständlich zu beschreiben, was in der neueren Physik, nach den angesprochenen theoretischen Revolutionen, als Materie gelten kann[79], bleibt die mit dem Physikalismus (vgl. Feigl 1958) verknüpfte reduktionistische Forschungsstrategie wenig überzeugend, nach der etwa die Funktionsweise einer Argumentation oder eines Ökosystems erst dann als wissenschaftlich erkannt gelten sollen, wenn sie auf physikalisch beschreibbare Sachverhalte reduziert werden konnten.

Aber was bleibt nach diesen begrifflichen Eingrenzungen des Materialismus im Gegensatz zum Idealismus? Jedenfalls zweierlei:

- Eine bestimmte Haltung zur Wirklichkeit in ihrer unverkürzten Komplexität, Kontingenz und Pluralität[80] im Gegensatz zu einem Denken, das immer schon die Einheitlichkeit, Kohärenz und Sinnhaftigkeit des Realen als Totalität unterstellt und
- eine bestimmte praktische Haltung im Sinne einer sehr tiefgreifend aufgefassten Politik der Herrschaftsüberwindung, welche sich adäquat weder als eine Variante der Metaphysik (so letztlich Höffe 1971) noch als eine 'politische Religion' (so etwa. Voegelin 1938) begreifen lassen.

Beide Haltungen stehen zueinander in einem inneren Zusammenhang, welcher sich aus ihrem Gegensatz zu einem Denken von der Position der Herrschenden ergibt, aus dem heraus erst die philosophische Position des 'neuen Materialismus' expliziert werden kann.

Der späte Adorno hat den philosophischen Materialismus als ein 'Denken ohne Illusionen' in Anspruch genommen (vgl. Jarvis 1997); Louis Althusser hat den späten Engels dahingehend interpretiert, dass MaterialistInnen diejenigen waren, welche es in ihrer radikalen Kritik unterlassen würden *„de se raconter des histoires“*, d.h. eben diejenigen, die sich nichts vormachten.[81] Ein radikal heutiger Materialismus muss dies in eine positive Bestimmung übersetzen, in der sich Herrschaftskritik und illusionslos konkrete Wirklichkeitsauffassung in triftiger Weise miteinander verknüpfen. Für diese Übersetzungsleistung eines neuen Materialismus gilt immer noch, was Pierre Raymond formuliert hat: „mit dem Nachdenken hierüber sind wir noch nicht fertig.“ (Raymond 1986, 855)

Auf einem gegenwärtigen Stand der WissenschaftsReflexion bleibt weiter auszuarbeiten, was ein derartiger eingreifender, kritischer, emanzipatorischer 'neuer Materialismus' als 'Platzhalter' und Zwischenergebnisgenerator sowohl für wissenschaftliche Konzepte als auch für politische Programmatiken leisten kann. Er kann jedenfalls in der wissenschaftlichen Selbstverständigung wie in den Orientierungsdebatten sozialer Bewegungen die intellektuellen Mittel dafür bereitstellen, um sich gegen Rassismus, Sexismus und Ethnozentrismus als

Kernelemente eines 'neuen Materialismus' von rechts erfolgreich behaupten zu können. Dabei muss zugleich die - auch in vielen noch gegenwärtigen Materialismuskonzeptionen (vgl. Soper 1976, 17) wirksame - Tendenz in Richtung auf eine ahistorische Metaphysik eindeutig zurückgewiesen und an die Stelle der mit den mechanisch inspirierten materialistischen Philosophien vor Marx eng verbundenen Versuchungen zu 'Essentialismus' und 'Reduktionismus' eine konkrete Untersuchung der planetaren, ökologischen und formationsgeschichtlichen Wirkungszusammenhänge in ihrer Interaktion und Überdetermination (vgl. Soper 1976, 16f.) entfaltet werden[82]. Ohne eine solche philosophische Ausarbeitung des 'neuen Materialismus', wie ihn Marx einst entworfen hatte, ist weder ein adäquates Eingehen auf die Problematik der „Überdetermination" (vgl. Resnick/Wolff 1993) möglich, noch eine triftige philosophische Reflexion der irreduziblen qualitativen Pluralität von 'Materien' mit ihrer jeweils eigenen spezifischen, qualitativ bestimmten Stofflichkeit, innerhalb des gegenwärtigen historischen Prozesses. Beides ist aber die unverzichtbare Voraussetzung dafür, dass ein derartiger 'neuer Materialismus' zu einer gemeinsamen Verständigungsgrundlage unterschiedlicher, 'sozialer Bewegungen' werden kann: Indem sich diese an qualitativ verschiedenen materiellen Verhältnissen als Gegenständen entwickeln und sich in der übergreifenden Zielsetzung der Herrschaftsüberwindung miteinander über diese in ihrer Unterschiedlichkeit anerkannten Gegenstandsbezüge hinweg konkret verbinden lassen. Die 'praktische Frage' der materiellen Macht des menschlichen Denkens, wie sie schon Marx in den Feuerbachthesen reartikuliert hatte, lässt sich damit exemplarisch in der Fragestellung konkretisieren, wie diese gegenwärtige Menschheit in der überschaubaren Zeit, welche ihr die Grenzen des ökonomischen Wachstums lassen, die Fähigkeit ausbilden kann, die von ihrer eigenen industriellen Praxis ausgelöste globale ökologische Krise auf der Erde zu bewältigen. Diese Frage der Wirkungsmacht sollte allerdings nicht mit der Vorstellung des 'An-die-Macht-Kommens' vermischt oder gar verwechselt werden, welches als eine verdeckende Formulierung dafür zu dechiffrieren ist, 'in die Position der Herrschaft' einzurücken - was kein Ziel und auch kein Instrument einer herrschaftsüberwindend angelegten Politik sein kann.[83]

Wie immer wieder durchaus überzeugend betont worden ist, verweist uns eine derartige Fragestellung auf die von Marx aufgeworfene Problemperspektive einer 'freien Assoziation' der Menschheit. Gerade die spezifische Materialität der ökologischen Krise als Krise der Ökologie der Menschheit lässt zugleich aber auch erkennen, dass wir bei einer derart allgemeinen Richtungsangabe einer sich selbst mit Rücksicht auf andere Menschen und im Respekt vor anderen Lebewesen beschränkenden Selberorganisation der gesamten Menschheit nicht stehen bleiben können. Der damit angesprochene Horizont des

Palavers, in dem die Menschheit 'ist', indem sie 'sich kommuniziert', ist nicht mehr als ein allgemeinster Rahmen, auf den wir in der Tat immer dann zurückkommen müssen sind, wenn wir konkreter nicht weiterwissen.

Dieser Rahmen ist als solcher aber keineswegs inhaltsleer oder unwichtig: In letzter Instanz leistet er nichts Geringeres als die von Brecht geforderte Realübersetzung von 'Du-Schwein-Sätzen' in 'Du-Ochs-Sätze' - und zwar vor dem Hintergrund einer immer umfassenderen Thematisierung von Herrschaftsverhältnissen, unter denen wir zunächst agieren, ohne uns bereits selbst über ihren Herrschaftscharakter 'aufzuklären'. Der real allein über ein vielstufiges 'Palaver der Menschheit' herzustellende Zusammenhang der 'freien Komoperation' (vgl. Spehr 2001) kommt in diesem Prozess immer wieder nur genau so weit zu Stande, wie es in ihm gelingt, gesellschaftliche 'Zwänge' (also etwa 'Sachzwänge') in Erfordernisse einer 'Meisterung' kosmischer, planetarer, ökologischer oder auch humanbiologischer 'Einwirkungen' minus der Imperative der Herrschaftsreproduktion zu verwandeln und psychische Zwänge (also etwa 'Waschzwänge') durch offen ausgetragene Widersprüche von Wünschen einer oder mehrerer Individuen und daraus resultierende 'Anforderungen' an menschliches Handeln aller Beteiligten zu ersetzen.

Sowohl hinsichtlich der politischen Formen und der politischen Kommunikationsprozesse, in denen eine derartige, vom Selberhandeln der Vielen getragene Selbstvergesellschaftung der Menschheit stattfinden kann, wissen wir inzwischen zumindest einige Anfangsgründe als auch hinsichtlich einer selbstverantwortlichen Steuerung ihrer komplexen und vielfältigen materiellen Reproduktionsprozesse. In beiden Hinsichten hat sich als zentrale Problemstellung eine adäquate Verarbeitung gegebenen Wissens und eine Produktion geeigneten neuen Wissens herausgestellt: Zum einen des Wissens um die Vereinbarkeit von Bedürfnissen und Wünschen einerseits und verfügbaren ökologischen Ressourcen und humanen Fähigkeiten andererseits als Bedingung jeder langfristig tragbaren gemeinsamen Politikdefinition unter der Zielsetzung einer nachhaltigen Entwicklung der gesamten Menschheit in ihrer gesamten Diversität. Zum anderen des Wissens um die Möglichkeiten einer effizienten und für die beteiligten Menschen attraktiven Steuerung der materiellen Reproduktion aller Mittel für ein nach selbstbestimmten Präferenzen ausgerichteten 'guten Lebens' aller Menschen in einer politischen Ökonomie des 'gemeinsamen Hauses der Erde'.

Wie die vom 'Club of Rome' angestoßenen Auseinandersetzungen über die Grenzen des Wachstums seit den frühen 1980er Jahren gezeigt haben (vgl. Schyga 2001, Wallis 2001), lassen sich die konkreten ökologischen Grenzüberschreitungsprobleme, vor denen die Menschheit zunehmend steht, nicht mit allgemeinen natur- oder geschichtsphilosophischen Spekulationen über die

Unbegrenztheit der Natur oder die Unbeschränktheit des Erfindungsgeistes künftiger Menschen zurückweisen (vgl. selbstkritisch Massarat 1995). Sie lassen sich aber auch nicht durch eine technokratische Utopie rein ingenieurwissenschaftlicher Lösungen überwinden, welche die gesellschaftspolitische Dimension einer Weiterentwicklung und Transformation der Lebensweisen und der gegenwärtigen historischen Produktionsweise, welche immer noch zentral auf der kapitalistischen Akkumulation beruht, schlichtweg ignoriert oder zu überspringen versucht. Deswegen bleiben zugleich aber auch 'melioristische', kurzfristig umsetzbare Verbesserungsvorschläge ohne eine weitergehende Transformationsabsicht, allein schon wegen des damit verbundenen Zeitgewinns für politisches Handeln und ökonomisches Umsteuern unverzichtbar.

An die Stelle der metaphysischen 'Grundfrage' nach dem allgemeinen Verhältnis von 'Materie' und 'Geist' setzt radikale Philosophie damit die Frage nach dem verknüpfenden Rückbezug auf die immer schon laufenden vielfältigen Einwirkungen der gegenwärtigen Menschheit als einer konkreten, vielfach gegliederten und kontingenten Gesamtheit von Menschen auf einen sie übergreifenden, selbst ebenso konkreten und kontingenten Natur- und Geschichtsprozess.[84] In die kontingente Konstellation dieser Bedingungen und Prozesse hinein müssen sich die Menschen ebenso sehr als in etwas kontingent Vorgegebenem verankern, wie sie ihn mit der nötigen Umsicht und Vorsicht mitgestalten können.

Als letzte Voraussetzungen und übergreifender Horizont aller konkreten, auf materielle Gegenstandsfelder bezogenen menschlichen Praktiken, in deren Kontext jede philosophische Materialismusthese erst ihre Bedeutung entfalten könnte, zeigen sich damit hinsichtlich der Materialität der 'äußeren Natur' die politische Ökologie der Menschheit (vgl. Lipietz 2000) und im Hinblick auf die Materialitäten, welche immer wieder als 'innere Natur' zusammengefasst werden, das politische Durchdenken von Geschlechtlichkeit[85] sowie von biologischer und kultureller Herkunft[86]. Dass damit die Problematik der Herrschaftsüberwindung noch nicht ausgeschöpft ist, zeigt schon die einfache Reflexion darauf, was geschieht, wenn zwischen menschlichen Individuen Differenzen auftreten, welche nicht als spezifischer Effekt der mit diesen übergreifenden Strukturen verbundenen Interessenlagen begriffen werden können.[87] Auch diese Konflikte müssen in Formen und Verfahrensweisen austragbar gemacht werden, welche zumindest dem Postulat des anerkannten Selbertuns der Beteiligten, d.h. der 'gleichen Freiheit' genügen.

Vierte Initiative: Realizing autonomy! Vergesellschaftung in den Händen der Vielen

Eine derartige Politik radikaler Herrschaftsüberwindung muss darauf hinarbeiten, den Grundgedanken der Autonomie als 'gleicher Freiheit' von Herrschaft konsequent festzuhalten und ihn in seinen entscheidenden Dimensionen zu entfalten. Zum ersten gehört es, alle instrumentalistischen Strategien zurückzuweisen, welche auf der Legende beruhen, gerade durch den Verzicht auf Selbstbestimmung unter den für Befreiung kämpfenden Menschen könne dann eines Tages, die umfassende Befreiung der dann Lebenden zuverlässig eingeleitet werden. In den heute gewählten Mitteln von Politik, Organisation und Effizienzgewinnung muss immer schon erkennbar werden, dass es den mit diesen Mitteln Kämpfenden um Befreiung geht. Zum zweiten gehören spezifische Vorstöße in den Problemfeldern der Vergesellschaftung des ökonomischen Lebensprozesses ('Sozialisierung'), der weltweiten politischen Durchgestaltung der gemeinsamen Lebensprozesse aller wechselseitig voneinander abhängigen Menschen ('Mundialisierung') und nicht zuletzt die Hervorbringung und Reproduktion von gesellschaftlichen Individuen, welche unter den Bedingungen einer derartig mundialisierten Vergesellschaftung vollständig lebens- und handlungsfähig sind.

In dem Maße, wie Selbstbestimmung historisch möglich wird, d.h. jedes Mal, wenn überhaupt Einschränkungen des Handelns durch Abhängigkeiten von äußeren, unkontrollierbaren Bedingungen bzw. durch eine von anderen Subjekten betriebene Repression durch Neuerungen menschlicher Technik und Organisation aufgelöst werden, treten zugleich Schwierigkeiten deutlicher hervor, die auf dem Weg von einem 'subjektiven' Selber-Bestimmen zu einer konsistenten 'objektiven' Selbst-Bestimmung liegen. Betrachten wir Selbstbestimmung als Aufgabe und als Prozess, in dem wir uns selber bestimmen müssen und wollen, dann wird sofort eines deutlich: Damit dass wir über uns selber bestimmen, diese Bestimmung in die eigenen Hände nehmen und selber vorantreiben, ist noch nicht ausgemacht, dass wir uns in diesem Prozess auch als Freie bestimmen und damit ein 'Selbst' produzieren, alle zusammen und für jede und jeden einzelnen, das unsere individuelle und gemeinsame Autonomie in politischen Verhältnisse umsetzt. Wir können uns grundsätzlich immer auch 'selber' als Unterworfene, als Abhängige, bestimmen. Bekanntlich war es auch in manchen früheren Gesellschaftsformen möglich, 'sich selbst in die Sklaverei zu verkaufen'. Auch unter den Bedingungen 'freier Lohnarbeit' können abhängig Arbeitende 'selber' sich 'selbst' zum Gegenstand entwürdigender und inakzeptabler Vereinbarungen machen.[88] In diesem Sinne gilt: Sogar wenn ein Mensch aktiv 'von sich aus' handelnd sein Selbst zum Gegenstand einer inhaltlichen Bestimmung macht, ist diese Art von Ambivalenz damit noch keineswegs ausgeräumt: Dieses gegenständliche Selbst kann als solches noch eine Form der Unterwerfung - unter materielle Abhängigkeiten, aber auch etwa unter ein fremdbestimmtes Ich-Ideal[89] - darstellen. Auch wenn es keine 'Selbermobilisierung' als Parteigänger der Herrschenden zum Ausdruck bringt - wie in dem Fall des 'Wir selbst' der neuen Rechten[90] -, kann es etwa auch ein funktionales Konstrukt sein, mit dem wir unser Durchkommen unter widrigen Umständen behaupten oder unsere Abhängigkeit 'selber' reproduzieren: Selberorganisation kann durchaus in den Dienst einer fremdbestimmten 'Selbstbehauptung' oder einer 'Selbstausbeutung' stehen. Für viele wird 'Selbstbehauptung' - etwa unter marktradikal umgestalteten Reproduktionsbedingungen - sogar nur als eine systematisch organisierte Selbstausbeutung funktionieren.[91]

Diese Schwierigkeiten lassen sich klarer denken, wenn begriffen wird, dass die Differenz zwischen subjektivem 'Selberbestimmen' und objektivem, gegenständlichem 'Selbstbestimmen' sich weder zur einen noch zur anderen Seite hin zum Verschwinden bringen lässt: Das Selbertun der sich selber Bestimmenden kann nicht durch die Versicherung ersetzt werden, bei richtigem Selbstverständnis hätten sie jedenfalls genau die 'objektiv richtige' Form von Selbstbestimmung gewählt; aber die Tatsache des Selbertuns macht auch die Frage nicht überflüssig, ob sich das Resultat, der Effekt, dieses Handelns auch als ein interdependentes Netzwerk von sich wechselseitig verstärkenden Selbstbestimmungsprozessen Vieler behaupten lässt. Die politische Kraft des Autonomiegedankens liegt keineswegs in der einfachen Identität von Bestimmenden und Bestimmten, welche in differenzierten gesellschaftlichen Verhältnissen eher nicht angenommen werden kann, sondern ergibt sich aus dem bestimmten und erklärten Willen von Vielen, sich keiner Herrschaft zu unterwerfen und, um das als Menschen durchhalten zu können, sich selber in ihrem Handeln gemeinsam zu bestimmen, d.h. auch immer zu begrenzen. Autonomie erwächst in diesem Sinne aus den Willen Vieler, sich keiner Herrschaft zu unterwerfen, keine Herrschaft zu dulden und auch nicht nach Herrschaft über andere zu streben.

Das beginnt in gegenwärtigen Gesellschaften mit der Bereitschaft, zuzugeben und kritisch zu bearbeiten, wie weitgehend Gedanken des Herrschens (und der Herrschenden) in allen gesellschaftlichen Individuen erst einmal verankert und bestimmend sind. Es bedarf daher immer auch einer selbstkritischen Rückwendung dieser gesellschaftlichen Individuen gegen die eigenen Ausgangsgedanken. Ihre Entschlossenheit, mit anderen in 'gleicher Freiheit' zu kooperieren, verliert auch dadurch nicht an politischer Kraft, dass es einzelne geben mag, welche selber zur Unterwerfung bereit sind, bzw. dass es immer einige gibt, die selber auf Herrschaft über andere Menschen aus sind, jedenfalls in ihren subtileren Formen wie Dominanz, Ausbeutung oder Ausnutzung. Die hauptsächliche Schranke des Autonomiegedankens liegt in den Materialitäten menschlicher Praxis, in den tief gestaffelten materiellen Bedingungen, welche sich aus dem gegebenen Stand der 'Ökologie der Menschheit' ergeben und aus den weit verzweigten materialen Zwängen, wie sie sich aus der von uns als Individuen niemals einholbaren Bildung unseres Begehrens herleiten. Eine bloße Haltung der anerkennenden Zurkenntnisnahme dieser gegebenen Bedingungen und Zwänge entwirft jedoch noch kein gemeinsames Handlungskonzept, in dem so etwas komplexes wie eine dauerhaft tragfähige Selbstbestimmung, eine verwirklichte Autonomie, sich verkörpern könnte. Vielmehr bedarf es dazu einer gemeinsamen Antwort, einer 'Bewältigungsstrategie' für diese vorgegebenen Bestimmungen, mit denen sich gemeinsames Handeln auseinandersetzen muss. Erst in einer derartigen Konkretisierung für eine gegebene Lage wird die Forderung nach Autonomie dauerhaft konstitutiv für politisches Handeln. Diese Dauerhaftigkeit stellt zugleich das Problem der Kontinuität, des Festhaltens des einmal Erreichten, zunächst als 'Erinnern und Durcharbeiten', dann auch als 'Aufschreiben und Nachlesen'. Als bewältigte Materialität produzierte eine durchgehaltene Praxis der Autonomie ihrerseits Geschichte - und innerhalb der Geschichte so etwas wie eine 'epidosis eis hautó', eine Art des Fortschreitens in Kultur (vgl. Assmann 1992, 285f.) und Wissenschaft, welche eine „Rationalität der Revolution" (vgl. Jäger 1985, 9ff.) begründen kann. Aber in diesem Prozess muss sich der einfache Grundgedanke der Autonomie zugleich auch weiter ausdifferenzieren. Mit dem Schritt über eine voraussetzungs- und bedingungslose Assoziation von Vielen hinaus zu einem situierten Zusammenhandeln zur Bewältigung gemeinsam angenommener 'Herausforderungen' muss jede mögliche Bewältigungsstrategie auch auf die differenzierte Materialität dieser Voraussetzungen und Bedingungen, dieser 'Hindernisse' und 'Zwänge' eingehen. Die bloße Assoziation Vieler als solche kann noch kein inhaltlich bestimmtes 'Selbst' schaffen, das dann zur verlässlichen Grundlage geteilten Wissens und gemeinsamen Handelns fungieren kann. Autonomie kann sich nur dadurch verwirklichen, dass alle Beteiligten sich immer wieder von Neuem in den unterschiedlichen materiellen Bedingungszusammenhängen verankern, in denen sie gemeinsam sich handelnd selber zu bestimmen bestrebt sind. Autonomie verwirklicht sich in historischen Zusammenhängen, welche immer wieder der Erneuerung durch von den Vielen ergriffene oder auch aufgegriffene Initiativen bedürfen.

Freiheit und Geschichte

In der Geschichte der Philosophie des 19. und 20. Jahrhunderts haben die Überlegungen Hegels, die Geschichte als Verwirklichung subjektiver Freiheit zu denken und damit den Freiheitskampf zur Substanz der Geschichte zu erklären, eine zentrale Rolle gespielt. Lukács tragende Überlegung über die revolutionäre Rolle des Proletariats in „Geschichte und Klassenbewußtsein", welche das Proletariat als „Selbstbewußtsein der Ware Arbeitskraft" zum kommenden Geschichtssubjekt erklärt, hat ebenso daran angeknüpft, wie Kojèves Anthropologisierung des Freiheitskampfes oder Sartres existenzialistische Radikalisierung einer umfassenden 'Dialektik der Befreiung'.[92] Der in dieser Konstruktion angelegte 'Überschuss an Rechtfertigung' hat nicht nur zu Lukács Position einer hilflosen Komplizität mit dem real existierenden Stalinismus beigetragen. Er ist auch in seiner Kojèveschen Variante zu einer geschichtsphilosophischen Rechtfertigung des Stalinismus herangezogen worden (vgl. Fetscher 1995, 377ff.) und hat zu entsprechenden Rechtfertigungen einer unipolaren US-Hegemonie seinen Beitrag geleistet (de Man u. Gehlen, sowie Fukuyama, vgl. Anderson 1993, 85ff. u. 96ff.). Sartres anspruchsvolle Versuche (1960 u. 1985), gegen die in der Arbeiterbewegung des 19. und 20. Jahrhunderts vorherrschende Linie eines geschichtsphilosophischen Determinismus die Kontingenz und die grundsätzliche Prekarität von Befreiung zu denken, haben ihn nicht daran gehindert, den nationalen Befreiungsbewegungen der 1950er und 1960er Jahre und damit auch den sich auf sie berufenden Regimes einen vergleichbaren 'Legitimationsüberschuss' zukommen zu lassen (vgl. Sartre 1961). Vor diesem Hintergrund ist die schlichte allgemeine Berufung auf Ziele wie Befreiung oder Selbstbestimmung zumindest erläuterungsbedürftig geworden.

Dennoch ist es nach den Perversionen des Gedankens der 'Demokratie' im 20. Jahrhundert[93] keineswegs erforderlich, den Gedanken der Befreiung oder die Zielvorstellung der Selbstbestimmung als solche fallen zu lassen. Im Gegenteil: Gerade die vielen endlichen Subjekte, die begriffen haben, dass für sie 'zuhause sein' etwas ganz anderes bedeutet, als Herrschaft entweder anzustreben oder auch nur hinzunehmen, werden das Ziel ihrer gemeinsamen Selbstbestimmung, durch die sie allein Herrschaft überwinden können, neu mit dem Ziel des Zusammenhandelns und Zusammenlebens mit anderen verknüpfen können. Auch hier ist es zunächst erforderlich, überzogene bzw. pervertierte Ansprüche zurückzunehmen. Erforderlich dafür ist allerdings ein differenzierter Begriff planvollen gesellschaftlichen Handelns, der nicht auf einen panoptischen und irrtumsresistenten zentralisierten Entscheidungsprozess rekurriert, wie ihn nur ein solches 'großes Subjekt' tragen könnte.[94] Weiterhin erfordert eine derartige Erneuerung der Konzeptionen von Befreiung und Selbstbestimmung als gemeinsamer Verwirklichung von Autonomie eine entsprechend differenzierte Auffassung von gesellschaftlicher Kommunikation und individueller 'Selbstverständigung': Anstatt auf eine imaginäre Selbstdurchsichtigkeit und Selbstgenügsamkeit gleichsam vergangenheits- und körperloser individueller

Subjekte zurückzugreifen, sind deren in materiellen Verhältnissen situierte und verankerte, konkret verkörperte Subjektpositionen selbst als historisch produzierte und zu reproduzierende zu begreifen.[95] Insofern sich diese individuellen Subjekte von diesen Positionen aus in ihrem individuellen wie in ihrem kollektiven Handeln konstituieren, lässt sich das Problem ihrer 'Vergesellschaftung' aufgliedern - in ein Problem der individuellen Reflexion der immer schon vorgängigen Gesellschaftlichkeit als Bedingung der Herausbildung sozialer Identitäten und Lebensgemeinschaften, eine Fragestellung nach den mit diesem ersten Problem eher nicht zusammenfallenden Bedingungen für die Gewinnung politischer Handlungsfähigkeit und die von diesen beiden Problematiken noch einmal klar zu unterscheidende Fragestellung nach Bedingungen und Formen einer Steuerung materieller, insbesondere ökonomischer Entwicklungen, die es real möglich machen, etwa zwischen in ihrer spezifischen Dynamik nutzbaren 'Marktmechanismen' und wegen ihrer potenziellen Herrschaftseffekte politisch zurückzudrängenden 'Marktmächten' zu unterscheiden (Elson 1988 u. Devine 1992, vgl. Creydt 2001).

In gewisser Weise kann radikale Philosophie sogar für den ersten und den zweiten derart herausdifferenzierten Problembereich einen Kernpunkt der Hegelschen Überlegungen in den eigenen Diskurs 'übertragen': Eben dort, wo es den vielen gelingt, im Zusammenhandeln zu einem kollektiven Subjekt, einem 'wir', zu werden und zugleich durch entsprechende Bündnisse mit anderen kollektiven und individuellen Subjekte politisch handlungsfähig zu werden, können sie sich begründet zuschreiben, 'Geschichte zu machen'. Damit ist aber noch nicht die Fähigkeit gewonnen, den materiellen gesellschaftlichen Entwicklungsprozess längerfristig wirksam zu steuern. So hat etwa die westberliner Hausbesetzerbewegung zu Beginn der 1980er Jahre sowohl die rebellische Identitätsbildung eines beträchtlichen Teils der damals Jugendlichen wirksam geleistet und in den besetzten Häusern Lebensgemeinschaften gestiftet, die als kulturelle Infrastruktur noch längere Zeit wirksam bleiben. In den über 'Patenschaften' für besetzte Häuser vermittelten Bündnissen bis in das linksliberale Bürgertum hinein wurde darüber hinaus auch ein erhebliches Maß an politischer Handlungsfähigkeit gewonnen. Allerdings legte die dabei verfolgte Zielbestimmung eines 'anderen Lebens' die weitere Entwicklung dieser sozialen Bewegung in eine Richtung fest, welche sich in den 'Wagenburgen' der 1980er Jahre konkretisierte und ihre vielleicht signifikanteste Zuspitzung in der Episode der 'Besetzung' des 'Niemandslandes' zwischen Ost- und West gefunden hat. Ein Reformziel wie etwa nur die demokratische Kontrolle über die westberliner Bauwirtschaft kam dabei nicht in den Blick und konnte in diesem Prozess nicht gewonnen werden.

„Keine Atempause - Geschichte wird gemacht!" das gilt zwar in der Perspektive des historischen Prozesses als solchem, losgelöst von den Lebensperspektiven seiner individuellen Akteure. So wie es keinen Nicht-Sinn gibt, in den sich Menschen aus der 'Sinnmaschinerie' zurückziehen könnten, oder auch keine wirkliche Nicht-Politik, gibt es auch keine Nicht-Geschichte. Dennoch bleibt es kontingent, wie und wie intensiv sich die individuellen Pfade der Lebensführung mit übergreifenden historischen Auseinandersetzungen immer wieder neu verflechten und zugleich auch immer wieder neu von ihren eigenen historisch gewordenen Resultanten 'absetzen'. Dies ist ganz offensichtlich ebenso wichtig wie schwierig zu untersuchen.[96] Hier kann radikale Philosophie nur den relativ hilflosen Versuch machen, einige Vorschläge für ein Herangehen an die zu Unrecht verdrängte 'Krise der Psychoanalyse' zu formulieren, welche hier das zentrale Hindernis für eine Durchführung weitergehender produktiver Untersuchungen bildet.

Denn nur wenn auch die psychoanalytische Selbstverständigung aus ihrer schon lange anhaltenden Blockierung zwischen 'Revisionen' und 'Orthodoxie' herausfindet, können im schwer durchschaubaren Geflecht von historischen Prozessen und individuellen Lebenspraktiken die Verhältnisse zwischen gesellschaftlichen Zusammenhängen und individuellen Fixierungen[97] konkreter geklärt werden - und insbesondere die bisher offenbar selbst in ernsthaften, nicht mit äußerlich herangetragenen Reflexionen operierenden Untersuchungen übermächtig wirksamen Mechanismen zu überwinden, die immer wieder eine Verkürzung und Behinderung der inhaltlichen Selbsterforschung der psychoanalytischen Diskurse in ihrem Verhältnis zur inhaltlichen Praxis von AnalytikerInnen *(und AnalysandInnen)* bewirken: als Abdrängung in eine konsequenzenarme philologische Gelehrsamkeit (auf die sich die deutsche Freudorthodoxie zu reduzieren neigt) oder in eine allzu gedankenreiche dogmatische Reflexionsform (wie sie in der Lacan-Schule viele Einsichten gleich wieder verdunkelt zu haben scheint).

Subjektivität und Aneignung

So wie es in der Logik des 19. Jahrhunderts immer wieder eine Tendenz gegeben hat, inhaltlich ungelöste Probleme an psychologische (oder historische) Subjekte zu verweisen, hat es auch innerhalb der philosophisch-politischen Strömungen, welche die Ziele von Aufklärung und Befreiung weiter verfolgten, eine starke Tendenz gegeben, Unklarheiten in Zielbestimmung und Strategiebildung auf die Frage nach dem adäquaten Subjekt des Handelns zu verschieben[98]. Nicht anders als im Fall des Psychologismus in der philosophischen Logik kommt es dabei bestenfalls zu einer Reformulierung des gleichen Problems in einem subjektivierten diskursiven Register - schlimmstenfalls jedoch zu einer Verdeckung der Probleme durch die Unterwerfung unter ein ideologisch aufgeladenes 'großes Subjekt', also zu einer erneuten Legitimierung von Herrschaft.

An diesem Punkt können wir auf die kritische Thematisierung der Voraussetzungen der Subjektkonzeption der Moderne[99] in der postmodernen Debatte zurückgreifen: Im Anschluss an die drei narzisstischen Kränkungen - durch Marxismus, Psychoanalyse und Linguistik[100] -, welche 'dem (großen) Subjekt' schon im 19. und 20. Jahrhundert bedeutet haben, dass es nicht Herr im eigenen Hause ist, lassen sich die Fragen der Identitätsbildung, der politischen Handlungsfähigkeit und der 'Sozialisierung' der materiellen gesellschaftlichen Reproduktionsprozesse deutlich unterscheiden. Aus der Perspektive der vielen 'kleinen Subjekte' können diese narzisstischen Kränkungen unter dieser Voraussetzung geradezu als Momente und Stützpunkte von Befreiung akzeptiert und verarbeitet werden, ohne deswegen auf die rationalistischen, jedermenschbezogenen und radikal herrschaftskritischen Positionen dieser Subjektphilosophie zu verzichten.

Der postmoderne Gedanke, die weitreichenden Konsequenzen dieser 'narzisstischen Kränkung' von als 'souverän über sich selbst' verfügenden individuellen Subjekten ebenso wie von 'großen Subjekten', welche über sie verfügen wollen, bedeutet, dadurch akzeptabler zu machen, dass die Geschichte in eine 'moderne' Epoche, welche angeblich unter der anerkannten und unangetasteten Verfügung der Großsubjekte stand, und eine 'postmoderne' zerlegt wird, welche der Selbstbestimmung der individuellen Subjekte unterliegt, erweist sich im Rückblick als wenig tragfähig. Die Vermutung liegt nahe, dass die zeitweise relative Hegemonie derartiger Überlegungen sich daraus ergab, dass sie selber noch als praktische Beiträge zum neoliberalen Unternehmen des Abbaus der Hegemonie 'fordistischer' Vorstellungen funktionalisiert werden konnten.

Eine einfache Rückkehr zur traditionellen, männlich geprägten Subjektphilosophie verbietet sich aber auch: Die Zielvorstellung des 'Herrn im eigenen Hause' lässt sich nicht in eine selbstkritische und auf Herrschaftsüberwindung gerichtete Perspektive eingliedern.

Eine auf Herrschaftsüberwindung hin angelegte Erneuerung des Impulses des Subjektphilosophie macht demgegenüber einen sowohl von den 'Zufälligkeiten' der individuellen Identitätsbildung als auch von der 'unendlichen' stofflichen Vielfalt der materiellen Reproduktionsprozesse abgesetzten Begriff planvollen gesellschaftlichen Handelns erforderlich, der nicht auf einen derartigen panoptischen und irrtumsresistenten zentralisierten Entscheidungsprozess rekurriert und die eigene Bedeutung und Funktionsweise auch dieser von ihm abgesetzten Bereiche konsequent ernst nimmt (vgl. Wainwright 1994). Die Position des 'großen Subjektes' wird damit aufgelöst zu einer immer nur prekär und vorläufig zu antizipierenden 'Resultante' des Zusammenhandelns vieler, zu einer beständig neu zu lösenden politischen Aufgabe, die in ihrer sinnlich-leiblich-ökologischen Materialität und Diversität auf möglichst effiziente Weise kontingent in Zeit und Raum zu verankern ist, ohne sich auf diese Kontingenzen zu reduzieren.

An der cartesianischen Subjektphilosophie tritt damit nicht mehr so sehr ihr totalisierender Anspruch (an dem Sartres Reflexionen sich geradezu kritisch festgebissen hatten und in den Žižek einfach zurückzufallen vorschlägt), sondern ihr Prozessieren durch den umfassenden Zweifel und ihr Rationalismus in den Vordergrund - während sich das große Zentralsubjekt selbst in einen 'Platzhalter' der vielen unter ihm auf der vernünftigen Einsichtigkeit der von ihnen anerkannten Argumente bestehenden 'kleinen Subjekte' verwandelt, den diese brauchen, um diesen radikalen Hinterfragungshorizont nicht mehr aus den Augen zu verlieren.

Die philosophische Vorstellung einer radikalen Subjektphilosophie ist immer wieder mit einem geschichtsphilosophischen Konzept der Aneignung verbunden worden: Dieser Zentralbegriff der Neuzeit[101] ist aber inzwischen selbst zum Problem geworden(vgl. Schulze 1996): Er lenkt das Denken zunächst einmal schlicht auf eine falsche Verselbstständigung der Subjekte sowohl gegenüber ihrer individuellen und kollektiven Lebenspraxis, in der sie leben und die sie sich nicht wirklich insgesamt zum äußeren Gegenstand machen können (wobei allerdings das Moment der 'Selbstkultivierung' durchaus neu zu bedenken und zu bewahren scheint). Das hat in der Frage des 'Erbes' zwischen den Generationen dadurch zu Verwirrungen geführt, als es dazu einlud, an die Stelle des schwierigen Prozesses des 'Erinnerns und Durcharbeitens', der immer wieder neu beginnen muss, so etwas wie einen einmaligen Akt der 'Eigentumsübernahme', der 'Aneignung', setzen zu wollen. Wichtiger noch ist die darin angelegte anti-ökologische Fehlorientierung auf ein Privateigentümer-Verhältnis der Menschheit insgesamt zur Natur. Die fragliche Kategorie hat nämlich dazu geführt, die Menschen-Natur-Verhältnisse unter den Begriff der Aneignungsverhältnisse zu subsumieren und damit dazu einzuladen, die Mensch-Natur-Verhältnisse als eine Art von ursprünglichen Eigentumsverhältnissen zu konzipieren.

Das führt zu dem Ergebnis, dass es unmöglich wird, zwischen persönlichen Identifikationsverhältnissen ('mein Star', 'mein Vorbild'), demokratischen Repräsentationsverhältnissen ('mein Abgeordneter') und ökonomischen Aneignungsverhältnissen ('mein Bankkonto') zu unterscheiden bzw. zumindest noch ihre strukturellen Unterschiede im Hinblick auf die in ihnen liegenden Erfordernisse von substanzieller Übereinstimmung, kompromisshafter Verknüpfung und sachlich-gegenständlicher Vermittlung deutlich ins Auge zu fassen.

Zusammenhandeln und Vereinheitlichung

Rousseau etwa hat das Problem klar vor Augen gehabt, das darin liegt, dass das 'Selbst' eines lebendigen politischen Prozesses des gemeinsamen 'Sich-Selber-Bestimmens' nicht als ein 'an sich' immer schon fertiger Gegenstand - etwa nach dem Modell der 'Aneignung' gedacht werden kann, über den wir nur noch verfügen müssten. Sowohl hinsichtlich der Art, wie wir selber uns in diesem Bestimmungsprozess verhalten - hierauf bezieht sich letztlich die Rousseausche Unterscheidung zwischen einem 'allgemeinen Willen' und einem bloßen 'Willen aller' - als auch hinsichtlich seiner Verbindlichkeit in der Zeit, also der Verbindlichkeit heutiger Bestimmungen für künftige Entschließungsprozesse, unterliegt selbst der Konsens, in den eine Beratung einmünden könnte, wichtigen unbeantworteten Fragen. Das gilt erst recht für alle Mehrheitsentscheidungen - inwiefern sind sie für die unterlegene Minderheiten verbindlich, unter welchen Voraussetzungen kann und sollte neu entschieden werden? Rousseau hat selber eine ganze Reihe von Auswegen aus diesen Schwierigkeiten gesucht, die alle letztlich nicht befriedigend waren (vgl. Althusser 1966/1987). Das entwertet allerdings noch nicht seine Ausgangsthese, dass nämlich allein in der erfolgreichen Bildung eines gemeinsamen Beratungs- und Beschlussfassungs- und Handlungssubjektes aufgrund der Beteiligung aller ein Prozess des Sich-Selber-Bestimmens verwirklicht werden kann[102]. Die dabei auftretenden Probleme sind Schritt für Schritt zu lösen und müssen nicht vorab schon ein für alle Mal gelöst werden.

Inzwischen ist es uns aber möglich, zumindest zwei Pfade zur Lösung der Grundprobleme einer modernen radikalen Demokratie, wie sie philosophisch von Rousseau ausgeht, als ungeeignet zu erkennen und kritisch zu überwinden.

Das bezieht sich erstens auf den identitären Kategorienfehler, die erfolgreiche Bildung eines gemeinsamen Subjektes, eines signifikanten und relevanten 'Wir', an eine real-imaginäre - also etwa 'nationale', 'ethnische', 'rassische' oder auch eine essentialistisch interpretierte geschlechtsidentitäre oder religiöse - Homogenisierung aller Beteiligten[103] zu binden, durch die alle in ihrer 'sozialen Substanz' gleich werden sollen. Dies kann weder gelingen, denn deren reale Unterschiedlichkeit wird sich trotz aller imaginären Überblendungen (und terroristischen 'Ausmerzungen') immer wieder Bahn brechen, noch trägt es wirklich zu einer 'Stärkung' des Zusammenhalts eines derartigen 'Wir' bei: Einerseits müssen wir nämlich begreifen, dass der, die, das „andere" (diverse) ebenso gut gleich, sogar u.U. (eineiige Zwillinge, Repliken, Faksimiles) „ganz gleich" (wozu die Mathematiker und NaturwissenschaftlerInnen verwirrenderweise „identisch" sagen[104]), wie umgangssprachlich „anders" (verschieden, different) sein können, ohne dass das hinsichtlich ihrer Zugehörigkeit zu einem 'Wir', mit dem sie sich identifizieren, einen Unterschied macht. Nur in kollektiven Identitätskrisen, in denen bereits entwickelte Formen des Zusammenhaltes zu zerbrechen beginnen (= „wir wissen nicht mehr, wer wir eigentlich sind!") kann mensch eigentlich auf den Gedanken kommen, die Gleichheit (Ab- und Ausgrenzungswahn, Phantasma des 'Doppelgängers') oder auch die Verschiedenheit des/der „anderen" stelle eine Bedrohung für die „eigene Identität" dar. Andererseits ist die Kraft einer Identifikation, die ein gegebenes kollektives Subjekt zusammenhält, zunächst einmal in ihrer Eigenartigkeit zu begreifen, bevor nachgeforscht werden kann, wie sie durch andere Kräfte modifiziert, gestärkt oder geschwächt werden kann. Ganz so wie die liebende Identifikation mit dem anderen sich nicht einfach aus Interessen und Umständen ergibt, auch wenn sie ohne Rücksichtnahme auf diese zumeist keinen Bestand haben kann.

Zweitens - und scheinbar gegenläufig - müssen wir zu begreifen versuchen, inwiefern eine erfolgreiche Wir-Bildung mit dem Fortbestehen von 'Ungleichheit' im Sinne von Herrschaftsverhältnissen unvereinbar ist, also zumindest von einem Prozess der Herrschaftsüberwindung begleitet werden muss.[105] Dazu ist es erforderlich, dass wir uns klar machen, dass Herrschaftspositionen keine bloßen Unterschiedlichkeiten oder 'Differenzen' darstellen[106], sondern gegenüber den Herrschaftsunterworfenen selbst im Falle ihrer aktuellen 'Zustimmung'[107] antagonistisch verselbstständigte Verhältnisse. Angesichts der großen Schwierigkeiten, die es offenbar macht, den Abbau derartiger Positionen nicht nur zu postulieren, sondern wirklich einzuleiten, hat sich immer wieder die Versuchung als übergroß erwiesen, auf eine Politik der real-imaginären Homogenisierung auszuweichen, welche die zugrundliegenden Identifikationen dadurch zu stärken sucht, dass sie Pluralität, Diversität und Differenz verdrängt. Dass zum einen die 'Stärke' von Identitäten keineswegs in Zusammenhang mit einer Homogenisierung der beteiligten Subjekte steht und zum anderen politische Handlungsfähigkeit nicht primär eine Funktion einer derartigen Identitätsstärke ist, sondern in viel engerem Zusammenhang mit der eigenen Bündnis- und Kompromissfähigkeit steht, wird in einer derartigen Strategie verdrängt - mit der Konsequenz eines tendenziell anwachsenden sektiererischen Charakters der auf diese Weise überforderten Identitäten. Hinter diesem immer wieder begangenen doppelten Kategorienfehler steckt damit also auch ein schwierig zu lösendes wirkliches Problem.

Angesichts der allein schon aus unterschiedlichen individuellen 'Entscheidungsgeschichten' resultierenden Differenzierung individueller Lebensumstände und Subjektpositionen ist aber eine derartige Homogenisierung ein problematisches und letztlich zum Scheitern verurteiltes Vorhaben. Denn wo sollte eine derartige Homogenisierung, wenn sie erst einmal damit angefangen hat, die Individualität der Homogenisierung zu opfern, überhaupt noch Halt machen? Bereits Swift hat für das damit verbundene Problem einer unendlich willkürlichen Homogenisierung, die vor nichts Halt macht, das durchaus treffende Beispiel der kriegerischen Fraktionierung an Hand der Frage gefunden, wo denn ein Frühstücksei 'richtigerweise' zu öffnen sei. Wenn daraus nicht die Einsicht folgt, dass es um das schwierigere Problem der Herrschaftsüberwindung in allen ihren Formen und eben nicht um das scheinbar so einfach zu erfassende Problem einer sozialen Homogenisierung geht (wie es bezeichnenderweise auch die großen negativen Utopien des Zwanzigsten Jahrhunderts beschäftigt hat - vgl. Saage 1995 u. 2000), dann setzt ein Prozess der Eskalation ein: Jedes Scheitern einer derartigen Homogenisierung wird dann dadurch beantwortet, dass der nächste Homogenisierungsversuch noch breiter angelegt wird und dass die dafür aktivierte 'politische Gewalt' - von Bewegungen, Parteien oder Staaten - immer nachdrücklicher eingesetzt wird, bis hin zur physischen Gewalt gegen diejenigen, die als der Homogenisierung im Weg stehend betrachtet werden. M.a.W. führt genau der hier analysierte Kategorienfehler, 'Gleichheit' als Herrschaftsüberwindung mit dem Abbau aller sozialen oder kulturellen Differenzen zu verwechseln, auf der Ebene der intellektuellen Orientierungen zur Konsequenz einer Legitimierung terroristischer Eskalationen und einer totalisierenden Tendenz einer verselbstständigten Kontrolle über alle Lebensbereiche der Individuen, die ihre konsequenteste Verwirklichung in totalitären Herrschaftsformen[108] findet.

Die Frage der Strategien der Herrschaftsüberwindung stellt sich immer wieder ganz konkret und spezifisch. Sie kann nicht als ein für alle Mal beantwortet betrachtet werden - weder durch den Hinweis auf die Zielsetzungen der 'klassenlosen Gesellschaft' oder des 'Absterbens des Staates' noch durch den Verweis auf die Übergangskategorien der 'Diktatur des Proletariats' bzw. der in sie einmündenden 'proletarischen Revolution'[109]. Dies gilt auch dann, wenn wir von den Schwierigkeiten abstrahieren, die darin liegen, das Proletariat zirkulär immer schon als eben das Subjekt zu bestimmen, das für die Lösung der ungelösten inhaltlichen Fragen einsteht - wodurch die Argumentation ins Zirkuläre und Tautologische abgleitet. Der Ausgangsgedanke eines deliberativen Suchprozesses, der dazu geführt hat, lässt sich zwar durchaus noch nachvollziehen[110] - aber dessen Offenheit ist zwar von Marx gelegentlich betont worden, in der Entwicklung der Marxismen aber immer wieder vor allem dem mangelhaften Entwicklungsstand der politischen Kategorien zum Opfer gefallen.

Vor diesem Hintergrund haben sich auch innerhalb der zweifelsfrei 'progressiven', durchaus am kategorischen Imperativ der Herrschaftsüberwindung orientierten Kräfte, wie die historische Entwicklung gezeigt hat, in diesem zentralen Punkt des Selbstverständnisses als 'historische Wissenschaft' immer wieder wirkliche schwierige Probleme ergeben: Die von Marx und Engels kritisierten Anhänger Bakunins und später die von Lenin kritisierten „Linksradikalen" wollten doch auch „die Welt verändern", nur eben viel schneller als die „Marxisten" mit ihren immer neue Analysen der 'Kräfteverhältnisse' und ihrem beständigen Nachdenken über „Strategie und Taktik". Das intuitive Verständnis der AnarchistInnen für das Unvorhergesehene und Unvorhersehbare im historischen Prozess hat ihnen auch noch nach dem Ende der anarchistischen Bewegungen eine reale Bedeutung verliehen (vgl. Hobsbawm 1999, 97ff.). Ähnliches gilt für die Traditionsrinnsale, welche aus der älteren Genossenschaftsbewegung mit ihren Gedanken der Selbstorganisation und der Gegenseitigkeit lebendig geblieben sind, über die Geschichtsbrüche der europäischen Faschismen und der Weltkriege hinweg. In den 'neuen sozialen Bewegungen' der 1970er und 1980er Jahre, die nicht zufällig aus den Impulsen der weltweiten 'antiautoritären Jugendrevolte' der 1960er Jahre[111] gespeist wurden, beanspruchten in vielleicht vergleichbarer Weise Fragen der „Identität"[112] den Vorrang vor einer nüchternen Analyse von objektiven Kräfteverhältnissen und Veränderungschancen: Allerdings lässt die Ablösung des Slogans „Die Phantasie an die Macht!", wie er im Mai 1968 an den Wänden zu lesen war, durch „Macht kaputt, was Euch kaputt macht!", wie er in den 1980er Jahren im Vordergrund stand, auch erkennen, welche tiefgehenden Brüche innerhalb dieser Bewegungen vollzogen worden sind[113], ohne dass eine Sprache zur Verfügung gestanden hätte, in welcher sie sich hätten artikulieren und adäquat kontrovers erörtern lassen.

Bei allen noch anhaltenden Momenten von Wissenschaftsoptimismus in seiner Vorlesung zur „spontanen Philosophie" der Wissenschaftler hat Louis Althusser dieses Konzept eines Bündnisses entworfen, an das auch die „radikale Philosophie" anknüpft. Nur mit Hilfe seiner Unterscheidung zwischen einer zwischen Herrschaft und Befreiung ambivalenten „spontanen Philosophie", wie sie nicht nur in der Tätigkeit der Wissenschaftler, sondern in allen Bereichen organisierter und institutionalisierter Praxis auftritt, einerseits und einer sich damit verbündenden Tätigkeit von Philosophinnen und Philosophen als arbeitsteilig spezialisierte Intellektuelle, für die Althusser noch keine feste Bezeichnung hatte, kann der spezifische „Einsatz" und Ausgangspunkt „radikaler Philosophie" wirklich begriffen werden.

Radikale Philosophie kann die Frage nach den richtigen Formen der Vergesellschaftung nicht pauschal und ein für alle Mal beantworten. Sie verweist vielmehr auf die erforderlichen Unterscheidungen zwischen den Problematiken, die kritisch zu durchdenken sind: Die Probleme einer belastbaren Pluralität und Diversität subjektiver Identitäten sind zum einen mit denen einer umfassenden Demokratisierung und Politisierung aller gesellschaftlichen Verhältnisse in einer sich globalisierenden Weltgesellschaft zusammenzudenken, wie sie in partikularen Ausschnitten in der politikwissenschaftlichen Demokratietheorie diskutiert werden. Zum anderen sind durchaus nicht in 'identitätspolitischer' Weise die spezifischen Fragen sachlich zu erörtern, wie auf effiziente Weise eine 'bewusste, planvolle Gestaltung' der gesellschaftlichen Naturverhältnisse dieser Weltgesellschaft erzielt werden kann, welche in einem wechselseitig stützenden Zusammenhang mit einer verantwortlichen Steuerung der materiellen Reproduktions- und Austauschprozesse unter ihren menschlichen Trägern steht, wie dies in eher noch enger gefassten Ausschnitten innerhalb der makroökonomischen Theoriebildung thematisiert wird. Die Fragen von 'Lebensweise', 'Demokratie' und 'Sozialismus', wie sie im 20. Jahrhundert, sofern sie nicht schlichtweg miteinander identifiziert worden sind, immer wieder geradezu gegeneinander gestellt worden sind, werden in dieser Perspektive als zwar irreduzibel differente, aber doch auf einander einwirkende und miteinander in ihren Lösungsperspektiven verflochtene Probleme erkennbar. Vor allem: Nach der Epoche der fast ungebrochenen neoliberalen Hegemonie, in der Thatchers Slogan „TINA!“ (= There is no alternative) geradezu in den gesellschaftlichen 'common sense' eingegangen war, formulieren inzwischen, seit dem 11.9.2001 erheblich deutlicher, auch die Nachfolger der neoliberalen Konservativen immer dringlicher werdende Gestaltungsfragen und propagieren damit nicht mehr die schlichte Selbstaufgabe der Politik vor dem naturgesetzlichen Selbstlauf der gesellschaftlichen Entwicklungen. Damit werden aber auch die Fragen nach der politischen Gestaltung der gesellschaftlichen Voraussetzungen einer 'alternativen Lebensweise', einer umfassenden 'Demokratisierung der Gesellschaft' und nach einer wirksamen 'Sozialisierung' des weltgesellschaftlichen materiellen Reproduktionsprozesses in Verbindung mit einer 'Mundialisierung' demokratischer Politik wieder auf eine Weise als alternative Gestaltungsvorschläge formulierbar, dass sie von Neuem auf die Tagesordnung der wissenschaftlichen, künstlerischen und politischen Auseinandersetzungen gesetzt werden können, ohne weiterhin als bloße Wünsche an eine nicht gestaltbare Realität abweisbar zu sein.

Drei Schlüsselaufgaben der Realisierung von Autonomie: Sozialisierung der Ökonomie, Mundialisierung der Politik und Sozialisation der Menschen

Unter dem Gesichtspunkt einer historischen Einlösung der Autonomieforderung stehen heute vor allem drei konkrete Probleme an: die Planung einer gemeinsamen ökonomischen Entwicklung aller Teile der Menschheit, die es allen Menschen ermöglicht, sich in einer auf verantwortliche Weise frei gewählten Lebensweise, innerhalb der Schranken einzurichten, welche das 'Geschenk der Natur an die Menschheit' (Lipietz), die Tragefähigkeit des komplexen Gewebes der Ökosysteme des Planeten Erde für die jeweils von den Menschen produzierte Gestalt ihrer Ökologie, ihnen allen setzt. Eine solche Planung, wie sie in Ansätzen in den Klimaschutzverhandlungen zu realisieren und praktisch umzusetzen versucht wird, zielt auf stofflich bestimmte Proportionalitäten und Verteilungen, welche demokratisch gesetzte Prioritäten und Gewichtungen voraussetzen. Sie setzt voraus, dass es möglich ist, die große Vielzahl der privaten Wirtschaftssubjekte verbindlich auf die Verfolgung dieser Zielsetzungen zu verpflichten. Das setzt nicht nur die Einbettung der Wirtschaft in Staat, Gesellschaft und Kultur voraus, deren Bedeutung nicht zu unterschätzen ist, die aber auf der Ebene der Auseinandersetzung mit den globalen Problemen nicht unmittelbar zur Verfügung stehen. Es erfordert auch eine neue Art der Vergesellschaftung dieser privaten Wirtschaftssubjekte, in der eine konsequente Einhaltung der Bedingungen und Grenzen privater Aneignung mit einer gezielten 'Sozialisierung' von gemäß diesen übergreifenden Zielsetzungen richtig zu verfassenden Märkten zu verbinden ist. Das kann auf dieser Ebene weder mit 'Verstaatlichung' noch mit 'Nationalisierung' verwechselt werden, sondern tritt als spezifische Aufgabe einer weltweiten differenzierten institutionellen Regulierung zur Umsetzung einer ökologisch-ökonomischen Gesamtplanung deutlich hervor. Da es im Prozess des Aufbaus wie der Umsetzung einer derartigen Proportionalitätenplanung nicht um eine eindimensionale Zielerreichung gehen kann, sondern immer um mehrdimensionale Abwägungen von Vorteilen und Nachteilen, von Nutzen und Belastungen, von Chancen und Risiken, geht es dabei nicht einfach darum, einmal die entsprechenden ökonomischen und institutionellen Mechanismen zu schaffen und dann das so geschaffene 'ökonomische System' seinem 'Selbstlauf' zu überlassen. Vielmehr bedarf es einer beständigen politischen Begleitung und gegebenenfalls Nach- oder Umsteuerung - und d.h. es erfordert eine transnationale, alle bisher konstituierten politischen Handlungsräume miteinander aktiv verknüpfende Politik im Maßstab der ganzen, inzwischen überall von Menschen 'bewohnten' Welt, eine 'Mundialisierung' der Politik, die allein die dringend erforderliche Vergesellschaftung der 'globalisierten' Ökonomie durchsetzen und dauerhaft begleiten kann. So sehr es auch immer eine Illusion bleiben muss, den Übergang zu neuen Verhältnissen mit pädagogischen Mitteln und Programmen erreichen zu wollen, bleibt doch darauf zu verweisen, wie dringend die Selbstveränderung der durch ihr Wissen, ihre Kreativität, ihre Sorgfalt und ihre Initiativen den bis zu seiner Vergesellschaftung für sie heteronom bleibenden materiellen Reproduktionsprozess der humanen Ökologie betreibenden menschlichen Individuen zu diesen großen Umwälzungsprojekten dazu gehört. Und diese Selbstveränderung im Sinne einer Selberherstellung der eigenen Fähigkeit zu solidarischen gesellschaftlichen Umgangsweisen unter den beteiligten Menschen, so viel lässt sich schon aus den wenigen bis zu diesem Punkt derer Argumentation in Erinnerung gebrachten Überlegungen entnehmen, wird nicht gelingen, wenn sie nicht die herrschaftliche Überformung der Geschlechterverhältnisse durchbricht, welche dem einen Geschlecht 'den Signifikanten' zuschreibt und das andere, 'zweite', als eines konstituiert, das 'nicht eins' ist.

Mit den säkularen Aufgaben der Sozialisierung, der Mundialisierung und einer geschlechtersensiblen Sozialisation ist die Aufgabe einer Realisierung von Autonomie keineswegs abschließend gelöst. Aber damit eröffnet sich, jenseits der gegenwärtig dringlichen globalen Krisen menschlicher Existenz eine Perspektive auf die Realisierung einer menschlich reichen Autonomie, in der das Konzert der pluralen Selberbestimmung zum anerkannten Ausgangspunkt und zur materialen Quelle einer menschlicher Selbstwahl und damit einer selbstgewählten 'polymorphen' Diversifizierung menschlicher Lebensweisen werden kann.

Kleiner Schluss

Der konsequent herrschafts- und damit auch selbstkritische Anspruch radikaler Philosophie verbietet es ihr, ihren Diskurs tatsächlich zu einem Abschluss zu bringen, sondern veranlasst sie an dieser Stelle noch einmal die Offenheit ihres Diskurses zu zeigen.

Die Karten offen auf den Tisch legen!

Ernst Jünger hat die Parole ausgegeben: „Wer sich selbst kommentiert, begibt sich unter sein Niveau!“ Das ist aus der Perspektive einer herrschafts-affirmativen Philosophie, die sich als Akteur einer anti-aufklärerischen 'Wiederverzauberung der Welt'[1] versteht und sich dabei nicht in die Karten sehen lassen will und darf, nur konsequent. Radikale Philosophie kann sich nicht den unter dieser Parole Marschierenden anschließen - in ihr geht es darum, dieser Stoßrichtung philosophisches Gegenfeuer entgegenzusetzen, diese anrückenden Marschkolonnen aus dem Tritt zu bringen, um Jüngers soldatische Metaphorik ein wenig zu plündern.

Aber das heißt noch lange nicht, dass es radikaler Philosophie leicht fiele, sich selbst zu kommentieren. Ganz im Gegenteil: In ihrem Ringen mit und in dem Gedankenmaterial verwächst auch radikale Philosophie immer wieder so sehr mit dem von ihr bearbeiteten 'kulturellen Kapital' (Bourdieu) an Erfahrungen und Diskursen, dass Selbstkommentierungsversuche wie Rückfälle in eine 'Philosophie im Schlafrock' anmuten, über die sich schon Hegel mit einigem Recht lustig gemacht hatte, die sich nur mit Vorreden und Absichtserklärungen herumtreibt, ohne jemals 'zur Sache selbst' zu kommen. Für radikale Philosophie fällt allerdings die Hegelsche Differenz zwischen 'Phänomenologie' und 'Gang der Sache selbst' (vgl. Fulda 1966) nicht in der 'ewigen Selbstbewegung des Geistes' in sich zusammen, sondern entfaltet sich zu einer unabschließbar vielfältigen interdiskursiven[2] Übersetzungsaufgabe: Der Diskurs Kants über die Zeit als Form der Anschauung ist etwa mit dem Diskurs des Dichters und Mathematikers Omar Chaijam über die unerbittlich 'ablaufende' Lebenszeit nicht als ein Verhältnis von Wahrheit zu Schönheit zu verknüpfen, sondern als unterschiedliche Artikulationen von menschlichen Zeitpraktiken zu begreifen, die über ihre ganz unterschiedlichen literarischen Artikulationsformen hinweg - als philosophischer Traktat und als Gedicht - miteinander 'sachlich' in Beziehung gesetzt werden können.

Entgegen der Jüngerschen Parole des Verbots der Selbstkommentierung[3] gilt: Radikale Philosophie 'legt ihre Karten offen auf den Tisch'. Das ist aber alles andere als einfach. Zumal es den Beteiligten, den von radikaler Philosophie in ihre Diskussionen Hineingezogenen, oft selber gar nicht richtig klar ist, dass und in welchem Sinne sie überhaupt 'Karten spielen'. Das erfahren sie oft erst aufgrund von kritischen Analysen und 'Eingriffen' radikaler Philosophie.

Aber auch radikale Philosophie unterliegt dabei der Kontingenz. Auch für sie muss gelten, 'grabe, wo Du stehst!', so dass ihren Analysen und Argumentationen immer anzusehen sein wird, von welchem besonderen Kontext aus, in welcher spezifischen historischen Lage, im Geflecht welcher Diskurskonstellationen sie ihre kritische (und selbstkritische) Arbeit ausgeführt hat. Denn angesichts des umfassenden Feldes, auf dem sie sich bewegt, ist auf Sicht nicht vorstellbar, dass diese Arbeit einmal 'vollständig' ausgeführt sein könnte. Radikale Philosophie muss sich damit bescheiden, diese Kontingenz immer wieder zu reflektieren und zumindest für andere anzuzeigen - ohne dabei in die Illusion zu verfallen, durch eine solche Reflexion der eigenen Beschränktheit bereits über die darin liegenden intellektuellen Grenzen hinaus zu sein.

Diese Geste des Auf-den-Tisch-Legens des eigenen Rucksack-Inhaltes sollte jedenfalls das gerade Gegenteil eines gelehrten Imponiergehabes sein: Es geht nicht darum, durch den Reichtum des eigenen kulturellen Kapitals Eindruck zu schinden oder gar intellektuelle Unterwerfung einzufordern. Vielmehr ist diese Geste im Sinne eines Potlatsch zu entwickeln: Jede und jeder bringt zur gemeinsamen Feier als Geschenk mit, was er sie hat, um es dann gemeinsam zu 'verzehren'. Angesichts der zunehmenden elektronischen Verfügbarkeit und Zugänglichkeit von Texten wird dies dadurch erleichtert, dass die schlichte Akkumulation von Zitaten und Literaturhinweisen in der Tendenz so sehr erleichtert wird, dass sie als Grundlage von Imponiergesten entwertet wird. Worauf es vielmehr ankommt, ist aus dem schlicht gesammelten Material auch 'Funken zu schlagen', ein 'wirklich lebendiges Denken' an sie anzuschließen. In dieser Perspektive ist es geradezu zu begrüßen, wenn jemand 'sein' besonderes Material für andere derart lebendig macht, anstatt fallen zu lassen, was er/sie bisher bearbeitet hatte und sich auf das zu stürzen, womit sich gerade die allermeisten beschäftigen.

Vorläufig abschließende Definition der radikalen Philosophie

Als intellektuelle Praxis der Herrschaftskritik auf dem Felde der Philosophie definiert sich radikale Philosophie sowohl allgemein als auch zeitgenössisch - als 'wahrheitspolitischer Platzhalter' für künftig zu findende Antworten der Wissenschaften, der Künste und der politischen Praxis.

Radikale Philosophie ist sich dessen bewusst, dass sie auf dem Felde der Philosophie agiert und als solche dieses Feld auch nicht überschreiten kann. Sie wird also immer nur aus der Ferne in das 'gelobte Land' schauen können, in dem andere endlich 'zur Tat schreiten' werden. Aber eben dies hat sie vielen blinderen intellektuellen Formen und Mustern voraus: Sie hat die Ziele von Aufklärung und Befreiung nicht aus den Augen verloren, sie weder vergessen noch verdrängt.

Radikale Philosophie zieht damit eine andere Konsequenz aus der immer wieder wiederholten Erfahrung des Scheiterns der traditionellen Philosophieform als die der Neuaufnahme der Suche nach einer nun endlich nicht mehr aporetischen Philosophie. Sie versucht aber auch nicht das Unmögliche, sich mit der Aporetik philosophischer Tätigkeit als Philosophie einzurichten. Sie geht von der Überlegung aus, dass eben das, was von innen, aus der immanenten Perspektive philosophischer Tätigkeit sich als aporetisch darstellt, von außen betrachtet nur inkonklusiv ist, d.h. unfähig eine Debatte durch eine definitive Antwort auf die aufgeworfenen Fragen abzuschließen. Auch wenn es in der gesellschaftlichen Praxis, d.h. in Politik, Kultur, Ökonomie und 'Lebenskunst', in der wissenschaftlichen Forschung und in der schöpferischen Kunst, keine definitive Antworten gibt, die das Fragen zu Ende bringen, gibt es in ihnen doch Antworten auf die spezifisch aufgeworfenen Fragen. Die inkonklusiven Antworten der Philosopheme fungieren als Platzhalter für solche spezifischen Antworten, transportieren zugleich aber immer auch schon einen 'Überschuss', der das weitere Fragen antizipiert. Insofern sind sie sowohl provisorisch, werden immer wieder von Antworten der gesellschaftlichen Praxis, der theoretischen Untersuchung und der künstlerischen Schöpfung abgelöst; sie sind aber auch 'rekurrent', tauchen immer wieder auf - im Kontext eines immer wieder neu einsetzenden Hinterfragens, als Platzhalter immer neuer Generationen von Antworten. Das 'Solange' der radikalen Philosophie ist in die Zukunft offen und dauert lange. Auch wenn sie derart immer provisorisch ist, bleibt sie inkonklusiv in eben dem Sinne, dass sie aus sich heraus keinen Schluss finden kann. Sie bedarf der Unterbrechung durch andere Tätigkeiten und Dringlichkeiten, um zu einem Schluss zu finden.

Aber Moment Mal! Nach dieser Selbstunterbrechung bin ich zumindest noch eine vorläufig abschließende Definition des Selbstverständnisses radikaler Philosophie schuldig:

Radikale Philosophie ist eine intellektuelle Tätigkeit, die vom Selberdenken jedes Menschen ausgeht und dessen Stärkung zum Ziel hat. Sie ist eine inkonklusive Gestalt der Wahrheitspolitik, die sich nicht mit relativistischer Gleichgültigkeit zufrieden gibt, die aber auch nicht beansprucht, die eigenen

Wahrheitsziele selber einlösen zu können. Dazu antizipiert sie eine befreiende historisch kontingente Praxis der Vielen, eine Vollendung der Aufklärung in der Entfaltung der theoretischen Durchdringung eben dieser Praxis und eine ebenso kontingente schöpferische Tätigkeit der Künste - indem sie 'Platzhalter'-Konzepte produziert, die dazu beitragen, das Fragen nach diesen Antworten in Gang zu bringen und in Gang zu halten.

Ihre Arbeit mit philosophischen Mitteln arbeitet den eingeführten Evidenzen der herrschenden Philosophieform entgegen, die immer zugleich eine Herrschaft von Menschen über Menschen legitimiert. Diese philosophischen Mittel sind dabei nicht ein für alle Mal schon festgelegt, sondern werden von der radikalen Philosophie ebenso vorgefunden wie entdeckt und erfunden. Die Stunde der radikalen Philosophie schlägt besonders in den Perioden der Niederlagen und der Rückschritte in der gesellschaftlichen Praxis. Denn angesichts der Erschöpfung der praktischen Initiativen der Vielen, kann sie - während wissenschaftliche Forschung und künstlerische Erfindung z.T. noch von den Impulsen vergangener Aufschwünge bestimmt bleiben oder von Gegentendenzen einer erneuten Verstärkung der Herrschaft in Anspruch genommen werden - mit philosophischen Mitteln daran arbeiten, innerhalb des vorliegenden Gedankenmaterials in neuer Weise zwischen noch Brauchbarem und unbrauchbar Gewordenem zu unterscheiden und zugleich neue Fragen auf den Weg zu bringen.

Die Aktualität radikaler Philosophie

In der Debatte der zu Ende gehenden 1990er Jahre ist für den paradoxen Raum der Ideologie (vgl. Pêcheux 1983b), in dem sich auch das kritische Denken bewegen muss, die computertechnische Metapher der ›morphing zone‹ (Spehr/Stickler 1997) gefunden worden. Angesichts der neuen Konjunktur, welche die Losung des ›Alles bleibt anders!‹ in den diskursiven Leitplanken findet, welche nach den Terrorangriffen des 11.9.2001 'von oben', von den wieder sichtbar staatlich bestimmten Kommandohöhen der Macht aus, dem öffentlichen Diskursraum eingezogen werden, gewinnt die kritische Tätigkeit radikaler Philosophie eine gesteigerte, neue Aktualität. Die philosophischen Techniken der Problematisierung des Selbstverständlichen, des Hinterfragens des allgemein Akzeptierten und der Umfunktionierens vorgegebener Begriffe und Unterscheidungen können in den Händen radikaler Philosophinnen und Philosophen den zentralen Effekt dieses 'Morphing' unwirksam machen - indem sie wie unter einer Zeitlupe der Technik des *morphing* die für ihr Funktionieren unverzichtbare Eigenschaft der Unmerklichkeit annehmen[4].

Einer über das Besetzen und Kontrollieren von Begriffen bis zum „Morphen von Tatsachen und Aussagen zu prognostizierbaren und unentrinnbaren Ergebnissen" (Spehr/Stickler 1997) diskursiven Herrschaftsstrategie gegenüber kann radikale Philosophie kritische Gegenmacht produzieren helfen, indem sie eng und langsam am Material argumentiert und so die Verwischungen wieder hervortreten lässt, von deren faktischem Verschwinden der Effekt dieser ideologischen Herrschaftstechnik lebt. Denn so weit wie die 'von oben' propagierten Gedankenformen, Begriffe und Bilder notwendigerweise darauf zurückgreifen, die wahnsinnige Semantik Humpty-Dumptys zu praktizieren, nach der seine Worte jeweils genau das bedeuten, was er will, dass sie bedeuten sollen, sind sie für eine solche genaue Kritik wirkungsvoll angreifbar. Das kann auch nicht durch ein Heraufdrehen der medialen Lautstärke verdeckt werden – weder durch eine gezielt selektive Bilderflut noch durch eine Aufladung von Differenzen durch eine transnationale Feinderklärung, wie sie aus den real existierenden Netzwerken einiger islamistischer Gruppen, die terroristische Anschläge fördern, die projektiven Gespenster eines globalen und universalen 'Terrorismus' und 'Islamismus' produziert, welche jede Art von oppositioneller Differenz zumindest in den prima-facie-Verdacht der mangelnden 'Solidarität' rückt, welche ihrerseits nicht mehr für die konkreten Menschen, die ermordeten, angegriffenen und bedrohten Opfer eingefordert wird, sondern für Entitäten angeblich höherer Ordnung wie der 'Zivilisation' oder ihre 'Werte'. Auch wenn es noch vermieden wird, diese neue transnationale 'Freund-Feind-Unterscheidung' gleich in den Diskurs eines unvermeidlichen 'Zusammenstoßes der Kulturen' zu übertragen, wie Huntington (1997) ihn sowohl global als auch innerhalb der modernen plurikulturellen Gesellschaften prognostiziert hat, dient sie doch einer neuen autoritären Mobilisierung der Subjekte in vorgegebene Untertanenrollen hinein, welche dann gegenüber der ganzen Vielfalt der nicht Angepassten durch geeignete repressive Maßnahmen ergänzt werden kann.

Gerade in dieser historischen Situation bedarf es radikaler Philosophie. Angesichts der 'Scheiterungsunanfälligkeit' der herrschenden Diskurse, die in Zeiten der Krise zu einem 'Unfehlbarkeitsanspruch' morpht, gibt sie angesichts der falschen Alternative einer Unterwerfung unter die Vorgaben des Diskurses, einerseits, in denen sich die 'Traumhölle des juste-milieu', von der Heinz Maus für die 1950er Jahre gesprochen hat, in diversifizierten und pluralisierten Formen wiederholt, und einer immer wieder erneuerten Suche nach einer noch ungemorphten ursprünglichen Radikalität, welche in jedem Diskurs nur noch die Reproduktionsform von Macht und Herrschaft erkennt (Foucault 1978), ein Tertium an die Hand (vgl. Heinrich 1981): Kein 'Dritter Weg', zwischen welchen gesellschaftspolitischen Entwicklungspfaden auch immer, sondern eine dritte Dimension, die der kritischen Bearbeitung des morphenden und gemorphten Diskurses mit den Techniken einer ebenso erfindungsreichen wie über die Nutzungsmöglichkeiten der bereits existierenden philosophischen Instrumentenkästen umfassend informierte Kritik, welche in sich selbst den Skandal der Philosophie überwunden hat, der darin besteht, so sehr Recht haben zu wollen, dass dadurch das freie Urteil der anderen zu einer Störgröße geschrumpft wird, welche mit den Instrumenten der Herrschaft zu unterdrücken ist. Damit kann 'radikale Philosophie' sich nicht nur einbringen in die 'Abenteuer der Solidarität und Autonomie', die allein das von der herrschenden Philosophie mit reproduzierte Ordnungsdenken erschüttern können. In dieser Dimension einer intellektuellen Tätigkeit für Befreiung und Aufklärung im Sinne eines rhizomatischen Geflechtes vielstimmiger Initiativen des Selbertuns der 'Vielen' können sogar philosophisch ausgebildete Intellektuelle einen spezifisch nützlichen Beitrag leisten: indem sie ihre Techniken der Analyse und der Lektüre dafür einsetzen, dem Morphing seine Selbstverständlichkeit zu entziehen – und damit erst wieder das subversive Potenzial des 'Palavers der Menschheit' freizusetzen helfen.

Abspann

Dieses Buch hat sich von einem Selbstverständigungstext, der geplante Veröffentlichungen 'einleiten' sollte, in Richtung auf ein Manifest entwickelt. Es begreift die neue Zeit, wie sie schrittweise seit der Krise des neoliberalen Freisetzungsdiskurses für die Menschen als bloße Marktindividuen in der zweiten Hälfte der 1990er Jahre ihre Umrisse gefunden hat, als Chance zu einem Kampf um historisch weitreichende Weichenstellungen - welche andere Alternativen eröffnen, als diejenigen, um die es 1789 oder 1917 hat gehen können (vgl. Wolf 1998a), aber deswegen nicht weniger radikal und weitreichend im Hinblick auf Herrschaftsüberwindung oder auf die Gewinnung einer neuen Proportionalität zwischen humaner und ökologischer Entwicklung.

Es handelt sich hier um keine Programmschrift, deren weitere Ausführung ein kommendes Werk leisten soll - auch wenn weitere Veröffentlichungen folgen werden. Es ist aber erst recht keine Summe, kein Ertrag eines Lebenswerks. Unbestritten schon ein gutes Stück jenseits der Lebensmitte des Autors, artikuliert dieses Buch einen Versuch, sich in einer neuen Lage zu orientieren.

Dieser philosophische Text greift nur zum Teil auf Arbeiten innerhalb der akademischen Philosophie, sogar nur viel weniger, als im Text erscheinen mag, überhaupt auf Lektüren zurück. Die in diesem Text artikulierte schriftliche Rede beruht vielmehr auf vielfältiger Mündlichkeit, auf Diskussionen mit inzwischen öffentlich Bekannten und mit unbekannt Gebliebenen seit den 1950er Jahren: mit LehrerInnen, mit WeggenossInnen, mit MitstreiterInnen in Bewegungen und Organisationen, mit Zufallsbegegnungen. Unterwegs sind immer noch heterogene Lektüren hinzugekommen, im deutschen Sprachraum wie in anderssprachigen Ländern; Lektüren, auf die mich andere verwiesen oder die ich in Bibliotheken oder bei Buchhändlern selber entdeckt habe. Inzwischen auch in den 'virtuellen Bibliotheken' des Internets. Die durch die sekundäre Rekonstruktion eines schriftlichen Diskurses aus all dem Erinnerten, Vergessenen und Verdrängten geleistete Darstellungsarbeit hebt die Differenz zwischen der mündlichen Rede und den schriftlichen Ausarbeitungen, die sie zu fixieren und zu artikulieren versuchen, nicht auf. In dieser Darstellung findet sie ein formales Echo in der 'Mehrstimmigkeit' von Text und Anmerkungen. In dieser Mehrstimmigkeit artikulieren sich zugleich die Differenzen zwischen ZeitzeugInnen und ZeitgenossInnen und den Jüngeren, für die einige der den Verfasser prägenden Umbruchprozesse bereits der Geschichte angehören, sowie zwischen konzeptiven und rezeptiven Intellektuellen. Wie weit sie zugleich anderen Differenzen - etwa zwischen Frauen und Männern, zwischen alten und neuen sozialen Bewegungen oder zwischen parteipolitisch aktiven und in sozialen Bewegungen engagierten Menschen - zumindest Raum geben, sich zu artikulieren, wird erst die faktische Aufnahme zeigen können.

Die damit eingenommene Position und diese spezifische literarische Form als eine 'schriftliche Rede' mit einem als gelehrt erscheinendem Verweiszusammenhang sind keine bloße Kontingenz. Denn genau dies ist die Aufgabe radikaler Philosophie: Für vergessene Vermittlungen, die uns aus dem Gemurmel des Zeitgeistes auf vielfältigen Wegen angesprochen haben und uns jetzt als unmittelbare 'Evidenzen' und 'Intuitionen' erscheinen, Diskurse zu rekonstruieren, die sie diskursiv fassbar und damit auch kritisierbar machen. Die Artikulationsarbeit radikaler Philosophie steht immer auch im Dienste der 'Vorbereitung der eigenen Irrtümer' (Brecht), indem sie diese überhaupt erst thematisierbar und überwindbar macht.

Viele haben dazu beigetragen, dass ich so denke, wie ich es in diesem Text zu artikulieren versuche: Manche haben mir noch die Aufbrüche der 1920er Jahre mündlich vergegenwärtigt, die aussichtslos erscheinenden Kämpfe in der 'Nacht des Jahrhunderts' der Naziherrschaft und des II. Weltkriegs oder die aufkeimenden Hoffnungen im kurzen Aufbruch der Nachkriegszeit, bevor sich die eherne Glocke des Kalten Krieges über der Welt schloss.[1] Andere haben den weltweiten Neuansatz der Emanzipationsbewegungen in den 1960er Jahren mitgetragen oder in Portugal, Spanien und Griechenland aus dem Sturz der faschistischen Regimes Perspektiven einer emanzipatorischen Erneuerung gewonnen. Nicht zuletzt haben die in den 'neuen sozialen Bewegungen' engagierten MitstreiterInnen, MitarbeiterInnen und StudentInnen, mit denen ich meine Überlegungen in den letzten Jahrzehnten teilen konnte, mir wichtige Impulse gegeben. Ihnen allen gilt mein Dank[2]. Die Verantwortung dafür, was ich daraus habe machen können, übernehme ich selber.

Die hier vorgelegten Texte argumentieren auf drei Ebene: Im eigentlichen Text entwickeln sie Fragestellungen und tragen sie Argumentationen zu ihrer Beantwortung vor. Diese müssen sich selbst tragen. Die reichlichen Fußnoten haben demgegenüber keine Begründungsfunktion. Sie schlagen mögliche Anschlüsse und Kontextualisierungen vor. Das noch viel ausführlichere Literaturverzeichnis soll weit über diese Andeutungen hinaus deutlich machen, dass die in Text und Fußnoten erörterten Probleme nicht einfach als ein idiosynkratisches Privatgrübeln abgetan werden können, sondern sich aus vielfältigen Lektüren speisen, die quer zu üblichen Einteilungen und Lagerbildungen betrieben worden sind. Aus der Überzeugung heraus, dass diese Texte zum größten Teil noch so gegenwärtig sind, dass sie sich noch nicht in einem definitiven Überblick erfassen lassen, habe ich dabei Momente von Routenbeschreibung, also Texte, die in kontingenter Weise gerade für mich wichtig wurden, mit einer versuchsweisen 'Überblickskartenkonstruktion' zu verbinden versucht, die auf Texte verweist, welche wirkliche Knoten- und Wendepunkte vielfältiger Debattenstränge markiert haben. Dabei beanspruche ich keine Vollständigkeit: wenn jemand aus denselben Debatten andere Texte für relevanter hält, kann er/sie durchaus Recht haben, ohne dass ich darin eine wichtige Kritik sehen würde. Was ich versucht habe, war nichts weiter, als die wichtigsten Dimensionen der Debatten wenigstens anzusprechen, vor deren Hintergrund ich meine hier vorgelegten Argumentationen entwickelt habe. Vielleicht verdeutlicht ein Bild, was diese Textebenen füreinander leisten: Es geht in diesem Buch nicht um ein intellektuelles Gebäude mit Grundmauern und Stockwerken, die aufeinander aufbauen. Es geht um ein deswegen nicht weniger intellektuelles Gebilde wie ein chinesisches Schwalbennest, das aus verfestigten Speichelfäden besteht, die sich gegenseitig stützen und verstärken und (mit einer Vielzahl von Klebepunkten) von der Decke herunterhängen. Dabei gibt es keine 'richtige Reihenfolge' der Klebepunkte und keine 'Rangfolge' der Klebefäden. Ich denke allerdings, dass das weder der Stabilität noch der Tragfähigkeit des Gebildes Abbruch tut. Philosophen haben sich allzu lange aus dem Metaphernvorrat des Bauhandwerks bedient. Stricken, Nähen und Weben haben auch hochinteressante Metaphern für die Analyse wissenschaftlicher, künstlerischer oder politischer Sachverhalte zu bieten (zum Weben vgl. etwa Lipietz 1998, 77ff.).

Der hier vorgelegten Ausarbeitung radikaler Philosophie liegt offensichtlich eine besondere, 'eigenartige' Gewichtung des älteren marxistischen[3] und anarchistischen[4] Traditionsmaterials zugrunde, während etwa die neueren feministischen und radikalökologischen Traditionslinien der Bewegungsreflexionen vergleichsweise schwächer aufgegriffen sind. Ebenso wird sich an ihr eine problematische 'Voreingenommenheit' in Richtung auf kontinentaleuropäische Philosophietraditionen feststellen lassen, die durch eine umfassendere Aufarbeitung von Beiträgen analytischer und angelsächsischer Philosophie, aber auch der Beiträge aus außereuropäischen Philosophietraditionen, zu korrigieren wäre. Das gilt in noch schwierigerer Weise für die religiös inspirierten Traditionslinien eines diskursiv artikulierten Eintretens für Aufklärung und Befreiung, die in diesem Text fast nur von Klaus Heinrich vertreten werden[5]. Aber auch das eigene Lernen von den Entdeckungen und Erfindungen der VertreterInnen 'philosophischen Gegenfeuers' - wie Nietzsche, Heidegger, Strauss, Weill und Arendt - könnte schon weiter vorangetrieben sein, als mir dies bisher gelungen ist. Auffällig ist sicherlich auch, wie wenig die inzwischen vorliegende historische Erfahrung der psychoanalytischen Behandlungspraxis und ihrer spezifischen theoretischen Reflexionsformen wirklich Eingang in die hier vorgelegten Argumentationen gefunden hat. Schließlich - und keineswegs zuletzt - bleibt in dieser Ausarbeitung ein vielleicht problematisches Übergewicht gesellschaftstheoretischer und logischer Überlegungen unter Vernachlässigung kunsttheoretischer Reflexionen erkennbar.[6]

Die Anerkennung der eigenen Kontingenz als Beschränktheit markiert Notwendigkeiten weiterer eigener Arbeit, aber auch die spezifische Bereitschaft zum Dialog mit anderen.

Die Fehler, blinden Flecken und Unzulänglichkeiten der philosophischen Verarbeitung von Lektüren und Erfahrungen nehme ich auf meine eigene Kappe. Ich weiß, dass das, was ich mir in diesem Text vorgenommen habe, alles andere als einfach ist - und dass ich noch lange noch nicht 'fertig' damit bin.

Die über die eigenen Schranken hinausweisende Selbstreflexion einer Praxis radikaler Philosophie, wie ich sie hier versucht habe, hat daher immer noch den etwas atemlosen Charakter von Betrachtungen auf der Bruchkante. Und um zum Schluss zu kommen, kann sie sich letztlich nur in die Komik flüchten - indem sie Karl Valentin zitiert: „Und darum entschuldigen Sie bitte den plötzlichen Schluss!“

Anmerkungen

Vorab

1 Wie die *Titanic* von ihren Erbauern angepriesen worden ist.

2 Kristallisiert v.a. um die US-amerikanische „Radical Philosophy Association“ und die britische „Radical Philosophy Group“. Ich danke beiden Vereinigungen für Informationen und Diskussionsgelegenheiten.

3 Das kann nach Wunsch durch die Einbeziehung weiterer Texte ergänzt werden: im Jahre 1999 sind Texte zu den Konzepten der ‘Alternative’ und des ‘Fortschritts’ (1999 a u. b) erschienen, sowie ein Text zur „europäischen Linken“ ((1999c), im Jahre 2000 ein Text zur ‘neuzeitlichen Urgeschichte der Demokratie’ (2000a), zur ‘Krise der europäischen Linken’ (2000b) und zur „Politik des Kapitals“, im Jahre 2001 weitere Texte, die in den gleichen Zusammenhang gehören: Mein Beitrag zum Freundschaftsbuch für Jutta Kolkenbrock-Netz (Wolf 2001a) diskutiert das Verhältnis von „Identität und „Differenz“ als Kategorien einer strategisch angelegten Politik, meine Beiträge zur Haug-Festschrift (Wolf 2001b) sowie zur Schauer-Festschrift (2001d) und meine Beiträge zu einem mit Gerd Peter und Helmut Martens herausgegebenen Sammelband (Martens/Peter/Wolf 2001) thematisieren die „neue Arbeit“ und die Dilemmata einer „Netzwerk“-Politik des 21. Jahrhunderts.

4 „Was sich überhaupt sagen lässt, lässt sich klar sagen; wovon man nicht reden kann, darüber muss man schweigen.“ (Abhandlung/Tractatus, Vorwort). Für die Seite der Wissenschaft hat Heisenberg formuliert: „Das Beharren auf der Forderung nach völliger logischer Klarheit würde wahrscheinlich Wissenschaft unmöglich machen. Wir werden in der modernen Physik an die alte Erkenntnis erinnert, dass man dann, wenn man darauf besteht, niemals einen Irrtum auszusprechen, eben schweigen muß.“

I. Paradoxe Einladung: „...das müssen wir schon selber tun!"

1 Der Kontext dieses Zitats aus der „Internationale“ lautet: „Es rettet uns kein höh’res Wesen, kein Gott, kein Kaiser, kein Tribun! / Uns von dem Übel zu erlösen, das müssen wir schon selber tun!“ (vgl. Buey/Riechmann 1996).

2 Zur Kritik vgl. Heinrichs 2000 und Lettow 2001b.

3 ‘Das Wort zu ergreifen’ heißt allerdings hier nicht, gegen andere zu hetzen, sie verbal anzugreifen oder zu entwürdigen. Es heißt nur, eine These zu vertreten und damit in die Diskussion aller einzubringen, wiederum, ‘wie sie gehen und stehen’.

4 Dieses kantische Konzept übertreibt in emblematischer Weise das Moment der Selbsttätigkeit in der Reproduktion von Herrschaftsstrukturen. Konkret gibt es immer wieder Gründe und Ursachen dafür, dass Menschen nicht erkennen, dass sie beherrscht werden oder sich sogar formell ‘freiwillig’ einer Herrschaft unterwerfen. Damit ist jedoch die Möglichkeit nicht ausgelöscht, dass sie erkennen könnten, dass sie beherrscht werden, oder dass sie sich auflehnen könnten, anstatt sich zu unterwerfen. In dieser Möglichkeit, die ‘normalerweise’ nicht gegeben ist, die aber niemals völlig auszuschließen ist, liegt der letztlich unbestreitbare Rechtsgrund für die ‘überzogene’ Formulierung Kants.

5 In diesem Kontext gewinnt Brechts Aufforderung einer Übersetzung aller ‘Du-Schwein-Sätze’ in ‘Du-Ochs-Sätze’ ihren nachvollziehbaren spezifischen Sinn.

6 Praktisches Wissen ist dabei zunächst ganz harmlos als ein Wissen wie zu handeln ist (knowing how) begriffen: Indem radikale Philosophie wirkliches Wissen über logische, semantische und in einzelnen Traditionen oder Wissenschaftsdisziplinen gegebenen Mechanismen und Zusammenhänge in ihre kritischen Initiativen einarbeitet, welche sie in die Debatten der Vielen einbringt, geht sie über die Herausbildung einer elitären „Kunst" (techne, ars) im exklusiven Besitz einer akademischen „Disziplin" hinaus, wie sie seit den hellenistischen Literaten immer wieder als Ergänzung zur a priori unterstellten „Dummheit der Massen" und damit als eine gesellschaftliche „Kreativitätsreserve" propagiert worden ist.

7 Wenn wir diese Liste noch um J.S. Mills Gefährtin Harriet Taylor ergänzen, die eine wichtige Pionierin des Feminismus war, hätten wir wiederum eine recht vollständige Liste der Traditionslinien, die im angelsächsischen Raum immer noch als „radikal" zusammengefasst werden, welche gleichsam historisch vor den kontinentalen Traumata liegen - einerseits mit kooptierten „Radikalen" als einer Gruppierung der „Mitte", wie in Frankreich, und andererseits der unterschwelligen Gleichsetzung von „Radikalismus" und „Extremismus", wie sie in Deutschland, nach dem internen Sieg und der nur durch die Niederlage im Weltkrieg möglichen Überwindung des deutschen Faschismus, immer wieder geschehen ist (vgl. etwa mit exemplarischer Selbstverständlichkeit Bravo 1990).

8 Die im Zuge einer weltweiten 'Anglosaxonisierung der Kultur', die tiefer geht als Disney und Hollywood, gegenwärtig schwer bestreitbar an Bedeutung gewinnt.

9 Die Tätigkeit radikaler Philosophie hat daher immer ein enges Verhältnis zu den (produktiven) Paradoxien der 'spanischen Herberge' oder der 'portugiesischen Steinsuppe', denen gemäß jede und jeder, die aktiv teilnehmen, genau das vorfinden und 'genießen', was sie, er und die anderen eingebracht haben.

10 Insofern ist es kein Zufall, dass sie sich in der philosophischen Tradition mit dem Freidenkertum berührt, das in den 20er Jahren unter dem bei Basedow entnommenen Motto „Denket selbst" eine kritische Erziehungspraxis zu begründen versuchte (vgl. Schulz-Hageleit 2001).

11 Diese Zielformulierung unterstellt nicht, dass es möglich wäre, sich im Denken außerhalb der Reichweite von Herrschaft und Ideologie zu bewegen (vgl. Boer 2001). Es geht vielmehr darum, auch ohne ein derartiges imaginäres Fundament durch intellektuelle, speziell philosophische Effekte von Befreiung und Aufklärung zu erzielen.

12 Vgl. durchaus exemplarisch die Analysen zur spontanen Herrschaftsaffirmation durch ein solches „do-it-yourself" im Präfaschismus (PIT 1980).

13 Die Debatten um die Klimakatastrophe boten einige schlagende Beispiele für diese Problematik (vgl. Lipietz 2000, 99ff.).

14 Nicht zufällig ist der Gedanke eines solchen 'philosophers' stone' ein Produkt der 'dunkelsten' Spätantike, in der es zu einer Verschmelzung philosophischer mit magischen Traditionen gekommen ist (vgl. Festugière 1967).

15 Davon ist die Frage der praktischen Befreiung von strukturellen Gewaltverhältnissen grundsätzlich zu unterscheiden. Etwa die Abschaffung der Sklaverei ist wirksam möglich auch ohne eine derartige Empathie auf Seiten der 'AbolitionistInnen'; auch wenn die gesellschaftliche Verbreitung einer wenigstens näherungsweise 'eintauchenden' Empathie historisch ihrer Sache genützt hat (wie etwa in der Rolle von Beecher-Stowes

'Onkel Toms Hütte' in den öffentlichen Auseinandersetzungen in den USA vor dem Bürgerkrieg).

16 In der jüngeren angelsächsischen Diskussion ist daher mit Recht der Versuch unternommen worden, die Figur des „Spießers/Philisters" (vgl. Clemens Brentano u. Walter Benjamin) selbst als philosophische Kategorie auszuarbeiten - um damit u.a. sowohl die Denkformen eines „Avantgardismus", der sich als negativer Gegenpol zum Spießertum begreift, als auch das erneuerte Spießertum des offiziellen „sozialistischen Realismus" kritisch begreifen zu können (vgl. zusammenfassend Beech/Roberts 2002).

17 Als dem kritischstem und daher auch für radikale Philosophie gefährlichsten Vertreter der großen Tradition der metaphysischen Philosophie.

18 W.F. Haug (1999a und b, 2001) hat wichtige Schritte in dieser Richtung vollzogen.

19 Vgl. die neueren Versuche W.F. Haugs (1996, 1999a u. 2001). Ich vermute, dass es nützlich wäre, Gramscis Überlegungen zum einen ausdrücklich mit Croces Marxismus-Kritik (1938) zu kontrastieren und zum anderen Althussers - sicherlich „überstürzte" - Gramsci-Kritik (Althusser u.a. 1965/1996, 310ff., vgl. Laclau/Mouffe 1985, 90) unter dieser Fragestellung neu zu lesen (vgl. Boer 2001).

20 Dass diese Abgrenzung von der herrschenden Philosophie(form) auch in der Linken nicht gelungen ist, zeigt sich daran, dass immer wieder etwa die Konzeption eines 'Verlassens der Philosophie' nicht nur zum Arbeitsprogramm einer 'materialistischen' oder auch 'marxistischen Philosophie' umgedeutet, sondern sie geradezu zur Grundlage einer relativ primitiven und unkritischen Staats- und Parteimetaphysik gemacht wurde. Der Herrschaft von Staat und Kapital wurde die Herrschaft von Partei und Staat entgegengehalten - mit dem „Volk" als legitimatorischem „Joker", den beide Seiten der Kalten-Kriegs-Front nicht so recht Ernst nahmen.

21 Die dem Kapital als 'automatischen Subjekt' (das Byron im Bild des 'Vampirs' eingefangen hat) und dem vom Gebärneid geprägten männlichen Phantasma der Selbsterschaffung (das Mary Shelley in der Figur des Frankenstein greifbar gemacht hat) gemeinsam ist.

22 So weit ist gegen das neuerdings von Žižek (etwa 1999, 90ff.) propagierte lacansche Konzept der 'gezwungenen Wahl' nichts einzuwenden. Im Gegenteil hilft es dabei, eine falsche Entgegensetzung aufzulösen, der gemäß ohne Weiteres der Atheist als 'Freidenker' und der religiös Gläubige als 'im Denken Unterworfener' erscheint - denken wir etwa an Atheisten wie Haeckel und Gläubige wie Dom Helder Camara ...

23 In diesem Punkt möchte ich zu Michael Löwys eindrucksvoller Neulektüre des Netzwerkes von 'Wahlverwandtschaften' (Löwy 1996, insb. 14ff.), welche die 'messianischen Revolutionäre' Mitteleuropas miteinander verknüpften (ebd., insb. 24ff ff.), Dissens anmelden: Löwy arbeitet deren Zusammenhang zu den älteren jüdischen Traditionen eines religiösen Befreiungsdenkens durchaus überzeugend heraus (ebd., 270ff.ff.). Aber er analysiert nicht weiter, aus welchen ganz diesseitigen, durchaus menschlichen und 'bloß vernünftigen' Erfahrungen sich dieses Denken auch innerhalb des religiösen Feldes genährt hat: Dabei ist etwa bei Landauer (1911 u. 1924) und Buber (1923) mit Händen zu greifen, wie die Erfahrung, die jeder Mensch machen kann, der sich und seine Argumente in eine laufende 'Debatte' einbringt und der damit die Gegenwart der anderen (mit Argumenten um eine letztlich gemeinsame Orientierung Ringenden) ebenso erfährt wie seine eigene Fähigkeit, neue Impulse zu setzen, gleichsam das 'Unterfutter' aller ihrer Analysen bildet (vgl. u., I.3.).

24 Auch wenn dies es nicht - wie gelegentlich gedacht wird (vgl. Staten 1999) - erforderlich macht einen Begriff des „radikal Bösen" zu erneuern, der nicht auf einer eigenen verantwortlichen Entscheidung beruht (vgl. Wolf 2000d).

25 Zwischen einzelnen philosophiehistorischen Analysen, Untersuchungen institutionalisierter Formen philosophischer Tätigkeit und diskursanalytischen Untersuchungen einzelner philosophischer Texte und Kontexte bleibt unvermeidlich eine Kluft, die nur eine philosophische Tätigkeit überspringen kann. Dies kann und muss durch eine mit den verfügbaren philosophischen Mitteln durchgeführte, notwendigerweise unvollständige und ›überstürzte‹ Reflektion der eigenen Ausgangsbedingungen und Zielperspektiven in einem Denken geschehen, das in dieser Lage mögliche Initiativen zur Herrschaftsüberwindung entwirft und entwickelt - ohne dass wissenschaftliche Untersuchungen oder politische Erwägungen diese Reflektion ersetzen oder ihr dabei wirklich zeitgleich und vollständig folgen könnten. Am engsten schließt sie in ihrer spezifisch philosophischen ›Übersprungstätigkeit‹ an engagierte Bewegungsreflexionen an - wobei auch hier (vgl. Hieber 1987 u. Klein 1999, 149) die Bewegungsreflexionen der Frauenbewegung in den Vordergrund rücken.

26 Diese wird am einfachsten greifbar anhand des Indikators der Reichtumsverteilung, in der sich seit den 1960er Jahren eine atemberaubende Polarisierung vollzogen hat - vgl. UNDP 1999 u. 2000.

27 Otfried Höffe (1989, 1999, 2001 spricht hier nur aus, was die dominanten Linien der Philosophie schon längst mehr im Stillen gedacht haben: Herrschaft ist grundsätzlich besser als 'Anarchie' und 'legitime Herrschaft' hat sogar einen gerechtfertigten Anspruch auf den Gehorsam der ihr Unterworfenen.

28 Die neue italienische Regierungskonstellation des 'Pols der Freiheiten', die sich als Projekt einer 'neuen Mitte von rechts' ausdrücklich herrschaftsaffirmativ artikuliert und dabei die 'neue Rechte' einbezieht, gehört nicht weniger zu dieser bedrohlichen Entwicklungsmöglichkeit.

29 Zur Unterscheidung zwischen unterschiedlichen Typen der Herrschaftsaffirmation vgl. u. II., Kap. 2.

30 Die immer wieder erneuerten 'emanzipatorischen' Nietzsche-Lektüren verselbstständigen m.E. zu Unrecht diesen Effekt der Philosophieform selbst innerhalb des Werkes des vielleicht extremsten Philosophen der unbedingten Herrschaftsaffirmation.

31 Hobbes als Philosoph auf dem Argumentationsniveau der „neuen Wissenschaft" Galileis hatte zwar mit diesem Argument die Schwierigkeit, dass dieser Herrschaftsvorbehalt auch seine eigenen Argumentationen betraf. (Leviathan, A review and a conclusion). Er war aber weit davon entfernt, das darin liegende Problem durch eine dezisionistische Parteinahme für in ihrer Geltung grundlose „Entscheidungen" zu lösen (wie dies seit Schmitt [1932] propagiert wird (vgl. die gründliche, von Hellers Kritik des Schmittschen „Dekretinismus" ausgehende Kritik bei Dyzenhaus 1997) - und von Heidegger noch weiter radikalisiert wurde, indem dieser die von Schmitt noch postulierten „guten Gründe" aus der „Entschlossenheit" eliminierte, vgl. Lettow 2001a, 168ff.). Vielmehr appelliert Hobbes an die - instrumentell gefasste - Klugheit der Herrschenden derartige unbegründete Entscheidungen nach Möglichkeit zu vermeiden und sie der Freiheit der Untertanen zu überlassen.

32 Wie Spinoza gegen Hobbes gezeigt hat (vgl. Balibar 1994, 42ff.) liegt darin nicht nur der durchaus nachvollziehbare Gedanke, dass es wenig sinnvoll ist, sich gegen wirkliche

Mächte in idealistischer Weise, gestützt auf bloße Postulate, aufzulehnen: Sondern auch der sehr viel weitergehende Gedanke, dass es außerhalb der vom Souverän institutionalisierten 'allgemeinen' Wahrheit keine 'private' oder 'partikulare' Wahrheit geben kann - womit jedem Artikulationsversuch der Interessen der Beherrschten 'präventiv' der Boden entzogen wird.

33 Durch die historische Präsenz des Stalinismus erhalten leider auch die zunächst absurden Versuche Eric Voegelins (1938) oder Leo Strauss' (1944) einen ernsthaft zu erörternden Gehalt, die angebliche Hybris der Herrschaftsüberwindung aufgrund von 'Massenbewegungen' zur eigentlichen Wurzel der 'Tyrannis' zu erklären oder die den heraufziehenden 'Jugendbewegungen' der 1960er Jahre entgegengehaltenen Warnungen vor dem angeblichen destruktiven 'Millennarismus' aller sozialen Emanzipationsbewegungen oder vor der totalitären Tendenz radikaler Demokratie (Talmon 1960). Seit den späten 1980er Jahren hat sich auf diesen Grundlagen nicht nur in Frankreich eine 'neue Philosophie' entwickelt, die gerade in dem Gedanken der Herrschaftsüberwindung den zu verabschiedenden Kern der Totalitarismen des 20. Jahrhunderts sehen will (vgl. Lecourt 1999).

34 Heinrichs (2001) hat dies für die Frage einer entlastenden Nutzung von „Marktmechanismen" für die Regulation von zwischenmenschlichen Austauschprozessen diskutiert.

35 D.h. in einer, in der die „Zwänge" - also die als nicht hinterfragbar geltenden Anforderungen - von Kapitalakkumulation und Reproduktion herrschaftsförmiger Geschlechterverhältnisse als nicht hinterfragbar, sondern als sich „im Selbstlauf" immer schon durchsetzend gelten.

36 Die Netzwerkform kann für die Reproduktion von Herrschaftsverhältnissen durchaus funktional sein - etwa im gegenwärtigen 'Netzwerkkapitalismus'. Einige der damit verbundenen Fragen habe ich in Wolf (2001c) untersucht.

37 Zur den bisher theoretisch ungelösten Schwierigkeiten eines angemessen Begreifens vgl. Dräger 2001.

38 Wie es - verkörpert in der Theoriezeitschrift „Wir selbst" (1992-1998) - auch innerhalb der „Neuen Rechten" als einem aktualisierten Faschismus vertreten wird.

39 Der Begriff der 'ideologischen Ware' bezieht sich auf diejenigen Waren, deren 'Gebrauchswertversprechen' (vgl. Haug 1971) sich auf eine 'Qualifizierung' des je-eigenen 'do-it-yourself' der KäuferInnen durch ihre Konsumtion bezieht (vgl. Wolf 1987). Das Spektrum ideologischer Waren reicht von den massenhaft gedruckten Bibeln, welche einst der reformatorischen 'Priesterschaft aller Gläubigen' die materielle Grundlage lieferte, über Schlüsselprodukte des fordistischen Marketings, wie das Auto und die Zigarette, deren Konsum zugleich die Aneignung eines bestimmten 'way of life' vollzieht, oder die psychoreligiösen Dienstleistungsangebote der 'New-Age'-Praktiken (vgl. Bochinger 1994) bis zu den Markenkleidungsstücken, mit denen die Heranwachsenden zunehmend ihre soziale Position und individuelle Identität zu festigen versuchen.

40 Vgl. Lettow 2000a.

41 Was vor allem in der analytischen Tradition der neueren Philosophie immer wieder zu der Illusion geführt hat, ein bloßer 'Streit um Worte' sei eigentlich ein 'Streit um Nichts', der sich durch geeignete terminologische Konventionen beilegen lasse.

42 Die philosophisch interessante Unterscheidung zwischen „*evidence*" und „*argument*" entnehme ich einer angelsächsischen Darstellung der Bedeutung des Athener Ge-

richtsverfahrens für die Geschichte der Rhetorik (vgl. Kennedy 1963, 88ff): Im athenischen Gerichtsverfahren gab es bereits ein gesundes demokratisches Misstrauen gegen die Fähigkeit der „Reichen" sich „Beweismaterial" (Zeugenaussagen und Dokumente) zu kaufen. Deswegen hörten die großen Jurys, die mit Mehrheit entschieden, lieber auf alltagserfahrungsgemäß überzeugende Plausibilitätserwägungen.

43 Diese Anforderungen haben weder ein anthropologisches, noch ein psychologisches oder soziologisches „Fundament" - bzw. es würde ihnen auch gar nichts hinzufügen, wenn sie eines hätten. Sie sind in den Anforderungen, die sich aus der Zielsetzung ergeben, mehrstimmig, d.h. im Ausgang von mehreren individuellen Subjekten, die sich dabei nicht in verschmelzendem Überschwang selber aufgeben, auf längere Dauer ohne Herrschaftsstrukturen zusammenzuhandeln.

44 Daraus ergibt sich jedenfalls die Notwendigkeit einer spezifischen „Omnihistorizität" des Imaginären, jedenfalls als Bedingung eines auf Dauer angelegten und nicht einfach auf „*orders backed by threats*" (vgl. Austin) zurückführbaren menschlichen „Zusammenhandelns". Dass sich daraus auch eine „Omnihistorizität" des „Ideologischen" ergibt, wie Althusser angenommen hat, ist mit Gründen bestritten worden (vgl. Haug 1993, 17 u. 74). Es bleibt zu diskutieren, wie weit in jeder denkbaren identifikatorischen Subjektbildung tatsächlich ein Moment von Subjektion enthalten ist (vgl. Zapata 2000) Jedenfalls aber ergibt sich, wie Pêcheux gezeigt hat, daraus keineswegs eine „Omnihistorizität" des „Symbolischen" und damit auch von Herrschaft, wie seit Lacan verbreitet behauptet wird (vgl. Pêcheux 1984 u. Labica 1987b).

45 Die Phantasmen des „Cyborg" als Verlassen der menschlichen Spezies (Haraway 1991) und des „Verlassens der Erde" (Padrutt 1990 u. 1991) markieren insofern zwar strukturelle Fluchtpunkte des Palavers der Menschheit, die sich auch nicht wieder aus der Debatte „heraustabuisieren" lassen. Aber das macht sie deswegen noch lange nicht zu „guten", unter den Menschen, die mit sich selbst, den künftigen Generationen der Menschheit und den übrigen Spezies, mit denen sie sich die Ökosysteme des Planeten Erde teilen, verantwortlich und vernünftig umgehen wollen, vertretbare Vorschläge. Und zwar nicht nur deswegen, weil wissenschaftlich einsehbar ist, dass derartige Projekte - wegen des energetischen Aufwandes bzw. wegen der vergleichbaren 'Unterkomplexität' aller 'verdrahteten' Datenverarbeitungssysteme - auf menschheitlicher Ebene jedenfalls nicht realitätstüchtig sind, sondern weil sich ihre Zielsetzungen - die vollständige menschheitliche Aneignung des Universums und die Selbsterschaffung einer 'neuen Menschheit' - als innerhalb einer endlichen und kontingenten Menschheit als unvertretbar zeigen.

46 Althusser (1974/1985) hat ein vergleichbar strukturiertes Bündnis zwischen Wissenschaft und Philosophie zur kritischen Bearbeitung der ideologischen Effekte der 'spontanen Philosophie' konzipiert.

47 Die Aufgabe einer radikalen Neuaneignung der historischen Traditionslinien der Philosophie, die die subaltern gebliebenen Motive der Herrschaftsüberwindung in ihnen insgesamt wieder frei legt, eröffnet ein wichtiges Betätigungsfeld für radikale Philosophie. Allerdings sollte dabei nicht vergessen werden, dass die Mehrzahl aller Philosophinnen und Philosophen der Menschheitsgeschichte in der Gegenwart leben und daher der Auseinandersetzung um Fragen dieser Gegenwart, sowie angesichts der immer noch bestehenden Zerklüftung der Weltkultur in unterschiedliche „Diskursräume" - deren oberflächlich auf der Hand liegende primär „religiöse" Definition nicht unkritisch übernommen werden sollte - eine „interkulturelle" Kommunikationssicherung vordringlich sind.

48 Die in der Nachfolge von Marx' Feuerbachthesen geglaubt haben, das Feld der Philosophie ein für alle Mal hinter sich lassen zu können, oder aber diejenigen, die gar kein Problem mit der herrschenden Philosophieform hatten und 'einfach' eine ihre jeweilige Richtung vertretende 'eigene Philosophie' ausarbeiteten, wie dies seit Eugen Dühring in den verschiedensten gesellschaftlichen Oppositionsbewegungen geschehen ist.

49 Die darin besteht, auf dem Felde der Philosophie genau den Gesichtspunkt zur Geltung zu bringen, der in der bisherigen Geschichte der Philosophie immer wieder unterdrückt worden ist, den Gesichtspunkt radikaler Herrschaftskritik.

50 D.h. radikale Philosophie unterwirft sich nicht der bis in die Gegenwart hinein herrschenden 'Verteilung' logisch-analytischer und historisch-kritischer Instrumente auf die angelsächsischen und die kontinentaleuropäischen Linien der Philosophieentwicklung.

51 Als deren gemeinsamer Grundgedanke die Suche nach einer wahren Grundlage des Philosophierens festgehalten werden kann, nach deren Auffindung alles bisherige Philosophieren als 'kulturelles Kapital' für relevantes Denken entwertet wäre und allenfalls noch von museal-historistischem Interesse sein würde.

52 Radikale Philosophie unterwirft sich auch nicht den unterschiedlichen Kanonisierungen philosophischer Texte, durch welche etwa in der sog. analytischen Philosophie große Teile der philosophischen Tradition als metaphysisch für uninteressant erklärt oder in großen Teilen der marxistischen Tradition der ernsthafte Lektürehorizont auf das von Hegel 'aufgehobene' Gedankenmaterial eingeschränkt wird. Aber auch nicht den neueren Versuchen, etwa Marx, Engels, Freud oder Lenin aus dem Horizont einer ernsthaften philosophischen Lektüre auszuschließen.

53 In der Formulierung dieser These stützt sich radikale Philosophie auf Foucaults Version der Unterscheidung zwischen „Herrschaft" und „Macht" (vgl. McGowen 1994 u. Plumpe/Kammler 1980).

54 Ich stütze mich in dieser Auffassung auch auf die Ausarbeitung, die eine verwandte philosophische Lektüre durch Santiago Lopez Petit (1994) gefunden hat, deren Vorlauf eine detaillierte Auseinandersetzung mit dem 'autoritären Sozialismus' in der spanischen Linken gebildet hat (Sala/Durán 1975).

55 Zu dessen kritischer Dekonstruktion vgl. Zapata 1998 u. Rehmann 2001.

56 Dessen Aporien Reitz 2000 herausgearbeitet hat. Dieser herrschaftsaffirmative (oder aus 'höherer' Berufung praxisabstinente und insofern indirekt herrschaftsstützende) 'Radikalismus', der mit einem gewissen Recht zunächst 'jenseits von links und rechts' situiert wurde, erreichte seinen Höhepunkt in der 'Nacht des Jahrhunderts', d.h. in den 1930er und 1940er Jahren, einerseits innerhalb des Raumes der faschistischen Diskurse, andererseits in auf eine bloße eschatologische Erlösungshoffnung reduzierten, versprengten linken Oppositionsansätzen.

57 Höffes Versuch einer 'kritischen' Neubegründung dieser Linie scheitert an seinem interessierten Begriff von 'Anarchie' als gesellschaftlicher Unordnung (vgl. etwa Höffe 1990, 141ff.), der sich weigert, zwischen der absurden Parole des 'keine Macht für niemand!' und der Aufgabenstellung der Herrschaftsüberwindung überhaupt nur einen Unterschied zu erkennen - als ob die schwierige Debatte zwischen Bakunin, Marx und Engels (vgl. Balibar 1983) niemals stattgefunden hätte.

58 Lukács' späte Kritik an der 'Zerstörung der Vernunft' (wie schon in seinen Moskauer Schriften) vernachlässigt in auffälliger Weise das Thema des Selber-Tuns, Selber-Erlebens und Selber-Urteilens, das sein ursprüngliches Interesse an der 'geisteswissen-

schaftlichen' Lebensphilosophie begründet hatte - und das bis in den unterliegenden 'Aktivismus' von 'Geschichte und Klassenbewusstsein' wirksam geblieben war. Dementsprechend, wegen dieser 'objektivistischen' Anerkennung der Urteilskompetenz der kommunistischen Partei, konnte seine 'Selbstkritik' auf die Neuaneignung der Problematik von 'Geschichte und Klassenbewusstsein' durch eine jüngere Generation (vgl. Dutschke 2000) kaum Eindruck machen.

59 Diese Verkehrung hat insbesondere in der impliziten theoretischen und politischen Konterrevolution des Stalinismus Gestalt angenommen, der unter den angenommenen Namen des 'Leninismus' und des 'Marxismus-Leninismus' zur welthistorischen Macht aufgestiegen ist.

60 Ohne deswegen heuchlerische Positionen politisch reinzuwaschen, weiß radikale Philosophie nach diesen Erfahrungen die 'Reverenz der Laster vor der Tugend' durchaus zu schätzen, die darin liegt, dass sich die Partei der Herrschaftsaffirmation - etwa in der Anerkennung universaler Menschenrechte - wenigstens zur Heuchelei genötigt sieht.

61 Zur fordistischen Prägung des Konzepts der „strukturellen Hegemonie" ist besonders zu beachten, dass die in ihm abgebildete Macht der Verhältnisse immer erst im Rückblick artikulierbar und für eine Vielzahl konkreter Auseinandersetzungsverhältnisse verallgemeinerbar wird, also eine hochgradig stabile Vereinheitlichung der weltweiten Konstellation von Herrschaftsverhältnissen voraussetzt, um praktisch wirksam werden zu können - was historisch in der Ausnahmesituation der 'goldenen dreißig Jahre' (grob gerechnet von 1950 bis 1980, vgl. Lipietz 1998) näherungsweise der Fall war, aber trotz aller imperialismustheoretischen Vereinfachungen gerade nicht für die Geschichte der kapitalistischen Produktionsweise typisch ist.

62 In der neuen historischen Epoche, in der die Menschheit insgesamt seit den 1990er Jahren lebt, stellen sich Fragen der Orientierung und der Strategiebildung anders als in der Epoche des 'Spätfordismus'. In dieser galt noch , 'lechts und rinks kann man nicht velwechsern' (Ernst Jandl). Diese 'neue Unübersichtlichkeit', wie Habermas die veränderte Lage schon angesichts ihrer ersten Anfänge benannt hat, hat viele Linke verunsichert, die auf alte Gewissheiten verzichten mussten. Sie bietet aber auch den unschätzbaren Vorteil, dass wir uns endlich gezwungen sehen, uns von falschen, dogmatisierten Vorstellungen über das Linkssein zu trennen. Hierher gehören etwa die nicht nur in der 'alten Linken' verbreiteten Vorstellungen, am im Fordismus weltweit dominanten 'Etatismus' und 'Normalismus' sei etwas Linkes, so dass etwa jedes Eintreten für außerstaatliche, primär gesellschaftliche Lösungen oder für individuelle Freiheit und Mannigfaltigkeit etwas 'Rechtes' sei. Sie enthält aber auch die akute Gefahr, dass mit den historisch erledigten Formen des Linksseins gleich auch noch dessen konstitutive Orientierung auf Aufklärung und Befreiung mit beiseite gelegt wird.

63 Ein wichtiger Diskussionsstrang in diesem Debattenfeld geht durchaus herrschaftsaffirmativ davon aus, dass selbst Demokratie tendenziell totalitär sei (Talmon 1960) - so wie Schmitt den Totalitarismus für demokratisch erklärt hatte (vgl. Schmitt 1932) - und strebt eher nach legitimer Herrschaft als Alternative zur 'Tyrannis' (vgl. Strauss 1944)

64 Die ggw. Debatte darüber, ob sich nach der Krise des Fordismus bereits ein neues Akkumulationsmodell konfiguriert habe, leidet unter der Tendenz, eine dem Fordismus vergleichbare Durchgängigkeit und Stabilität für jedes Akkumulationsmodell zu unterstellen. In der Geschichte der kapitalistischen Akkumulationsmodelle stellt jedoch die

relative Kohärenz und Widerspruchsarmut des fordistischen Modells der Mehrwertproduktion eher die Ausnahme als die Regel dar.

65 Diese Auffassung der menschlichen Gesellschaften als einer Konfiguration verbündeter Herrschaftsverhältnisse knüpft an Reys Überlegungen zur „Artikulation von Produktionsweisen" und Meillassoux' und Bourdieus Analysen der gesellschaftlichen Reproduktion von Herrschaftsverhältnissen an.

66 Der deutschen Linken ist es nur bruchstückhaft gelungen, den genannten Grundorientierungen von Hermeneutik und Soziologismus gegenüber eine eigenständige Diskursbasis zu gewinnen - nicht zuletzt, weil die Ein- und Rückwirkung auf die dominanten Diskursformen für sie eine entscheidende Existenzbedingung geblieben ist.

67 Das paradoxerweise aus der Perspektive einer radikaleren Erneuerung des Marxismus (als eines *politische Praxis ermöglichenden* „historischen Materialismus") selbst als „a double reduction of science and politics to philosophy" (Therborn 1970, 74; vgl. Kammler/Plumpe/Schöttler 1970, 4f.), als eine bloße „Geschichtsphilosophie" (Kolkenbrock-Netz/Schöttler 1982, 130f.) erscheinen musste.

68 Die Geschichte dieser Ergänzung der revolutionären Losung von „Freiheit und Gleichheit" verweist uns darauf, dass nur ein realitätsblinder Liberalismus sich bei den Grundprinzipien von Freiheit und Gleichheit beruhigen kann (vgl. immer noch Peter Brückner 1965 sowie die sorgfältige historische Untersuchung der jakobinischen Realität durch Gross (1996), deren Ergebnis ist: „The singular merit of the short-lived Jacobin episode is to have shown us ..., that liberty and equality can coexist in the presence of fraternity" (ebd., 205).

69 Exemplarisch immer noch Norberto Bobbio (1994). Zur Kritik dieses „Selbstverständnisses" vgl. Balibar 1993.

70 Wobei aufmerksam zu analysieren sein wird, worin die herrschaftsaffirmative Funktionalisierung dieses Schrittes einer Herrschaftsüberwindung liegen wird: Therborn hat für die Einführung des allgemeinen Wahlrechts herausgearbeitet, dass es fast überall eng mit der Massenmobilisierung für die Weltkriege zusammenfiel (vgl. Therborn 1995).

71 In diesem Kontext verzichte ich darauf, den anderen, außereuropäischen Anfängen der Philosophie nachzugehen, deren kritische Aufnahme selbstverständlich zu den philosophiehistorischen Aufgaben radikaler Philosophie gehört, um die in deren Lektüre bisher herrschenden eurozentrischen Verkennungen abzubauen. Hier brauche ich aber nur das Argument zu belegen, dass selbst innerhalb der europäischen Philosophietradition (die ihrerseits nicht ohne die weit über Europa hinausgreifenden Interventionen von mosaischen, christlichen und islamischen Religionstraditionen zu rekonstruieren wäre) Motive der 'gleichen Freiheit' eine zentrale Rolle gespielt haben.

72 Nichts anderes liegt auch der Abwertung der antiken Tradition zugrunde, welche die Wortgeschichte von „philosophia" auf Pythagoras zurückführt, weil der pythagoreische Wortgebrauch von der platonischen Fassung des Philosophiebegriffs abweicht (Burkert) (vgl. de Vogel 1966, 4, 15ff. u. 100ff.).

73 Zu Solons Leistung „mit rein humanen Begriffen Gerechtigkeit und Freiheit für alle Mitglieder der Gemeinschaft" zu fordern vgl. Larsen 1990, 17f.

74 M.E. liegt die Pointe dieser Überlegungen Herodots in der damit ermöglichten Frage nach der Unterscheidung zwischen 'Natürlichem' bzw. 'Unabwendbarem' einerseits und dem 'Willkürlich Gesetzten' bzw. 'Abwendbaren' andererseits - und keineswegs in einer stoischen Schicksalsergebenheit im Sinne des 'amor fati'.

75 Den engen Zusammenhang, in dem ein derartiges Abwälzen auf andere mit der technischen Entwicklung steht, hat Aristoteles mit seiner Begründung der Sklaverei aus dem Fehlen automatischer Maschinen (Politik 1253b) demonstriert.

76 Das scheint Heinrich nicht zu sehen, weil er in menschlichen Fähigkeiten begründete, also nicht religiös fundierte Problemlösungen einfach mit 'technischen Lösungen' gleichsetzt, vgl. Heinrich 1986 u. 2000, 32 u.48f.

77 Vgl. Heinrich 2000, 58 zur wichtigen Frage, „warum man überhaupt genötigt ist, vom Menschen zu sprechen".

78 Damit gewinnt auch der Hinweis auf das Motiv des 'Neids der Götter' bei Herodot (vgl. Lesky 1972. 369f.) einen durchaus nachvollziehbaren sozialen Inhalt: Hybris bestünde dann genau darin, sich über diese elementare Gleichheit aller erheben zu wollen (gegen Heinrich 2000, 29).

79 Daraus ist dann die stoische Devise des '*omnia mea mecum porto*' entstanden (Diogenes Laertios, II, 115, vgl., wiederum einseitig, Heinrich 2000, 31 u. 48).

80 Ich kann hier nicht die Absurdität der These (Gadamer 2000) weiter ausführen, unser einziges gesichertes Wissen über vorplatonische Philosophie gehe auf Platon und Aristoteles zurück.

81 Nicht nur die traditionell 'weiblichen' Ausgangspunkte, welche die Milesier für die 'Genesis' der Welt in Betracht ziehen (Thales' Wasser und die Luft des Anaximenes) verweisen auf eine ältere Vorstellungschicht, in der weibliche Gottheiten (und die sie vertetenden 'weisen Frauen') kulturell im Zentrum standen (vgl. Straube 2001), die Figur von Thales' Haussklavin in der ursprünglichen Anekdote muss als eine Vertreterin sowohl dieser älteren Erinnerungsschicht als auch der zeitgenössischen Geschlechterdebatte begriffen werden, wie sie sich von Sophokles' Antigone und der Medea des Euripides über die Diotima und die 'WächterInnen' Platons bis zur Lysistrata des Aristophanes gespannt hat und erst von Aristoteles konservativ patriarchalisch beendet worden ist.

82 Unter dem etwas anderen Aspekt, dass alle Menschen „Verwandte, Befreundete und Mitbürger von Natur sind" (Protagoras 337c).

83 Hippias' bekannte Praxis der 'Selbstversorgung' als Bedingung von 'Autarkie' gewinnt vor diesem Hintergrund ihre volle, subversive Bedeutung.

84 Ich zitiere die sog. Vorsokratiker entsprechend der international verbreiteten Konvention aufgrund der Textsammlung von Diels/Kranz (seit 1903), welche die Autoren durchnummeriert sowie zwischen 'Zeugnissen' (A) und 'Fragmenten' (B) unterschieden haben.

85 Ich denke, wir wissen erheblich mehr: vgl. de Vogel 1966 u. van der Waerden 1979.

86 Reisen nach Ägypten, nach Phönizien oder nach Babylonien werden etwa von Solon, Thales, Pythagoras, Demokrit und Platon selbst berichtet (vgl. etwa Schneider 1996)

87 Die Berufung auf göttliche Offenbarungen wie in der etwa mit der klassischen griechischen Philosophie gleichzeitigen jüdischen Prophetie (oder später in den „Buchreligionen" des paulinischen Christentums, des talmudischen Judentums oder des Islams) spielt in der antiken Philosophie (und für sie) noch keine Rolle. (Zur spätantiken Entwicklung einer mystisch-theosophischen Linie der „philosophischen" Tradition vgl. Festugière 1967, zur damit verknüpften 'Konkurrenz' zwischen Philosophie und Erlösungsreligionen vgl. Taubes 1987.)

88 Die Wendung ins „forum internum" als privilegierter Ort der Philosophie, wie sie im Übergang zum Hellenismus Diogenes von Sinope vollzogen hat, bedeutet ein Verlassen der klassischen griechischen Konzeption der Philosophie, wie sie der Periode von Thales bis zu Platon und Isokrates, oder bis zu Aristoteles, trotz aller konfligierenden Auffassungen gemeinsam war.

89 Wie weit mit dem Aitolischen Bund alternative Entwicklungsperspektiven verknüpft waren, welche die stärkeren politischen Akzente bei den frühen hellenistischen Philosophen nicht mehr nur als Fortwirkungen der Polisgesellschaften erscheinen lassen, bedarf noch weiterer Untersuchungen.

90 Vgl. schon die von Rammstedt (1978) analysierte Kontroverse zwischen Bauer und Marx über 'Geist und Masse' (ebd., 55ff.).

91 Elias Canettis Untersuchung über „Masse und Macht" (1960) kann als Einstieg in eine theoretische Dekonstruktion dieser in der Realität immer national ausgeprägten „Massenpolitik" gelten (vgl. Möding 1984, 139ff.).

92 Insofern teile ich nicht vollständig die Bilanz Bueys, dass Ortega mit seiner „Warnung vor den Massen" recht gehabt habe. Als Warnung vor einer passivierenden Massenpolitik, die diese Vielen gerade auf ihre Massenförmigkeit fixiert, ist es allerdings auch nach meiner Auffassung vollauf berechtigt, eine negative Bilanz des 20. Jahrhunderts zu formulieren. (vgl. Buey/Riechmann 1996, xxiii)

II. Philosophie als radikale Tätigkeit

1 Ein philosophisches Denken im Hinblick auf eine gelingende künstlerische Praxis müsste darüber hinaus noch etwa die Kategorie der 'Darstellung' ins Spiel bringen. Das übersteigt allerdings gegenwärtig meine philosophischen Möglichkeiten.

2 Die „Radical Philosophy Group", zunächst (ab 1971) in Kent, dann in London, welche die Zeitschrift bis heute herausgibt, erklärte auf der Titelseite: „Die zeitgenössische britische Philosophie ist in einer Sackgasse. Ihre akademischen Vertreter haben den Versuch, die Welt zu verstehen völlig aufgegeben, und erst recht den, sie zu verändern. Sie haben aus der Philosophie eine eng spezialisierte akademische Disziplin gemacht, die außerhalb eines kleinen Kreises von Berufsphilosophen nur von geringer Relevanz und Interesse ist. (...) Die „Radical Philosophy Group" ist gebildet worden, um dieser Situation entgegenzutreten. (...) Aber wir wollen uns nicht ausschließlich mit den Mängeln dieser Art von Philosophie beschäftigen. Unser Ziel ist es, positive Alternativen zu entwickeln. Denn es gibt andere Traditionen, die unsere Arbeit inspirieren können (etwa die Phänomenologie und der Existenzialismus, das Hegelianische Denken und der Marxismus). Allerdings wird die Gruppe keinen Versuch machen, eine philosophische Linie festzulegen. Unser Hauptziel liegt darin, uns von den einschränkenden Institutionen und Orthodoxien der akademischen Welt zu befreien und dadurch die Entwicklung wichtiger philosophischer Arbeiten zu ermutigen." (No. 1-5, vgl. Edgley/Osborne 1985, VII). In No. 10 wurde programmatisch auf die Studentenbewegung der 1960er verwiesen, insbesondere im Hinblick auf deren Unzufriedenheit mit „der sterilen und selbstgefälligen Philosophie, welche in den Britischen Universitäten und Hochschulinstituten gelehrt wird", sowie auf das „erneuerte Interesse an theoretischer Arbeit auf der Linken" (No. 10, vgl. ebd., VIII).

3 Einen Überblick über das erste Jahrzehnt der Debatten in „Radical Philosophy" bietet ein „Radical Philosophy Reader" (mit Beiträgen aus No. 1-36), den Roy Edgley und

Richard Osborne herausgegeben haben (1985, mit bibliographischem Nachweis anderer Zweitpublikationen von Beiträgen aus der Zeitschrift: XVIf.).

4 Vgl. den von Sean Sayers und Peter Osborne (1990) herausgegebenen Sammelband „Socialism, Feminism and Philosophy" (mit Beiträgen aus No. 36-52), der auch einen Teil über „Natur und menschliche Natur" (ebd., 211ff.) enthält (Bibliographie anderer Zweitpublikationen, 5f.).

5 Diese Beschreibung stützt sich auf die kurze Geschichte der Zeitschrift, die Sean Sayers verfasst hat (www.ukc.ac.uk/secl/philosophy/rp/rphist.html) - mit Hinweisen auf in der Zeitschrift veröffentlichte Beiträge.

6 Zur älteren US-amerikanischen Tradition der „Radical Currents in Contemporary Philosophy", die sich an einen - in den 1940er Jahren gegen Deweys Materialismuskritik (1882, vgl. Riepe 1971, 7) formulierten - „modernen Materialismus" (vgl. McGill/Parry 1948 u. Sellars, McGill, Farber 1949, vgl. a. Cornforth 1950) anschloss - [mit älteren Traditionslinien im „Progressivismus" (vgl. Pease 1962), „Radikalismus" (vgl Bourne 1956 u. Lasch 1965) und „Naturalismus" (vgl. Hook 1944, Edel 1946)] und der sich gegen „enge Spezialisierung, die Trivialisierung der philosophischen Tätigkeit und unterschiedliche damit verbundene Irrationalismen, welche die Tätigkeit der Philosophie tiefgreifend verzerrt haben", wendete (DeGrood 1971, XI) bzw. gegen „die methodologische Verschmutzung des Mainstreams der amerikanischen Philosophie" (Riepe 1971) richtete - vgl. den entsprechenden Sammelband von DeGrood, Riepe und Somerville (1971), in dem auch Herbert Aptheker, Mihailo Markovic, Adam Schaff und Ernesto Che Guevara mit Beiträgen vertreten sind (mit einer Bibliographie, 260-269).

7 Deren Website sich seit Anfang 2001 unter der URL <http://www.southwestern. edu/~musselmj/RPA.html> befindet.

8 Zusammenfassend Gottlieb 1993 (Beiträge von Linda Alcoff, Frank Cunningham, Ann Ferguson, Milton Fisk, Roger S. Gottlieb, Andrew McLaughlin, Linda Nicholson, Amelie Oksenberg Rorty, David Schweickart, Elzabeth V. Spelman, Thomas E. Wartenberg und Iris Marion Young, mit einer Bibliographie „Resources in Radical Philosophy, 267-276), Light/Nagel 2000 (Beiträge u.a. Vargas Lozano) u. Martinot/James 2001.

9 „Anti-Racist Classroom Project", „Disability Project", „Anti-Death Penalty Project", „Latin America Solidarity Project", zu dem auch ein „Chiapas Solidarity Project" gehört.

10 „Sense of radicalism". Es würde keinen Sinn machen, diese für deutsche und viele marxistische Ohren ungewohnte Zuspitzung durch eine verwässernde Übersetzung abzustumpfen.

11 Die Zeitschrift „Angelaki. Journal of the theoretical humanities" (URL: tandf.co.uk/journals/routledge/0969725x.html) bildet einen weiteren Ort dieses Dialogs.

12 Das ist angesichts der neuen Möglichkeiten der IuK-Technologien keine bloß in bestimmten Nischen des Konsums angesiedelte „Heimwerkerbewegung' mehr. So wurde etwa auch die „Transmediale" 2001 unter dem Motto „DIY - Do it yourself" durchgeführt, mit der Begründung: „während diese Hoffnungen gesamtgesellschaftlich immer nur zum Teil erfüllt wurden, hat sich im Laufe der letzten zehn Jahre mit Hilfe neuer, preiswerter digitaler Technologien eine Kultur des Selbermachens entwickelt, die tatsächlich eine wachsende Zahl von Menschen die Möglichkeit gibt, ihre medialen Produktionen selber zu produzieren, zu distribuieren und sogar ihre medialen Werk-

zeuge eigenständig zu entwickeln." Das ist allerdings einseitig auf die Minderheit der Menschheit bezogen, die in den 'Metropolen' über relativ gute Lebens-Mittel im weitesten Sinne verfügen, während zugleich die Ausschließungseffekte gegenüber allen denjenigen, die über diesen 'Zugang' nicht verfügen, sich geradezu exponential steigern - bis hin zur Wiederkehr der Phantasie des 19. Jahrhunderts, die ausgeschlossenen 'gefährlichen Klassen' seien irgendwie 'unmenschlich'.

13 Und zwar sowohl an ihre revidierenden Weiterentwicklungen im Stile Habermas' als auch an die Versuche, gegen Habermas' allzu unbekümmerte Revisionen wieder die ursprünglichen gesellschaftskritischen Intentionen der älteren Frankfurter Schule zu Geltung zu bringen - indem beide Richtungen in ihrer philosophischen Artikulation ernst genommen und in ihrem inneren Zusammenhang als letztlich gescheiterte Versuche zu einem 'Verlassen der Philosophie' gelesen werden.

14 Das gilt allerdings nicht für den weiten Bereich der marxistisch-lenistischen Philosophie, welche nie ein Problem darin gesehen hat, als „wissenschaftliche Weltanschauung" zugleich „revolutionäre Ideologie" und philosophische Rechtfertigung der „führenden Rolle der Partei" bzw. innerhalb der internationalen kommunistischen Bewegung des Herrschaftsanspruchs der KPdSUSowjetunion zu sein.

15 Insofern teilt sie mit der Psychoanalyse nicht nur ihr Interesse an der 'Psychopathologie des Alltagslebens', sondern auch ihr weiterreichendes Interesse an einer Ergründung des 'Unbehagens an der Kultur'.

16 Nicht zufällig hat schon Merleau-Ponty die Metapher der Verankerung zu einer zentralen Kategorie einer politischen Existenzphilosophie zu machen versucht, die sowohl den hegelianischen Umfassendheitsanspruch als auch die von Kierkegaard und Heidegger konzipierte spielraumlose Selbstunterwerfung der Subjekte unter 'höhere Mächte' zu vermeiden trachtet.

17 Am schlagendsten tritt dies vielleicht an den beiden Fragen der Haltung zu den technologisch neuen Massenvernichtungsmitteln, deren gemeinsame Ächtung in der Nachkriegspolitik völlig chancenlos blieb, sowie an der Haltung zum Kolonialismus hervor, dessen Wiederherstellung - auch nach der militärischen Mobilisierung der Völker der Kolonien im Kampf gegen die „Achsenmächte" - überhaupt keine ernsthafte Frage gewesen zu sein scheint. Zwar setzt dann - mit Vietnam (1946), Indien (1947), Indonesien (1948) und China (1949) - sofort ein machtvoller Dekolonisierungsprozess ein. Aber nur gegen heftige, zumeist militärische Repressionsversuche der entsprechenden Kolonialmächte.

18 Eine rein faktische Kennzeichnung des Umbruchs, der auf gesellschafts- und geschichtstheoretische Vorstellungen ganz verzichtet, ist unmöglich. Ich greife für meine Kennzeichnungen auf den theoretischen Rahmen einer kritisch erweiterten „politischen Ökologie" zurück (vgl. Lipietz 2000), der allerdings über den Kompetenzbereich radikaler *Philosophie* als solcher hinausgeht. Derartige Rück- und Vorgriffe auf praktische „Erfahrungen" und theoretische „Entwürfe" sind überhaupt für die Tätigkeit radikaler Philosophinnen und Philosophen unvermeidlich. „Radikale Philosophie" lässt sich nicht wirklich „rein philosophisch" praktizieren.

19 Diese Kennzeichnung knüpft insoweit an Althussers Charakterisierung der Tätigkeit der Philosophinnen und Philosophen in „Philosophie und spontane Philosophie der Wissenschaftler" an. Allerdings sehe ich als Gegenpol zu der 'Thesen' aufstellenden Philosophie nicht allein die wirkliche Aufklärung durch ihre Erkenntnisse produzieren-

de Wissenschaft, sondern auch etwa die wirkliche Befreiung produzierende Politik, die wirkliche Darstellungsformen von Befreiung und Aufklärung produzierende Kunst ...

20 Die paradoxe Denkfigur einer „Eigentlichkeit", die sich nur in frag- und sprachloser Unterwerfung verwirklicht, hat Susanne Lettow in Heideggers Kategorie der „Entschlossenheit" herausgearbeitet (2000a u. 2001a).

21 Angesichts der ganz realen Schwierigkeit, über sich selbst triftig zu schreiben, bin ich zu dem Ergebnis gekommen, dass ich, auch wenn Philosophie, auch radikale Philosophie, immer von einer subjektiven Anstrengung geprägt ist (so sehr dies auch zu verbergen und zu verdrängen versucht wird), doch auf die Frage, wer hier dazu einlädt, nur durch den Verweis auf die Notiz zur Person des Autors einerseits und andererseits mit dem Argument begegnen kann, dass der Wegweiser den Weg nicht selber gehen muss und der Kritiker und Mahner nicht selbst schon ein Vorbild sein muss, um auf eine relevante Weise kritisieren, mahnen und Vorschläge machen zu können.

22 In diesem Sinne ist sowohl die radikalliberale oder anarchistische Verabsolutierung des Individuums, in der dessen gesellschaftliche Produziertheit vergessen wird, als auch die stalinistische 'Vereinheitlichung' der konkreten menschlichen Individuen zu einem postulierten 'kollektiven Subjekt' kritisch aufzulösen.

23 Baumans (1995) Irrtum besteht m.E. vor allem darin, dass er dem Köhlerglauben aufsitzt, das wäre in den vor-postmodernen Gesellschaften grundsätzlich anders gewesen.

24 Insofern bleibt es bedeutungsvoll, dass auch Descartes' Cogito noch einer weiteren, vorausgehenden Fundierung bedurft hat (vgl Gilson 1913) - auch wenn dessen spezifisch religiös und theologisch geprägte Gestalt als 'Gottesbeweis' in der heutigen gesellschaftlichen Realität nicht mehr zu überzeugen vermag.

25 Statt einer solchen Lossagung geht es darum, wissenschaftliche Wirklichkeitserkenntnis und politische Wirklichkeitsgestaltung als gemeinsames Erbe und als anhaltende Aufgabe der gesamten Menschheit wieder ernsthaft ins Auge zu fassen - wenn auch jenseits ihrer totalisierenden Instrumentalisierung und Bemächtigung durch den Staat. Dieser 'totalitären' Tendenz staatsförmiger Politik gegenüber hatte die Flucht in den Agnostizismus immerhin die Möglichkeit eröffnet, wenigstens überhaupt kritische Distanz zu gewinnen. Allerdings hilft gerade diese Flucht angesichts einer Tendenz zur nicht weniger totalisierenden 'marktvermittelten Herrschaft' überhaupt nicht mehr. Denn die anhaltende Aufgabe der (selbst-)kritischen Positionsbestimmung ist schon längst mitten unter partikularen Aneignungen und pragmatischen Umarbeitungen in Angriff zu nehmen, wie sie von privaten Unternehmen und Verbänden betrieben werden. Daher können nur bestimmte Erkenntnisse und Orientierungen, aber kein ungerichteter Skeptizismus gegen deren äußerlich interessierte Eingriffe in den wissenschaftlichen Prozess helfen. Inzwischen wird daher dieser Agnostizismus - angesichts des scheinbar (vgl. Weiss 1997 u. 1999) mit der Globalisierung verbundenen 'Abbaus des Staates' und der unbestreitbaren Entwicklung und Stärkung neuer indirekter Herrschaftsgewalten - zu einem wichtigen Hemmnis für eine wissenschaftliche und politische Weiterentwicklung. Dies gilt vor allem deswegen, weil er die Erkenntnis nichtstaatlicher Herrschaftsstrukturen behindert und zugleich den Betroffenen an einer solidarischen Auseinandersetzung untereinander über die unterschiedlichen Erlebnisperspektiven zugrundeliegenden Erfahrungen im Hinblick auf gemeinsame materielle Voraussetzungen und allgemein, 'für alle', zu formulierende Handlungsziele behindert, die über die lebensweltliche Unmittelbarkeit des je-eigenen 'Erlebens' hinausgreifen.

26 Das keineswegs auf ihre angelsächsischen Modelle einer analytischen Philosophie beschränkt ist, mit denen sich die 'radical philosophy' vorrangig auseinandersetzt.

27 Für die der neue Staatsminister für Kultur, Nida-Rümelin, als prägnantes Beispiel dienen kann.

28 Dabei kann nicht vorweg festgelegt werden, was als ›Argument‹ gelten kann. Auch Personen mit anderer geistiger Befindlichkeit (demente, geistig behinderte oder auch etwa psychotische Personen) oder nicht zur Spezies gehörige Lebewesen können grundsätzlich Äußerungen einbringen, die von anderen Argumentierenden als Argumente erkannt und anerkannt werden können (oder sogar kohärenterweise als solche anerkannt werden müssen).

29 Mit dieser einfachen Kategorie versuche ich auf Hobbes' Überlegungen (vgl. Leviathan) zurückzugreifen, sowohl das ›Urteil‹ als auch den ›Willensakt‹ als letztes Wort in einem Beratungsprozess zu begreifen. Dies hat den Vorteil, auf psychologische Abfolgen genau so anwendbar zu sein wie auf soziale Kommunikationsprozesse. Damit wird jedenfalls nicht schon durch die Fragestellung eine psychologisierende, soziologisierende oder anthropologisierende Interpretation der Semantik von Wollen und Wissen vorweggenommen.

30 Das sollte nicht den historischen Umstand verdecken, dass sich zunächst die Sophistik (insbesondere in den *Dissoi Logoi*) und auch die Rhetorik nicht weniger Verdienste um die Pflege des *contradictory argument* erworben haben.

31 Im Unterschied zu älteren Ansätzen herrschaftskritischer Philosophie, die angesichts der unbestreitbaren unmittelbaren Ohnmacht der Diskurse, auch in ihrer materiellen Realität, immer schon bei der 'Machtfrage' einsetzten - wie in der kautskyanischen Orthodoxie, im stalinistischen Marxismus-Leninismus, aber auch die ältere 'kritische Theorie' der Frankfurter Schule, hält es radikale Philosophie für erforderlich, auch die eigene Rationalität durch einen klaren Begriff des Argumentierens zu bestimmen, der mit anderen, etwa analytischen oder traditionell metaphysischen Philosophieformen auseinandersetzungsfähig ist. Im Unterschied zur 'materialistischen', 'herrschaftskritischen' Tendenz in der Postmoderne versucht sie zu zeigen, dass und inwiefern ein solcher Begriff allgemein formuliert werden kann und muss.

32 Aristoteles' Wort ›theoria‹ bedeutet sowohl die Tätigkeit, Theorie zu betreiben, als auch den spezifischen Inhalt dieser Tätigkeit. Die aristotelische Entgegensetzung der Lebensmodelle eines ›bios theoretikos‹ zu einem ›bios politikos‹ bezieht sich m.E. gar nicht auf einen Gegensatz von „Theorie" und „Praxis" *generell* - seine lateinische Wiedergabe als ›vita contemplativa‹ versus ›vita activa‹ ist also bereits eine durchaus zu hinterfragende Umbildung. *Vielmehr* geht es in ihr - nach dem historischen Ende der ›Polis‹ als maßgeblichem Raum des ›Politischen‹ im Übergang zum ›hellenistischen Reich‹ - um einen weiterhin auf die *Polis* als fortbestehende entkernte Form bezogenen Lebensentwurf i.U. zu einer *›universalistischen‹* Reichsintellektualität, die durchaus etwa in der aristotelischen Metaphysik einen adäquaten Reflektionsraum für ihre Probleme finden konnte - was auch die Rezeptionsgeschichte der Aristotelesschriften im Hellenismus jedenfalls im Ansatz erklären könnte.

33 Der geläufige Gegensatz von ›Theorie‹ und ›Praxis‹ (oder auch von ›Schule‹ und ›Leben‹) - klassisch formuliert in „Grau, teurer Freund, ist alle Theorie, und Grün des Lebens goldner Baum" (Goethe) - stammt dagegen m.W. gar nicht aus der älteren Tradition der Philosophie, sondern aus der Tradition der Schulrhetorik, die zum einen

den letzten, entscheidenden Schritt, die wirkliche Darbietung der Rede vor dem adressierten Publikum als „praxis“ bzw. „actio“ von allen komplexen Vorbereitungsschritten abhob (Ganz in diesem Sinne heißt es heute noch in den Filmstudios nicht nur Hollywoods „action!“, wenn der ›wirkliche Dreh‹ beginnt!) und zum anderen beständig an dem Problem zu arbeiten hatte, in ihrer Lehre (*theoria/doctrina*) als verselbstständigte pädagogische Einrichtung hinter der wirklichen Berufspraxis der Anwälte, Politiker und Literaten mit ihren Innovationen hinterherzuhinken - woraus sich die kontrafaktische Selbstaufforderung ergab *„Non scholae sed vitae discimus!“*. Erst der deutsche Idealismus mit seiner grundsätzlichen Reflexion des Verhältnisses von Denken und Handeln hat m.W. beide Problemperspektiven zu vermitteln versucht - das Verhältnis der Tätigkeit des Theoretisierens zur Tätigkeit der ‘praktischen Ausübung’, in dem Theorie selbst erst Resultat denkerisch analysierter Praxis sein soll - und das Verhältnis der auf menschliche Ziele gerichteten Praxis und einer auf das Sein oder die Idee gerichteten ›Theorie‹ als Lebenshaltung. Die in der Aktualisierung des Humboldtschen Universitätsverständnisses (vgl. Nitsch 1965) begründete Kritik am unzureichenden Theorie-Praxis-Verhältnis der bestehenden Universitätsdisziplinen (einschließlich der institutionalisierten Philosophie) bot dann in den 1960er Jahren den Vorteil, die in ihren weiterreichenden Intentionen durchaus antagonistischen Kritikziele der ihre Rebellion vorbereitenden Studenten jedenfalls vorübergehend mit den VertreterInnen eines mehr oder minder technokratische ‘Aggiornamento’ von Lehre (u. z.T. auch Forschung) angesichts eines (amerikanischen Standards gegenüber zu konstatierenden) ‘Modernitätsrückstandes’ bündnispolitisch engführen zu können. Aber schon die Bezugnahme der Hochschuldenkschrift des SDS auf das Humboldtsche Ideal einer im Kern philosophisch konstituierten Universität (Nitsch u.a. 1965, vgl. auch Derrida 1990 u. Bennington 1994, 265ff.) machte deutlich, dass ohne Antworten auf die Fragen „Welche Theorie?“ und „Welche Praxis?“ diese Diskussion in eine Sackgasse führen musste, ganz gleich, ob dann am Ende die verschulte Berufsausbildung oder eine subversiv gemeinte Konzeption des „Dem Volke dienen!“ stehen sollte. Erst die schlichtere Fassung der Problematik, Praxis als Tätigkeit und Theorie als Ergebnis der Reflexion einer Praxis zu begreifen, ohne außerdem noch ›höhere‹ von ›niedrigeren‹ Lebensmodellen unterscheiden zu wollen, ermöglicht wieder eine weiterführende Diskussion: Wie lassen sich die Reflexion der gesellschaftlichen Praxis und die Bildungsprozesse einer jungen Generation institutionell produktiv miteinander verknüpfen? Wie kann sichergestellt werden, dass diese Reflexion immer wieder dazu in der Lage ist, das kritische Hinterfragen von Praktiken und Theorien aufzunehmen und zu fördern, das diese nachwachsenden Generationen dazu befähigt, die gesellschaftlichen Verhältnisse und die Wissensbestände in einer befreienden und aufklärerischen Richtung weiterzuentwickeln?

34 Und trotz ihrer missbräuchlichen Benutzung durch die platonische Linie der herrschenden Philosophieform gegen die isokratische Tradition der Philosophie: Indem Platon Begründen als Beweisen verstand und daher den Sophisten, Rhetoren und Literaten ihre undogmatische Offenheit fälschlich als Begründungs- und damit Rationalitätsverzicht vorhielt. Diese Argumentation wird auch dadurch nicht besser, dass in der Tat viele ihrer VertreterInnen bis hin zur Argumentationstheorie Perelmans oder der neueren Topik historisch nachträglich diese ihre Charakterisierung durch ‘die Philosophie’ gleichsam ‘auf die eigene Kappe genommen’ und ihre undogmatische Rationalität als Vernunftkritik und Vernunftverzicht artikuliert haben.

35 Mit der wichtigen, aber fast stumm bleibenden Ausnahme, dass er sich dem Apelschen Anspruch einer philosophischen ›Letztbegründung‹ der diskursiven Vernunft konsequent verweigert.

36 Auch in der Geschichte des westdeutschen Marxismus-Leninismus ist tatsächlich versucht worden, diesen Anspruch, das 'eigene Urteil' als unüberspringbare Instanz zu behaupten, im Namen einer höheren Parteivernunft zu bestreiten.

37 Aristoteles' Unterscheidung zwischen 'an sich gewissen' Axiomen und Prinzipien in der Wissenschaft und 'bloß einleuchtenden' Gemeinplätzen in der rhetorischen und politischen Praxis wäre in diesem Zusammenhang aus ihrer Verankerung in ein theologisches und ontologisches Denken der vorgegebenen Herrschaftsordnung herauszulösen.

38 M.a.W. gibt es für Politik und Philosophie nicht die Art von kumulativen Effekten einer 'Bearbeitung von Materie', aus denen Hegel seine Dialektik von 'Herr und Knecht' begründen konnte.

39 Mit dem sie über Habermas' Vorschlag einer kontrafaktischen Voraussetzung der Herrschaftsfreiheit als Bedingung der Möglichkeit gelingender Kommunikation hinausgeht.

40 Die ihrerseits von Carl Schmitt als historische Anknüpfungspunkte der eigenen Position einer sich selbst als passive Revolution begreifenden Gegenrevolution benutzt werden konnten (vgl. Taubes 1987 u. Seifert 1998).

41 Die allerdings von Žižek (1999), der sie zu erneuern vorgibt, zu einem Lacanismus ohne Herrschaftskritik entstellt wird.

42 An Spinozas Begriff der 'multitudo' erinnert zu haben, ist das wohl wichtigste Verdienst der neueren Debattenbeiträge Negris (1997).

43 Dessen Personalidentität mit dem führenden Ideologen der 30 Tyrannen, dem Rhetor Antiphon, mir daher extrem unglaubwürdig zu sein scheint.

44 Zur Frage der Autorschaft dieses Textes, vermutlich Hobbes' Schüler und Vertrauter William Cavendish, vgl. inzwischen weiterführend Saxonhouse 1981 u. Reynolds/Saxonhouse 1995, 4ff u. 19. Diese Zuschreibung rückt aber diesen Text nicht aus dem Entstehungskontext der Hobbesschen Philosophie heraus, zumal andere Texte derselben Essay-Sammlung eindeutig von Hobbes verfasst sind (vgl. Reynold/Saxonhouse 19).

45 Der Gebrauch des Singulars an dieser Stelle ist nicht unbedenklich: Er ist zwar erst einmal nur eine Redeweise für die Bezugnahme auf die vielen geknechteten usw. Menschen und formuliert in keiner Weise ein höheres „Gesamtsubjekt", das seinerseits von den „einzelnen Menschen" Anerkennung und Unterwerfung fordert. Spätestens in der Rhetorik des „neuen Menschen" (die bspw. in so „unterschiedlichen theoretischen Formationen wie dem Stalinismus und Guevarismus findet), den es zu schaffen gelte, vollzieht sich genau dieser Übergang. Der in diesem Singular angelegte „Anthropologismus" des frühen Marx muss also selbst noch kritisch abgebaut werden.

46 Dieser Bezug findet aber dadurch eine Einschränkung, dass es zutrifft, wenn Tobler (2001, 15) festhält: „solange der Bürgersinn Moral nur als *kategorischen Imperativ* abbucht, *lässt* er *sich* von der ungleichen Weltwirtschaft *nicht über die Strukturbedingtheit von Moral aufklären*." (meine Hervorh.). Es wäre aber ein Missverständnis, aus diesen Kritiken am unzureichenden Charakter derartiger 'bloß moralischer' Positionen zu schlussfolgern, sie könnten einfach fallen gelassen werden.

47 D.h.: Die „verschiedenen Ansichten über die Wege, welche die Menschen einzuschlagen haben, um zu Freiheit zu gelangen, über die Mittel, mit denen die der Freiheit

widerstrebenden Kräfte zu bekämpfen und zu besiegen sind, über die endlichen Formen und Einrichtungen der freiheitlichen Gesellschaften“ (ebd., 8f.)

48 „Nichts von Sultanen, Wesiren, Statthaltern, Kadis, Schatzmeistern, Zollpächtern, Fakiren und Bonzen zu wissen, ist ein Glück, wovon der größte Teil der Menschheit keine Vorstellung hat.“ (Geschichte des weisen Danischmend, in: Wieland 1913)

49 In diesem Punkt nutzt Balibar mit Recht die Neuinterpretation von Spinozas grundlegendem Konzept der „multitudo“, um dem von Deleuze und Negri in eine schlichte Affirmation eines kriterienfreien und verantwortungslosen „Massendenkens“ umgemünzten Vitalismus entgegenzutreten, dem er die Erinnerung an die - von Freud herausgearbeitete - irreduzible „Ambivalenz“ der sog. primären Prozesse mit der spinozistischen Zielsetzung einer „Zivilisierung der Massen aus ihrem Inneren heraus“ verbindet (Balibar 1985, 35ff.) - und damit die Grundlagen für eine „so lange“, bis auf Weiteres, gültige Rationalität und Verantwortlichkeit innerhalb der demokratisch frei gesetzten Politik der Vielen umreißt (vgl. u.). Wie schwer es historisch gewesen ist, diesen Gedanken konsequent zu fassen wird daran deutlich, dass Spinoza an anderer Stelle noch geradezu hobbesianisch formuliert hat: „Bedrohlich ist das Volk, wenn ohne Furcht.“ (vgl. Euchner 1993, 127ff.)

50 Insbesondere die Probleme von Psychologie/Psychoanalyse einerseits und von ‘Staatswissenschaften’ (vgl. Wallerstein 1995) und ‘Bewegungsdenken’ andererseits gehen weit über diesen Rahmen hinaus.

51 In Kants beredter Übersetzung: „Habe den Mut, dich deines Verstandes zu bedienen!“

52 Auch wenn der spezifische Begriff der Aufklärung als eines umfassenden Prozesses, mit ‘Aufklärern’ als spezifischen Trägern, eine deutsche Zuspitzung darstellt, wie sie weder die ‘*Lumières*’, noch das ‘*enlightenment*’ oder ‘las luzes’ bereits enthalten haben (vgl. Schneiders 1995), unterliegt es doch keinem Zweifel, dass die im 17. Jahrhundert in Gang gekommene intellektuelle Bewegung, menschliche Ordnung auf ‘bloße Vernunft’ neu zu begründen, von Anfang an eine europäische Bewegung war, die erst im 19. Jahrhundert rückblickend ‘nationalisiert’ worden ist.

53 Das gilt auch, wenn der feuerbachianische Humanismus seiner beiden anschließenden Konkretisierungen nicht mehr als ‘klar’ und ‘selbstverständlich’ betrachtet werden kann: „Die Wurzel für den Menschen ist aber der Mensch selbst. Der evidente Beweis für den Radikalismus der deutschen Theorie, also für ihre praktische Energie, ist ihr Ausgang von der entschieden *positiven* Aufhebung der Religion.“ (MEW 1, 385). Nagl-Docekal (2000, 226, Anm. 25) knüpft indirekt an diesen Versuch Marx’ an, dem populären Gebrauch von ‘radikal’ - im Sinne von „Rundumschlägen gegen vorliegende philosophische Differenzierungen“ - durch Verweis auf die ‘radix’ entgegenzutreten und „Radikalität“ für ein „Bemühen um eine möglichst präzise Analyse“ in Anspruch zu nehmen.

54 In wichtigen europäischen Sprachen dient die Lichtmetapher selbst zur Bezeichnung dessen, was im Deutschen in indirektem metaphorischen Lichtbezug als ‘Aufklärung’ begriffen worden ist, etwa ‘les lumières’ bzw. ‘las luzes’.

55 Der allerdings zu unterscheiden ist von der Forderung Althussers, die Ideologie nicht mehr als ‘Vehikel’ für Regelungen ‘zum Nutzen der herrschenden Klasse’ einzusetzen, sondern es für Regelungen ‘zum Nutzen aller Menschen’ zu gebrauchen (Althusser 1974, 187).

56 Deren Bedeutung für die „politische Ökologie“ jüngst Lipietz hervorgehoben hat (2000, 32), der sie allerdings erst Spinozas Weiterentwicklung des Bacon-Projektes zuschreibt).

57 Deren Vielfalt - vom Sammeln und Jagen über die Landwirtschaft, die Fischerei, den Bergbau oder die Nutzung erneuerbarer Energien (wie Gezeiten, Strömungen, Sonne und Wind) bis zur Haltung von Haustieren als GesellschaftsgenossInnen oder dem bewussten Umgang mit dem eigenen Körper - einem „Anthropozentrismus" verborgen bleibt, der „die Natur" für etwas menschlicher Geschichte und individueller Befindlichkeit „Äußerliches" hält, mit dem nur Bauern, Fischer und Bergleute etwas zu tun hätten.

58 Ich vermeide hier bewusst die mystifizierende Redeweise von einer zu überwindenden „Naturabhängigkeit" menschlichen Lebens: Auch nachdem Menschengruppen diese Fähigkeit erreicht haben - was faktisch auf jeder Stufe der historischen Entwicklung seit dem Ende der Altsteinzeit jedenfalls so lange der Fall gewesen ist, wie die Grenzen der ökologischen Tragfähigkeit der jeweiligen menschlichen Reproduktionsweise nicht überschritten worden sind (vgl. Lipietz 2000, 46ff.) - bleiben sie „von der Natur abhängig". Alle Vorstellungen, etwa durch Raumfahrt oder Biotechnologie als Menschen „von der Natur" überhaupt in einem strengen Sinne unabhängig zu werden, sind ein bloßes, vermutlich männlich geprägtes Phantasma einer absoluten Herrschaft von Menschen als „autores sui" (vgl. Jäger 1999).

59 Eine philosophische Verallgemeinerung dieses ursprünglich ingenieurwissenschaftlichen Begriffs habe ich bei Stanislaw Lem gefunden (Lem 1976, vgl. Bethel 1981). Foucault spricht in vergleichbarer Weise von einem „Grad an Befreiung" (1985/93, 10f.).

60 Einige Lektüregewohnheiten (vgl. Hirschberger 1953) rücken zwar Descartes ins Zentrum der europäischen Philosophieentwicklung im 17. Jahrhundert und lassen die Linie von Bacon und Hobbes als eine englische Sonderentwicklung erscheinen. Demgegenüber kann die Intuition der Hegel-Schule, in Francis Bacon den gemeinsamen Ausgangspunkt der Hauptlinien der neuzeitlichen Philosophie zu sehen, in einer Neulektüre sehr deutlich an Überzeugungskraft gewinnen (vgl. Röd 1978).

61 Zu den Schwierigkeiten, die sich daraus für jedes ökologische Denken innerhalb der von Descartes geprägten französischen Tradition ergeben, vgl. etwa Lipietz 2000, Anm. 33, 160.

62 Welcher innerhalb der deutschen Lebensphilosophie der von Dilthey vollzogene Umschlag entspricht, an dem die Ambivalenz der romantischen Kritik an der Moderne (vgl. Löwy/Sayre 1992) in eine herrschaftsaffirmatorische Modernekritik im Namen reaktionärer Vorstellungen (etwa Dilthey/Wartenburg 1923, 138ff.) umschlägt.

63 Eine erste kritische Untersuchung der DDR-Philosophie, die sich weder Illusionen über den theoretischen Stalinismus hingibt, noch auch die „westlichen" Formen philosophischer Herrschaftsaffirmation unkritisch behandelt, findet sich bei Richter 1996/97.

64 Diese grundsätzliche Kritik an einer „Anthropologisierung" der marxistischen Problematik (vgl. Althussers Kritik jedes „theoretischen Humanismus", 1968) bedeutet weder die Aufgabe eines - allerdings näher zu bestimmenden - „praktischen Humanismus", sondern macht diesen erst richtig verstanden möglich (vgl. Balibar 1991). Außerdem macht es nicht die konkrete Untersuchung der Konstellationen überflüssig, in denen etwa Schaff oder Sartre in einer „anthropologischen Wendung" einen gangbaren Ausweg aus der erdrückenden Dominanz des „theoretischen Stalinismus" gesucht und ein Stück weit auch gefunden haben (zur entsprechenden Rolle Feuerbachs auch schon für den jungen Marx vgl. Schuffenhauer 1965, 148ff.). Dies kann dann aber wiederum nicht umstandslos auf die explizit „humanistischen" Bemühungen Sèves oder der „Praxis-Gruppe" übertragen werden. Denn deren tiefe Verwicklung in den Etatismus

der KPF oder in den unterschwelligen Nationalismus der alten jugoslawischen Staatspartei machen um so deutlicher, worum es in Althussers Kritik gegangen war: Um das katholische und im modernen Nationalismus erfolgreich reproduzierte Modell der identifikatorischen Subjektkonstitution durch Unterwerfung unter das große Subjekt (vgl. Pecheux 1984).

65 Die These von der 'Umgangssprache als letzter Metasprache' bezieht ihre relative Plausibilität aus ihrer Nähe zu diesem umfassenderen Tatbestand des 'immer schon' im Gang befindlichen Palavers der Menschheit, das sich - vom Klatsch über das Gerücht bis zur Tradition - letztlich jeder Reglementierung entzieht.

66 Die für jeden Menschen alltagspraktisch zugängliche Erfahrung des 'Palavers', an dem teilzunehmen jeder Mensch Anspruch erheben kann, begründet aus der hier vorgeschlagenen Sicht heraus eine andere Art von wechselseitigem politischem Toleranzverhältnis zwischen religiösen und vernunftorientierten Orientierungsformen und Lebensentwürfen, als dies dem militanten Laizismus der traditionellen 'Politik der Aufklärung' zugrunde gelegen hat. Nach den Erfahrungen des 20. Jahrhunderts muss insbesondere die gedankenlose Gleichsetzung von 'weltlichen' und emanzipatorischen Denkformen einerseits sowie von religiösen und herrschaftsaffirmativen Denkmustern andererseits fallen gelassen werden. An dieser Stelle unterschied sich die Verfassung der römischen Republik restriktiv von den Verfassungen der demokratischen *Poleis* Griechenlands: Das Recht auf eine Rede in der Volksversammlung hatten nur die Amtsträger der Republik.

67 Wir sind deswegen allerdings weder die einzigen Ursprünge, die 'Schöpfer', „unserer Welt" - auch die kontingenten ökologischen Systeme auf dem Planeten Erde haben offensichtlich dazu beigetragen - und wir können uns bei dieser Einsicht auch nicht verantwortlich beruhigen und sagen „das ist alles", wie dies der 'radikale Konstruktivist' Siegfried J. Schmidt aus der Pluralität zu schlussfolgern vorschlug (1994, 138). Sondern gerade als Träger einer begegnenden Praxis, die ihre Initiativen unter nicht von ihr allein bestimmten Voraussetzungen entfaltet, übernehmen wir eine Verantwortung, die gar nicht mit 'Schuld' zu tun hat.

68 In diesem Sinne können wir hier auch wieder an Beuys' These anknüpfen, jeder Mensch sei ein Künstler.

69 Hier gilt auch für die radikale Philosophie das traditionell unterschätzte Argument des Protagoras (Platon, Prot 327b), dass alle Demokraten ein Interesse daran haben, dass alle anderen möglichst gute Demokraten werden, in universalisierter und radikalisierter Fassung: Alle sich Aufklärenden und sich Befreienden haben in diesem Sinne ein Interesse daran, dass möglichst alle anderen sich so weit und so gut wie irgend möglich aufklären und befreien. Demokratische Handlungsfähigkeit ist also das gerade Gegenteil eines sog. positionalen Gutes (vgl. Ancil/Hakes 1991), das nur dadurch besessen werden kann, dass andere von ihm ausgeschlossen werden).

70 Es wäre ein traditionalistisches Missverständnis, diese Aufgabe in erster Linie auf das Präsenthalten der philosophischen Traditionen (selbstverständlich nicht nur der europäischen!) zu beziehen: Auch für das Feld der Philosophie gilt, dass die Mehrzahl der in der Menschheitsgeschichte tätig gewordenen Philosophinnen und Philosophen in der Gegenwart tätig ist. Ein „systematisches" Zur-Kenntnis-nehmen und kritisches Durcharbeiten ihrer Beiträge muss also immer noch mehr Gewicht haben, als dies der „Präsentierung" und „Aktualisierung" der Traditionen gewidmet werden kann. Aber

selbst dies ist für radikale Philosophie nicht genug - auch die Beiträge der Künste und der „Volkskulturen“ zum menschheitlichen Palaver sind mit Sorgfalt zu hören und so zu artikulieren, dass sie wirklich zeitgenössisch diskutiert werden können. Hier können etwa Badious Beiträge zur Kunsttheorie, die sich dieser Mühe einfach entschlagen, indem sie ungebrochen und unkritisch auf klassische Vorbilder - bis hin zu Phidias' skulpturaler Propagierung des attischen Reiches - zurückgreifen, nur als abschreckende Beispiele dienen.

71 In diesem ›Palaver‹ sehe ich die allereinfachste Grundlage der Forderung nach politischer ›Demokratie‹, in der gemeinsame Handlungsfähigkeit durch eine gleiche Mitwirkung aller ›produziert‹ werden soll.

72 Hierher gehören insbesondere die Künste der Überredung, der Selbstdarstellung, der Verführung und der kollektiven Imagination, die traditionelle Philosophie immer wieder pauschal als unvernünftig kritisiert hat. Radikale Philosophie würde in dieser Frage auf die durch die Rede (re-)produzierten Herrschaftseffekte abstellen: Nicht jede Lockung ist eine negativ zu bewertende Verlockung, auch wenn sie selbst nicht 'vernünftig' ist.

73 Im Unterschied zu der von Michael Jäger beschriebenen entscheidenden Rolle der schriftlichen Aufzeichnungen in 'wissenschaftlichen Revolutionen' (vgl. Jäger 1985, 135ff.) spielen diese Aufzeichnungen nur die Rolle, schrittweise eine Differenz zwischen 'spontaner Philosophie', die selber hinter dem Rücken der Beteiligten herrschende Ideologien reproduziert (Althusser 19785) und einer kritischen Praktizierung der Philosophie zu ermöglichen, die 'radikale Philosophie' selbst dann programmatisch zuspitzt und als philosophisch artikuliertes Selbstverständnis produziert. Das wird in der Konfrontation von Jägers Überlegungen mit der von Riedel (1990, 10ff.) gegen Derrida (1967, vgl. aber Bennington 1994, 56: „daß die Philosophie ihrem Wesen nach geschrieben ist“) formulierten These einer ursprünglichen Schriftlichkeit der Philosophie deutlich, die sich nur als Unterwerfung unter die Autoritäten einer kanonischen Klassik toter Denker interpretieren lässt.

74 Wie dies die 11. Feuerbachthese eigentlich, vor Engels' entstellender Redaktion, unmissverständlich formuliert hat (vgl. Haug 1999).

75 Dessen erfolgreiche Selbstdarstellung als „wahrer Marxismus“ (vgl. Hobsbawm 1994) wiederum die Krise des Marxismus verschärft hat, auf die Stalins 'Emendation der marxistischen Vernunft“ eine allerdings die weitere Debatte stillstellende Antwort gegeben hatte.

76 Radikale Philosophie muss immer wieder von Neuem versuchen, durch ihre Praktiken zu antizipieren und zu fördern, was in der wirklichen Entwicklung noch nicht hinreichend vollständig eingetreten ist. Anstatt das Denken und Handeln der Vielen wie der Intellektuellen selber in seiner Orientierungsfindung dadurch unterstützen zu können, dass die Herrschaftsverhältnisse schon abgebaut und Durchsichtigkeit schon hergestellt würden, findet sie 'Ersatzstützpunkte', vorläufige 'Krücken', für ein kritisches Denken, an denen es sich jedenfalls 'so lange' orientieren und stabilisieren kann. - In dem Maße, wie wir feststellen müssen, dass die 'reine revolutionäre Transzendenz' einer 'vollendeten Revolution als Ding an sich' niemals wirklich auftritt, verwandelt sich das 'Solange' der radikalen Philosophie allerdings auch in ein nicht mehr wegzudenkendes Moment jeder 'praktisch-kritischen Tätigkeit', in der sich eine gelingende Praxis von 'Aufklärung' und 'Befreiung' immer wieder bewähren und erneuern muss. Diesen Gedanken können wir in Auseinandersetzung mit dem Konzept des 'tikkun'

klarer fassen, wie er im jüdischen Messianismus ausgearbeitet worden ist (vgl. Löwy 1996, 24ff.): Während dort ein Zustand antizipiert wurde, in dem das Kommen des Messias alles Böse und damit auch das 'Gesetz' als solches aufhebt, können wir zwar unter Menschen einen Zustand antizipieren, in dem alle Formen einer Herrschaft von Menschen über Menschen aufgehoben sind, so dass sich die politische Selbstgestaltung der Menschengruppen tatsächlich 'herrschaftsfrei' voll entfalten kann. Wir können einen solchen Zustand jedoch eben deswegen nicht als irreversibel denken, weil den einzelnen Menschen ebenso wie ganzen Gruppen von Menschen, die sich etwa auf derartigen Grundlagen bilden, immer die Möglichkeit offen bleibt, im offenen Palaver der Selbstgestaltung dadurch eine 'Abkürzung' oder eine 'Durchsetzungsgarantie' zu suchen, dass für sich selbst die Wahl des Bösen, des Herrschaftsanspruchs über andere Menschen getroffen wird. An dieser Stelle treten religiöser Erlösungsglaube, der über die Entschlüsse der Individuen letztlich immer schon hinaus ist, und eine rein weltliche 'Vernunft', die als Orientierung auf Aufklärung und Befreiung eben nicht von dieser unübergehbaren 'Wahl' der einzelnen einfach absehen kann, unvermeidlich und deutlich auseinander.

77 Über die Entwicklungen in Ost- und Mitteleuropa ist es aufgrund der doppelten Rauchschleier neoliberaler und alt-realsozialistischer Mystifikationen gegenwärtig noch schwer zu strategischen Einschätzungen zu kommen, vgl. aber immerhin aus unterschiedlichen Perspektiven Jensen/Mislivetz 1998 u. Gowan 1998.

78 Es ist m.E. davor zu warnen, dafür auf einen neuen Linkspopulismus zu setzen. Den Wettbewerb darum, wer einen jeglicher politischer Substanz entleerten ›Populismus‹ am wirksamsten verkauft, haben seit den 1970er Jahren immer wieder die Rechten gewonnen - weil sie nämlich triftig das „Argument der Selbstaufgabe" anführen können: Wer sich einer (höheren) Übermacht unterwirft und seine eigene Verantwortung an sie abtritt, hat von dieser schon rein formal nichts mehr zu „befürchten", braucht sich um nichts mehr zu „sorgen", selbst wenn von dieser Macht beschlossen werden sollte, sich des Unterworfenen als überflüssig zu entledigen. Es wäre immer noch - vorab legitimiert - seine eigene Tat!

79 Vgl. die Berechnungsversuche von Meadows u.a. 1992, sowie in verschiedenen großen Nachhaltigkeitsstudien der 1990er Jahre (vgl. Dräger 2000).

80 Allein schon, damit sich die Linke aus der - etwa im italienischen politischen System der 1990er Jahre historisch verkörperten - Bobbio-Falle herausbewegt, gemäß der die Linke für die ›Gleichheit‹ zuständig ist, während die ›Freiheit(en)‹ den Rechten überlassen bleiben.

81 Es wäre m.E. überzeugend dafür zu argumentieren, dass diese beiden Stichworte die beiden von Marx formulierten ›kategorischen Imperative‹ treffend resümieren: Alle Verhältnisse umzuwerfen, in denen der Mensch ein unterdrücktes, ein erniedrigtes, ein verächtliches Wesen ist" und „die Erde, wie ein guter Hausvater, den künftigen Generationen vermehrt und verbessert zu hinterlassen". - In Dräger u.a. (2000) entsprechen diesen Zielen die reduzierteren Stichworte von „Teilhabe" und „Zukunftsfähigkeit".

82 Der hier grundlegende Begriff der „Klassenkämpfe" ist innerhalb der marxistischen Theoriebildung, aber auch bei deren feministischen, ökologischen oder antiimperialistischen KritikerInnen bisher ohne konkretere theoretische Ausarbeitung geblieben, so dass die klassische Marxistische These, alle bisherige Geschichte sei „eine Geschichte von Klassenkämpfen" als unentscheidbar gelten muss, bis eine entsprechende Klärung vorliegt: M.E. wäre sie falsch, wenn der Sinn von „Klassenkämpfe" auf „ökonomische

Kämpfe um den Mehrwert" eingeengt würde; hingegen ist sie unbestreitbar, wenn auch alle anderen Kämpfe um die Kräfteverhältnisse in und die Transformation/Überwindung von gesellschaftlichen Herrschaftsverhältnissen (Patriarchat, ökologischer Raubbau, ungleicher Tausch) im weiteren Sinne als Klassenkämpfe begriffen würden, ohne deswegen etwa die sozialen Geschlechter zu ›Klassen‹ ernennen zu müssen.

83 Speziell zu Sorel als Schlüsselfigur vgl. Schöttler (1983) u. Deppe (2001, 216ff.), zum allgemeineren Kontext des damaligen 'Radikalismus' vgl. Reitz (2000).

84 Das ist durchaus ein Plädoyer dafür, dass die Linken nun ihrerseits die theoretischen Errungenschaften der Theorie, Philosophie und Geschichtsschreibung dieser Rechten kennen, kritisieren und 'rückentwenden' müssen. Nur so werden sie lernen, sie wirksamer theoretisch zu bekämpfen. Das setzt allerdings als einen der ersten Schritte voraus, dass mensch sich klar macht, woraus die Rechten ihre argumentative Stärke oder zumindest ihre ›Evidenz‹ und ›Plausibilität‹ beziehen. (Zum in dieser Hinsicht exemplarischen Verfahren Gramscis vgl. Haug 1985.) Es bedeutet aber keineswegs, ein kriterien- und kritikloses Spielen mit den 'echten' Motiven rechter Kapitalismuskritik (etwa der latent antisemitischen Kritik am 'Kosmopolitismus') zu rechtfertigen, wie dies etwa Slavoj Žižek (1999) betreibt. Diese Motive sind ganz im Gegenteil als grundlegend unvereinbar mit einem zeitgenössischen Denken der Bedingungen von Befreiung und Aufklärung zu kritisieren.

III. Philosophische Wahrheitspolitik

1 Althusser (1965) etwa berichtet, dass er zunächst den Gedanken erwogen habe, die eigene 'theoretische Praxis' als 'Théorie' (mit großem T im die Substantive klein schreibenden Französischen) zu bezeichnen und nicht als 'Philosophie'.

2 Hier bleiben die Debatten über Wahrheitspolitik auf Althussers (1969) Übertragung der hegelschen Entgegensetzung von Verstand und Vernunft in die Unterscheidung zwischen wissenschaftlicher Wahrheit und philosophischer oder politischer 'Richtigkeit' zurückbezogen; sie beachten aber auch den inneren Zusammenhang, in dem philosophische Wahrheitspolitik zur Produktion wissenschaftlicher Wahrheiten (ebenso wie künstlerischer 'Schönheit' oder 'Erhabenheit' oder politisch überzeugender Lösungen) steht.

3 Liedzeile aus der „Kinderladenbewegung".

4 Dessen Artikulation als historisch akkumulierte Bildungstradition wie im Mainstream der kontinentaleuropäischen Philosophie oder als zeitgenössisch anzueignender 'Common Sense' wie in der angelsächsischen Philosophie macht dabei keinen entscheidenden Unterschied.

5 Vgl. die in diesem Punkt immer noch treffende Kritik des Liberalen Haym (1857), trotz Arndt (2001).

6 Hier herrscht in der neueren französischen Diskussion ein tiefgreifendes Unverständnis für die einfache Funktion der 'Benennung', die in Richtung auf die 'wahren Namen Gottes' überladen bzw. als einzige Brücke zwischen Diskurs und Realem überbeansprucht wird. Eigennamen gehören sicherlich in eine 'Praxis der Liebe', aber sie bleiben in ihrem intendierten Inhalt qualitativ unbestimmt - woran wir das Geliebte 'erkennen', ist - i.U. zur Kennzeichnung - gerade nicht festgelegt, während die inhaltlich bestimmte Prädikation/Relation oder auch Funktionen wie die Datierung nicht nur in

Aussagen, sondern auch etwa in Fragen oder Aufforderungen spezifische Realbezüge kommunizieren.

7 Das führt Kripke zu der willkürlichen Annahme, bereits in einer „ursprünglichen Taufe" würde „ein Referent mit Hilfe einer Eigenschaft, die ihn als einzigen identifiziert, bestimmt" (Gebauer 1989, 159), anstatt zuzulassen, dass sich jedeR sprechend in einer solchen 'Taufe' Angesprochene jeweils beliebige 'Merkmale' herauspickt, an denen er etwa seine 'Mama' wiedererkennt.

8 Zu dem im 'Sprechen der anderen', von dem jedes Sprechen ausgeht, zweifellos zentralen Akt der 'Selbsttaufe' der Mutter als 'Mama' vgl. Lorenzer 1984, 90 u. Gebauer 1989, 160.

9 Wofür die Konstruktion von 'Sprachspielen' (vgl. Gebauer 1989, 152ff. u. 157ff.) nur ein vereinfachendes 'Modell' bildet.

10 Zu dem in diesem Begreifen liegenden 'Kraftakt' vgl. Gadet / Pecheux 1981 u. Bourdieu 1982, 8.

11 In vollem Bewusstsein der damit verknüpften Probleme wissenschaftlicher Lehren, die typischerweise als Allaussagen auftreten und daher logischerweise nur falsifiziert werden können (vgl. so weit unbestreitbar Popper 1935). Diese sind aber kaum zu entschlüsseln, wenn wir uns nicht zunächst etwas mehr Klarheit über die hier thematisierten elementareren Probleme der Aussage-Perspektive verschafft haben (insofern weniger anspruchsvoll als etwa Michael Jägers Versuch, eine entsprechende Problematisierung gleich für die gesamte 'Aussagenlogik' zu leisten).

12 Wir können hier von den Komplikationen absehen, die sich etwa aus der besonderen Kommunikationssituation des ›Hörensagens‹ ergeben.

13 Hierher gehört auch jede Übertragung des Lacanschen Konzeptes der ›vollen Rede‹ (Lacan 1953) aus der therapeutischen Situation heraus in die alltägliche Kommunikation oder gar in den wissenschaftlichen Diskurs.

14 Im Übrigen ist Folter nicht nur unmenschlich, sondern auch überhaupt kein Garant für 'wahre Aussagen' - nach allem, was darüber gewusst wird, sogar ganz im Gegenteil ein völlig unkontrollierbarer Störfaktor für die Gewinnung verlässlicher realitätstüchtiger 'Erkenntnisse' (und nicht der von den Folterern erwünschten 'Aussagen').

15 R.M. Hare hat m.E. in seiner Metaethik klarere Voraussetzungen für eine solche Betrachtungsweise geschaffen als Austins und Searles Sprechakttheorie, die allerdings - insoweit sie Austins Analysen, wie wir 'mit Worten Dinge tun' (1960) terminologisch näher spezifiziert hat - immer noch wichtige analytische Instrumente bietet (vgl. auch Ayer 1956). Wir brauchen für unsere Zwecke diese Differenzierungen - etwa zwischen 'illokutionären' und 'perlokutionären' Dimensionen der Bedeutung - hier allerdings nicht. An Habermas' - stärker, als er es selber erkennen lässt, von den logischen Konstruktivisten um Paul Lorenzen vorgeprägten - Rezeption dieses Stranges der analytischen Philosophie in seiner Theorie des kommunikativen Handelns können wir insofern anknüpfen, als sie die unhintergehbare Einsicht enthält, dass es hier um ein immer schon komplexes gesellschaftliches Handeln und nicht um einfachste - psychische oder logische - Akte geht, wie die positivistische Tradition die meisten analytischen Philosophen ungedacht unterstellen lässt.

16 Das bedeutet übrigens keineswegs, dass sich in Zukunft auch die Wissenschaften davon verabschieden sollten, die Aussagen, die sie über die Wirklichkeit machen können, wichtig zu nehmen. Es geht eher darum, die Aussagen nicht für den zentralen Faden zu

halten, der die kommunizierenden Subjekte mit der Wirklichkeit - der sie ja selber immer schon angehören - verbindet. Übrigens erledigt sich bei erwachsenen Subjekten aufgrund dieses komplexen Zusammenspiels von Wirklichkeitsfäden - zwischen Fragen, Wünschen, Geschmacks- und Werturteilen, Aufforderungen und Aussagen - das Problem der Existenz der Außenwelt oder auch der Existenz anderer Subjekte schon lange, bevor es für einen „Einzelnen und sein Eigentum" (Stirner) konstruiert werden kann.

17 Der Begriff der 'leer laufenden Argumentation' ist spezifischer als das Wittgensteinsche Konzept eines „Feierns der Sprache": Etwa das bekannte Gedicht „Dunkel war's, der Mond schien helle, ..." kann vielleicht als ein Feiern der Sprache beschrieben werden - es macht aber zweifellos Sinn: Als Bestandteil einer Liebeserklärung - „Ick liebe Dir!" - erfüllt es die sinnvolle Aufgabe, die Aufmerksamkeit des angesprochenen Liebesobjektes auf das sprechende Subjekt zu richten, das dann schließlich mit seiner Erklärung herausrückt (die sich übrigens ebenfalls nicht als Aussage begreifen lässt (vgl. Wolf 1991). Aber hier wird eben nicht 'argumentiert', sondern geredet und gehandelt.

18 Radikale Philosophie findet in der Kritik derartiger Argumentationen ein reichhaltiges Arbeitsfeld vor. Das schließt auch die Auseinandersetzung mit dem handfesten ›produktiven Missverstehen‹ ein, wie es etwa bereits Hegels These, das Begehren eines Begehrens habe etwas mit dem dinglichen *Gegenstand* des begehrten Begehrens zu tun (die für Kojèves einflussreiche Aktualisierung Hegels in den 1930er Jahren von zentraler Bedeutung war), Marx' frühe These von einem unauflöslichen Zusammenhang zwischen ›Entäußerung‹, Vergegenständlichung‹ und ›Entfremdung‹ (die für den lukácsianischen ›Hegelmarxismus‹ der ›Verdinglichung‹ konstitutiv wurde und in Althussers Kritik daran eine wichtige Klärung gebracht hat) und Freuds These, im ›Fort-Da-Spiel‹ gehe es um die reale Präsenz der Mutter (die in Lacans Interpretation des ›Spiegelstadiums‹ den Ausgangspunkt für die spätere lacanianische These ›Das Reale ist das Unmögliche‹ bildete).

19 Das Fehlen der weiblichen Form in dieser Formulierung entspricht dem männlichen Selbstverständnis dieser Linie der Philosophie.

20 Auch Hobbes' Thematisierung der Wahrheitspolitik - Quis interpretabitur? Quis judicabit? - interessierte sich nur für die Produktion verbindlicher *Antworten.*

21 Insofern sitzt der 'Marxismus-Leninismus' mit seinem Insistieren auf der 'Grundfrage der Philosophie' dieser herrschenden Philosophieform auf.

22 Zu der von Landauer initiierten, von Bloch und Mannheim unterschiedlich fortgeführten Unterscheidung zwischen 'Topie' und 'Utopie' vgl. Saager 2000.

23 Zur Frage nach der Frage in diesem Sinne knüpfe ich hier an die Versuche Michael Jägers an, diese Frage überhaupt erst konsequent zu stellen (vgl. Jäger 1984 u. 1985). Was ist damit gemeint, wenn dieser nachdenkliche Autor das Thema der ›Frage‹ für kaum und jedenfalls ganz unbefriedigend behandelt erklärt? Die Antwort bedarf der Anwendung eines gewissen Maßes an philosophischer ›Handwerkskunst‹. Denn die schlichte Behauptung, vor Michael Jäger (1984/1985) hätte noch niemand über die 'Frage' nachgedacht, ist offensichtlich angesichts einer über 2000jährigen Denk- und Debattengeschichte so nicht durchzuhalten.

24 Michael Jägers Zusammenfassung zum 'Fragespiel' reduziert sich selbst unvermerkt auf die Perspektive von 'Aussagen': als ob wir nur danach fragten, 'was der Fall ist' (vgl. Michael Jäger 1985, 68ff. u. 77ff.).

25 Von den logischen Reflexionen vor Aristoteles, von den Eleaten bis zu dem Sophisten Gorgias oder dem Sokratiker Eukleides von Megara wissen wir eigentlich nur aus dessen Berichten.

26 Gegen Heidegger ist festzustellen, dass Ciceros Übersetzung des griechischen ›Seienden‹ (on) durch den juristischen Begriff der ›Sache‹ (res) zunächst jedenfalls in dieser Geschichte keine Rolle gespielt hat. Der ›realistische‹ Rückgriff auf Cicero - der sich dann durchaus dieser alten Dichotomie von Ontologie und Theologie entgegen stellte - spielt erst in dem Abnabelungsprozess der modernen Subjektphilosophie seit Descartes von der Scholastik eine Rolle (der in Wahrheit sehr viel komplizierter verlaufen ist, als dies die Gründungslegenden der Moderne haben wahrhaben wollen, vgl. Gilson 1913), weil bis hin zu Descartes der Gegensatz zwischen einer ›Metaphysik der Analogie‹ (Thomas von Aquin) und einer ›Metaphysik der Univozität‹ (Duns Scotus) eine grundlegend strukturierende Rolle gespielt hat (vgl. Siewerth 1965).

27 Dieser Frage schrieb dann erst Heidegger einen weiterreichenden, tieferen Sinn zu - ohne aber überhaupt erst die Frage aufkommen zu lassen, warum diese Frage überhaupt in dieser Form gestellt wurde (Heidegger 1959, vgl. Derrida 1987). Dabei ist es bei distanzierter und nüchterner Betrachtung mit Händen zu greifen, dass weder in der indischen, noch in der chinesischen Philosophie, noch auch in der griechischen Philosophie vor Platon, eine solche ›Seinsfrage‹ selbstverständlich im Vordergrund gestanden hat, wovon etwa Mall und Hülsberg (1989) fälschlich ausgehen. Selbst in der Prinzipienlehre des späten Platon stehen der Kategorie des ›Seienden‹ etwa noch durchaus gleichberechtigt die der ›Einheit‹ und des ›Guten/Schönen/Wahren‹ zur Seite, die erst Aristoteles in seiner Kategorienlehre in den Kontext seiner Onto-Theologie integriert hat. Das ›All‹ der milesischen Philosophen (panta), das ›Li‹ der konfuzianischen Philosophie oder das die ›Unzweiheit‹ von Atman und Brahman in den Upanischaden lässt sich nur im Dunkel einer ›philosophia perennis‹ oder einer dogmatischen Lehre von der ›Grundfrage der Philosophie‹ auf „die Frage nach dem einen Sein“ (Mall/Hülsmann 1989, 200f.) reduzieren, die eben immer schon zu wissen glauben, „die fundamentale Frage der (...) Philosophie ist die nach ...“ (ebd., 29). Auch die stalinistische Kanonisierung der ›Grundfrage der Philosophie‹ operiert mit einer dogmatischen Setzung, die sie nicht begründen kann, selbst wenn sie etwas reflektierter zu Werke geht (vgl. Oisermann 1976, 8f. zur beanspruchten „theoretischen Einsicht, dass es eine den unterschiedlichen und einander widersprechenden philosophischen Lehren gemeinsame Grundfrage gibt“).

28 Die vielfältigen historischen Gelegenheiten dafür, das Selberdenken als eine situierte, ›topische‹ Gelegenheit für ein radikales ›Hinterfragen‹ von jeweils gegebenen scheinbaren Selbstverständlichkeiten zu begreifen, das sich für ein In-Frage-Stellen von Geltungs- oder Legitimitätsansprüchen nutzen lässt, sind in dem philosophischen Mainstream der europäischen Metaphysik und der an sie anschließenden ›Seinsphilosophie‹ nicht ergriffen worden.

Im 20. Jahrhundert haben immerhin Frege und Wittgenstein die Mittel bereit gestellt, die innere logische Form der Frage zu ergründen. Aber auch bei ihnen wird ein unverstellter Blick auf die Frage immer wieder dadurch verstellt, dass sie an der assertorischen Perspektive der philosophischen Tradition festhalten und zugleich der ›allmählichen Verfertigung der Gedanken beim Reden‹, wie der scharfsinnige Kleist sie beobachtet hat, nicht den konstitutiven Stellenwert einräumten, der ihm gebührt.

29 Diese beiden Seiten werden etwa von Dewey als ‘philosophischer’ von einem ‘tatsächlich politischen Absolutismus’ unterschieden (Dewey 2000, 134). Sein Gegenbegriff zu

einer „Philosophie der Absolutheiten" ist eine, die „ganz offen experimentell" und „ständig experimentell" ist (ebd.), die also das naturwissenschaftliche Verfahren der Wahrheitsfindung praktiziert.

30 Lauth ordnet sich eher dem katholischen Traditionalismus ein, Dworkin einem modernistischen Szientismus. Argumentativ ist hier wichtig, dass sie in ihrer Auffassung von Wissen, Wahrheit und Unterwerfungsanspruch als konkrete Gestalt der Verbindlichkeit von Wahrheit übereinstimmen.

31 Das gilt m.E. für alle „inhaltslogischen" Vorstellungen, die sich über das „Jeder-Mensch-Postulat" rationaler Argumentation zu erheben versuchen, indem sie von einem/r DiskussionsteilnehmerIn eine andere „Eingangsqualifikation" verlangen als die Bereitschaft und Fähigkeit, alle Argumente offen und unvoreingenommen zu prüfen. In diesem Punkt halte ich den Humeschen Vorbehalt gegen alle Arten von Apriorismus für unwiderlegbar.

32 Hierin liegt eine Entsprechung zu der von Spinoza aufgedeckten Unmöglichkeit, von einer Wahrheit nur 'privat', nur 'in foro interno', überzeugt zu sein (vgl. Balibar 1994).

33 In wahrheitspolitischer Perspektive sind auch alle Teil- und Gegenöffentlichkeiten (vgl. Habermas 1962, Negt/Kluge 1972) in die Auseinandersetzung aktiv einzubeziehen.

34 Diese Vorstellung bedeutet entweder, dass eine partikulare Mitteilung mit diesem metaphysischen Status aufgeladen wird, oder, dass versprochen wird, die Totalität des Wirklichen in einer diskursiven Darstellung 'einzulösen'. Zum problematischen Versprechen einer solchen 'eingelösten Totalität' vgl. inzwischen die monumentale Untersuchung von Godin 2001.

35 Deswegen nur scheinbar, weil jeder 'Solipsismus', der sich auf den angeblichen privaten Vernunftgebrauch nur des 'eigenen Ich' zurückzuziehen behauptet, den Charakter des cogito-Argumentes als eines Ausgangspunktes des öffentlichen Vernunftgebrauchs aller Subjekte einfach nicht nachvollzogen hat (vgl. auch Wingert/Günther 2001).

36 Mit dieser vorläufigen Umschreibung soll keine „rasche Definition" gegeben werden, welche die weitere Untersuchung des Politischen abschneidet. Gegen Dolf Sternberger (1978) ist aber festzuhalten, dass nur ein logisch unzulässiges Verständnis von Begriffen und Definitionen diese auf 'einsinnige' (=univoke) einschränken würde. Die Kohärenz von Begriffsverwendungen kann auch nach anderen Modellen (z.B. denen der Analogie oder der 'Familienähnlichkeit') hergestellt werden - um von den produktiven Verfahren von Metonymie und Metapher gar nicht erst anzufangen.

37 „In scientiis, sequere rationem naturalem, sperne authoritatem magistrorum; in vita civili, sequere authoritatem publicam, sperne rationem privatam" (Quadratura Circuli, *Opera Latina*, Bd.).

38 Wie sie seit Bacon, Descartes und Hobbes durch die Philosophie der Neuzeit geht, die unter der Hand immer die von ihren ProtagonistInnen angestrebten 'bürgerlichen' Verhältnisse zu 'natürlichen' erklärten. Zu der damit verbundenen Umarbeitung des Begriff des 'Natur' gegenüber der antiken Tradition vgl. etwa Wolf 1969, 87ff.

39 Dabei wird dann ohne Weiteres der 'private' als der 'subjektive' dem 'öffentlichen' als dem 'objektiven' Vernunftgebrauch gegenübergestellt. Auch noch etwa die reflektierte und gedankenreiche Reflektion des Verhältnisses von „Vernunft und Politik" in „Dialektik 15" (Goldschmidt/Lambrecht 1988) bleibt noch so weit in dieser Erkenntnisperspektive des neuzeitlichen Bürgertums befangen - die nur als marxistisch zu beerben unterstellt wird -, dass eine wahrheitspolitische Problematik gar nicht erst in den

Blick kommt: als selbstverständliches, vor oder über allen historischen Kämpfen stehendes Ziel fungiert die „Humanisierung der Menschheit" (ebd., 12) und „Philosophie" hatte zwar einen „politischen Anfang", aber jetzt „in der gegenwärtig sich konstituierenden Welt-Polis" geht es nur noch um die „Verwirklichung der Philosophie", die „in der Gegenwart sich noch längst nicht vollendet" hat (Tomberg 1988, 45f.).

40 Die Hobbessche Problematik beschränkt sich in charakteristischer Weise auf die Seite der gegebenen *Antworten,* deren öffentlich verbindliche *Auslegung* und *Beurteilung* für ihn das Problem bilden. Die Frage nach der Macht, öffentlich die Fragen zu stellen, für die dann nach Antworten gesucht wird, stellt er nicht - weil für ihn in dieser Hinsicht „die Wissenschaft" allein und vollständig zuständig bleibt. Von seinem dezisionistischen Standpunkt musste dagegen Carl Schmitt die Frage nach der Kompetenz, Fragen zu stellen, als Problem auffallen: „Quis interrogabit?" (vgl. Schmitt 1938). Allerdings geht ihm dabei verloren, dass es keineswegs beliebig ist, wer wann und wo welche Fragen stellt oder stellen kann. Die volle Brisanz der Frage nach der Frage erschließt sich aber erst in einer Perspektive, die das Fragen weder für selbstverständlich durch die antizipierte Gesamtheit der wissenschaftlichen Erkenntnisse vorbestimmt noch für bloß willkürlich hält.

41 Die Diskussion über 'political correctness' stellt sich daher als eine Spielart radikalliberaler Politikmodelle dar.

42 Wobei er sich in eine performative Widersprüchlichkeit verwickelt, die Wittgenstein für das Konzept einer 'Privatsprache' entfaltet hat: Die liberale Konzeption fasst 'Privatheit' immer schon als 'private Gesellschaftlichkeit', die als solche 'entpolitisiert' bzw. 'unpolitisch' sei. Marx - 'No admittance, except on business!' - und die Frauenbewegung haben inzwischen deutlich gemacht, dass diese Dimension der liberalen Konzeption selbst herrschaftspolitisch aufgeladen ist, weil sie zentrale Herrschaftsverhältnisse moderner Gesellschaften zu etwas politisch 'Unaussprechlichem' machen.

43 Bekanntlich hat Thomas Hobbes immer wieder formuliert, das Bekenntnis „Jesus is Christ!" sei eine solche unverzichtbare öffentliche Wahrheit - allerdings hat er sich zugleich davor gehütet, für diese wahrheitspolitische These eine Begründung oder auch nur eine Interpretationsanleitung zu geben. Ihr greifbarer Sinn reduziert sich m.E. damit darauf, dass jeder Souverän ein von ihm selbst zu definierendes Minimum öffentlicher Wahrheiten festlegen und institutionalisieren muss, damit sein Staat praktisch kohärent bleiben kann. Die Frage, wie ein politisches Gemeinwesen, das nicht auf Souveränität beruht, seine Kohärenz herstellen und aufrechterhalten kann, ist damit allerdings nicht beantwortet.

44 Ein solcher 'Wahrheitsabsolutismus' liegt überall dort vor, wo der wahrheitspolitische Streit dadurch erledigt werden soll, dass der 'wahren Wahrheit' - ganz gleich, ob sie praktisch-politisch, poetisch-künstlerisch, wissenschaftlich, religiös oder philosophisch begriffen wird - ein für alle Mal zum Durchbruch und zur Geltung verholfen wird. Er ist also keineswegs ein Spezialproblem der traditionellen Philosophie.

45 Im Fall des Hobbes dürfte seine Unterscheidung zwischen 'privater' und 'öffentlicher' Vernunft zwar den Ausgangspunkt für ein spätere 'Vergleichgültigung' der Wahrheit bilden. Es ist aber nirgends zu belegen, dass es ihm selbst mit dem Satz „Jesus ist Christ!", auf den er alle christliche Theologie reduziert sehen wollte, um ihr dadurch ihr Potenzial als politische Ideologie zu nehmen, deswegen nicht völlig 'Ernst' gewesen wäre, was immer das allerdings heißen mag (vgl. Johnston 1986, 114ff.).

46 Das Gemeinde- und Kirchenrecht bildete im Westen, wo es nicht zur Herausbildung eines „cäsaropapistischen" Gleichklanges von Staats- und Kirchenorganisation gekommen war, schon seit langem ein Experimentierfeld für neue Formen politischer Institutionalisierung, in denen sich „Selberorganisation" und Herrschaftsinstitutionalisierung wechselseitig durchdrangen (vgl. Ullmann 1998).

47 Von den Mönchsorden über die etwa im Exempel der „Geißler" oder der „Herz-Jesu-Frömmigkeit" über die „devotio moderna" oder die „Wiedertäufer" bis zum „Pietismus", den „Methodisten" oder den „Rastafari" erstreckt sich eine lange Reihe von kreativen Innovationen gemeinschaftlicher religiöser Praktiken.

48 Die Geschichte der neuzeitlichen europäischen Kunst hat sich erst im 20. Jahrhundert umfassend von der religiösen Entwicklung gelöst (so dass etwa Hegels Ästhetik noch den gemeinsamen „geistigen Inhalt" der Kunstwerke als Brücke zur „Philosophie" nutzen konnte).

49 Was in der Scholastik noch gleichsam im Außenverhältnis zu Islam und Judentum (z.B. in Aquinas' *„Summa adversus gentiles"*) erarbeitet worden war, entfaltet sich mit der Durchsetzung des Toleranzprinzips im *„jus publicum Europaeum'* mit dem „Westfälischen Frieden" zwischen den christlichen Konfessionen, um dann mit den modernen Verfassungen in die einzelnen europäischen Gesellschaften vorzudringen (erst 2000 nach Griechenland, das vor dem Beitritt zur Eurozone die faktische Verknüpfung von Staatsangehörigkeit und Zugehörigkeit zur orthodoxen Kirche aufheben musste).

50 Zu dieser Verengung der Debatte im Anschluss an Engels und vor allem Kautsky vgl. die fairen Darstellungen bei Labica 1997 u. Schäfer 1997.

51 Zum exemplarischen Fall Bölsches vgl. Hamacher 1993

52 Hierin liegt ausdrücklich die andere Seite der großen liberalen Utopie noch etwa bei Dewey (2000, 134) und Popper (1958): Allseitiges Experimentieren soll letztlich jede Art einer ausdrücklichen öffentlichen Erörterung und diskursiven Austragung der konfligierenden Wahrheitsbehauptungen erübrigen.

53 Noch bis 1974 durften in Portugal etwa protestantische Gotteshäuser nicht „nach außen" als solche erkennbar sein.

54 Die noch überwiegend klassisch liberal geprägte angelsächsische Tradition hat schon mit dieser Frage ihre Schwierigkeiten, die etwa zu dem Resultat führt, dass faschistische Propaganda, die Leugnung des Holocaust oder die Aufstachelung zum Rassenhass nicht unter „Meinungsfreiheit" fallen können.

55 Der Liberalismus Lockes hatte grundsätzlich noch nicht nur die staatliche Repression, sondern auch die vor- und außerstaatliche Gewaltanwendung als mögliche Beeinträchtigungen individueller Handlungsfreiheit im Auge (s. Lockes Überlegungen über den vorstaatlichen „Naturzustand", der durchaus nicht konflikt- oder gewaltfrei gedacht wird, vgl. Euchner 1993). Was er aber nicht in den Blick bekommt, sind gesellschaftliche Herrschaftsverhältnisse und Machtgefälle, die sich auch unter den Bedingungen staatlich garantierten „Rechtsfriedens" noch wirksam entwickeln: Das ins Auge springende Exempel ist die Schwierigkeit Lockes, die strukturelle Abhängigkeit der „Lohnarbeit" innerhalb des Kapitalverhältnisses zu denken (vgl. Cohen 1985).

56 Damit konstituiert sich radikale Philosophie zugleich als eine wirklich zeitgenössische Denkform. So wie die rationalistischen philosophischen Systeme die Manufakturperiode der kapitalistischen Produktionsweise begleitet haben, haben zunächst dialektische (Fichte, Hegel, Saint-Simon) und dann positive (Schelling, Comte) „Systeme der

Wissenschaft" die Periode der „großen Industrie des 19. Jahrhunderts" begleitet. Die mehrstufig gegliederten Entwürfe der systematischen soziologischen Theorie des 20. Jahrhunderts (Max Weber, Parsons, Lévi-Strauss, Luhmann) und ihre in kritischem Anschluss an Hegel totalisierenden Gegenentwürfe aus den kritischen Theorien des „westlichen Marxismus" (Horkheimer/Adorno, Sartre, Habermas) haben, wie sich im Rückblick enthüllt, grundlegenden Entwicklungsformen der Periode der Hochfordismus entsprochen, insbesondere dem beständigen Ineinanderwirken von Fragmentierung und Integration in groß aggregierten Maßstäben. Der „Umbruch" der 1980er Jahre wurde dagegen auf beiden Seiten mit vergleichsweise geringem theoretischen Aufwand betrieben: Auf der einen Seite genügte offenbar ein einfacher philosophischer Handgriff, um mit der Rawlsschen Reduktion sozialer Gerechtigkeit auf eine bloße Minimalgerechtigkeit, die jede Art von Umverteilung delegitimierte, der neoliberalen Phase der Freisetzung der „naturwüchsigen" Kräfte der kapitalistischen Akkumulation von allen politischen „Einbettungsformen" ein Kohärenz stiftendes diskursives Zentrum zu bieten. Auf der anderen Seite gelang - allen Bemühungen etwa Haugs (1985) und Albers u.a. (1986) zum Trotz - keine Strategiebildung über eine Folge von Ad-hoc-Reaktionen hinaus. Allerdings wuchs der von einer inhaltlichen theoretischen Initiative unterscheidbare philosophische Aufwand in Gestalt einer wachsenden Selbstartikulation der Philosophie so sehr, dass im Rückblick Schlegels These, „nichts sei so selten der Gegenstand von Philosophie wie die Philosophie selber", heute als in ihr Gegenteil verkehrt gesehen werden kann (vgl. Martin 2001, 31). Die Frage, wie sich diese intellektuellen Verhältnisse in der neuen, post-neoliberalen Phase ausgestalten werden, die mit den Restrukturierungsversuchen der „neuen Weltordnung" eingesetzt haben, wie sie bei den „Erdgipfeln" der 1990er Jahre zur Sprache gekommen sind, erscheint gegenwärtig als offener.

57 Vgl. Badious Kritik unterschiedlicher instrumenteller Staatsauffassungen (1997, 32ff.)

58 Zum Verhältnis von Philosophieren und Tanzen vgl. a. Althusser 1985, 23, vgl. auch die tanzphilosophischen Untersuchungen von Sparshott (1988 u. 1995).

59 Die von Arendt begründete Anerkennung des Politischen als Sphäre 'menschlicher Selbstverwirklichung' (vgl. Arendt 1958) impliziert als solche noch keineswegs Arendts konservativ-aristokratische Haltung mit ihren Tendenzen zur Abwertung der 'Arbeit', die vielmehr etwa an die frühbürgerlichen Argumente der Levellers gegen ein Wahlrecht für 'abhängig Arbeitende' (vgl. Klenner 1983) erinnern.

60 Insofern knüpft sie - allerdings nicht mehr nur gegenüber dem Aufklärungsfortschritt der modernen Wissenschaften, sondern auch gegenüber den Emanzipationsschüben der modernen Befreiungsbewegungen - ausdrücklich an das von Locke begründete ›analytische Modell‹ des Philosophierens an, dessen ›Verspätung‹ außerhalb des Binnenraums des britischen Empire und der US-amerikanischen ›*One-World*‹ unbestreitbar auch tragische Züge hat. Popper und seine Anhänger haben diese Tragik gesehen, allerdings sie nur als Zurückgebliebenheit gegenüber den Errungenschaften des liberal geprägten angelsächsischen Kapitalismus wahrnehmen können. Die Aufgabe einer analytischen Praxis der Philosophie, die sich von der Illusion befreit hat, an die Stelle der wirklichen wissenschaftlichen Aufklärung oder der befreienden politischen Praxis treten zu können, die viele andere gemeinsam und jedeR für sich zu leisten und zu entwickeln haben, bleibt noch zu lösen.

61 Relativ unvermittelt und selbstverständlich stellt etwa auch Sloterdijk (1989b, 9) der „Initiative des Amerikataoismus" seinen Vorschlag für einen „Eurotaoismus" entgegen.

62 Die moderne Übersetzung dieser aristotelischen Unterscheidung zwischen Techne und Episteme, die seit der Scholastik als Verhältnis von *ars* und *scientia* diskutiert wird, findet sich in Clausewitz' zusammenfassender Formulierung „Wissenschaft, wo bloßes Wissen; Kunst, wo Können der Zweck ist" (Clausewitz 1990, 111), woraus dann in der angelsächsischen Diskussion die wichtige Unterscheidung von *knowing that* und *knowing how*, entwickelt worden ist. Ich knüpfe hier jedoch bewusst an die aristotelische Vorstellung an, die in der durch das Angeben von Gründen - gegenüber der bloß Regeln formulierenden Techne und dem bloßen erfahrungsmäßigen Wissen der Empeiria, wie es geht, - ausgezeichneten Episteme der Wissenschaft eine überlegene, höhere Wissensform behauptet.

63 Vgl. die von Tugan-Baranowski ausgelöste Debatte über den „Abschluss des Marxschen Systems" in Nutzinger/Wolfstetter 1974.

64 Für die dogmatische Sterilisierung der marxistischen Debatte war daher die These von der „Fäulnis" eines zu schöpferischen Leistungen unfähig gewordenen „Spätkapitalismus" eine zentrale Voraussetzung (vgl. Dutschke 2000, 833f.).

65 Da auch die institutionalisierte Wissenschaft und Philosophie mit diesen kritischen Geistern nichts zu tun haben wollte, waren sie - vor der Raubdruckbewegung der 1960er Jahre und den von dieser ausgelösten Neuausgaben einfach nicht greifbar - so sie denn überhaupt bekannt waren. Z.B. Lukács' „Geschichte und Klassenbewußtsein" habe ich daher noch 1963 auf Anregung von Lucien Goldmann in einer französischen Ausgabe gelesen.

66 Diese hegelianische Formel ist m.E. zu Unrecht dadurch in Verruf gebracht worden, dass sie von Hegel selbst auf den preußischen Staat der Junkerbeamten, von Kojève auf Stalins nach der Zukunft greifenden „Sowjetstaat" oder von Fukuyama auf die USA als aus dem Kalten Krieg siegreich hervorgegangene Weltmacht angewandt worden ist (vgl. Anderson 1996). Ihre kritische Aktualisierung wird sie allerdings zugleich von ihrer „besitzindividualistischen" Engführung von Individuum und Rechtssubjekt und von ihrem theologisch motivierten 'Vorsehungsdenken', das einen vor allem Anfang gefassten 'Plan' unterstellt, befreien und etwa für den Gedanken einer 'kontingenten Freiheit', welche auch ein aleatorisches Moment einschließt, öffnen müssen.

67 Die Verstrickung etwa von 'Monismus' und Freidenkertum in sozialdarwinistische Ideologien bieten hier ein durchaus abschreckendes Exempel (vgl. Groschopp 1996, insb. 264ff.).

68 Balibar hat eine solche Analyse, die ausdrücklich nach dem Bezug zu den Niederlagen fragt, für die wechselnden Philosophiekonzeptionen von Marx vorgelegt (Balibar 1993), Hobsbawm etwa zu Korsch (1999, 186). Die darin liegende brutale Nüchternheit löst immer wieder Proteste aus. Die dagegen Remonstrierenden übersehen, dass eine Lektüre, die „Klassiker" dem hermeneutischen „Vorgriff der Vollkommenheit" (Gadamer 1960) unterwirft, diese dadurch notwendigerweise auch politisch sterilisiert.

69 Der auf einer Gedenkplatte im Inneren des Berliner U-Bahnhofs Nollendorfplatz auftauchende „Schnellbahngedanke" zeigt, wie innerhalb der deutschen Tradition vor dem Ersten Weltkrieg eine dem pragmatistischen „Projekt" vergleichbare Umbildung des „Gedanken"-Konzeptes erfolgte, nicht zufällig im Bereich der neuen Verknüpfung von Betriebswirtschaft und Ingenieurwissenschaften, für die damals das Unternehmen Siemens stand.

70 Hobsbawm hat das Konzept der Initiative ausdrücklich in seinen 1969 verfassten Rückblick auf die anarchistischen 'Revolutionäre' des 'kurzen 20. Jahrhunderts' einge-

führt: „All revolutionaries must always believe in the necessity of taking the initiative, the refusal to wait upon events to make the revolution for them" und hat den „gelegentlichen Vorteil" der Anarchisten „gegenüber den systematischeren Revolutionäre" (wie Lenin und Guevara) auf die Unvorhersehbarkeit der Ereignisse zurückgeführt: „There is no other explanation for the fact that several of the most dramatic and far-reaching developments in world politics recently have been not merely unpredicted, but so unexpected as to appear almost incredible at first sight." Unter diesen Umständen hätte offenbar „the irrational belief that anything is possible at any moment" anscheinend „einige Vorteile" (1999,103). Aber auch Hobsbawm reflektiert nicht weiter, was in diesem Konzept der Initiative enthalten ist - etwa der Gedanke des von sich aus Anfangens und die Vorstellung eines Handelns in Auseinandersetzung mit anderen, die eine Initiative aufgreifen oder sie blockieren können. Oder auch die Überlegung, dass diejenigen, die eine Initiative ergreifen, dabei grundsätzlich nicht absehen können, was damit in Gang kommt, wie weit diese Initiative sie trägt. Das schärft die Offenheit für die Wahrnehmung nicht-antizipierter Reaktionen und überraschende Initiativen anderer sowie für nicht vorhergesehene Entwicklungen des Handlungsfeldes.

71 Der existenzialistische Gedanke des „Entwurfs" - der in der internationalen Philosophie sprachlich nicht von dem des „projects" unterscheidbar ist - abstraktifiziert eben diese Struktur, indem sie das individuelle Leben insgesamt, die „Existenz" im emphatischen Sinne, als ein „Unternehmen" begreift und das Individuum insofern als „entrepreneur" seiner selbst. Damit bringt er einerseits den Effekt der modernen, von der Kapitalakkumulation geprägten Vergesellschaftungsform zum Ausdruck, alle anderen Lebensmodelle aufzulösen. Andererseits sperrt er aber dadurch auch diese Individuen in der - neuerdings auch in der Industriesoziologie diskutierten (vgl. Voß 2000) - Form des „Ich-Unternehmertums" ein und lässt ihnen konzeptionell keine Möglichkeit mehr, die eigene Selbsteinfügung in übergreifende gesellschaftliche Handlungs- und Solidaritätszusammenhänge zu denken.

72 Der junge Engels knüpfte an den Hegelschen Gedanken an, dass jeweils ein Volk in einer historischen Epoche „Träger der diesmaligen Entwicklungsstufe des allgemeinen Geistes in seinem Dasein" ist (Enzyklopädie § 550), indem er bestimmten Völkern für bestimmte Epochen eine Position der „historischen Initiative" zusprach (MEW 1, 551; MEW 4, 47 u. 48, vgl. MEW 18, 654). Dies hat offenbar Marx auf den Gedanken der „Initiative der europäischen Revolution" (MEW 7, 34, vgl. 97) übertragen und Engels dann klassentheoretisch gewendet, indem er „Anstoß" und „Initiative" des städtischen Proletariats zur Passivität der Landbevölkerung in Beziehung setzte (MEW 8, 12 u. 99). Marx hat weiterhin in diesem geschichtsphilosophisch vorgeprägten Sinne von „revolutionärer Initiative" (MEW 10, 463), „geschichtlicher Initiative" (MEW 17, 348), „gesellschaftlicher Initiative" (MEW 17, 343), aber auch schon spezifische „Initiativen" des Volkes (MEW 10, 447) diskutiert. In seinem Brief an Vera Sassulitsch hat er dann damit begonnen, das Konzept der Initiative aus derartigen geschichtsphilosophischen Vorprägungen herauszulösen, indem er die Frage erörterte, wie aus der russischen Dorfgemeinschaft wieder eine „historische Initiative" hervorgehen könnte. Engels hat dagegen weiterhin gleichsam eine geschichtsphilosophisch vorgeprägte Klassentheorie vertreten, der gemäß allein der Arbeiterklasse die 'Initiative' zukäme (MEW 18, 655), und auch die „Initiative für Umgestaltung" immer gleich schon als eine alles umfassende revolutionäre Initiative gedacht wurde (MEW 18, 666).

73 Honneth verweist auf die Parallele zum Sade-Kapitel in der 'Dialektik der Aufklärung' (Horkheimer/Adorno 1969, 88ff.).

74 Die sich einreiht unter die von Balibar (1994, 95ff.) kritisierte 'nominalistische Hypothese', die „das Wahre mit der unendlichen Vielfalt ... ihres Auftretens im Realen, im Denken oder in der Sprache identifiziert" (ebd., 96): Auch Dewey kann letztlich nicht zugleich anti-hierarchisch sein und auf die Behauptung von Wahrheit verzichten (ebd., 98).

75 Außerdem artikuliert Dewey eindeutig eine herrschaftsaffirmative Position, indem er wie Ortega (s. oben) als zentrales Problem die „Massendemokratisierung" als solche behauptet, durch die „irrationale Elemente frei gemacht wurden, die zwar immer schon in der menschlichen Natur lagen, bisher aber unter Kontrolle ... gehalten wurden" (Dewey 2000, 39).

76 Die Existenz eines planungsfähigen „kollektiven Subjektes" in diesem Sinne ist weder an eine „erlebte", sozialpsychologisch fassbare Einheit noch an so etwas wie ein „vollständiges Wissen" gebunden, wie dies etwa in Hayeks radikaler Kritik aller Planungsvorstellungen unterstellt wird (vgl. Wainwright 1994). Allerdings ist die von ihm erreichbare Rationalität auch nicht per se dem „sich einen Plan machen" von Individuen überlegen.

77 Der seit John Locke im Zentrum der liberalen Gesellschaftstheorie steht. (Vgl. seine Behandlung der Robinson-Anekdote des Garcilaso de la Vega, die nur in dieser Perspektive verständlich wird, was etwa Cox (1960, 94ff.) entgangen ist, der deswegen die Differenz zwischen 'Lockes Liberalismus und Hobbes' Etatismus verfehlt.)

78 Dessen zusätzliche Einengung auf die Konzepte eines amerikanischen liberalen Konstitutionalismus im neueren 'Republikanismus' (Pocock) Negri (1997, 411ff.) treffend kritisiert hat.

79 Und zu einer politischen Partei der unvermeidlich totalisierende Bezug einer derartigen Programmatik auf die Staatsmacht.

IV. Wahrheitspolitische Initiativen

1 Wahrheitspolitik begnügt sich nicht mit der Forderung der Wahrhaftigkeit (als deren Gegenbegriff spätestens seit Sartre ein ausgearbeiteter Begriff der Unredlichkeit zur Verfügung steht). Sie überspringt sie aber auch nicht: Die schweigende Akrobatik etwa, die Heidegger praktiziert, um jede Selbstkritik in Bezug auf seine philosophische Option für den Hitlerfaschismus zu vermeiden, hat Farias (1989) durchaus mit Recht an den Pranger gestellt.

2 Die Unterschiedlichkeit und sogar Gegenläufigkeit möglicher Ansprüche auf eine Überbietung der Aussagenwahrheit verwischt Wellmer (2001), weil er zwischen dem Unterwerfungsanspruch der Heideggerschen 'Unverborgenheit' und dem Emanzipationsanspruch der Aufklärer keinen systematischen Unterschied macht.

3 Insofern gibt es eine Analogie zwischen der kritischen Tätigkeit radikaler Philosophie und der psychoanalytischen Therapie, die allerdings nicht zu Verwischungen oder Verwechslungen Anlass geben sollte: Wenn Sigmund Freud (Freud/Breuer 1970) schreibt, „wenn es uns gelingt, Ihr hysterisches Elend in gemeinsames Unglück zu verwandeln. Gegen das letztere werden Sie sich mit einem wiedergenesenen Seelenleben besser zu Wehre setzen können", dann verweist er wie die radikale Philosophie auf eine wirkliche Praxis, in der allein die zunächst bloß therapeutisch oder diskurskritisch

bearbeiteten Schwierikeiten als wirkliche Probleme bearbeitet werden können. Selbst in einer wittgensteinianischen (oder 'epikuräischen') Perspektive wäre es aber falsch, diese kritische Tätigkeit der Philosophie als therapeutische zu begreifen: Die Kritik zielt nicht auf das Individuum, das unter derartigen Diskursverfestigungen leidet, sondern auf die Konzepte und 'Gedanken' als solche, die in den Individuen, in deren Denken sie sich unkontrolliert ausbreiten, in dem Sinne 'leiden', dass sie sich in ihren Konsequenzen und Effekten ungewollt und unkontrolliert ausbreiten.

4 Zur Sinngebung durch ideologischen Kampf vgl. Schmidt (1980, 498f.) Das ist eine signifikant andere Position als Theodor Lessings (1919) noch spät-dekadent unterfütterte 'Geschichte als Sinngebung des Sinnlosen'.

5 Das ist grundsätzlich zu unterscheiden von einer Zurückweisung aller Vorstellungen eines vorab *garantierten* Sinns. Jedes praktische Eintreten für einen gemeinsamen Sinn ist selbst immer schon unter den Effekten bisheriger Herrschaft zu artikulieren und führt zu einer Haltung, die historisch ein Risiko eingeht: Die Menschheit kann untergehen, bevor ihr die positive Selbstbefreiung als eine zur Selbstregulierung durch gemeinsames Selberhandeln aller fähige freie Subjektkonstellation gelungen ist. Oder sie kann sich faktisch immer wieder in neuen Mustern von Herrschaftsreproduktion verstricken, während sie Fortschritte auf dem Weg ihrer Befreiung zu machen glaubt. Es muss auch immer als grundsätzliche Möglichkeit mitgedacht werden, dass eine befreite Menschheit wieder in neue Formen von Herrschaft von Menschen über Menschen verfällt. Aber es lohnt sich - als Bedingung eines in einem tragfähigen Sinne gelingenden Lebens, nicht im Sinne eines dadurch einzustreichenden Gewinns - dieses Risiko einzugehen und intellektuell und politisch für diese Art von Selbstbefreiung einzustehen.

6 Da performative Widersprüche die von ihnen befallenen Äußerungen nicht sofort zerstören, sondern erst im Zeitablauf, sind sie für diesen Zweck vermutlich sogar besonders gut geeignet - weil sie zunächst als konkurrenzlos originell erscheinen.

7 Noch im 'Kommunistischen Manifest' konnte die Problematik auf das Verhältnis zwischen einer traditionalistischen Sinnhuberei und einer kapitalistischen 'Sachlichkeit' verkürzt werden. Im Rückblick hat sich nicht nur die 'Sachlichkeit' der Bourgeoisie als von Grund auf ideologisch enthüllt. Es ist auch deutlich geworden, dass keine alternative Entwicklungsperspektive ohne eigene Entwürfe eines guten, 'sinnvollen' Lebens auskommen wird - einfach weil die Notwendigkeit nicht verschwinden wird, strategische Fragen der gesellschaftlichen Entwicklung politisch zu entscheiden. Es gibt für die Menschheit weder einen Rückzug auf bloße 'Sachlichkeit', noch einen '*one best way*': Jede bewusste Gestaltung von Entwicklungsoptionen setzt eine politische Wahl voraus, die diskursiv über Sinnperspektiven zu verhandeln sein wird.

8 Diese schon lange an die 'Hausherrin', spätestens seit der Durchsetzung der lohnabhängigen Kleinfamilie (vgl. Donzelot 1980), an die unsichtbar in der Privatsphäre wirtschaftende 'moderne Hausfrau' gerichtete Anforderung wird damit geschlechtsneutral verallgemeinert, ohne sie neu institutionell zu fassen und damit gesellschaftlich als wichtige ökonomische Funktion anzuerkennen. Es wäre daher eine Illusion, allein darin schon einen automatischen emanzipatorischen Fortschritt zu vermuten.

9 Diese Sinnproduktion, vermittelt durch 'ideologische Waren', kann geradezu als Geburtsort von Konzepten wie 'modularer Produktion', 'flexibler Spezialisierung' und 'Netzwerkunternehmen' gelten.

10 Die Absurdität dieses Verfahrens tritt besonders deutlich hervor, wenn die wissenschaftlichen Entdeckungen von Einstein, Heisenberg und Gödel, durch die in der Tat

einige grundlegende Annahmen der spontanen Philosophie der neuzeitlichen Physik und Mathematik widerlegt worden sind, als Bezugspunkte der Postmoderne gewählt werden (vgl. Welsch 1987, 34): Diese Annahmen über Raum und Zeit in der Newtonschen Mechanik oder über die axiomatische Abschließbarkeit der klassischen Analysis waren immer schon falsch, auch wenn dies selbst Newton, Descartes und Leibniz nicht klar gewesen ist.

11 Das etwa von Utz Maas (1989, 190ff.) unter der Kategorie der Sprachpolitik analysierte Beispiel der Mescalero-Kampagne kann m.E. unter der weiteren Kategorie der Sinnpolitik treffender analysiert werden.

12 Wer die Existenz einer Epoche behaupten würde, in der die 'parole' unabhängig von der 'langue' existieren könnte, hat einfach de Suassure nicht verstanden.

13 Ganz im Gegensatz zu Vorstellungen, die im Anschluss an Max Weber die psychodynamische Grundlage der Persönlichkeitsbildung unter kapitalistischen Verhältnissen in „Strenge" und „Verzicht" gesehen hatte, hat die Durchsetzung einer „permissiven Sexualmoral" die „bürgerlich-kapitalistische Ordnung" nicht „in ihren Grundlagen erschüttert" - „es ist im Gegenteil zu fragen, ob sie nicht dadurch noch gestärkt wurde" (Lemke 1997, 298f.). Allerdings bleibt der Rückschluss problematisch, damit hätte sich der „Daseinsgrund" der „kapitalistischen Gesellschaft" als ein anderer enthüllt, als der, „den man angenommen hat" (Foucault 1985, 161): Denn offenbar kann sich die kapitalistische Akkumulation an sehr unterschiedliche gesellschaftliche Voraussetzungen zunächst „anpassen", um sie dann wiederum von sich aus als Bedingungen einer beschleunigten Akkumulation zu reproduzieren (vgl. Reichelt 1986, 44f.).

14 Das Verhältnis der neuen Medizin und der Naturwissenschaften zu den Kenntnissen und Praktiken der „weisen Frauen" - die enteignet und verfolgt wurden, bis hin zur Komplizität in den neuzeitlichen „Hexen"-Verfolgungen - lässt allerdings vermuten, dass hier, in diesem Gedanken einer früheren Problemlosigkeit dieser Illusion, eine rückblickende Verharmlosung vorliegt, durch welche die gewaltsame Herstellung dieses 'nichts' an 'Vorwissen' verdeckt wird.

15 Wie Lévi-Strauss (1962) m.E. für das 'Wilde Denken' eindrucksvoll gezeigt hat.

16 Wie die 'politische Romantik' (vgl. Löwy/Sayre1997) immer wieder hat zeigen können.

17 Zur weiteren Debatte im Kreis um Althusser vgl. v.a. Pêcheux 1984.

18 M.E. ist etwa das in Norddeutschland geläufige Auszählspiel „Tsching-tschang-tschong" auf ein chinesisches Handorakel zurückzuführen, dessen Alter kaum noch zu bestimmen ist - das Spiel ist durch mündliche Überlieferung über die Kontinente und die Jahrhunderte weitergetragen worden, ohne größere Modifikationen.

19 Je erfolgrteicher eine solche Kampagne ist, desto auffälliger ist sie immer auch mit Angeboten für ein 'do-it-yourself' verknüpft, vgl. die kostümierten Treffen der Star-trek-Gemeinde oder der Harry-Potter-Fans.

20 Es gibt zwar gute Gründe, die „couch-potato" als Kommunikationsform zu kritisieren. Es wäre aber falsch, sie mit der depressiven, nihilistischen Passivität etwa eines Oblomow zu verwechseln: Auch die Lebensform der „couch-potato" ist eine, unbestritten pervertierte, Form der Selbstaktivierung!

21 Die dann den Schwerpunkt der „Apparat"-Metapher vom Gesichtspunkt des Schmucks und Prunks (vgl. Balibar 1983) in Richtung auf die „blinde Mechanik" der Transmission verschiebt.

22 Leider kommt auch Jäger 2001 zu ähnlichen Schlussfolgerungen.

23 Dass dies für eine intelligente und erhellende Lektüre literarischer Texte auch gar nicht erforderlich ist, hat inzwischen Christian Jäger gezeigt, der zugleich den Anschluss an eine kritische politische Philosophie wiederhergestellt hat (Christian Jäger 2001).

24 Derrida (1972) hat überzeugend herausgearbeitet, wie philosophische Lektüre immer etwas 'Mitgebrachtes' ins Spiel bringt.

25 Bolz kann sich nur scheinbar auf den Gedanken der 'großen Weigerung' berufen, mit dessen Hilfe Marcuse zunächst die subversive Praxis der Surrealisten und dann die Jugendrevolte der 1960er Jahre in ihrem strategischen Anatzpunkt zur Entblockierung einer möglichen revolutionären Bewegung zu begreifen versuchte.

26 Falsch wird die *Pink Floyd*-Parole allerdings, wenn die Ablehnung von Erziehung in die Ablehnung jeglicher Bildung umschlägt und auch dieser Vorgang als Klassenrebellion glorifiziert wird.

27 vgl. rückblickend Haug 1980

28 Hier können wir auf Christian Jägers Lektüre (2001) der sudeten- und pragerdeutschen Literatur der Zwischenkriegszeit als ein gelungenes Beispiel verweisen.

29 Beide Aspekte treten in der Auseinandersetzung um die „Musiktauschbörse" von „Napster" bis zu ihrem Ankauf durch den Weltkonzern Bertelsmann (und deren diverse Nachfolgeangebote) deutlich genug hervor (vgl. Aldeman 2001, Buchanan, Rose 2001, Klieng 2001, Kreutzer 2001 u. Mitten 2002).

30 Denen die Existenz einer marginalisierten „off"- „off-off"-, bzw. „underground"-Szene nicht widersprach, sondern vielmehr eher korrespondierte.

31 Die Beispiele der Internet-gestützten Gegeninformationsstrategie der Zapatistas oder des digital vermittelten 'Öffentlich-Machens', dem die Geheimverhandlungen innerhalb der OECD über das geplante 'MAI' ('Multilateral Accord on Investment') erfolgreich ausgesetzt worden ist, sind in dieser Hinsicht beredt. Auch etwa der Bildhunger einer durch CNN zeitlich enger zusammengerückten Welt-TV-Öffentlichkeit lässt es offenbar nicht mehr zu, auch alternatives Bildmaterial, wie es etwa die DemonstrantInnengruppen von Seattle 1999 und Prag 2000 selbst in professioneller Qualität mit erschwinglichen Mitteln produzieren konnten, per politischer Zensur aus den weltweiten Sendungen herauszuhalten. Vermutlich reproduziert sich damit aber nur ein Verhältnis, das schon seit der „Kolportage" von mit Hilfe des Buchdrucks vervielfältigten Bildern zwischen Zensur und Verbreitung von Bildern besteht, auf technisch höherem Niveau - und mit handlungsrelevanter zeitlicher Nähe.

32 Für eine nüchterne Bestandsaufnahme auf einem inzwischen 'älteren' Stand vgl. Dräger 1996.

33 Radikale Philosophie steht auch hier wieder vor der Aufgabe, sich mit derartigen direkten Eingriffen kritisch auseinander zu setzen, ohne der liberalen Illusion zu erliegen, allein von der Macht der Staaten würden die möglichen Prozesse von Aufklärung und Befreiung bedroht: Ökonomische, mediale und auch ideologische Herrschaftspositionen, die sich mit der Entwicklung der neuen IuK-Technologien schon längst eng verbunden haben, sind ebenso konsequent zu bekämpfen.

34 Dieser Hinweis schließt keineswegs aus, dass der „Wahrheitsrekurs" auch anderswo eine wichtige herrschaftsaffirmatorische Rolle gespielt hat: Zunächst einmal im philosophischen „Mainstream" seit Parmenides und Platon und in den „abrahamitischen" Buchreligionen, die ganz grundlegend auf eine „Wahrheitspolitik" als Mechanismus der Herrschaftslegitimation zurückgriffen. Ein spiegelbildliches Gegenstück bildete die

von der Frankfurter Schule popularisierte Manipulationsthese, wie sie etwa Habermas dazu veranlasst hat, im Namen der Wahrheit zwischen einer „wahren Erkenntnis" als Resultat wissenschaftlicher Erforschung bestimmter Gegenstände und einer „richtigen These" als Ergebnis einer „parteilichen" politisch-philosophischen Reflexion keinen Unterschied mehr zu machen.

35 Auch wenn es immer wieder gelingt, derartige Erfahrungen auf bestimmte 'off'-'Schauplätze' einzuschränken - von William Morris Bewegung für Gebrauchsschönheit bis zur 'documenta' oder der LINUX-Bewegung.

36 Aber auch 'von oben' bestimmte, neue Einbindungsangebote wie die 'Doku-Soap' oder das 'Reality-TV', welche viele Menschen subaltern beschäftigen, 'zerstreuen' und damit in bestehende Herrschaftsverhältnisse einbinden.

37 Zur 'geschichtsphilosophischen' Unumgänglichkeit des Konzeptes der 'Fundsache' vgl. Lipietz 1998, 24ff., 112f., 172f.).

38 Die Frage des angemessenen Realitätsbezugs künstlerischer Tätigkeit und ihrer Produkte, wie sie vielfältige Realismus-Debatten des 19. und 20. Jahrhunderts umgetrieben hat, ist offensichtlich anders gelagert: Kunst beansprucht weder das Reale theoretisch zu erfassen noch es praktisch zu treffen. Dennoch sucht sie ihre eigene Art von Triftigkeit in Bezug auf die zeitgenössische Realität - und zwar unanhängig davon, ob sie sich zu dieser ausdrücklich 'mimetisch' oder gar 'abbildend' verhält (vgl. zur Literatur Enzensberger 1977, 83).

39 Die Schwierigkeiten dieser Marxschen These im sog. historischen Marxismus, beginnend mit Engels, der sich zur verfälschenden Redaktion der 'Thesen ad Feuerbach' veranlasst sah, haben Labica (1987) und Haug (1999) rückblickend nachgezeichnet. Die Ignoranz, mit der sie vom Mainstream der Philosophie behandelt wurde, steht dem gegenüber allerdings keineswegs zurück.

40 Diese Aussage beruht auf eigener Erfahrung als philosophischer 'Zeitzeuge'. Wittgenstein (1960, 529) hatte sich darauf beschränkt zu fordern, „das alltägliche Sprachspiel hinzunehmen".

41 Zur Notwendigkeit die allein rational diskutierbare Frage der „Repräsentation der Menschen" von einer derartigen platonischen Problematik der 'wesentlichen' Menschentypen zu unterscheiden s. immer noch Borges (1975, 37, vgl. Mattelart 1992, 302).

42 Die „Kapitallesebewegung" der 1960er und 1970er Jahre wird in diesem Zusammenhang in ihrer Ambivalenz sichtbar - einerseits als der radikal kritische Versuch, das Niveau der theoretischen, politischen und philosophischen „Revolutionierung" zurückzugewinnen, das von Marx als Artikulation der fortgeschrittensten sozialen Bewegungen des 19. Jahrhunderts artikuliert worden war; andererseits als das „kapitallogische" Unternehmen, die Sprache des reifen Marx als ein für alle Mal „gefundene" Sprache der Wissenschaft zu lernen und zu lehren.

43 Vor diesem Hintergrund lässt sich Michael Jägers (1999) Weigerung, sich in seiner Analyse der Perspektiven der Berliner Republik mit etwas anderem als mit 'Diskursen' oder 'Sprachen' zu befassen, als eine nachvollziehbare Korrekturbewegung interpretieren. Diese methodische Selbstbeschränkung produziert aber zugleich auch fragwürdige Begrenzungen seiner Analyse, etwa hinsichtlich des realen ökonomischen Reproduktionsmodells der westeuropäischen Binnenmarktgesellschaft, das der nationaler Reproduktion politischer Macht auch in Deutschland zunehmend engere Grenzen setzt.

44 Denen sich die kritischeren VertreterInnen in den „Widerspiegelungsdebatte" faktisch auch bereits zugewandt hatten (vgl. etwa Rotermundt 1975), offenbar aber ohne zu

sehen, dass damit der vom theoretischen Stalinismus vorgegebene Rahmen bereits gesprengt war. Einen ersten Versuch, im Anschluss an entsprechende Vorüberlegungen Althussers die Leninsche Kritikstrategie von ihrer stalinistischen Überformung und Doktrinarisierung zu befreien, hat Dominique Lecourt 1973 übernommen.

45 Auch schon der Althusser der 1970er Jahre lehnte - entgegen bestimmten interessiert verbreiteten Lesarten - jede „soziologische", „direkte Zuordnung einer Wissenschaft zu einer bestimmten sozialen Klasse (...) und jede Reduktion der Wissenschaftsgeschichte auf die Geschichte der Gesellschaftsformationen entschieden ab" (Schöttler 1975, 22 FN 27).

46 Nach dem Vordenken des europäischen Intellektuellen Thomas Hobbes, der gleichzeitig innerhalb der angelsächsischen Tradition von John Locke verdeckt worden ist, etwa von Spinoza, Pufendorf und Leibniz, die ihrerseits in unterschiedlichen Formen an die Theorietradition 'prudentia civilis' im Deutschen Reich anknüpfen konnten.

47 Eine interessante Kritik daran findet sich bei Dewey 2000, 160.

48 Vgl. dazu die treffende Kritik an einer Totalisierung von Foucaults Wissenspolitik: Eine „politische Bewertung des Lyssenkismus impliziert notwendigerweise den Rekurs auf wissenschaftliche Erkenntnisse - in diesem Fall diejenigen der Genetik. Deshalb kann auch die politische Auseinandersetzung mit den Wahrheitswirkungen von Diskursen nicht völlig auf eine philosophische Kategorie der „Erkenntnis" verzichten, die, ohne eine globale 'Garantie' für den Wahrheitsgehalt von Theorien zu liefern, die Möglichkeit 'objektiven Wissens' prinzipiell einräumt." (Plumpe/Kammler 1980, 218).

49 Eine Beschränkung auf diese jüngeren Entwicklungen ergibt sich nicht nur aus pragmatischen Gründen; denn erst diese wissenschaftspolitischen Bewegungen hatten es mit einer voll ausgebildeten Stellung von „Wissenschaft und Technologie als erster Produktivkraft" zu tun und mussten sich daher unausweichlich das Problem einer inhaltlichen 'Wissenschafts-Citizenship' stellen, in der alle BürgerInnen und die konkreten ForscherInnen in der Orientierung der wissenschaftlichen Arbeitsprozesse auf eine zu klärende Weise zusammenwirken müssen.

50 Dem mit der Geschichte der Philosophie auch nur minimal Vertrauten muss es als äußerst merkwürdig berühren, dass etwa die mangelnde Bereitschaft vieler Belegschaften, sich Gesundheitsbelastungen durch Lohnzusatzzahlungen schmackhaft machen zu lassen, immer wieder als Beispiel für eine sich ausbreitende „postmaterialistische" Haltung benutzt wird. Zunächst einmal bietet es sich viel eher als Beispiel dafür an, dass die „gespenstische" Materialität des im Geld verkörperten Tauschwerts jedenfalls dort ihre verbindliche Kraft verlieren kann, wo es um die „eigene Haut" der in der kapitalistischen Produktion Ausgebeuteten geht.

51 Im angelsächsischen Diskursraum wird allerdings z.T. bis heute mit einer Ungebrochenheit an frühneuzeitlichen Bedeutungen von 'Materialismus' und 'Realismus' festgehalten (z.B. bei Searle 1997, 159ff.), die nur als eindrucksvolle Naivität begriffen werden kann, insoweit sie von einer selbstverständlichen Ineinssetzung der Gegenstände physikalischer Forschung mit der Gesamtheit des 'Materiellen' ausgeht, ohne etwa auf die spezifische 'Materialitäten' von Biologie und Historie einzugehen.

52 Erkenntnisse beruhen eben nicht nur auf menschlicher Leistung, sondern gleichermaßen auf der darin verarbeiteten sozio-historischen Gesamtheit von Mensch-Naturverhältnissen sowie letztlich auf der materiellen Realität von Erde und Planetensystem, innerhalb derer sich diese Verhältnisse entwickelt haben.

53 Hierin liegt m.E. das ungedachte Problem in Michael Jägers (vgl. 2000 u. 2001) zunehmender 'Entdeckung des Religiösen'.

54 Die Problematik einer „kontingenten Ontologie", wie sie mit einigem Recht auf Simone de Beauvoir und Judith Butler angewendet wird (vgl. Sandford 1999), berührt unmittelbar das Verhältnis von „Materialismus" und „Idealismus", indem es dieses traditionelle Entgegensetzungsverhältnis nämlich in seiner traditionellen Gestalt - mithilfe der Kategorie der „Materialisierung" - nicht anders zu überwinden trachtet (ebd., 25), als sie Marx' „neuer Materialismus" versucht hatte.

55 Vgl. zusammenfassend Lipietz (2000).

56 Wie sie in den letzten Jahrzehnten vor allem O. Bloch (1997) kritisch rekonstruiert hat.

57 Entsprechend dem politischen Sinn von Philía (Freundschaft) in der Antike trifft der Begriff der „Partei" den Sinn des platonischen Phíloi besser als die gängige Übersetzung durch „Freunde". Partei ist hier als „Parteiung" zu begreifen und nicht unbedingt als „Organisation", vgl. aber schon die Pythagoräer, die vermutlich in diesem Sinne zuerst als „Philosophen" - d.h. heißt als Parteigänger und nicht bloße „platonische" Liebhaber der Weisheit - aufgetreten sind.

58 Der in analoger Weise auch vom Positivismus erhoben worden war (vgl. Bloch 1972, 440ff).

59 Zur Konkretisierung dieser Auffassung in Gestalt einer kritischen Theorie als Soziologie vgl. Demirović 1999, 264ff.

60 Zur entsprechend angelegten Kritik Bourdieus an der älteren 'kritischen Soziologie' in Frankreich vgl. Hoarau 1996.

61 Hiergegen hat schon Timpanaro 1976 mit begrenztem Recht polemisiert. Kate Soper (1976 u. 1995) hat demgegenüber zeigen können, dass er sich in seinem programmatischen Rückgriff auf Engels' Überlegungen zu einer materialistischen Weltanschauung die Frage des Status einer tragfähigen wissenschaftlichen Theoriebildung einfacher macht, als dies nach den von der Althusserschule aufgeworfenen Fragen zum Verhältnis von Gedankenobjekt und Realobjekt sowie zum Verhältnis von synchroner Struktur und diachronem Geschehen, vertretbar ist (Soper 1976, 17f.).

62 Vgl. Heinrichs (2000, 92) wortgeschichtliche Hinweise u. Horkheimers Kritik an einer 'materialistischen' „Verehrung der Natur" (Horkheimer 1933, 93).

63 Heraklit reflektiert damit ausdrücklich auf das schon bei Thales und Pythagoras artikulierte neue Moment des 'Beweisens' am geometrischen bzw. am zahlentheoretischen Modell, das Parmenides zur Konzeption einer logischen Beweisführung verallgemeinert hatte.

64 Der populare Charakter der pythagoreischen Politik ist gesichert (vgl. Fritz 1977, Vogel 1966). Welchen Stellenwert aber die Askesis - die enthaltsame Einübung - als Eintrittsbedingung zu einer Vermittlung der pythagoreischen Lehren i.U. zum bloßen „Anhören" der pythagoreischen Verhaltensvorschriften gespielt hat, insbesondere inwieweit damit Vorstellungen einer „erleuchteten" Elite verknüpft waren, die ihre Auffassungen nicht als eine Vertiefung der „Meinungen der Vielen" ansah, konnte bisher nicht geklärt werden.

65 Wenn auch erst die Entdeckung der differenzierten Struktur der Prädikation und der damit verknüpften „vielfältigen Bedeutungen" von „ist", die vermutlich auf Platon zurückgeht (dessen Fortschreiten in dieser Richtung etwa im Vergleich zwischen seinen Dialogen „Protagoras" und „Gorgias" und „Sophistes" erkennbar wird), das differen-

zierte logische Instrumentarium geliefert hat, mit dem eine umfassende logische Auflösung der eleatischen Paradoxien möglich wurde, wie sie dann Aristoteles und seine Schule geleistet haben.

66 Dessen Schrift „Über das Nichtseiende" eine logische Widerlegung der eleatischen Meinungskritik mit ihren eigenen Mitteln geleistet zu haben scheint, die eine andere Linie der Philosophieentwicklung begründete, in der aber jeder Anspruch auf die Produktion von so etwas wie „wissenschaftlichem Wissen" aufgegeben wurde (vgl. schon die pseudo-aristotelische Schrift „Über Zenon, Melissos und Gorgias"). In dem damit gezogenen Rahmen bleibt dann nur noch die immer wieder neu zu leistende Aufgabe, „das schwächere Argument stärker zu machen", die von Platon und der sich an ihn anschließenden abendländischen Tradition zu Unrecht per se mit einem käuflichen Opportunismus gleich gesetzt worden ist. Die intellektuelle Arbeit der Elaboration von Argumenten muss auf dem gegenwärtigen Stand der Entwicklung institutionalisierter wissenschaftlicher Arbeit - dies unterscheidet die gegenwärtige Lage von der der genannten Sophisten - ohne einen unkritischen Verzicht auf wissenschaftliches Wissen als Aufgabe ernst genommen werden, sofern wir nur akzeptieren, dass es in Bezug auf menschliche Lebensmodelle und gesellschaftliche Proportionalitäten (etwa von Umweltnutzung und Bevölkerungszahl) keinen einfach vorab immer schon feststehenden und daher durch wissenschaftliches Wissen bestimmbaren *„one best way"* gibt.

67 Dessen Homo-Mensura-Satz - „Der Mensch ist das Maß aller Gebrauchsdinge (chremata), der Seienden, wie sie sind, und der Nichtseienden, wie sie nicht sind" - einen qualitativen Relationalismus artikulierte, der allerdings gar nichts mit einem neuzeitlichen Zweifel über die Existenz der Außenwelt zu tun hat.

68 Was dann Isokrates zu einer Philosophie der umfassenden Kultivierung dieser Überzeugungen (Doxai) durch eine *„paideia toon Logoon"* veranlasste (vgl. seine Schriften „Adversus sophistas" u. „Antidosis").

69 Immerhin verweist er auf die anekdotische Darstellung des kämpferischen Verhältnisses Platons zu Demokrit, auf den als einzigen älteren Philosophen Platon nirgends eingegangen ist (Diogenes Laertius IX, c. 7, s. 8, § 40, vgl. MEW Erg.-Bd. I, 334).

70 Als solche bezeichnete Marx damals die Junghegelianer - die Redaktion der MEW zählt Bruno Bauer, Ludwig Feuerbach, Arnold Ruge u.a. hierher (ebd., 666) -, zu denen er sich selbst zählte (differenzierter zur besonderen Bedeutung Feuerbachs vgl. Schuffenhauer 1965, 18f.).

71 Gemeint ist hier die damalige Richtung der Philosophie zu Anfang der 1820er Jahre (etwa Baader, der späte Schelling, I.H. Fichte), die auf der Seite „der feudalen Reaktion ... im Herrschaftsbereich der „Heiligen Allianz"" (Schuffenhauer 1965, 13), insofern „positiv" auftrat, als sie „in der „göttlichen Offenbarung", also der sog. 'positiven' i.U. zur natürlichen bzw. vernünftigen Religion, die einzige Quelle „positiven Wissens" sah (MEW Erg.-Bd. 1, 666 Anm. d. Red.).

72 Das karikierte Abziehbild dieser Auffassung vom „allgemeinen Gesetz der Produktivkraftentwicklung" als Grundlage der marxistischen Geschichtsauffassung findet sich prägnant formuliert bei Laclau und Mouffe (1985).

73 Die „Materialität" der Sprache erschließt sich diesem Blick etwa in anderer Weise als ein Ungedachtes von Philosophie und Wissenschaften, als dies im „linguistic turn" der angelsächsischen Theorie gedacht wird, in dem sowohl die „philosophischen Scheinprobleme" als auch der „Materialismus" verschwinden sollen.

74 Gerade in einem kritischen Diskurs, der darum bemüht ist, die Identitätskämpfe sozialer Bewegungen in ihren Verhältnissen zu den Identitäten vieler anderer zu begreifen, ist die hier vollzogene Engführung von Identität, Gleichheit und Äquivalenz zumindest überraschend (vgl. Wolf 2001a).

75 In diesem Sinne hat das 'Projekt Krise' die Metamorphose der Ware als den allgemeinen Grund der Krise bezeichnet (Bader u.a. 1974, Bd. 1, 113f.),

76 I.U. zu Russells Eliminierung der Problematik von „sowohl Geist wie Materie" durch eine vorgängige Einteilung aller wissenschaftlichen Untersuchungen in zwei wissenschaftlicher Grunddisziplinen, Physik und Psychologie. Russell 1927, 394.

77 Der „Empiriokritizismus" eines Avenarius und Mach kreiste - neben seiner Hauptstoßrichtung gegen den philosophischen Materialismus - um die dadurch geschaffenen konzeptionellen Probleme für ein philosophisches Durchdenken der Physik.

78 Dass VertreterInnen des DIAMAT sich - nicht anders als diverse Metaphysiker und „Transzendentalphilosophen" (vgl. Hübner 1963) - darum bemüht haben, auch diesen Entwicklungen der modernen Physik gegenüber einen newtonianisch inspirierten „Materialismus" hochzuhalten, zeigt nichts weiter als deren philosophische Zurückgebliebenheit. Es gibt ja auch immer noch religiöse IdealistInnen, die in der bloßen Tatsache der Raumfahrt schlichtweg ein die „Ehre Gottes" verletzendes Sakrileg erblicken.

79 Norwood Hanson hat vor dem Hintergrund der neueren Mikrophysik von einem Prozess der „Entmaterialisierung der Materie" gesprochen; vergleichbare Überlegungen zur Rolle der 'Information' als neuer Grundbegriff finden sich seit Norbert Wiener in 'kybernetischen' Diskussionszusammenhängen, wie sie der neueren Entwicklung der IuK-Technologien den Weg gebahnt haben.

80 Diese wiederum in einen ontologischen und einen erkenntnistheoretischen Aspekt zu zerlegen (Oisermann 1976, 67ff.), scheint mir eine scholastische Übung zu sein, zumal der politische, radikal herrschaftskritische Aspekt des Materialismus dadurch verdeckt und durch eine nachträglich „angehängte" „Parteilichkeit der Philosophie" (ebd., 354ff.) ersetzt wird, die noch 1976 ohne Weiteres, nach allen Spaltungen der politischen Arbeiterbewegung, als von etwas klar Gegebenem ohne Weiteres davon ausgeht, dass „der Grundgegensatz der Klasseninteressen ... sich zwischen den kommunistischen Parteien der Arbeiterklasse und den bürgerlichen Parteien zeigt" (ebd., 357 Anm. 93).

81 Althusser *Thèses des juin* [unveröffentlichter Text] - O. Bloch, der wichtigste neuere Historiker des Materialismus, spricht analog davon, „dass es immer noch einer der permanenten Züge des Materialismus sei - und zwar kein weniger wichtiger -, uns dringlich dazu einzuladen, das, was wir dringend wünschen, nicht schon für wirklich zu halten" (1997, 462).

82 Wie etwa die Überblicksartikel von Trout und Moser oder von Vitzthum zeigen, liegt das Problem zumeist in einer starken Einengung der Fragestellung auf Problemstellungen, die allenfalls noch in bestimmten Randbereichen der Naturwissenschaften von Bedeutung sind. Zwischen 'Physikalischem' und 'Psychologischem' ist kein Platz mehr für historische, sprachliche, kulturelle und soziale Materialität - selbst wenn inzwischen auch in diesen Diskussionszusammenhängen der 'Reduktionismus' durchaus problematisiert wird (vgl. etwa Beckermann/Flohr/Kim 1992).

83 Das beantwortet keineswegs die strategische Frage nach dem Stellenwert von Regierungsbeteiligungen für eine solche Politik. Auch Tucholskys polemische Unterscheidung zwischen 'An-der-Regierung-Sein' und 'An-der-Macht-Sein' beruht gerade auf der Ein-

sicht, dass Regierungen in modernen Gesellschaften gerade nicht die Position der Herrschenden einnehmen.

84 Wobei weder konkrete Naturprozesse des Planeten Erde mechanisch als ungeschichtlich (vgl. dagegen Davis 1996) noch der historische Prozess als immateriell (vgl. dagegen Lipietz 2000, 25ff.) vorzustellen ist.

85 Vgl. als ein kritischer philosophischer Einstieg zur Erschließung dieses 'weiten Feldes' die Untersuchungen von Landweer 1993, 1994, 1997 u. 2001.

86 Dies schließt die Problematik der kritischen Auseinandersetzung mit den politischen Kategorien von 'Nation' und 'Rasse' mit ein, welche von einem hinter seinem Rücken von den politischen Ideologien des Rassismus und Nationalismus infizierten Vulgärmaterialismus seit Haeckel (1899) fälschlich für wissenschaftliche Kategorien zur Erfassung der Realität gehalten worden sind.

87 Die berechtigte Kritik, dass die traditionelle moralphilosophische Kasuistik in der Erörterung derartiger 'Fälle' von den materiellen Problemlagen und vorgegebenen Herrschaftsstrukturen absieht, sollte nicht zu dem Fehler verleiten, die vielfältigen Möglichkeiten derartiger Konflikte zu vernachlässigen.

88 Das ist die eine Seite der von Marx analysierten frühen Kämpfe um die Arbeitsbedingungen (MEW 23, 245ff., vgl. Wolf 2001e).

89 Auch wenn ich mir als 'weißer Mann' dessen einigermaßen bewusst bin, dass ich mich hier auf ein vermintes Gelände begebe, muss ich hier doch zwei Beispiele anführen, welche sich aus der immer noch anhaltenden Dominanz 'weißer Männer' ergeben: Das Ideal der 'Weißheit' in den meisten postkolonialen Kulturen und die auf den männlichen Blick bezogenen 'Frauen-Bilder', welche immer noch die Selbstbilder von Frauen wesentlich mitprägen. Spezifisch für radikale Philosophinnen und Philosophen lässt sich hier die Warnung vor den traditionellen Idealen des 'Philosophen-Königs' oder des 'Gelehrten' bzw. vor der Attitüde des 'Propheten' und 'Weisen' einfügen, welche in die traditionelle Form der philosophischen Tätigkeit tiefgreifend eingearbeitet sind, welche radikale Philosophie umzufunktionieren versucht.

90 Vgl. die wichtige Kritik Deweys an der imaginären 'Selbstbestimmungs'-Vorstellung aus der Perspektive 'machtgeschützter Innerlichkeit' (Dewey 2000, 97ff.).

91 Das rechtfertigt es grundsätzlich, auch für umfassend marktvermitteltete Lebenssituationen sog. „Ich-UnternehmerInnen" die Kategorie der abhängigen Arbeit zu verwenden, der am anderen Pol immer noch ein „Kapital" gegenübersteht, das sich einen auch in diesen Formen produzierten „Mehrwert" aneignet.

92 Bloch (1972, 438) verweist auch noch auf den von rechts betriebenen „Rattenfang mit dem ursprünglich revolutionären, aber in der Folge auch vieldeutig ansetzbaren Begriff der Freiheit", von der nationalistischen „Freiheit, die ich meine" bis zu „Hitlers 'Herr, mach uns frei'".

93 Als ein Beispiel von sehr vielen, deren nähere Erörterung den Rahmen der Darstellung sprengen würde, kann hier auf Carl Schmitts Konzept einer plebiszitären Demokratie verwiesen werden, dass den Gedanken der Demokratie in der Unterwerfung aller unter den 'Führer' verwirklicht sah.

94 In der jüngeren angelsächsischen Debatte (vgl. Creydt 2001) hat vor allem Hilary Wainwright (1994) herausgearbeitet, dass gegen Hayeks Kritik an einem solchen panoptischen Zentralsubjekt ein Konzept der 'gesellschaftlichen Planung' neu entwickelt

werden kann, das auf der dezentralen Beteiligung Vieler beruht, welche dabei immer wieder von Neuem ihr 'implizites Wissen' artikulieren.

95 Die These, erst unter 'postmodernen Verhältnissen' werde die „Kultivierung des Körpers" wichtig (Bauman, 1995, 229f.), wird erst unter der falschen Prämisse plausibel, dass die jeweils vorherrschenden philosophischen Denkmodelle die zeitgenössische gesellschaftliche Praxis adäquat zum Ausdruck bringen Die neuzeitliche kartesianische Subjektphilosophie kann jedoch nicht als Indikator dafür herhalten, dass die neuzeitlichen Menschen, ja nicht einmal die neuzeitlichen Männer, die Kultivierung und Inszenierung ihrer Körper vernachlässigt hätten.

96 Sartres Flaubert-Analyse ist eine der wenigen vorliegenden Versuche, eine derartige Untersuchung ohne ein Ausweichen auf eine höhere Ebene des vorgegebenen 'Gesamtzusammenhanges' durchzuführen, wie dies etwa in Lukács' Analysen zur deutschen Klassik oder in Goldmanns Analysen der 'tragischen Weltanschauung' von Racine und Pascal geschieht.

97 Unter Fixierungen verstehe ich hier ganz vorläufig alle diejenigen Festlegungen individueller Subjekte, welche diese nicht mehr bzw. nicht ohne starke therapeutische 'Hilfestellung revidieren können.

98 Die Debatten der 1970er Jahre über potenzielle „revolutionäre Subjekte" - (traditionelle) Arbeiterklasse, Massenarbeiter, Marginalisierte, 'die Frauen' etc. - knüpfen an genau diese Vorstellung eines gegenüber dem Staat eine Alternative bietenden 'großen Subjektes' an. Die tatsächliche Frage, die sich bei allen angebotenen Antworten stellte, die aber von der Debatte über diese gegensätzlichen Antworten verdeckt wurde, war aber, wie die vielen realen gesellschaftlichen Subjekte strategisch in und zu einem alternativen Zusammenhandeln zusammengeführt werden könnten und wer in diesem politischen Prozess in welcher Hinsicht eine führende Rolle übernehmen könnte. Unbedacht bleibt dabei vor allem auch noch die Schlüsselfrage, was es denn in einer herrschaftsüberwindenden Strategie bedeuten kann, eine derartige 'führende Rolle' zu übernehmen.

99 Žižeks Plädoyer (1999) für die grundsätzliche Berechtigung der cartesianischen Subjektphilosophie (Žižek 1999) trifft ein wirkliches Problem des 'postmodernen' Konsenses: In der Perspektive radikaler Selbstbestimmung kann die Position des 'großen Subjektes' nicht einfach 'leer' bleiben. Von diesem berechtigten Anliegen ist allerdings Þiþeks eigener Versuch einer Antwort zu unterscheiden, die darin liegen soll, diesem 'großen Subjekt' seinen Ort im Lacanschen 'Gesetz' als dem 'abwesenden Zentrum der politischen Ontologie' zuzuweisen.

100 Aus deren spezifischen Rekombinationen sich jedenfalls vorübergehend die weitreichende Durchschlagskraft sowohl Lacans (vgl. Roudinesco 1993) als auch Althussers (vgl. Resnick/Wolff 1993) für Philosophie und Sozialwissenschaften weltweit ergeben haben. Allerdings ist Derrida wohl in der - mit Bezug auf Lacan formulierten - Einsicht zuzustimmen, dass der Preis für diese Durchschlagskraft in einer enormen theoretischen ›Überstürzung‹ gelegen hat (vgl. zu Althusser analog Lipietz 1998).

101 Der sich von Lockes Eigentumstheorie bis zu Ricardos Arbeitswerttheorie - die erst Marx kritisch überwunden hat (vgl. Engels, MEW 22, 2006f., u. Napoleoni 1974) - durch die Grundlagen des artikulierten Selbstverständnisses der „modernen bürgerlichen Gesellschaft" zieht (vgl. die einflussreiche Untersuchung MacPhersons über den possessiven Charakter des neuzeitlichen Individualismus (MacPherson 1964).

102 In dieser Hinsicht sind Deweys Ausführungen über die „demokratische Methode der Entwicklung sozialer (i.S.v. 'gesellschaftlicher', FOW) Einheit" durchaus klärend (Dewey 2000, 71ff.).

103 Jacques Rancière hat diese Frage - in Auseinandersetzung mit den theologischen Modellen der Gleichheit von Gottvater und Gottsohn - auf das Problem einer begrifflichen Unterscheidung zwischen der „Gemeinschaft der Herren" und der „Gemeinschaft der Sklaven" bezogen (1994, 109ff.), ohne aber einen Weg zu einer über „Augenblicke der Gemeinschaft" (ebd., 130) hinausweisenden 'Gemeinschaft der sich Befreienden' zu finden.

104 Wie Leibniz es ein seinem metaphysischen Postulat der „Identität des Ununterscheidbaren" aufgegriffen hat.

105 Damit gerät auch die von Lenin aus der philosophischen Tradition unhinterfragt übernommene Auffassung, Demokratie als eine Staatsform und damit auch als ein Herrschaftsverhältnis zu begreifen (vgl. Badiou 1997, 31f., 38ff.), in eine Kritik, die unter der Frage nach einem 'politischen Gemeinwesen', das auf Herrschaftsüberwindung hin angelegt ist, nach Demokratisierung noch vor dem 'Absterben des Staates' sucht.

106 Trotz ihrer Einengung von Herrschaftsverhältnissen auf die Kategorie der 'Klasse' haben in diesem Punkt die intelligenten 'TraditionalistInnen' grundsätzlich richtig gesehen: So etwa Georg Fülberth 1988: „Wenn klassenmäßige und materielle Interessen 'beliebig' sind und überdies mit 'persönlichen und anderen Interessen' in eine Reihe gestellt werden können, sind ohnehin alle Katzen grau." sowie Michael Bommes, der sich dagegen wendet. Allerdings ist die Ausklammerung von Geschlechterverhältnissen, Mensch-Natur-Verhältnissen und explizit politischen Herrschaftsverhältnissen, die mit dieser Einengung vollzogen wird, selbst ein gravierender Irrtum. Dies ändert nichts daran, dass auch Michael Bommes (1982, 99) Recht hat, wenn er sich dagegen wendet, „Die Geschichte der Widersprüche [...] auf[zulösen] in Geschichte der Vielförmigkeit und [... diese] so [zu] neutralisier[en]."

107 Das können wir daran verdeutlichen, dass entweder eine Rücknahme dieser Zustimmung die Herrschaftsposition sofort annullieren würde - dann hätten wir es nicht mit einer Herrschaftsposition im eigentlichen Sinne zu tun - oder die Herrschaft dennoch andauern würde, dann wäre die „Zustimmung" von vorneherein nur eine „ideologische" Zutat.

108 Die totalitäre Wirkungsweise des „Normalismus" hat Jürgen Link (1997) herausgearbeitet.

109 Nun stellen ja allerdings sowohl die 'proletarische Revolution' als auch die 'Diktatur des Proletariats' - richtig verstanden - kein abstraktes Konzept, keinen geklärten Begriff, sondern ein konkret praktisches Beginnen mit einer Initiative der Demokratisierung dar, insofern sie die Klassenherrschaft der Bourgeoisie zu brechen versuchen. Als solche sind sie weiterhin ernsthaft in ihrer konkreten Widersprüchlichkeit zu analysieren - was sowohl dadurch verhindert wird, dass an ihnen (als Zielvorstellung) „festgehalten", als auch dadurch, dass dieses (angebliche) Ziel „fallen gelassen" wird.

110 Jedenfalls insoweit es - wie schon bei Rousseau - völlig legitim ist, mit einem Prozess der Demokratisierung zu beginnen, auch wenn viele der damit aufgeworfenen Fragen erst „deliberativ", durch die gemeinsam entwickelte Kreativität der Beteiligten in Zukunft zu lösen sein werden und diese Lösungen heute noch nicht bekannt sein können. Das Problem liegt eher darin, dass dieser offene Suchprozess durch die Projektion auf

das „Proletariat" als Inhaber und Garanten der künftigen Lösungen als „eigentlich schon geschlossen" imaginiert wird, womit eine falsche Sicherheit suggeriert und das Auftreten von allerlei machtvollen „Sachwaltern" dieser behaupteten Zukunftsinstanz in der Gegenwart provoziert wird.

111 Deren zentrales Resümee vielleicht in dem (von Selbstironie nicht völlig freien) Kampfruf der italienischen „Autonomen" formuliert worden ist: *„Vogliamo tutto, ed subito!"*

112 „Wer bin ich? Worin finden wir uns zusammen? Worin können wir uns verwirklichen?" Vgl. die rückblickende Debatte über *„identity politics"* in der *„New Left Review"* Ende der 1990er Jahre (Wolf 2001a).

113 In der Entwicklung von 'Basisgruppen' zu 'Bürgerinitiativen', internationalistischen 'Soli-Gruppen' und 'autonomen Frauengruppen' vollzieht sich gleichzeitig zum einen eine Rückwendung zu der verdrängten Materialität der politischen Probleme, zum anderen aber auch eine relative Abkoppelung von einer allgemeinen Politik der Befreiung und Autonomie.

Kleiner Schluss

1 So zu reden, das schließt zumindest die offene Frage ein, ob es auch eine aufklärungskompatible „Wiederverzauberung der Welt" geben könne, die „ein Lied in allen Dingen" findet, ohne dahinter „höhere Wesen" zu vermuten, denen „wir Menschen" uns unterwerfen müssten - was dann real immer wieder bedeutet hat, dass sich bestimmte Menschen anderen Menschen unterwerfen müssen, die „im Namen" dieser „Höheren" zu herrschen beanspruchen.

2 Insoweit wir nicht damit in die Illusion verfallen, dies könne einen selbstständigen, als Metatheorie wissenschaftlichen Diskurs ergeben, können wir an diesem Punkt durchaus an die Diskursanalysen Jürgen Links anknüpfen, in denen die besondere Rolle von „Interdiskursen" im Diskursgeflecht herausgearbeitet wird (vgl. Link 1997).

3 Die ihrerseits noch als eine „aktivistische" Kritik an der Praxis der „Gelehrsamkeit" des 19. Jahrhunderts zu entziffern wäre, die mit ihrem Versuch, die eigenen Ausgangspunkte und Voraussetzungen in Fußnoten möglichst vollständig „einzufangen", gleichsam „niemals auf den Punkt zu kommen" schien. Die Fußnotenpraxis radikaler Philosophie versucht dagegen - ohne die Illusion der Vollständigkeit - wieder an die „gelehrte" Praxis anzuknüpfen, die eigenen Ausgangspunkte und -materialien ausdrücklich greifbar zu machen, anstatt sie geradezu „mit Fleiß" zu verbergen, wie dies in der Philosophie seit den 1920er Jahren sowohl in den „analytischen" wie in den „hermeneutischen" Traditionen üblich geworden ist (die nur jeweils unterschiedliche Anknüpfungen - die jeweils zeitgenössischen oder die weit in die Vergangenheit zurückverlegten philosophiehistorischen - zu „beschweigen" versuchen, vgl. Schwan 1997).

4 „Anfangs- und Endbild werden festgelegt und dann das Anfangsbild mit so unmerklichen Veränderungsschritten an das Endbild angenähert, daß die Veränderung wie ein natürlicher Wachstumsprozeß wirkt." (Spehr/Stickler 1997, 12)

Abspann

1 Außer meinen Eltern, Annemarie und Franz Wolf, möchte ich hier neben Lucien Goldmann und Louis Althusser, von denen ich Entscheidendes habe lernen können,

auch Willi Weismann, Friedrich Braun, Gisela von Stoltzenberg und Stanley Pullberg nennen, die mir wichtige Anstöße gegeben haben.

2 Ich danke allen denen, die frühere Fassungen vor allem dieses Textes gelesen und konstruktiv kritisch kommentiert haben, insbesondere Detlef Georgia Schulze, ohne deren/dessen Materialvorschläge und 'Gegenlesen' ich das Vorhaben kaum hätte durchführen können, sowie Tilman Reitz, Thomas Heinrichs, Heike Weinbach, Gerd Peter, Willi Brüggen, Pia Paust-Lassen, Rolf Ascheberg, Günter Thien und Rainer Alisch für vielfältige Hinweise und Anregungen. Meine Tochter Eva Wolf hat mir beim Abschluss des Manuskriptes durch kritisches Gegenlesen und Verbesserungsvorschläge für den letzten Teil geholfen.

3 Wobei mitteilenswert sein könnte, dass dabei eine erste kautskyanisch (im Kieler Tönnies-Kreis) und lukácsianisch (bei Lucien Goldmann in Paris) geprägte Rezeptionsschicht meinen biographischen Ausgangspunkt gebildet hat - d.h. weder die Marxismusrezeption der DDR-Tradition noch die der westlichen „neuen Linken".

4 Neben Mühsam und Emma Goldmann, die mir ein Kieler Freund nahe brachte, hat mich schon früh vor allem Landauer so sehr beeindruckt, dass ich zunächst glaubte, die Bürgerrechtsbewegung der USA, mit der ich Anfang der 1960er Jahre in Berührung kam, unter anarchistischen Vorzeichen politisch rezipieren zu können, bis ich dann von Lucien Goldmann auf das Problem der „Strategie" aufmerksam gemacht wurde. Meine damit eingeleitete Lukácsrezeption folgte also - mit einer Verspätung von fast zwei Generationen - in etwa noch dem Muster, das inzwischen Michael Löwy für die Generation der „romantischen Revolutionäre" herausgearbeitet hat (vgl. Löwy 1997, 40ff.).

5 Michael Löwy hat durchaus eindrucksvoll gezeigt, welches Gewicht derartige Linien noch zu Beginn des 20. Jahrhunderts in Europa gehabt haben. So lässt etwa eine auch nur kursorische Lektüre indischer oder chinesischer Beiträge zur neueren Globalisierungsdebatte unmittelbar die Bedeutung von Denkern wie Gandhi und Tagore, oder von Sun Ya-tsen und Lu Xun hervortreten, in denen, von Europa aus betrachtet, andersartige religiöse Motive des Denkens lebendig sind (vgl. Deppe 2000, 367f. u. 323ff.).

6 Ich kann nur vermuten, dass auf einer weniger offensichtlichen Ebene in diesem Text auch noch Fernwirkungen der homiletischen Praxis des „marianischen" Flügels der „bekennenden Kirche" (Asmussen) und der essayistischen Praxis der „Gruppe 47" zu finden sind, die mich als Kind und Jugendlicher geprägt haben.

Literaturverzeichnis und imaginäre Bibliothek

Achenbach, Gerd B., Kurzgefasste Beantwortung der Frage: Was ist philosophische Praxis? (Internationale Gesellschaft für Philosophische Praxis), o.O., o.J.

-, Philosophische Praxis, Köln 1994

Adorno, Theodor W., Minima moralia. Reflexionen aus dem beschädigten Leben (1951), Frankfurt a.M. 1962

–, Negative Dialektik, Frankfurt a.M. 1966

–, Die Aktualität der Philosophie, in: Ders., Ges. Schr., Bd. 1, Frankfurt a.M. 1972

–, Probleme der Moralphilosophie, (Vorlesung 1963), Frankfurt a.M. 1996

Aglietta, Michel/Brender, Anton, Les métamorphoses du salariat, Paris 1984

Albers, Detlef, u.a., Aktualisierung Marx'? (Argument-Sonderband AS 100), [West]berlin, 1983

–, Hg., Abschlussbericht des Projekts „Ökologie und Sozialismus", Uni Bremen ca. 1986

Alderman. John, Sonic Boom. Napster and the New Pioneers of Music, London 2001

Alkoff, Lina Martin, Towards a phenomenology of racial embodiment, Radical Philosophy (1999) No. 95

Althusser, Louis, Widerspruch und Überdeterminierung (1962), in: Althusser 1968, 52ff.

-, Über materialistische Dialektik. Von der Ungleichheit der Ursprünge, in: Althusser 1968, 100ff.

-, Über Jean-Jacques Rousseaus 'Gesellschaftsvertrag' (1966), in: Ders., Machiavelli - Montesquieu - Rousseau, Berlin 1987, 131ff.

-, Pour Marx, Paris 1965 (dt., Frankfurt a.M. 1968)

-, Philosophie und spontane Philosophie der Wissenschaftler (1974), Berlin 1985 (a)

-, Lenin und die Philosophie. Lenin und die Philosophie/Über die Beziehung von Marx zu Hegel/Lenins Hegel-Lektüre, Reinbek 1974 (frz. Paris, 1972) (b)

-, Elemente der Selbstkritik, [West]berlin, 1975 (frz., Paris 1974) Ders., Geschichte beendet, endlose Geschichte (1976), in: Dominique Lecourt, Proletarische Wissenschaft? Der „Fall Lyssenko" und der Lyssenkismus, VSA: Westberlin, 1976, 7ff.

-, Ideologie und Ideologische Staatsapparate (Anmerkungen für eine Untersuchung) (1969/70), in: ders., Ideologie und Ideologische Staatsapparate. Aufsätze zur marxistischen Theorie, Hamburg/[West]berlin, 1977, 108ff.

-, Ist es einfach in der Philosophie Marxist zu sein?, in: Ders., Ideologie und Ideologische Staatsapparate. Aufsätze zur marxistischen Theorie, Hamburg/Westberlin, 1977, 51ff. (b)

-/Peter Schöttler, Statt eines Vorwortes: Vier Fragen an Louis Althusser (1978), in: Louis Althusser, Die Krise des Marxismus, VSA: Hamburg, 1978, 7ff.

-/Balibar, Etienne u.a., Lire le Capital, Paris 1965

Altvater, Elmar/Mahnkopf, Birgit, Grenzen der Globalisierung, Münster 1996 ([3]2000)

Altwegg, Jürg, Hg., Die Heidegger Kontroverse, Frankfurt a.M. 1988

Ancil, Ralph E./Hakes, David R., Antecedents and implications of Hirsch's positional goods, History of Political Economy, 23 (1991), H.2, 263ff.

Anderson, Perry, The Ends of History, London 1992 (dt., 'Zum Ende der Geschichte', Berlin 1993)

-, The Origins of Postmodernity, London 1998

Andersson, Jan Otto, Vänster-Framtid. Nationalekonomiska studier av fordismens kris och morgondagens alternativ, Helsingfors 1988

Anton, Anatole/Fisk, Milton/Holmstrom, Nancy, Hg., Not For Sale. In Defense of Public Goods, Boulder, Col., 2001

Apel, Karl-Otto, Das Apriori der Kommunikationsgemeinschaft und die Grundlagen der Ethik. Zum Problem einer rationalen Begründung der Ethik im Zeitalter der Wissenschaft, in: Ders., Transformation der Philosophie, Frankfurt a.M. 1973(a), 358ff.

-, Reflexion und materielle Praxis, in: Ders., Transformation der Philosophie, II, Frankfurt a.M. 1973 (b), 9ff.

-, Der Denkweg von Charles S. Peirce, Frankfurt a.M. 1975

-, Das Problem der philosophischen Letztbegründung im Lichte einer transzendentalen Sprachpragmatik, in: Sprache und Erkenntnis (Festschr. G. Frey), Innsbruck 1976 (b), 55ff.

-, Fallibilismus, Konsenstheorie der Wahrheit und Letztbegründung, in: Philosophie und Begründung, Frankfurt a.M. 1987

-, Hg., Zur Rekonstruktion der praktischen Philosophie. Gedenkschrift für Karl-Heinz Ilting, Stuttgart-Bad Cannstatt 1990

-, Böhler, Dietrich u.a., Hg., Praktische Philosophie/Ethik, Aktuelle Materialien. Reader zum Funk-Kolleg, Bd. 1, Frankfurt a.M.

-/Dussel, Enrique, Ethik und Befreiung, Aachen 1990

Arendt, Hannah, The burden of our time, London 1951

-, Vita activa oder vom tätigen Leben, München 1958

-, Origins of totalitarianism, New York 1954 (dt. 1962)

Armstrong, David, Naturalism, Materialism, and First Philosophy, in: Moser/Trout 1995

Arndt, Andreas, Zur Entwicklung einer Konzeption materialistischer Dialektik bei W.I. Lenin, 1893-1923, (Diss.) Bielefeld 1977

-, Lenin. Philosophie und Politik, Duisburg 1982

- u.a., Hg., Hegels Seinslogik, Berlin 2000 (a)

-, Hg., Materialismus und Spiritualismus. Philosophie und Wissenschaften nach 1848, Hamburg 2000 (b)

-, 'Hegelkritik', in: HKWM, Bd. 5, Hamburg 2001

Aronowitz, Stanley, The Crisis in Historical Materialism, Houndsmill/London 1981, ²1990

Arrighi, Giovanni, The Long Twentieth Century, London 1994

Ascheberg, Rolf, Zur Kritik der 'Protophysik der Zeit' und der 'Logischen Propädeutik'. Zur Kritik des neueren Konstruktivismus, Idstein 1995 (Diss. Berlin 1993)

Assiter, Alison, Enlightened Women. Modernist Feminism in a Postmodern Age, London/New York 1996

Assmann, Jan, Das kulturelle Gedächtnis. Schrift, Erinnerung und politische Identität in den frühen Hochkulturen, München 1992

-, Vertikaler Sozialismus. Solidarität und Gerechtigkeit im altägyptischen Staat, in: Faber 1994, 45ff.

Austin, John, Lectures on Jurisprudence, or the Philosophy of Positive Law, London 1883
Austin, John Langshaw, How To Do Things with Words, hg. v. J.O. Urmson, London 1962
Avicenna [Ibn Sina], La distinction de l'essence et l'existence, Paris 1937
Ayer, Alfred J., The Revolution in Philosophy, London 1956
Bachtin, Michail M., Die Ästhetik des Wortes, Frankfurt a.M. 1979
-, Speech Genres and Other Late Essays, hg. v. Emerson, Caryl/Holquist, Michael, Austin 1986
Bader, Veit-Michael u.a., Krise und Kapitalismus bei Marx, 2 Bde., Frankfurt a.M. 1975
Badiou, Alain, Manifest für die Philosophie, Wien 1998
-, Philosophy and Politics, Radical Philosophy (1999) No. 96, 29ff.
-/Rancière, Jacques/Riha, Rado/Sumic, Jelica, Politik der Wahrheit, Wien 1997
Balibar, Etienne, Cinq études du matérialisme historique, Paris 1975
-, Antwort an die Genossen, in: Ders. u.a., Freiheit der Kritik oder Standpunktlogik?, [West]berlin 1976
-, Marxismus, Rationalismus, Irrationalismus, in: alternative, Vol. 116, Okt. 1977, 225ff. (frz. La Nouvelle Critique, Nr. 99, Dez. 1976)
-, Fragen zur Partei außerhalb des Staates (1978), in: Altvater, Elmar/Kallscheuer, Otto, Hg., Den Staat diskutieren. Kontroversen über eine These von Althusser, Berlin 1979, 148ff.
-, 'Bakunismus', in: Kritisches Wörterbuch des Marxismus (=KWM), Bd. 1; Berlin 1983, 137ff.
-, L' idée d' une politique de classe chez Marx, Temps Modernes 40 (1984) No. 451, 1357ff.
-, Spinoza et la Politique, Paris 1985, 35 ff.
-, Tais-toi encore, Althusser!, in: Ders., Écrits pour Althusser, Paris 1991, 59ff.
-, Die Grenzen der Demokratie, Hamburg 1993
-, La philosophie de Marx, Paris 1993
-, Lieux et noms de la vérité, La tour d'Aigues 1994
-, La violence des intellectuels, Lignes, Nr. 25 (1995), 9ff.
-, Présentation, in: Ders., hg., John Locke, Identité et différence, Paris 1998
- Conjectures and conjunctures, Radical Philosophy (1999) No. 97, 30ff.
-, „Es gibt keinen Staat in Europa", in: Theorien über den Rassismus, hg. v. Nora Räthzel, Hamburg 2000 (Argument-Sonderband AS 258), 104-120
-, Nous, Citoyens d'Europe, Paris 2001
-/Wallerstein, Immanuel, Rasse-Klasse-Nation, Berlin/Hamburg 1990
Balibar, Etienne/Lock, Grahame; Van Gunsteren, Herman, Sterke posities in de politieke filosofie, Leiden/Antwerpen 1989
Bammel, Georg, Vorwort zu 'Marxismus und Philosophie (russ. Übersetzung, Moskau 1924), in: Michael Buckmiller, Hg., Zur Aktualität von Karl Korsch, Frankfurt a.M. 1981, 68ff.
Barben, Daniel, 'Anarchie der Produktion', in: Historisch-Kritisches Wörterbuch des Marxismus, Bd. 1, 206f.
Barber, Benjamin, Strong Democracy. Participatory Politics for a New Age, Berkeley 1984
Bauer, Otto, Kapitalismus und Sozialismus nach dem Weltkrieg, Wien 1931
Bauman, Zygmunt, Ansichten der Postmoderne, Hamburg 1995

Beardsworth, Richard, Derrida and the Political, London 1996
Beck, John, Writing the Radical Center. William Carlos Williams, John Dewey, and American Cultural Politics, New York 2001
Beckermann, A,/Flohr, H./Kim, J., Hg., Emergence or Reduction. Essays on the Prospects of Nonreductive Materialism, New York 1992
Beckmann, Warren, Marx, the Young Hegelians, and the Origins of Radical Social Theory: Dethroning the Self, Cambridge 2001
Beech, Dave/Roberts, John, The Philistine Controversy, London 2002
Benhabib, Seyla, Demokratie und Differenz, in: Brumlik/Brunkhorst 1993, 97ff.
Benjamin, Walter, Das Kunstwerk im Zeitalter seiner technischen Reproduzierbarkeit, in: Ders., Dass., Frankfurt a.M. 1968, 7ff.
-, Versuche über Brecht, Frankfurt a.M. 1966
-, Über den Begriff der Geschichte, in: Ders., Illuminationen, Frankfurt a.M. 1977, 251ff.
Bennington, Geoff, Jacques Derrida. Ein Porträt, Frankfurt a.M. 1994
Benton, Ted, Realism and Social Science, in: Edgley/Osborne 1985, 174ff.
-, Humanism=Speciesism. Marx on humans and animals, in: Sayers/Osborne 1990, 235ff.
-, Hg., The Greening of Marxism, New York 1996
Benveniste, Émile Über die Subjektivität in der Sprache, in: Ders., Probleme der allgemeinen Sprachtheorie, München 1974, 287ff.
Berger, Albert/Moser, Gerda Elisabeth, hg., Jenseits des Diskurses, Wien 1994
Berger, Hartwig, Produktivkräfte und Produktionsverhältnisse - Eine Klärung am Beispiel 'Entstehung des Kapitalismus', in: Jaeggi/Honneth 1977, 256ff.
Bernstein, Jay, Social Signs and Natural Bodies, Radical Philosophy (2000) No. 104
Berman, Marshall, All that is Solid, Melts into Air, Harmondsworth 1988
Berthel, Werner, Hg., Über Stanislaw Lem, Frankfurt a.M.1981
Bhashkar, Roy, Scientific explanation and human anticipation, Radical Philosophy, Nr. 26, 9 (1980), 16ff.
-, Scientific Realism and Human Emancipation, London 1986
-, Reclaiming Reality. An Introduction to Contemporary Philosophy, London 1989
Bhatt, Chetan, Kant's 'raw man' and the miming of primitivism. Spivak's Critique of Postcolonial reason, Radical Philosophy (2001) No. 105, 37ff.
Bidet, Jacques, Théorie de la modernité suivi de Marx et le marché, Paris 1990
Bieling, Hans-Jürgen, Macht und Herrschaft in der Risikogesellschaft, in: Imbusch 1998, 255ff.
Bialas, Wolfgang/Fuchs, Eckhardt, Intellektuelle der Zwischenkriegszeit im Spannungsfeld von Macht und Geist, Comparativ 5 (1995) H.6, 7ff.
Bidet, Jacques/Texier, Jacques, Hg., Autour de Pierre Bourdieu, (Actuel Marx Nr. 20), Paris 1996
Bigwood, Carol, Renaturalizing the body (with a little help from Merleau-Ponty), Hypatia. A Journal of Feminist Philosophy 6 (1991), H. 3, 54ff.
Blechman, Revolutionary romanticism. A reply to Agnes Heller, Radical Philosophy (1999) No. 99
Bloch, Ernst, Das Prinzip Hoffnung, Frankfurt a.M. 1959

-, Das Materialismusproblem, seine Geschichte und Substanz, Frankfurt a.M. 1972
-, Logos der Materie. Eine Logik im Werden, Franfurt a.M. 2000
Bloch, Olivier, Le matérialisme, Paris 1985
-, Matière à histoires, Paris 1997
Blumenberg, Hans, Das Lachen der Thrakerin. Zur Urgeschichte der Theorie, Frankfurt a.M. 1987
Bobbio, Norberto, Rechts und Links, Berlin 1994
Bochinger, Christoph, 'New Age' und moderne Religion, Gütersloh 1994
Böhler, Dietrich, Ethische Vernunft und geschichtliche Praxis, in: Apel 1980, 123ff.
-, Philosophische Meta-Normenbegründung durch Argumentationsreflexion (1983), in: Ollig 1991, 147ff.
Böhringer, Hannes, Die Disziplin der Skepsis, in: Ders., Begriffsfelder, Berlin 1985, 73ff.
Boer, Dick, Aus dem Begriff gebracht. Überlegungen zur 'Hegemonie', in: Kniest u.a. 2001, 266ff.
Bolz, Norbert, Stop making sense!, Tageszeitung v. 8.1.1985
-, Stop making sense!, Würzburg 1989
-, Die Sinngesellschaft, Düsseldorf 1997
Bommes, Michael, Gelebte Geschichte. Probleme der Oral History, in: LiLi. Zeitschrift für Literaturwissenschaft und Linguistik, Nr. 47, (1982), 74ff.
Bongie, Laurence L., David Hume. Prophet of the Counter-Revolution, Oxford 1965
Bookchin, Murray, The Philosophy of Social Ecology, New York 1990
Borges, J.L., Le Congrès, in: Ders., Le livre de sable, Paris 1975
Bosshart, David, Die französischen Totalitarismusdiskussion, Mittelweg 36, 2 (1993) H. 5, 72ff.
Boual, Jean-Claude, Vers une société civile Européenne, Paris 1999
Bourdieu, Pierre, Esquisse d'une théorie de la pratique, Genève 1972
-, Le sens pratique, Paris 1980
-, Ce que parler veut dire. Èconomie des échanges linguistiques, Paris 1982
-, L'ontologie politique de Martin Heidegger, Paris 1988
-, Post-scriptum. Pour un corporatisme de l'universel, in: Ders., Les règles de l'art. Genèse et structure du champ littéraire, Paris 1992
-, Post-scriptum, in: Ders. u.a., La misère du monde, Paris 1993
-, Contrefeux, Paris 1998 (dt., Frankfurt a.M. 1999)
-, Contrefeux 2, Paris 2000 (dt., Frankfurt a.M. 2001)
-/Wacquant, Loic J.D., Réponses. Pour une anthropologie réflexive, Paris 1992
-, An Invitation to Reflexive Sociology, Cambridge 1992
-, NewLiberalSpeak. Notes on the New Planetary Vulgate, Radical Philosophy (2001) No. 105, 2ff.
Bourne, Randolph, The History of a Literary Radical and Other Papers, New York 1956
Brandist, Craig, Bakhtin, Cassirer and symbolic forms, Radical Philosophy (1997) No. 85
-/Tihanov, Galin, Materializing Bakhtin. The Bakhtin Circle and Social Theory, Basingstoke 2000

Brandom, Robert, Making it Explicit, Cambridge, Mass., 1994 (dt., Frankfurt a.M. 2000)
Braun, Eberhard, Aufhebung der Philosophie, Stuttgart/Weimar 1992
Bravo, Toni, 'Radikalismus', in: Jörg Sandkühler, Hg., Europäische Enzyklopädie zu Philosophie und Wissenschaften, Bd. 4, Hamburg 1990, 11ff.
Brecher, Jeremy, u.a., Global Visions, Boston 1993
-, Globalization From Below, Boston 1999
Brecht, Bertolt, Me-ti. Buch der Wendungen. Fragment, hg. v. Uwe Johnson, Frankfurt a.M. 1965
-, Me-Ti. Buch der Wendungen, hg. v. Werner Mittenzwei, Werner, Berlin/DDR 1975
-, Arbeits-Journal, 2 Bde., Frankfurt a.M. 1973
Brentano, Margerita von, Die unbescheidene Philosophie. Der Streit um die Philosophie der Sozialwissenschaften, Das Argument Nr. 43 (1967), 102ff.
-, Wissenschaftspluralismus. Zur Funktion, Genese und Kritik eines Kampfbegriffs, Das Argument Nr. 66 (1971), 476ff.
-, Bemerkungen zum Topos 'Ende der Philosophie', in: Dies., Philosophie, Theoriestreit, Wissenschaftspluralismus, Argument Studien-Hefte, Nr. 3, Berlin 1975
Brieler, Ulrich: Die Unerbittlichkeit der Historizität, Bonn 1998
-, Foucaults Geschichte, Geschichte und Gesellschaft, 24 (1998), H. 2., 248ff
Bröcker, Walter, Aristoteles, Frankfurt a.M. 1935 (Habil.-Schr. Freiburg 1934)
Brückner, Peter, Herr und Besitzer seiner eigenen Natur (1965), in: Ders. 1983, 13ff.
-, Thesen zur Politisierung der Wissenschaften (1968), in: Ders. 1983, 123 ff.
-, Freiheit, Gleichheit, Sicherheit, Frankfurt a.M. 1966, ²1975
-, Über Krisen von Identität und Theorie (1978), in: Ders. 1983, 185ff.
-, Zerstörung des Gehorsams, Berlin 1983
Brüggen, Willi, Ders., Neue Wege zur gesellschaftlichen Alternative. Ansatzpunkte für einen ökologischen Kompromiss, Das Argument 35 (1993),
-, Der politische Preis der ökologischen Währung. Einwände gegen die Ökonomisierung der ökologischen Kritik, Widerspruch, Nr. 31 (1996)
-, Neue Wege zum ökologischen New Deal, in: Crossover 1997, 12ff.
-, Nach dem Scheitern der Ökosteuer. Gegen einen ökonomistisch verkürzten Naturbegriff, Widerspruch, Nr. 40 (21 (2001), 75ff.
Brumlik, Micha, Schrift, Wort und Ikone, Frankfurt a.M. 1994
-/Brunkhorst, Hauke, Hg., Gemeinschaft und Gerechtigkeit, Frankfurt a.M. 1993
Brunkhorst, Hauke, Wie man sich zu dem macht, der man ist, in: König, T., Hg., Sartres Flaubert lesen, Reinbek 1980, 27ff.
-, Demokratie und Differenz. Egalitärer Individualismus, Frankfurt a.M. 1994
-, Globale Solidarität. Inklusionsprobleme der modernen Gesellschaft, in: Wingert/Lutz 2001, 605ff.
Buber, Martin, Ich und Du (1923), Heidelberg 1979
Bublitz, Hannelore, Foucaults Archäologie des kulturellen Unbewußten, Frankfurt a.M./New York 1999
-/Bührmann, Andrea D./Hanke, Christine/Seier, Andrea, Hg., Das Wuchern der Diskurse. Perspektiven der Diskursanalyse Foucaults, Frankfurt a.M./New York 1999

Buchanan, Nichola/Rose, Nick, A&M Records v Napster: the case and its consequences for copyright owners in the music industry, in: Copyright World, 111 (2001), 13ff.

Buci-Glucksmann, Christine, Über die politischen Probleme des Übergangs: Arbeiterklasse, Staat und passive Revolution, Sozialistische Politik (1977) No.41, 13-35

Buck, Günther, Lernen und Erfahrung. Zum Begriff der didaktischen Induktion, Stuttgart 1967

-, Selbsterhaltung und Historizität, in: Koselleck, Reinhart/Stempel, W.-D., Hg., Geschichte -Ereignis -Erzählung (Poetik und Hermeneutik, V), München 1973 (wieder in: Ebeling, H., Hg., Subjektkritik und Selbsterhaltung. Beiträge zur Diagnose der Moderne, Frankfurt a.M. 1976)

Bühl, Achim, Herrschaftsfrei und grenzenlos?, in: Imbusch 1998, 353ff.

Buhl, Thomas, Hg., Option für die Armen. Theologie der Befreiung und Basisgemeinden in Lateinamerika, Leipzig 1990

Buhr/Irrlitz, Der Anspruch der Vernunft. Die klassischen bürgerliche deutsche Philosophie als theoretische Quelle des Marxismus, Berlin 1968

Butler, Judith, Bodies that matter. On the discursive limits of „sex", New York 1993

-, 'Merely cultural', New Left Review, Nr. 212, (1995), 68ff.

-/Laclau, Ernesto/Þiþek, Slavoj, Contingency, hegemony, Universality. Contemporary Dialogues on the Left, London 2000

Buttigieg, Joseph A., Antonio Gramsci's Triad. Culture, Politics, Intellectuals, Minneapolis 1987 (a)

-, Hg., Criticism Without Boundaries. Directions and Crosscurrents in Postmodern Critical Theory, Notre Dame 1987 (b)

Cabral, Amilcar, Revolution in Guinea. An African People's Struggle, London 1974 (a)

-, Alguns princípios do partido, Lisboa 1974 (b)

Caillé, Alain u.a., Comment peut-on être anticapitaliste? La revue du M.A.U.S.S. semestrielle, No. 9, 1er semestre 1997

Calle-Gruber, Mireille, Helène Cixous - croisées d' une œuvre, Paris 2000

Canfora, Luciano, 'Politische Philologie'. Altertumswissenschaften und moderne Staatsideologien, Stuttgart 1995

Canetti, Elias, Masse und Macht, Regensburg 1960

Cartelier, Lysiane, Art. 'Staat/Lohnverhältnis', Kritisches Wörterbuch des Marxismus, Bd. 7, Hamburg 1988, 1243ff.

Carens, Joseph, Hg., Democracy and Possessive Individualism, The Intellectual Legacy of C. B. Macpherson, Albany 1993

Carey, John, The Intellectuals and the Masses. Pride and Prejudice among the Literary Intelligentsia, 1880-1939, London 1992

Carter, Bob, Out of Africa, Philosophy, 'race' and agency, Radical Philosophy (1998) No. 89

Castells, Manuel, The Information Age. Economy, Society, and Culture, 3 Bde., Oxford 1997

Castoriadis, Cornelius, L'institution imaginaire de la société, Paris 1975

Caudill, David S./Gold, Steven Jay, Hg., Radical Philosophy of Law. Contemporary Challenges to Mainstream Legal Theory and Practice, Atlantic Highlands 1995

CETIM, Hg., Les peuples entrent en résistance, Genf 2000

Charim, Isolde, Splitter der österreichischen Realität, in: Dies./Rabinovici 2000, 89ff.
-/Rabinovici, Doron, Hg., Österreich. Berichte aus Quarantanien, Frankfurt a.M. 2000
Cixous, Hélène, Entre l'écriture, Paris 1986
Clausewitz, Carl von, Vom Kriege, Frankfurt a.M./Berlin/Wien 1980
Collier, Andrew, Mind, reality and Politics, Radical Philosophy (1998) No. 88
Colpe, Carsten/Schmidt-Biggemann, Wilhelm, Hg., Das Böse. Eine historische Phänomenologie des Unerklärlichen, Frankfurt a.M. 1993
Code, Lorraine, Feminists and pragmatists. A Radical future?, Radical Philosophy (1997) No. 86
Cohen, G.A., Marx and Locke on Land and Labour, London 1985
Collier, Andrew, Unhewn demonstrations, Radical Philosophy (1996) No. 81
Cornforth, Maurice Campbell, In defence of Philosophy, against Positivism and Prgamatism, London 1950
Coole, Diana, Feminism without nostalgia, Radical Philosophy (1997) No.83
-, Negativity and Politics. Dionysus and Dialectics from Kant to Poststructuralism, London/New York 2000
Cornell, Drucilla, At the Heart of Freedom. Feminism, Sex, and Equality, Princeton 1998
Creydt, Meinhard, Theorie gesellschaftlicher Müdigigkeit, Frankfurt a.M./New York 2000
-, Partizipatorische Planung und Sozialisierung des Marktes. Aktuelle Modelle in der angelsächsischen Diskussion, Widerspruch, Nr. 40, 21 (2001), 97ff.
Critchley, Simon, The Ethics of Alain Badiou, Radical Philosophy (2000) No. 100
Croce, Benedetto, La storia come pensiero e come azione, Bari 1938
Crossover, Hg., Zur Politik zurück, Münster 1997
-, Regionales Wirtschaften als linke Reformperspektive, Münster 2000
Cunningham, Frank, Radical Philosophy and New Social Movements, in: Gottlieb 1993, 199ff.
Cuperus, René u.a., Hg., Multiple Third Ways. European Social Democracy facing the Twin Revolution of Globalisation and the Knowledge Society, Amsterdam u.a. 2001
Dahrendorf, Ralf, Die Quadratur des Kreises, in: Michalski 1996
Davidson, Donald, Empirical Content, in: LePore 1986
-, A coherence theory of truth and knowledge, in: Malachowski 1990
Davis, Mike, Cosmic dancers on history's stage? The permanent revolution in the Earth sciences, New Left Review, Nr. 217 (1996), May-June, 48ff.
-, City of Quartz. Excavating the Future in Los Angeles, London 1998
DeGrood, David H., Preface, in: Ders. u.a. 1971, xif.
-, Marx and the School of Revolution. The Radical Philosophy of Karl Marx in Mid-Passage, o.O. (Tigris Books) 1995
-/Riepe, Dale/Somerville, John, Radical Currents in Contemporary Philosophy, St. Louis, Miss., 1971
Deleuze, Gilles, Nietzsche et la philosophie, Paris 1962
-, Nietzsche, Paris 1965
-, Logique du sens, Paris 1969 (dt., Frankfurt a.M. 1993)
-, Fluchtlinien der Philosophie, München 1996

Deleuze, Gilles/Guattari, Félix, Anti-Ödipus. Kapitalismus und Schizophrenie, Frankfurt a.M. 1974 (frz., Paris 1972)

-, Tausend Plateaus (Kapitalismus und Schizophrenie, Bd. 2), Berlin 1992 (frz., Paris 1980)

-, Qu'est-ce que la philosophie?, Paris 1991 (dt., 'Was ist Philosophie?', Frankfurt a.M. 1996)

Della Volpe, Galvano, Kritik des Geschmacks, Darmstadt/Neuwied 1978

Demirović, Alex, Philosophie und Staat. Althussers philosophische Strategie und der hegemoniale Status der Philosophie, Das Argument, Nr. 152, (1985), 532ff.

-, Symphilosophein oder die organisierte Philosophie. Die allgemeine Gesellschaft für Philosophie in Deutschland und ihre Veranstaltungen (1947-1951), in: Widerspruch Heft 18, 1990, 26-38

-, Demokratie und Herrschaft. Aspekte kritischer Gesellschaftstheorie, Münster 1997 (a)

-, Böse Welt - Gute Nation, in: Andreas Disselnkötter u.a. 1997 (b), 63-68

-, Hegemoniale Projekte und die Rolle der Intellektuellen, Das Argument, No. 239, 43 (2001), 59ff.

-, Zeitgemäßheit und Theorieform. Notizen zur kritischen Gesellschaftstheorie, Widerspruch (Zürich), Nr. 40, (2001), 131ff.

Deppe, Frank, Fin de siècle, Köln 1997

-, Politisches Denken im 20. Jahrhundert, Bd. 1, Hamburg 2001

Derrida, Jacques, 'Violence et métaphysique', in: L'écriture et la différence, Paris 1967 (a)

-, De la grammatologie, Paris 1967 (dt., Frankfurt a.M. 1983) (b)

-, Éperons. Les styles de Nietzsche, Venezia 1976

-, Du tout, in: ders., La carte postale de Socrate à Freud et au-delà, Paris 1980

-, Otobiographie. L'enseignement de nietzsche et la politique du nom propre, Paris 1984

-, De l'esprit. Heidegger et la question, Paris 1987 (dt., Frankfurt a.M. 1988: Privileg des Fragens, 16 u.f.)

-, Du droit à la philosophie, Paris 1990

-, La pharmacie de Platon, in: Ders., La dissémination, Paris 1972, 69ff. (dt., in: ders., Disseminationen, Wien 1995)

-, Des humanités et de la discipline philosophique, in: SURFACES, Bd. 4 (15.01.01: pum12.pum.umontreal.ca/revues/surfaces/vol4/derrida.htm)

Detienne, Marcel, Les maîtres de vérité dans la grèce archaique, Paris 1967

Detel, Wolfgang, Macht, Moral, Wissen. Foucault und die klassische Antike, Frankfurt a.M. 1998

Deutscher, Penelope, Luce Irigaray and her ethics for improper selves, Radical Philosophy (1996) No. 80

-, Bodies, lost and found. Simone de Beauvoir from the Second Sex to Old Age, Radical Philosophy (1999) No. 96, 6ff.

Devine, Maureen, Women and Nature. Literary Reconcetualizations, Metuchen, N.J., 1992

Dewey, John (1882), The early works (1882-1888), Carbondale 1969

-, Deutsche Philosophie und deutsche Politik, hg. Axel Honneth, Berlin/Wien 2000

Dews, Peter, Adorno, post-structuralism, and the critique of identity, New Left Review, Nr. 157, 1986

-, Logics of Disintegration. Post-structuralist Thought and the Claims of Critical Theory, London 1987

Diederichsen, Diedrich, Das WTC hat es gegeben, Die Tageszeitung, 6.10.01, 13f.

Dilthey, Wilhelm, an Graf Yorck, 29.2.92, in: Briefwechsel zwischen Wilhelm Dilthey und dem Grafen Paul Yorck von Wartenburg, 1877-1897, Halle 1923, 138ff.

-, Das Wesen der Philosophie, in: Hinneberg, Paul, Hg., Die Kultur der Gegenwart, T. 1, Abt. 1, Leipzig 1906

-, Studien zur Geschichte des deutschen Geistes, Leipzig 1927

-, Texte zur Kritik der historischen Vernunft, hg. v, Hans-Ulrich Lessing, Göttingen 1983

Di Stefano, Christine, Autonomy in the Light of Difference, in: Hirschmann, Nancy/Di Stefano, Christine, Revisioning the Political. Feminist Reconstructions of Traditional Concepts in Western Political Theory, Boulder, Col., 1996

Disselnkötter, Andreas u.a., Hg., Evidenzen im Fluss. Demokratieverluste in Deutschland, Duisburg 1997

Döring, Klaus, § 13: Sokrates, in: ders. u.a., Sophistik - Sokrates - Sokratik - Mathematik - Medizin (Die Philosophie der Antike, Bd. 2/1, hg. v. Hellmut Flashar, Grundriss der Geschichte der Philosophie, begründet von Friedrich Überweg, Basel 1998, 141-178)

Dörre, Klaus, u.a., Die Strategie der 'Neuen Mitte', Hamburg 1999

Donals, Bernard M., Bakhtin, Michail - Between phenomonology and Marxism, College English 56 (1994) H., 2, 170ff.

-, Bakhtin and social change, Centennial review 39 (1995), H. 3, 429ff.

Donzelot, Jacques, La police des familles, Paris 1977 (dt., Frankfurt a.M. 1980)

Dräger, Klaus, Cyberflash - Cybercash - Cybercrash. Informationsgesellschaft. Perspektive für Europa?, hg. v. F. O. Wolf, Bonn 1996

-, Baustelle Neomarxismnus. Die Regulationsschule und Robert Brenner zu den Turbulenzen in der Weltwirtschaft, PROKLA Nr. 123, 31 (2001), 177ff.

- u.a., Zukunftsfähigkeit und Teilhabe. Alternativen zur Politik der rot-grünen Neuen Mitte, Hamburg 2000

Duménil, Gérard/Lévy, Dominique, Au-delà du capitalisme?, Paris 1998

Duns Scotus, Johannes, Die Univozität des Seienden. Göttingen 2001

Duchrow, Ulrich 1994: Alternativen zur kapitalistischen Weltwirtschaft. Biblische Erinnerung und politische Ansätze zur Überwindung einer lebensbedrohenden Ökonomie, Gütersloh ²1997

Dussel, Enrique, Filosofia de la liberación, México 1977 (dt. Hamburg 1989)

-, El último Marx (1863-1882) y la liberación latinoamericana, México 1990

-, Del scéptico al cínico. (Del oponente de la 'Etica del Discurso' al de la filosofia de la liberación), México, 19 de marzo de 1992 (15.01.01: www.milenio.com.br/ifil/Biblioteca/dussel.txt)

Dutschke, Rudi, Mein langer Marsch, hg. v. Gretchen Dutschke-Klotz, Helmut Gollwitzer u. Jürgen Miermeister, Reinbek 1980a

-, Geschichte ist machbar, hg. v. Jürgen Miermeister, Berlin 1980b

-, Aufrecht gehen. Eine fragmentarische Biographie, Berlin 1981

-, Die Revolte. Wurzel und Spuren eines Aufbruchs, hg. v. Gretchen Dutschke-Klotz, Jürgen Miermeister und Jürgen Treulieb, Reinbek 1983

-, Brief an den Genossen Professor Lukács (1967), Das Argument, Nr. 138 (2000)
Dworkin, Ronald, Objectivity and Truth: You'd better believe it, in: Philosophy and Public Affairs, 25 (1996), No. 2 (spring)
Dyzenhaus, David, Legality and Legitimacy. Carl Schmitt, Hans Kelsen und Hermenn Heller in Weimar, Oxford 1997
Eagleton, Terry, Capitalism, Modernism and Postmodernism, in: Ders., Against the Grain. Selected Essays, London 1986
Edel, Abraham, The Theory and Practice of Philosophy, New York 1946
Edgley, Roy, Reason in Theory and Practice, London 1969
-/Osborne, Richard, Hg., Radical Philosophy Reader, London 1985
Eidam, Heinz/Hermenau, Frank/Stederoth, Dirk, Hg., Kritik und Praxis, Lüneburg 1998
Elkana, Yehuda, Die Entstehung des Denkens zweiter Ordnung im antiken Griechenland, in: Shmuel N. Eisenstadt, Hg., Kulturen der Achsenzeit, Frankfurt/M 1987, Band I, 52ff.
Elson, Diane, Market-Socialism or Socialisation of the Market, New Left Review, No. 172 (1988) (dt., in: LiFo-Info, Nr. 6 (1990) u. in: PROKLA, Nr. 78 (1990), 60ff.)
Enzensberger, Christian, Literatur und Interesse, Bd. 1: Theorie, Frankfurt a.M. 1977
Erdmann, Eva, Die Literatur und das Schreiben, in: Dies. u.a. 1990, 260ff.
-/Rainer Forst/Axel Honneth, Hg., Ethos der Moderne, Frankfurt a.M./New York 1990
Erdmüller, Andreas/Wilhelm, Thomas, Projekt Philosophie - Überzeugen durch Argumente (15.01.01: www.widerspruch.com/artikel/edmuelle.shtm)
Euchner, Walter, Individuelle und politische Macht: Der Beitrag John Lockes im Vergleich zu Hobbes und Spinoza, in: Jürgen Gebhardt/Herfried Münkler, Hg., Bürgerschaft und Herrschaft, Baden-Baden, 1993, 127ff.
Ewald, François, Die Philosophie als Akt, in: Erdmann u.a. 1990, 87ff.
Faber, Richard, Hg., Sozialismus in Geschichte und Gegenwart, Würzburg 1994
Fahrenbach, Helmut, Brecht zur Einführung, Hannover 1986
Fanon, Frantz, Les damnés de la terre, Paris 1961
Farias, Victor, Heidegger und der Nationasozialismus, Frankfurt a.M. 1989 (frz., 1987, span., 1989)
Fehér, Ferenc, The Frozen Revolution. An Essay on Jacobinism, Cambridge/New York 1988
-/Heller, Agnes, Biopolitics, Aldershot u.a. 1994
Feigl, Herbert u.a., Concepts and Theories of the Mind-Body Problem, Minneapolis 1958
Fernandez Buey, Francisco/Riechmann, Jorge, Ni tribunos. Ideas y materiales para un programa ecosocialista, Madrid 1996
Ferguson, Ann, Does reason have a gender?, in: Gottlieb 1993, 21ff.
Ferry, Luc/Renaut, A., Philosophie politique 3. Des droits de l'homme à l'idée républicaine, Paris 1985
-, 'Fichte', in: Furet, François /Ozouf, Mona, Hg., Dictionnaire critique de la Révolution Francaise, Paris 1988, 961ff.
Festugière, André Jean, Hermétisme et mystique paienne, Paris 1967
Fetscher, Iring, Neugier und Furcht. Versuch, mein Leben zu beschreiben, Hamburg 1995

Finley, Moses, The Ancient Economy, London 1973

Fischer, Hans Rudi/Retzer, Arnold/Schweitzer, Jochen, Hg., Das Ende der großen Entwürfe, Frankfurt a.M. 1992

Fischer, Peter, Freiheit oder Gerechtigkeit?, Leipzig 1995

Fisher, Andrew, Flirting with Post-Facism - the Sloterdijk debate, Radical Philosophy, Nr. 99, (1999)

Fisk, Milton, Post-Marxism: Laclau and Mouffe on Existentialism, in: Gottlieb 1993, 144ff.

Flasch, Kurt, Das philosophische Denken des Mittelalters. Von Augustin zu Machiavelli, Stuttgart 1988

-, Die geistige Mobilmachung. Die deutschen Intellektuellen und der Erste Weltkrieg, Berlin 2000

Flassbek, Heiner u.a., Ein dritter Weg ins dritte Jahrtausend, Hamburg 2000

Fleming, David, Positional Goods as a Factor of Demand Failure, Oxford 1988

Fleischer, Helmut, Warum eigentlich Materialismus?, in: Jaeggi/Honneth 1977, 173ff.

Foster, John Bellamy, Marx's Ecology. Materialism and Nature, New York 2000

Franzen, Pierre, Die Aktualität Spinozas in der marxistischen Theorie Althussers. Bemerkungen zum Verhältnis von Materialismus und Dialektik, Sozialistische Politik (SOPO), Nr. 39, (1977), 125ff.

Foucault, Michel, Vorlesungen zur Analyse der Macht-Mechanismen 1978 - Das Denken des Staates, in: Ders., Der Staub und die Wolke, Bremen 1982, 1ff.

-, Nietzsche, die Genealogie, die Historie, in: Ders., Von der Subversion des Wissens, Frankfurt a.M., 69ff.

-, Le souci de la vérité (Interview mit François Ewald), Magazine Littéraire, Nr. 207, 1984

Ders, Le souci de soi (Histoire de la sexualité, Bd. 3), Paris 1984 (dt., Frankfurt a.M. 1986)

-, 'Omnes et singulatim', in: Vogl 1994, 65ff.

Frank, Manfred, Selbstbewusstsein und Selbsterkenntnis. Essays zur analytischen Philosophie der Subjektivität, Frankfurt a.M. 1991

-, Wider den apriorischen Intersubjektivismus, in: Brumlik/Brunkhorst 1993 (a), 273ff.

-, Über Subjektivität. Rede an die Gebildeten unter ihren Verächtern, in: Huber/Müller 1996, 83ff.

-, Raulet, Gérard/Reijen, Willem van, Hg., Die Frage nach dem Subjekt, Frankfurt a.M. 1987

Fresco, Marcel F., Hg., Heideggers These vom Ende der Philosophie, Bonn 1989

Freud, Sigmund, Die Frage der Laienanalyse. Unterredungen mit einem Unparteiischen (1926), in: Ders., Gesammelte Werke, Bd. 14, 207ff.

Freud, Sigmund/Breuer, Joseph, Studien über Hysterie, Frankfurt a.M. 1970

Freundlieb, Dieter, Foucault's theory of discourse and human agency, in: Jones u.a. 1994, 152-180.

Friedeburg, Ludwig von, Soziologie als angewandte Aufklärung, in: Sahner 2000, 23ff.

Friedman, Marylin, Autonomy and Social relationships. Rethinking the Feminist Critique, Boulder, Col., 1997

Fritz, Kurt von, Pythagorean Politics in Southern Italy. An Analysis of the Sources, New York 1977

Fukuyama, Francis, The end of history, The National Interest, 40 (1989) (wieder in: ders., The End of History and the Last Man, New York 1992)

Fülberth, Georg, Zurück zu Stalin? Anmerkungen zur sowjetischen Außenpolitik, in: Hintergrund. Marxistische Zeitschrift für Gesellschaftsanalyse und Politik. Einschätzungen. Analysen. Informationen Jg. 4 (1988), 5ff.

Fulda, H.F., Zur Logik der Phänomenologie von 1807, Hegel-Studien (1966), Beih. 3, 76ff.

-, Einleitung zum »Schwerpunkt: Nationalsozialismus und Philosophie«, Deutsche Zeitschrift für Philosophie, 2/1999, 205f.

Gadamer, Hans-Georg, Wahrheit und Methode (1960), Gesammelte Werke Bd. 1, Tübingen 1990

-, Der Anfang der Philosophie, Stuttgart 2000

- im Gespräch mit Dörte von Westernhagen »... die wirklichen Nazis hatten doch gar kein Interesse an uns«, in: Das Argument, Nr. 182, 1990, 543-555

Gadet, Françoise, Saussure, une science de la langue, Paris 1987

-/Pêcheux, Michel, La langue introuvable, Paris 1981

Gamble, Andrew/Marsh, David/Tant, Tony, Hg., Marxism and Social Science. Houndmills/ London 1988

Gansel, Jürgen Werner, Antikapitalismus in der 'Konservativen Revolution' in Deutschalnd 1918-1932, Gießen (Magisterarbeit) 1999

Gatens, Moira, Ethologische Körper. Geschlecht als Macht und Affekt, in: Angerer, Marie-Luise, Hg., The Body of Gender. Körper. Geschlecht. Identitäten, Wien 1995, 35ff.

-, Imaginary Bodies. Ethics, Power and Corporeality, London/New York 1996,

Gawlick, Günter, The English deists' contribution to the theory of toleration, in: Studies on Voltaire and the 18th Century, (1976), 151ff.

Gebauer, Gunter, Die Unbegründbarkeit der Sprachtheorie und notwendige Erzählungen über die Sprache, in: Ders. u.a., Historische Anthropologie, Reinbek 1989, 127ff.

Radikales Schweigen, in: Kamper/Wulf 1992, 27ff.

-, Konzepte der Mimesis zwischen Platon und Derrida, Zeitschrift für Semiotik 15 (1993), H. 3-4, 333ff.

-, Überlegungen zur Anthropologie, in: Ders., Hg., Anthropologie, Leipzig 1998, 7ff.

Gebhardt, Jürgen/Münkler, Herfried, Hg., Bürgerschaft und Herrschaft, Baden-Baden, 1993

Gensior, Sabine, Gesamtarbeiter, Staat und Arbeitsmarkt, Frankfurt a.M./New York 1979

George, Susan, Der Lugano-Report oder ist der Kapitalismus noch zu retten?, Reinbek 2001

Gibson, Nigel C., Rethinking Fanon. The Continuing Dialogue, Amherst 1999

Giddens, Anthony, Der dritte Weg. Die Erneuerung der sozialen Demokratie, Frankfurt a.M. 1999

-, Die Politik des Dritten Weges, in: Flassbeck 2000, 12ff.

Giles, Steve, Cracking the cultural code. Methodological reflections on Kracauer's 'The Mass Ornament', Radical Philosophy (1999) No. 99

Gilson, Etienne, La liberté chez Descartes et la théologie, Paris 1913

Gimenez, Martha E., Materialist and Marxist Feminisms, Radical Philosophy (2000) No. 100

Godelier, Maurice, Natur, Arbeit, Geschichte, Hamburg 1990 (frz., Paris 1984)

Godin, Christian, La totalité, Bd. 3, La philosophie, Paris 2001

Göttlich, Udo, Hg., Die Werkzeugkiste der Cultural Studies. Perspektiven, Anschlüsse und Interventionen, Bielefeld 2001

Goldman, Emma, Minorities versus majorities, in: Dies., Anarchism and Other Essays, New York 1917

Goldmann, Lucien, Lukács und Heidegger, Darmstadt/Neuwied 1975

Goldschmidt, Werner/Lambrecht, Lars, red., Vernunft und Politik (Dialektik 15), Köln 1988

Gorman, Tony, Gillian Rose and the project of a Critical Marxism, Radical Philosophy (2001) No. 105, 25ff.

Gottlieb, Roger S., Hg., Radical Philosophy. Tradition, Counter-Tradition, Politics, Philadelphia 1993 (Bibliographie: 'Resources in Radical Philosophy')

Gowan, Peter, Unsicherheiten der EU-Osterweiterung, PROKLA, Nr. 112, 28 (1998), 433ff.

Grab, Walter, Ideale und Illusionen der deutschen Intelligenz im Zeitalter der französischen Revolution, in: Ders., Radikale Lebensläufe, Berlin 1980

Graham, Keith, Hg., Contemporary Political Philosophy. Radical Studies, Cambridge 1982

Graham, Kevin, Participatory democracy in the age of global capitalism, in: Martinot/James 2001

Gramsci, Antonio, Amerikanismus, in: Ders., Gefängnishefte, Bd. 1, hg. v. Klaus Bochmann, Hamburg 1991, 130ff., 150, 155, 179ff.

-, Notizen zur Philosophie. Materialismus und Idealismus, in: Ders., Gefängnishefte, Bd. 3, hg. v. Klaus Bochmann und Wolfgang Fritz Haug, Hamburg 1992, 457ff.

-, Notizen zur Philosophie. Materialismus und Idealismus. Zweite Folge, in: Ders., Gefängnishefte, Bd. 4, hg. v. Klaus Bochmann und Wolfgang Fritz Haug unter Mitwirkung von Peter Jehle, Hamburg 1992, 859ff.

-, Notizen zur Philosophie. Materialismus und Idealismus. Dritte Folge, in: Ders., Gefängnishefte, Bd. 5, hg. v. Klaus Bochmann und Wolfgang Fritz Haug unter Mitwirkung von Peter Jehle, Hamburg 1993, 1035ff.

-, [Notizen zur Philosophie IV], in: Ders., Gefängnishefte, Bd. 6, hg. v. Wolfgang Fritz Haug unter Mitwirkung von Klaus Bochmann, Peter Jehle und Gerhard Kuck, Hamburg 1994, 1259ff.

- Notizen zu einer Einführung und einer Einleitung ins Studium der Philosophie und der Kulturgeschichte, in: Ders., Gefängnishefte, Bd. 6, hg. v. Wolfgang Fritz Haug unter Mitwirkung von Klaus Bochmann, Peter Jehle und Gerhard Kuck, Hamburg 1994, 1375ff.

-, Amerikanismus und Fordismus, in: Ders., Gefängnishefte, Bd. 9, hg. v. Peter Jehle, Klaus Bochmann, Wolfgang Fritz Haug unter Mitwirkung von Ruedi Graf, Hamburg 1999, 2061ff.

GREPH, Hg., Qui a peur de la philosophie?, Paris 1977

Greß, Franz/Jaschke, Hans-Gerd/Schönekäs, Klaus, Neue Rechte und Rechtsextremismus in Europa, Opladen 1990

Greven, Michael Th., Hg., Politikwissenschaft als kritische Theorie (Festschrift Kurt Lenk), Baden-Baden 1994

Grimshaw, Jean, Feminist Philosophers. Women's Perspectives on Philosophical Traditions, Brighton 1986

-, Philosophy, feminism and universalism, Radical Philosophy (1995) No. 76

Grimminger, M., Revolution und Resignation. Sozialphilosophie und die geschichtliche Krise im 20. Jahrhundert bei Max Horkheimer, Hans Freyer und Carl Schmitt, Berlin 1997

Groschopp, Horst, Dissidenten. Freidenkerei und Kultur in Deutschland, Berlin 1997

Gross, Jean-Pierre, Fair Shares For All. Jacobin Egalitarianism in Practice, Cambridge 1996

Grunenberg, Antonia, Anders sein, anders scheinen ..., in: Greven 1994, 331ff.

Guibert, Bernard, Le capital symbolique. Généalogie sartrienne d'un concept marxien, Économies et Sociétés, Série Oeconomia - PE, Nr. 11 (1990), 151ff.

Habermann, Friederike, Das 'Peoples' Global Action' Netzwerk, in: Walk, Heike, u.a., hg., Internationale Aktionsnetzwerke, Opladen 2002 (in Vorb.)

Habermas, Jürgen, Strukturwandel der Öffentlichkeit. Untersuchungen zu einer Kategorie der bürgerlichen Gesellschaft, Neuwied 1962

-, Zwischen Philosophie und Wissenschaft. Marxismus als Kritik, in: Ders., Theorie und Praxis, Neuwied/Berlin 1963, 162ff.

-, Sprachspiel, Intention und Bedeutung. Zu Motiven bei Sellars und Wittgenstein, in: R.W. Wiggershaus, Hg., Sprachanalyse und Soziologie, Frankfurt a.M. 1971 (a)

-, Wozu noch Philosophie?, in: Ders., Philosophisch-politische Profile, Frankfurt a.M. 1971 (b), 15ff.

-, Die Rolle der Philosophie im Marxismus, in: Ders., Zur Rekonstruktion des Historischen Materialismus, Frankfurt a.M. 1976, 49ff.

-, Was heißt Universalpragmatik? In: K.-O. Apel, Hg., Sprachpragmatik und Philosophie, Frankfurt a.M. 1976

-, Theorie des kommunikativen Handelns, Frankfurt a.M. 1981, 2 Bde.

-, Wahrheitstheorien, in: Ders., Vorstudien und Ergänzungen zur Theorie des kommunikativen Handelns, Frankfurt a.M. 1984, 137ff. u. 174ff.

-, Die neue Unübersichtlichkeit, Frankfurt a.M. 1985 (a)

-, Der philosophische Diskurs der Moderne, Frankfurt a.M. 1985 (b)

-, Faktizität und Geltung, Frankfurt a.M. 1992

-, Richtigkeit versus Wahrheit. Zum Sinn der Sollgeltung moralischer Urteile und Normen, in: Ders., Wahrheit und Rechtfertigung, Frankfurt a.M. 1999, 171ff.

-, Hermeneutische und analytische Philosophie, in: Ders., Wahrheit und Rechtfertigung, Frankfurt a.M. 1999, 65ff.

Hadot, Pierre, Qu'est-ce que la philosophie antique?, Paris 1981 (dt., Berlin 1989)

Haeckel, Ernst, Die Welträtsel, Bonn 1899 u.ö.

Hagel, Antje/Schuhmann, Antje, Aufstieg und Fall der neuen Frauenbewegung, in: Cornelia Eichhorn/Sabine Grimm, Hg., Gender Killer. Texte zu Feminismus und Politik, Edition ID-Archiv, Berlin/Amsterdam, 1994[1], 1995[2], 69-75.

Hahn, Lewis E., Hg., The Philosophy of Donald Davidson, Chicago/La Salle 1999

Hallward, Peter, Gilles Deleuze and the redemption from interest, Radical Philosophy (1996) No. 81

-, The singular and the plural. Recent French philosophy, Radical Philosophy (1999) No. 99

Hamacher, Wolfram, Wissenschaft, Literatur und Sinnfindung im 19. Jahrhundert. Studien zu Wilhelm Bölsche, Würzburg 1993

Hammersley, M., On the foundations of critical discourse analysis, Language and Communication 17 (1997), H. 3, 237ff.

Hanke, Christine, Kohärenz versus Ereignishaftigkeit?, in: Bublitz u.a. 1999, 109ff.

Hanson, Norwood Russell, Patterns of Discovery, Cambridge 1958

Haraway, Donna J., Simians, Cyborgs, and Women. The Reinvention of Nature, London 1991 (dt., Frankfurt a.M. 1995)

Hare, R.M., The Language of Morals, Oxford 1952 (^{2}1961)

Harris, Roger, Socialism and democracy. Beyond state and civil society, in: Sayers/Osborne 1990, 178ff.

Hardt, Michael/Negri, Antonio, Empire, Cambridge, Mass., 2000

Hartsock, Nancy, Money, Sex, and Power, Boston 1985

Hartung, Günter, Das Ethos philosophischer Forschung, in: Opitz, Michael/Wizisla, Erdmut, Hg., Aber ein Sturm weht vom Paradiese her. Texte zu Walter Benjamin, Leipzig 1992, 14ff.

Harvey, David, Spaces of Hope, Edinburgh 2000

Haug, Frigga, Sexualisierung der Körper, in: Dies., Frauen-Politiken, Hamburg 1996

Haug, Wolfgang Fritz, Zur Kritik der Warenästhetik, Frankfurt a.M. 1971

-, Was soll materialistische Erkenntnistheorie?, Das Argument, Nr. 81, 15 (1973), 559ff.

-, Wider den bloß verbalen Materialismus, Das Argument, Nr. 17 (1975) Nr. 92, 650ff.

-, Warenästhetik und kapitalistische Massenkultur, Berlin 1980

-, Hält das ideologische Subjekt Einzug in die Kritische Psychologie?, Forum Kritische Psychologie, Nr. 11, AS 93, Berlin 1983, 24ff.

-, Strukturelle Hegemonie, Das Argument, Nr. 129, Jg. 23 (1981), 628ff. (wieder in: Ders., Pluraler Marxismus, Bd. 1, 1985, 127ff.)

-, Die Faschisierung des bürgerlichen Subjektes, Berlin 1986

-, Hg., Deutsche Philosophen 1933, Hamburg 1989

- Fragen zur Frage 'Was ist Philosophie?', Das Argument, Nr. 182 (1990), 507ff.

-, Haben 'Sinnwelten' einen praktisch-gesellschaftlichen Sinn?, in: M. Heinze u.a., Hg., Psyche im Streit der Theorie, Würzburg1996 (a), 97ff.

-, Philosophieren mit Brecht und Gramsci, Hamburg/Berlin 1996

-, Politisch richtig oder Richtig politisch. Linke Politik im transnationalen High-Tech-Kapitalismus, Hamburg 1999 (a)

-, Marxismus und Philosophie, in: Enzyklopädie Philosophie, hg. v. H.J. Sandkühler, Bd. 1, Hamburg 1999 (b), 794ff.

-, Feuerbach-Thesen, in: HKWM, Bd. 4, 1999, 402ff. (c)

-, Dreizehn Beiträge zur Erneuerung marxistischen Denkens, Berlin 2001

Haupt, Michael, Von Holbach zu Marx. Materialistischer Diskurs und ideologische Praxis, Hamburg 1987

Haußmann, Leander, Ich würde mich mit Brechts Erben wunderbar verstehen. Im Gespräch mit Ulrich Deuter, in: Theater der Zeit Arbeitsbuch/The Brecht Yearbook 23, hg. v. Marc Silberman, [1998], 8ff.

Haym, Rudolf, Hegel und seine Zeit, Berlin 1857

Heidegger, Martin: Nietzsche: der europäische Nihilismus, Gesamtausgabe, Bd. 48, Frankfurt a.M. 1986

–, Unterwegs zur Sprache, Pfullingen 1959

–, Das Ende der Philosophie und die Aufgabe des Denkens, in: Ders., Zur Sache des Denkens, Tübingen 1969

Heine, Heinrich, Zur Geschichte der Religion und Philosophie in Deutschland, in: Ders., Sämtliche Werke, Bd. 11, München 1964

Heinrich, Klaus: Parmenides und Jona, in: Ders., Dass., Frankfurt a.M. 1964, 61ff.

–, Antike Kyniker und Zynismus in der Gegenwart, in: Ders. 1964, [2]1984, 129ff.

–, Tertium datur. Eine religionsphilosophische Einführung in die Logik, Basel/Frankfurt a.M. 1981, [2]1987,

–, Versuch über die Schwierigkeit nein zu sagen, Basel 1982

–, vom bündnis denken. Religionsphilosophie, Basel/Frankfurt a.M. 2000

Heinrich, Michael, Die Wissenschaft vom Wert. Die Marxsche Kritik der politischen Ökonomie zwischen wissenschaftlicher Revolution und klassischer Tradition, Hamburg 1991 (erw. [2]Münster 1999, [3]2001)

–, Monetäre Werttheorie. Geld und Krise bei Marx, PROKLA, Nr. 123, 31 (2001), 151ff.

Heinrichs, Thomas, Kein Anspruch auf Wahrheit. Philosophiewissenschaft und demokratisch-emanzipatorische Philosophie, in Forum Wissenschaft 14. Jahrgang, 1997, Nr. 3, 36-42

–, Zeit der Uneigentlichkeit, Münster 1999

–, Des Holländer Michels Abwehr. Heidegger als Philosoph des Fordismus, Das Argument, Nr. 237, (2000) (a), 469ff.

–, Grün light. Die Stabilisierung und Effektivierung unserer Gesellschaft, in: Andere Zeiten 2000 (b) (als webfile veröffentlicht unter <www.andere-zeiten.de>)

–, Freiheit *und* Gerechtigkeit. Philosophieren für eine neue linke Politik, (Ms.) 2001(a)

–/Weinbach, Heike, Hilflose Begriffsphilosophie, Forum Wissenschaft 14 (1997), H. 2, 55ff.

Heinrichs, Thomas/Wolf, Frieder Otto, Was taten die Philosophen? (Ms.) 2001

Heise, Hildegard, Ursprung der neuen Gesellschaftsformation, Hamburg 1981 (Diss., Berlin 1980)

Heisenberg, Werner, Das Naturbild der heutigen Physik, Hamburg 1955

–, Deutsche und jüdische Physik, München 1992

Heller, Agnes: Philosophie des linken Radikalismus, Hamburg 1978, (tr. als 'Radical Philosophy', Oxford 1984)

–, Can Modernity Survive?, Cambridge 1990

–, A Philosophy of History in Fragments, Oxford 1993

–, Post-Marxism and the ethics of modernity, Radical Philosophy, No. 94

Heuer, Uwe-Jens, Marxistische Theorie und Demokratie, Kritische Justiz, 23 (1990) H. 2, 198ff.

Hieber, Lutz, Die außerparlamentarischen Bewegungen in der Bundesrepublik Deutschland, in: Grüne Perspektiven (Grünes und alternatives Jahrbuch 1988), Köln 1988, 20ff.

Hinterberger, Friedrich u.a., Ökologische Wirtschaftspolitik. Zwischen Ökodiktatur und Umweltkatastrophe, Berlin 1996

Hirsch, Joachim, Revision und Weiterentwicklung der Marxschen Theorie, in: Jansen 2000, 69ff.

Hirschberger, Johannes, Geschichte der Philosophie, Bd. 2, Die Systeme des 17. und 18. Jahrhunderts, Freiburg 1953

Hoarau, Jacques, Note sur la critique de la sociologie critique, in: Bidet/Texier 1996, 105ff.

Hobsbawm, Eric, Revolution oder Revolte, Frankfurt a.M. 1977

-, Sozialrebellen, Gießen 1979

-, Das Zeitalter der Extreme, Frankfurt a.M. 1994

-, Revolutionaries, London 1999

Höffe, Otfried, Praktische Philosophie, München u.a. 1971

-, Strategien der Humanität, Freiburg/München 1975

-, Sittlich-politische Diskurse, Frankfurt a.M. 1981

-, Politische Gerechtigkeit, Frankfurt a.M. 1989

-, Kategorische Rechtsprinzipien. Ein Kontrapunkt der Moderne, Frankfurt a.M. 1990

-, Demokratie im Zeitalter der Globalisierung, München 1999

-, Gerechtigkeit. Eine philosophische Einführung, München 2001

Hösle, Vittorio, Moral und Politik, München 1997

-, Die Aufgaben der Philosophie, Wien 1999

Hörisch, Jochen, Der Sinn und die Sinne. Eine Geschichte der Medien, Frankfurt a.M. 2001

Hofmann, Werner, Das Elend der Nationalökonomie, in: Ders., Universität, Ideologie, Gesellschaft, Frankfurt a.M. 1968, 117ff.

Holz, Hans Heinz, 'Philosophie', in: Jörg Sandkühler, Hg., Europäische Enzyklopädie zu Philosophie und Wissenschaften, Bd. 3, Hamburg 1990, 672ff.

Hondt, Jacques d', Présences du matérialisme (Colloque de Cérisy, 1990), Paris 1999

Honnegger, Claudia, Hg., Grenzenlose Gesellschaft? (Deutsch-österreichisch-schweizerischer Soziologenkongress, Freiburg 1998), Opladen 1999

Honneth, Axel, Kritik der Macht, Frankfurt a.M. 1985

-, Kampf um Anerkennung, Frankfurt a.M. 1992

-, Das Andere der Gerechtigkeit, Frankfurt a.M. 2000 (a)

-, Logik des Fanatismus. Deweys Archäologie der deutschen Mentalität, in: Dewey 2000, 7ff. (b)

Hook, Sidney, Naturalism and the Human Spirit, New York 1944

Horn, Christoph, Antike Lebenskunst, München 1998

Horkheimer, Max, Materialismus und Metaphysik (1933), in: Ders., Gesammelte Schriften, Bd. 3, hg. v. Alfred Schmidt, Frankfurt a.M. 1988

-, Zur Kritik der instrumentellen Vernunft, in: Ders., Dass., hg. v. Schmidt, Alfred, Frankfurt a.M. 1967 (wieder in: Ders., Gesammelte Schriften, Bd. 6, hg. v. Alfred Schmidt, Frankfurt a.M. 1991, 21ff.)

Horster, Detlef, Hg., Weibliche Moral - ein Mythos?, Frankfurt a.M. 1998

Hozic, Aida M., Uncle Sam goes to Siliwood: of landscapes, Spielberg and hegemony, Review of International Political Economy 6 (1999) 3, 289ff.

Hübner, Kurt (I), Beiträge zur Philosophie der Physik, Tübingen 1963

Hübner, Kurt (II), Spielräume transnationaler Demokratie in einer globalen Ökonomie, in: Erne, Roland u.a., Hg., Transnationale Demokratie, Zürich 1995

Huisken, Freerk, Erziehung im Kapitalismus. Von den Grundzügen der Pädagogik und dem unbestreitbaren Nutzen der bürgerlichen Lehranstalten, Hamburg 1998

Hull, Carrie L., The need in thinking. Materiality in Theodor W. Adorno and Judith Butler, Radical Philosophy (1997) No. 84

Hume, David, Über die menschliche Natur, aus dem Englischen nebst kritischen Versuchen zur Beurtheilung dieses Werks von Ludwig Heinrich Jakob, 1. Bd.: Über den menschlichen Verstand, Halle 1790

Huntington, Samuel P. The Clash of Civilizations and the Remaking of World Order, New York 1997

Imbusch, Peter, Abschied von der Soziologie oder Neustrukturierung der Sozialwissenschaften?, in; Honegger 1999, 661ff.

-, Hg., Macht und Herrschaft, Opladen 1998

Ignatieff, Michael, The myth of citizenship, in: Beiner, Ronald, Hg., Theorizing Citizensh. New York 1995, 53ff.

Iliopoulos, Georgios, Ganzes und Teile des Politischen bei Aristoteles, (Diss.) Berlin 2002

Ilting, Karl-Heinz, Naturrecht und Sittlichkeit. Begriffsgeschichtliche Studien, Stuttgart 1983

-, Grundfragen der praktischen Philosophie, hg. v. Becchi, Paolo u. Hoppe, Hansgeorg, Frankfurt a.M. 1994

Institut für Sozialforschung an der Johann Wolfgang Goethe-Universität Frankfurt am Main, Forschungsarbeiten, Mitteilungen, H. 10, September 1999

Irigaray, Luce, Das Geschlecht, das nicht eins ist, Berlin 1979

- Speculum. Spiegel des anderen Geschlechts, Frankfurt a.M. 1980

-, Éthique de la différence sexuelle, Paris 1984

Jaeggi, Urs/Honneth, Axel, Hg., Theorien des Historischen Materialismus, Frankfurt a.M. 1977

Jäger, Christian, Foucault, Das Ungedachte denken, 1994

-, Gilles Deleuze, 1992

-, Minoritäre Literatur. Eine methodologische Untersuchung des Konzeptes von Gilles Deleuze und Félix Guattari an beispielen der prager- und sudetendeutschen Literatur, Berlin 2001 (Habil.Schr. HUB)

Jäger, Michael, Frage und Fahndung. Zur Präzisierung des Problems der Rationalität von wissenschaftlichen Revolutionen, Berlin (Diss.) 1984

-, Die Methode wissenschaftlicher Revolution (Argument-Sonderband AS 137), Berlin 1985

-, Probleme und Perspektiven der Berliner Republik, Münster 1999

-, Kapitalismus und Christentum. Religionskritik heute, Widerspruch (Zürich), Nr. 40 (2001), 143ff.

Jaggar, Alison M./Young, Iris Marion, Hg., A Companion to Feminist Philosophy, Malden, Mass., 1998

Jaggar, Alison M./Bordo, Susan R., Introduction, in: Dies., Gender/Body/Knowledge. Feminist Reconstructions of Being and Knowledge, New Brunswick/London 1989, 3ff.

Jansen, Peter-Erwin, Befreiung denken - Ein politischer Imperativ, Offenbach 2000

Jarvis, Simon, The coastline of experience. Materialism and metaphysics in Adorno, Radical Philosophy (1997) No. 85

Jaumann, Herbert, Hg., Rousseau in Deutschland, Berlin/New York 1995

Jay, Martin, Frauen in finsteren Zeiten: Agnes Heller und Hannah Arendt, Leviathan 22 (1994), 179ff.

Jeannot, Thomas, The secular religion, post-secularism and marxism, in: Martinot/James 2001

Jelinek, Elfriede, Moment! Aufnahme! 5.10.99, in: Charim/Rabinovici 2000, 100ff.

Jensen, Jody/Mislivetz, Ferenc, Hg., Paradoxes and Perspectives. Studies on European Transition, Szombathely 1998

Joas, Hans, Pragmatismus und Gesellschaftstheorie, Frankfurt a.M. 1992

-/Nullmeier, Frank, Hg., Masse - Macht - Emotionen, Opladen 1999

Johnson, Pauline, Nietzsche reception today, Radical Philosophy (1996) No. 80

Johnston, David, The Rhetoric of Leviathan, Princeton 1986

Jones, Colin, Hg., Reassessing Foucault. Power, Medicine, and the Body, London 1994

Kambartel, Friedrich, Was ist und was soll Philosophie?, Konstanz 1968

-, Hg., Praktische Philosophie und konstruktive Wissenschaftstheorie, Frankfurt a.M. 1974

Kammler, Christiane/Plumpe, Gerhard/Schöttler, Peter: Philosophie der Ideologie oder Theorie des Ideologischen Klassenkampfes, in: alternative, Feb. 1978, Heft 118, 2ff.

Kather, Regine, Die Wahrheit der Wissenschaft; „Deutsche und jüdische Physik", in: Goodman-Thau, Eveline, Hg., Bruch und Kontinuität. Jüdisches Denken in der europäischen Geistesgeschichte, Berlin 1995, 103ff.

Kamper, Dietmar/Wulf, Christoph, Schweigen. Unterbrechung und Grenze der menschlichen Wirklichkeit, Berlin 1992

Kaplan, E. Ann/Sprinker, Michael, Hg., The Althusserian Legacy, London 1993

Katz, Eric/Light, Andrew/Rothenberg, David, Hg., Beneath the Surface. Critical Essays in the Philosophy of Deep Ecology, Cambridge, Mass., 2000

Kennedy, George, The Art of Persuasion in Greece, London 1963

Kersting, W., Wohlgeordnete Freiheit, Berlin 1984

Kippenberg, Hans G., Apokalyptik und Esoterik. Religionsgeschichte in der entzauberten Welt, in: Schluchter 1998, 35ff.

Kittsteiner, H.D., Gewissen und Geschichte. Studien zur Entstehung des moralischen Bewusstseins, Heidelberg 1990

Ders, Listen der Vernunft. Motive geschichtsphilosophischen Denkens, Frankfurt a.M. 1998

Klein, Ansgar, Der Diskurs der Zivilgesellschaft, Diss. Berlin 1999

Klenner, Hermann, „Ich spreche im Namen aller Armen" oder: Die gute alte Sache der Kommunisten, in: Winstanley 1983, 301ff.

Klieng, Frøde, Peer-to-Peer file sharing technologies: Napster, Gnutella and beyond, Kjeller 2001

Klüver, Jürgen, Operationalismus. Kritik und Geschichte einer Philosophie der exakten Wissenschaften, Stuttgart-Bad Cannstatt 1971

-, Die Konstruktion der sozialen Realität. Wissenschaft, Alltag und System, Braunschweig 1988

Knahl, Andreas, u.a., Hg., Mit und gegen Hegel, Lüneburg 2000

Kneist u.a., Hg., Eingreifendes Denken (Haug-Festschrift), Münster 2001
Koivisto, Juha/Mehtonen, Lauri, Thesen über die Feuerbachthesen, in: Kniest u.a. 2001, 256ff.
Kojève, Alexandre, Introduction à la lecture de Hegel (Leçons sur la phénoménonolgie de l'esprit, professées de 1936 à 1939 à l'École des Hautes Études, ed. Raymond Queneau), Paris 1947 (dt., gekürzt, Stuttgart 1958, vollst. Frankfurt a.M. 1975)
-, Tyrannis und Weisheit, in: Leo Strauss, Über Tyrannis. Eine Interpretation von Xenophons 'Hieron', Neuwied 1963
Kolakowski, Leszek, Traktat über die Sterblichkeit der Vernunft, München 1967
Kolkenbrock-Netz, Jutta/Schöttler, Peter: Für eine marxistische Althusser-Rezeption in der BRD (1977), in: Thieme, Klaus u.a., Althusser zur Einführung (SOAK-Einführungen 9), Hannover 1982, 119ff.
Konersmann, Ralf, Hg., Kulturkrittik. Reflexionen in der veränderten Welt, Leipzig 2001
Kornai, János, Bürger und Staat, in: Michalski 1996
Krais, Beate, Habitus, Bielefeld 2001
Kraniauskas, John, Globalization is ordinary. The transnationalization of cultural studies, Radical Philosophy (1998) No. 90
Krebs, Hans-Peter, Philosophie zweimal anders. Philosophische Dämme gegen das Unrecht?, Politische Vierteljahrsschrift 31 (1990), 116ff.
Kreutzer, Till, Napster, Gnutella & Co., Gewerbliches Urheberrecht, 103 (2001), 307ff.
Kripke, S.A., Wittgenstein on Rules and Private Language, Oxford 1982
Krippendorff, Ekkehard, Unzufrieden. Vierzig Jahre Politische Wissenschaft, Blätter für deutsche und internationale Politik, 44 (1999), 991ff.
-, Schweigen und Sprechen. Zum „Angriff auf die zivilisierte Menscheit", in: Position/What's up, Nr. 50, Wien 2001, 29ff.
Köhnke, Klaus Christian, Entstehung und Aufstieg des Neukantianismus, Frankfurt a.M. 1986
Kreimendahl, Lothar u.a., Hg., Aufklärung und Skepsis (Gawlick-Festschrift), Stuttgart-Bad Cannstatt 1995
Kristeva, Julia, Polylogue, Paris 1977
- Die Revolution der poetischen Sprache, Frankfurt a.M. 1978
-, Soleil noir. Dépression et mélancolie, Paris 1987
Dies, Geschichten von der Liebe, Frankfurt a.M. 1989
Kwade, Anne-Kristina, Hegels 'Grenz'-Begriff 1804/5 als Keimzelle der Dialektik, Würzburg 2000
Labica, Georges, Le statut marxiste de la philosophie, Paris 1976
-, Le marxisme-léninisme, Paris 1984 (dt., Berlin 1986)
-, Karl Marx - les thèses sur Feuerbach, Paris 1987 (a), (dt., Hamburg/Berlin 1998)
-, Hg., Idéologie, symbolique, ontologie, Paris 1987 (b)
-, Robespierre. Une politique de la philosophie, Paris 1990 (dt., Hamburg 1994)
-, Friedrich Engels, savant et révolutionnaire, in: Ders., Hg., Dass., Paris 1997 (dt., in: Bergmann u.a. 1997)
Lacan, Jacques, Fonction et champ du language et de la langue en psychoanalyse (Rapport de Rome, 1953), dt. in: Ders., Schriften, Bd. 1, Frankfurt a.M. 1975, 171ff.

-, Écrits, Paris 1966 (dt., Olten 1973, 1975 u. 1980.)

Laclau, Ernesto, Politics and Ideology in Marxist Thought, London 1977

-, Emancipation(s), London 1996

-/Mouffe, Chantal, Hegemony and Socialist Hegemony. Towards a Radical Democratic Politics, London 1985 (dt. als „Hegemonie und radikale Demokratie. Zur Dekonstruktion des Marxismus", hg. v. Michael Hintz, Wien[2] 2000)

Laden, Anthony Simon, Reasonably radical. Deliberative Liberalism and the Politics of Identity, Ithaca 2001

Ladwig, Bernd, Gerechtigkeit und Gleichheit, PROKLA, Nr. 121, 30 (2000), 585ff.

Lagrée, Jacqueline, Le salut du laic. Edward Herbert of Cherbury, Paris 1989

Lakatos, Imre, The methodology of scientific research programs, in: Philosophical Papers, London 1974

Land, Rainer, Ökosteuer oder Ökokapital?, Andere Zeiten, Jg. 2 (1994) H. 4, 3ff.

Landauer, Gustav, Aufruf zum Sozialismus, Berlin 1911, [2]1919 (Frankfurt a.M./Wien 1967, hg. v. H.-J. Heydorn)

-, Beginnen. Aufsätze über Sozialismus, Köln 1924

Landweer, Hilge, Kritik und Verteidigung der Kategorie Geschlecht. Wahrnehmungs- und symboltheoretische Überlegungen zur sex/gender-Unterscheidung, Feministische Studien 2 (1993), 34ff.

-, Generativität und Geschlecht. Ein blinder Fleck in der sex/gender-Debatte, in: Wobbe, Theresa/Lindemann, Gesa, Denkachsen. Zur theoretischen und institutionellen Rede vom Geschlecht, Frankfurt a.M. 1994, 147ff.

-, Geschlechterklassifikation und historische Deutung, in: Müller, Klaus E./Rüsen, Jörn, Hg., Historische Sinnbildung, Reinbek 1997, 142ff.

-, Fühlen Männer anders? Überlegungen zur Konstruktion von Geschlecht durch Gefühle, in: Stoller, Silvia/Vetter, Helmuth, Hg., Phänomenologie und Geschlechterdifferenz, Wien 1997, 249ff.

-, Feministische Philosophie, Stuttgart 2001

Lange, Ernst Michael, Wertformanalyse, Geldkritik und die Konstruktion des Fetischismus bei Marx, neue hefte für philosophie, Nr. 13 (1978), 1ff.

Langer, Alexander, Die Mehrheit der Minderheiten, hg. v. Peter Kammerer, Berlin 1996

Langewiesche, Dieter, 'Nation', 'Nationalismus', 'Nationalstaat' in der europäischen Geschichte seit dem Mittelalter - Versuch einer Bilanz, in: Schluchter 1998, 55ff.

Larmore, Charles, Warum nicht Philosophie?, Deutsche Zeitschrift für Philosophie, 47 (1999), H. 3, 505ff.

-, Der Zwang des besseren Arguments, in: Wingert/Lutz 2001, 106ff.

Larsen, Öjvind, Ethik und Demokratie, Berlin/Hamburg 1990

Lasch, Christopher, The New Radicalism in America (1889-1963). The Intellectual as a Social Figure, New York 1965

Laski, Harold J., Introduction, in: Labour Party, hg. v. Marx/Engels, The Communist Manifesto, London 1948

Laugstien, Thomas, Philosophieverhältnisse im deutschen Faschismus, Hamburg 1990

Lauth, Reinhard, Die absolute Ungeschichtlichkeit der Wahrheit, Stuttgart 1966

Leaman, George, Heidegger im Kontext, Hamburg/Berlin 1993
LeCacheux, Jacques, Hg. Europe. La nouvelle vague, Paris 1996
Lecercle, Jean-Jacques, Cantor, Lacan, Mao, Beckett, Même combat. The philosophy of Alain Badiou, Radical Philosophy (1999) No. 93
Lecourt, Dominique, Pour une critique de l'epistémologie, Paris 1972 (dt. [West]berlin 1975)
-, Une crise et son enjeu (Essai sur la position de Lénine en philosophie), Paris 1973
-, La philosophie sans feinte, Paris 1982
-, Les piètres penseurs, Paris 1999
Lefèvre, Roger, La bataille du cogito, Paris 1960
-, Verstand und Netz, in: Ders., Die Technologiefalle, Frankfurt a.M./Leipzig 2000, 262ff.
Leggewie, Claus, Der Geist steht rechts. Ausflüge in die Krise der Union, Frankfurt a.M./ Wien[3] 1990
-, Erneuter Griff nach der Notbremse oder: Revolution als Restauration, in: Viehoff, Reinhold/Segers, Rien T., Hg., Kultur, Identität, Europa, Frankfurt a.M. 1999, 180ff.
Lem, Stanislaw, Summa technologiae, Frankfurt a.M. 1976
Lemke, Thomas, Eine Kritik der politischen Vernunft. Foucaults Analyse der modernen Gouvernementalität, Hamburg 1997
Lenin Werke (zitiert als LW)
Lenk, Hans, Pragmatische Philosophie, Hamburg 1975
Leonardi, P./Santambrogio, M., On Quine, Cambridge 1991
Lepenies, Wolf, Gefährliche Wahlverwandtschaften, in: Ders., Dass., 1989, 80ff.
LePore, Ernest, Hg., Truth and Interpretation. Perspectives on the Philosophy of Donald Davidson, Oxford 1986 (dt., Frankfurt a.M. 1990)
LeRider, Jacques/Raulet, Gérard, Hg., Verabschiedung der (Post-)Moderne, Tübingen 1987
Lesky, Albin, Die tragische Dichtung der Hellenen, Göttingen 1972
Lessing, Theodor, Geschichte als Sinngebung des Sinnlosen, München 1919 ([2]Hamburg 1962)
Lettow, Susanne, Hörigkeit und Gehorsam. Heideggers Modell von Subjektion, Das Argument, Nr. 237, (2000) (a), 482ff.
-, Anerkennung, Achtung, Gerechtigkeit. Verschiebungen auf dem Feld der politischen Philosophie, Rosa-Luxemburg-Stiftung: 'Gerechtigkeit oder Barbarei', 5./6. Okt. 2000 (a) (10.01.01: www.rosalux.de/Einzel/Barbarei/beiLettow.htm)
-, Die Macht der Sorge, Tübingen 2001 (a) (Diss. Berlin 2000)
-, Feministische Kritik in der Philosophie, 2001 (b) (15.01.01: www.widerspruch/com/ artikel/lettow.shtm)
-, Gerechtigkeit, Gleichheit, Herrschaftskritik. Zur Kritik des neoliberalen Anti-Egalitarismus, in: Widerspruch, Nr. 41, 21 (2001), 165ff. (c)
Lévinas, Emmanuel, Totalité et infini. Essai sur l'extériorité, Den Haag 1968
Levi-Strauss, Claude, La pensée sauvage, Paris 1962 (dt., Frankfurt a.M. 1968)
Lieber, Hans-Joachim, Der Philosoph und der Narr - eine Randglosse zur Ideologiekritik, in: Greven 1994, 23ff.
Liebknecht, Karl, Studie über die Bewegungsgesetze der gesellschaftlichen Entwicklung, München 1922

Lietzmann, Hans J., Säkularisierung und Massendemokratie - die Emotionalität der Menschen als Problem der politischen Theorie des 20. Jahrhunderts, in: Masse - Macht - Emotionen, hg. v. Ansgar Klein u.a., Opladen 1999, 151ff.

Light, Andrew/Nagel, Mechthild, Hg., Race, Class, and Community Identity (Radical Philosophy Today, Bd. 1), Amherst 2000

Linhart, Robert, Lénine, paysans, Taylor, Paris 1976

Link, Jürgen, Versuch über den Normalismus, Opladen 1997

Lipietz, Alain: Demokratie nach dem Fordismus, Das Argument 33 (1991) H. 189,

-, Vom Althusserismus zur 'Theorie der Regulation', in: Demirović, Alex u.a.., Hg., Hegemonie und Staat, Münster 1992, 9ff.

-, Nach dem Ende des „Goldenen Zeitalters", Berlin/Hamburg 1998

-, Die große Transformation des 21. Jahrhunderts, Münster 2000 (=Qu'est-ce que l'écologie politique, Paris 1999)

List, Elisabeth, Die Präsenz des Anderen, Frankfurt a.M. 1993

-, Schmerz. Der somatische Signifikant im Sprechen des Körpers, in: Huber, Jörg/Müller, Alois Martin, Hg., Die Wiederkehr des Anderen, Basel/Frankfurt a.M. 1996

Löwy, Michael, Erlösung und Utopie, Jüdischer Messianismus und libertäres Denken, Berlin 1997

-, Walter Benjamin and surrealism. The story of a revolutionary spell, Radical Philosophy (1996) No. 80

-/Sayre, Robert, Révolte et mélancolie. Le romantisme à contre-courant des la modernité, Paris 1992

Lopez Petit, Santiago, Entre el ser y el poder. Una apuesta para el querer vivir, Madrid 1994

Lorenz, Kuno, Einleitung des Herausgebers, in: Ders., Hg., Identität und Individuation, 2 Bde., Stuttgart-Bad Cannstatt 1982

Lorenzer, A., Das Konzil der Buchhalter, Frankfurt a.M. 1984

Losurdo, Domenico, Zwischen Hegel und Bismarck. Die achtundvierziger Revolution und die Krise der deutschen Kultur, Berlin 1993

Lotter, Konrad: Exil und Rückkehr. Deutsche Philosophie vor und nach 1945, in: Widerspruch (München), Nr. 18, (1990), 23f.

Lucas-Busemann, Erhard, Subjektivität in der Arbeitergeschichtsschreibung. Ein Gespräch mit Erhard Lucas-Busemann geführt von Peter Schöttler und F.O. Wolf, im Januar 1984, in: *MOZ*. Moderne Zeiten Extra April 1984.

Luhmann, Niklas, Paradigm Lost. Über ethische Reflexion der Moral, Frankfurt a.M. 1990

Lukács, Georg, Geschichte und Klassenbewußtsein, Berlin 1923

-, Deutsche Literatur im Zeitalter des Imperialismus, Berlin 1946

-, Die Zerstörung der Vernunft, Berlin/DDR 1955

Lutz-Bachmann, M./Schmid-Noerr, G., hg., Kritischer Materialismus, München 1991

Luxemburg, Rosa, Die Krise der Sozialdemokratie (Junius-Broschüre), Berlin 1916

Lyotard, Jean-François, Dérive à partir de Marx et Freud, Paris 1973

-, La condition postmoderne. Rapport sur le savoir, Paris 1979 (dt., als „Das postmoderne Wissen, Ein Bericht", Bremen 1982, Wien/Graz 1986)

-, Le différend, Paris 1983

- u.a., Immaterialität und Postmoderne, Berlin 1985
Maas, Utz, Der Sprachwissenschaftler Gramsci, in: Ders., Sprachpolitik und politische Sprachwissenschaft, Frankfurt a.M. 1989, 165ff.
Maase, Kaspar, BRAVO Amerika. Erkundungen zur Jugendkultur der Bundesrepublik in den fünfziger Jahren, Hamburg 1992
Macherey, Pierre, Art. 'Bourgeoisie, Bürgertum', in: Kritisches Wörterbuch des Marxismus, Bd. 1, Berlin 1983, 182ff.
-, Avec Spinoza, Paris 1992
MacKenzie, Iain, Creativity as Criticism. The philosophical constructivism of Deleuze and Guattari, Radical Philosophy (1997) No. 86
Macpherson, C.B., The Political Theory of Possessive Individualism, Oxford 1964 (dt. Frankfurt a.M. 1967)
Magnor, Manfred, Die Projektmethode. Ein Ergebnis der philosophischen und erziehungstheoretischen Ansätze John Deweys und William Heard Kilpatricks, Osnabrück (Diss.) 1976
Mahnkopf, Birgit, Formel 1 der neuen Sozialdemokratie: Gerechtigkeit durch Ungleicheheit, PROKLA; Nr. 121, 30 (2000), 489ff.
Maihofer, Andrea, Geschlecht als Existenzweise, Frankfurt a.M. 1995
Malachowski, Alan, Reading Rorty, Oxford 1990
Mall, Ram Adhar/Hülsmann, Heinz, Die drei Geburtsorte der Philosophie. China, Indien, Europa, Bonn 1989
Maltry, Karola, Machtdiskurs und Herrschaftskritik im Feminismus, in: Imbusch 1998, 299ff.
Mance, André Euclídes, Uma Introduçao Conceitual às Filosofias da Libertaçao, 2000 (15.01.01: www.milenio.com/mance/umaint.htm)
Mannheim, Karl, Freedom, Power, and Democratic Planning, London 1950 (dt., Köln 1970)
Marcuse, Herbert, Eros and Civilization, London 1972
-, One-dimensional Man, London 1964
-, An Essay on Liberation, Boston 1969
-, Repressive Toleranz, in: Wolff, Robert Paul, Barrington Moore und Herbert Marcuse, Kritik der reinen Toleranz, Frankfurt a.M. 1966
- u.a., Vermutungen über die Revolution. Kontroversen über den Protest, Frankfurt a.M. 1967
Marquard, Odo, 'Praxis, Philosophische', in: Historisches Wörterbuch der Philosophie, hg. v. Ritter, Bd. 7, Basel 1987, 1307f.
Martens, Helmut/Peter, Gerd/Wolf, F.O., Hg., Zwischen Selbstbestimmung und Selbstausbeutung. Gesellschaftlicher Umbruch und neue Arbeit, Frankfurt a.M./New York 2001
Martin, Bill, The Radical Project. Sartre - an Investigation, Lanham 2000
Martin, Stewart, Vive la philosophie! (rec. Badiou, manifeste pour la philosophie), Radical Philosophy, No. 106, (2001), 31ff. 2001
Martinot, Steve, with James, Joy, Hg., The Problems of Resistance. Studies in Alternate Political Cultures, (Radical Philosophy Today, Bd. 2), Amherst 2001
Marx-Engels-Werke (zitiert als MEW)
Marx Engels Gesamtausgabe (zitiert als MEGA)

Massarat, Mohssen, Endlichkeit der Natur und Überfluß in der Marktökonomie, Marburg 1995

Mattelart, Armand, La communication-monde. Historie des idées et des stratégies, Paris 1992

Matzat, Heinz-L., Der Philosophenkongress 1947 in Garmisch-Partenkirchen, in: Deutsche Zeitschrift für philosophische Forschung, 1947, Bd. II, 382ff.

Matzner, Egon, Die Logik der sozialen Situation, in: Schluchter 1998, 89ff.

-, Popper's situational analysis and socio-economics,, in: Ders., The Monopolar World Order. On the Socioeconomics of US Dominance, Szombathely 2000, 201ff.

Maus, Ingeborg, Zur Aufklärung der Demokratietheorie, Frankfurt a.M. 1993

McGill, V.J./Parry, W.T., The Unity of Opposites. A Dialectical Principle, Science and Society, 12 (1948), Fall, 418ff.

McGowen, Power and Humanity, or Foucault among the historians, in Jones/Porter 1994, 91ff.

Meadows, Donella H. u.a., Die neuen Grenzen des Wachstums, Stuttgart 1992

Mehtonen, L., Von der 'Grundfrage der Philosophie' zur 'Philosophie als ideologischer Macht', Das Argument Nr. 137, (1983)

Melehy, Hassan, Writing cogito. Montaigne, Descartes, and the Institution of the Modern Subject, Albany 1997

Mendle, Michael, Hg., The Putney Debates of 1647. The Army, the Levellers, and the English State, Cambridge 2001

Menke, Ch./Seel, M., Hg., Verteidigung der Vernunft gegen ihre Freunde und Verräter, Frankfurt a.M. 1993

Merleau-Ponty, Maurice, La guerre a eu lieu, Les Temps Modernes, 1 (1945), 48ff.

-, Sens et Non-Sens, Paris 1948

Éloge de la philosophie, Paris 1953

-, Le visible et l'invisible, Paris 1964

Michalski, Krzysztof, Hg., Die Zukunft des Wohlfahrtsstaats, Frankfurt a.M. 1996

Midgley, Mary, Gaia. The next big idea, London 2001

Mies, Maria, Globalisierung von unten, Hamburg 2001

Miller, J. Hillis, The work of cultural criticism in the age of digital reproduction, In: Ders., Illustrations, New Haven u.a. 1990, 9ff.

Mitten, Christopher, Shawn Fanning; Napster and the Music Revolution, Brookfield, Conn., 2002

Möding, Nori, Die Angst des Bürgers vor der Masse, Berlin 1984 (Diss. 1983)

Moser, Paul K./Trout, J.D., Contemporary Materialism, New York 1995

Monk, Ray, Bertrand Russell's brainchild: Analytical philosophy: its conception and birth, Radical Philosophy (1995) No. 78

Montag, Warren, Spinoza and Althusser Against Hermeneutics: Interpretation or Intervention, in: Kaplan/Sprinker 1993, 51ff.

Morin, Edgar/Kern, Anne Brigitte, Heimatland Erde. Versuch einer planetarischen Politik, Wien 1999

Mouffe, Chantal, The Return of the Political, London 1993

-, Für eine anti-essentialistische Konzeption feministischer Politik, in: Deutsche Zeitschrift für Philosophie (1998) (a) H. 5, 841ff.

-, Understanding Nationalism and the Nature of the Political, in: Jensen/Miszlivetz 1998, 13ff. (b)

-, The Democratic Paradox, London 2000

Mühsam, Erich, Die Befreiung der Gesellschaft vom Staat, Berlin [1932]

Müller-Dohm, Stefan, Hg., Das Interesse der Vernunft, Frankfurt a.M. 2000

Müller-Plantenberg, Urs, Rawls weltweit, PROKLA, Nr. 212, 30 (2000), 611ff.

Münkler, Herfried, Im Namen des Staates. Die Begründung der Staatsräson in der Neuzeit, Frankfurt a.M. 1987

Myles, J., From habitus to mouth, Theory and Society 28 (1999), H. 6, 879ff.

Nagl-Docekal, Herta, Hg., Feministische Philosophie, Wien/München 1990 (^{2}1994)

-, Feministische Philosophie. Ergebnisse, Probleme, Perspektiven, Frankfurt a.M. 2000

-, Pauer-Studer, Herlinde, Hg. Politische Theorie. Differenz und Lebensqualität, Frankfurt a.M. 1996

Napoleoni, Claudio, Vorlesungen über das VI. Unveröffentlichte Kapitel des 'Kapital' von Marx, in: Ders., Ricardo und Marx, hg. v. C. Penna, Frankfurt a.M. 1974

Navia, Luis E., Diogenes of Sinope, Westport, Conn. 1998

Negri, Antonio, Le pouvoir constituant. Essai sur les alternatives de la modernité, Paris 1997

-, What to do today with 'What to do?' (Transl. Graeme Thomson), Ms. 2001

-/Michael Hardt, Die Arbeit des Dionysos. Materialistische Staatskritik in der Postmoderne, Berlin 1997

Negt, Oskar, Achtundsechzig, Göttingen 1995

-/Kluge, Alexander, Öffentlichkeit und Erfahrung, Frankfurt a.M. 1972

-, Geschichte und Eigensinn, Frankfurt a.M. 1981

-, Maßverhältnisse des Politischen, Frankfurt a.M. 1993

Nemitz, Rolf, Kinder und Erwachsene, Hamburg 1996 (Diss. ca. 1993)

-, Erziehung und Ideologie, Innsbruck 1994 (Habil.Schr.)

Neoclous, Mark, Friend or enemy? Reading Schmitt politically, Radical Philosophy (1996) No. 79

-, Radical conservatism, or, the conservatism of radicals, Radical Philosophy. Giddens, Blair and the politics of reaction (1999) No. 93

Nicholson, Linda, Ethnocentrism in grand theory, in: Gottlieb 1993, 48ff.

Niehues-Pröbsting, Heinrich, Der Kynismus des Diogenes und der Begriff des Zynismus, München 1979

Niethammer, Lutz, Posthistoire. Ist die Geschichte zu Ende?, Reinbek 1989

Nitsch, Wolfgang u.a., Hochschule in der Demokratie (SDS-Hochschuldenkschrift), Berlin 1965

Noam, Gil/Wren, Thomas E., zus. mit Nunner-Winkler, Gertrud u. Edelstein, Wolfgang, Hg., The Moral Self, Cambridge, Mass, 1993

Nozick, Robert, Philosophical Explanations, Oxford 1981

Nussbaum, Martha, The Fragility of Goodness, Cambridge 1986 (dt., Frankfurt a.M. 1995)

-, The Therapy of Desire. Theory and Practice in Hellenistic Ethics, Princeton 1994

Nutzinger, Hans G., Hg., Osterweiterung und Transformationskrisen, Berlin 2000

-, Wolfstetter, Elmar, Hg., Die Marxsche Theorie und ihre Kritik. Eine Textsammlung zur Kritik der politischen Ökonomie, Frankfurt a.M./New York 1974

Oehler, Klaus, Zum Ursprung der Geistmetaphysik (1968), in: Ders., Antike Philosophie und byzantinisches Mittelalter, München 1969, 146ff.

-, Der Unbewegte Beweger des Aristoteles, Frankfurt a.M. 1984

Oiserman, T.I. Die philosophischen Grundrichtungen, Berlin/DDR 1976

Ollig, Hans-Ludwig, Hg., Philosophie als Zeitdiagnose. Ansätze der deutschen Gegenwartsphilosophie, Darmstadt 1991

Olssen, Mark, Michel Foucault. Materialism and Education, Westport 1999

O'Neill, John, Thinking naturally, Radical Philosophy (1997) No. 83

Orosco, José-Antonio, Post-socialist prophecy. Latin America and the Future of Progressive Politics, in: Martinot/James 2001

Orozco, Teresa, Platonische Gewalt, Hamburg/Berlin 1995

-, The art of allusion. Hans-Georg Gadamer's philosophical interventions under National Socialism, Radical Philosophy (1996) No. 78

-, 'Brüder im Geiste', in: Zeitschrift für Frauenforschung, Sonderheft 2 (1999), 43ff.

Osborne, Peter, The Politics of Time, Radical Philosophy (1994) No. 68

-, Philosophizing beyond philosophy. Walter Benjamin reviewed, Radical Philosophy (1998) No. 88

-, Radicalism and Philosophy, Radical Philosophy (2000) No. 103

Ottomeyer, Klaus, Die Haider-Show. Zur Psychopolitik der FPÖ, Klagenfurt/Celovec 2000

Padrutt, Hanspeter, Der epochale Winter, Zürich 1990

-, Und sie bewegt sich doch nicht. Parmenides im epochalen Winter, Zürich 1991

Paetzold, Heinz, Perspektiven einer kritischen Kulturphilosophie, in: Eidam u.a. 1998, 247ff.

Panitch, Leo, The impoverishment of state theory, Socialism and Democracy, 13 (1999), H. 2, 19ff.

Parekh, Bhikhu, Political Theory and the multicultural society, Radical Philosophy (1999) No. 95

Parijs, Philip van, 'Real Freedom for All'. What (If Anything) Can Justify Capitalism?, Oxford 1995

Pasquino, Pasquale, Bemerkungen zum 'Kriterium des Politischen bei Carl Schmitt, Der Staat (1986), H. 3, 385ff

Pasternack, Peer, Hg., Eine nachholende Debatte. Der innerdeutsche Philosophenstreit 1996/97, hochschule ost special, Leipzig 1998

Patzer, Andreas, Der Sophist Hippias als Philosophiehistoriker, Freiburg/München 1986

Pease, Otis, Hg., The Progressive Years. The Spirit and Achievement of American Reform, New York 1962

Pêcheux, Michel, Über die Rolle des Gedächtnisses als interdiskursives Material, in: Geier, Manfred/Woetzel, Harald, Hg., Das Subjekt des Diskurses. Beiträge zur sprachlichen Bildung von Subjektivität und Intersubjektivität (Argument-Sonderband AS 98), Berlin, 1983, 50ff. (a)

-, Ideologie - Festung oder paradoxaler Raum, Das Argument Nr. 139, Jg. 25 (1983), 379ff. (b)

-, Zu rebellieren und zu denken wagen! Ideologie, Widerstände, Klassenkampf, in: kultuRRevolution, Feb. 1984, 61-65

Peters, Bernhard, Deliberative Öffentlichkeit, in: Wingert/Lutz 2001, 655ff.

Pieper, Annemarie, Aufstand des stillgestellten Geschlechts. Einführung in die feministische Ethik, Freiburg 1993

Plümacher, Martina, Philosophie nach 1945 in der Bundesrepublik Deutschland, Reinbek bei Hamburg 1996

Plumpe, Gerhard/Kammler, Clemens, Wissen ist Macht. Über die theoretischen Arbeiten Michel Foucaults, in: Philosophische Rundschau, Jg. 17, (1980), 185ff.

Poole, Ross, Morality, masculinity and the market, in: Sayers/Osborne 1990, 46ff.

Popper, Karl Raimund, Die Logik der Forschung (1935), 10. verb. u. verm. Aufl., Tübingen 1994

-, Die offene Gesellschaft und ihre Feinde (1944), Bern 1958, Bd. 2

Porset, Charles, La 'philosophie' de Voltaire, Europe. Revue littéraire et mensuelle 72 (1994) No. 781, 53ff.

Postone, Moishe, Time, Labour and Social Domination. A reinterpretation of Marx's Critical Theory, Cambridge 1996

Preve, Costanzo, Un elogio della filosofia, Milano 1996

Priester, Karin, Studien zur Staatstheorie des italienischen Marxismus, Frankfurt a.M. 1981 (Habil.Schr. Marburg 1981)

Projekt Ideologietheorie (PIT), Theorien über Ideologie (AS 50), Berlin 1979

-, Faschismus und Ideologie 1 (AS 60), 2 (AS62), Berlin 1980

Quine, W.V., Designation and Existence, Journal of Philosophy, 36 (1939), 701ff.

-, From a Logical Point of View, Cambridge, Mass., 1953 (dt., Frankfurt u.a. 1979)

-, Die Wurzeln der Referenz, Frankfurt a.M. 1989

Quiniou, Yvon, Problèmes du matérialisme, Paris 1987

-, Figures de la déraison politique, Paris 1995

Raaflaub, Kurt, Des freien Bürgers Recht auf freie Rede, in: Eck, u.a., Hg., Studien zur Antiken Sozialgeschichte (Vittinghoff-Festschrift), Köln 1980, 7ff.

Raiser, Thomas, Das lebende Recht, Baden-Baden ²1995

Raphael, Lutz, Die Erben von Bloch und Febvre, Stuttgart 1994

Rammstedt. Otthein, Soziale Bewegung, Frankfurt a.M. 1978

Rancière, Jacques, On the Theory of Ideology - Althusser's Politics, in: Edgley/Osborne 1985, 101ff.

-, Les noms de l'histoire. Essai de poétique du savoir, Paris 1992 (dt., Frankfurt a.M. 1994)

-, Eine uralte Schlacht, Neue Rundschau 105 (1994), H. 1, 21ff.

-, Democracy means equality, Radical Philosophy (1997) No. 82

Raschke, Joachim, Soziale Bewegungen. Ein historisch-systematischer Grundriß, Frankfurt a.M./New York 1985

Rawls, John, Justice as Fairness, Philosophical Review 67 (1958), 164ff.

-, A Theory of Justice, Oxford 1972

-, Political Liberalism, New York 1993

Raymond, Pierre, 'Materialismus', in: KWM, Bd. 5, Berlin 1986, 854-858

-, Dissiper la terreur et les ténèbres, Paris 1992
Rée, Jonathan, Proletarian Philosophy: A Version of the Pastoral, in: Sayers/Osborne 1990, 125ff.
-, Poor Bertie, Radical Philosophy (1997) No. 81
Rego Diaz, Victor/Uludag, Kamil/Willing, Gunter, Hg., Brecht - Eisler - Marcuse, AS 100, Hamburg 1999
Rehberg, Karl-Siegbert, Natur und Sachhingabe, in: Jaumann 1995, 221ff.
Rehmann, Jan, Max Weber: Modernisierung als passive Revolution, Hamburg 1998
-, Michel Foucault und die Konstruktion eines postmodernen Nietzscheanismus, Das Arguent, Nr. 240, 43 (2001), 188ff
Reichelt, Helmut, Zur logischen Struktur des Kapitalbegriffs, Frankfurt a.M. 1970
Reichelt, Helmut/Zech, Reinhold, Hg., Produktivkräfte und Produktionsverhältnisse, Frankfurt a.M. 1983
Reicheneder, Johann Georg, Zum Konstitutionsprozeß der Psychoanalyse, Stuttgart-Bad Cannstatt 1990
Reijen, Willem van/Schmid Noerr, Gunzelin, Hg., Vierzig Jahre Flaschenpost. 'Dialektik der Asufklärung' 1947-1987, Frankfurt a.M. 1977
Reijen, Willem van/Maas, Utz, Geteilte Sprache (Festschrift Rainer Marten), Amsterdam 1988
Reitz, Tilman, Politik des Kulturellen oder kulturelle Absorption von Politik? Marcuse, Adorno und wir, in: Rego Diaz u.a. 1999, 66ff.
-, [Editorial], Argument, Nr. 237, 42. (2000) (a), 461f.
-, Traditionelle und moderne Philosophie. Zur Struktureinheit des theoretischen Radikalismus im 20. Jahrhundert, Das Argument, Nr. 237, 42 (2000) (b), 505ff.
Resnick, Stephen/Wolff, Richard, Althusser's Liberation of Marxian Theory, in: E. Ann Kaplan/Michael Sprinker, Hg. The Althusserian Legacy, London 1993, 59ff:
Revelli, Marco, Hg., Putney. Alle radici della democrazia moderna. Il debattito tra i protaginisti della rivoluzione inglesa, Milano 1997
-, Die gesellschaftliche Linke, Münster 1999
Reynolds, Noel B./Saxonhouse, Arlene W., Three Discourses. A Critical Modern Edition of Newly Identified Work of the Young Hobbes, Chicago/London 1995
Ricoeur, Paul, Soi-même comme un autre, Paris 1990 (dt., München 1996)
Richter, Frank, Philosophie in der DDR, Freiberg 1996/97 (Webfile)
Riechmann, Jorge, El socialismo puede llegar solo en bicicleta, Madrid 1996
Riedel, Manfred, Brecht und die Philosophie, in: Neue Rundschau 82 (1971), 65ff.
-, Hg., Rehabilitierung der praktischen Philosophie, 2 Bde., Freiburg 1972 u, 1974
-, Seinsverständnis und Sinn für das Tunliche (1988), in: Ders., Hören auf die Sprache, Frankfurt a.M. 1990, 131ff.
Riepe, Dale, Critique of idealistic naturalism: methodological pollution in the mainstream of American philosophy, in: DeGrood u.a. 1971, 5ff.
Ries, Werner, Nietsche zur Einführung, Hamburg1987
Riley, David, Mill's Radical Liberation. An Essay in Retrieval, London 2001
Robelin, Jean, La rationalité de la politique, Besançon o.J. (1995)

Roberts, John, Philosophizing the everyday: The Philosophy of Praxis and the Fate of the Cultural Studies, Radical Philosophy (1999) No. 98, 16ff.

-, Art, politics, and provincialism, Radical Philosophy, Nr. 106 (2001), 2ff.

Roberts, Marcus, Analytical Marxism - an ex-paradigm? The odyssey of G.A. Cohen, Radical Philosophy (1997) No. 82

Rochlitz, Rainer, Walter Benjamin et la photographie, Critique, 41 (1985), 803ff.

Röd, Wolfgang, Geschichte der Philosophie, Bd. 7, Die Philosophie der Neuzeit von Francis Bacon bis Spinoza, München 1978

Röttger, Bernd, Macht-, Herrschafts- und Gesellschaftsverhältnisse in der kapitalistischen Modernisierung, in: Imbusch 1998, 333ff.

Rojas, Raúl, Das unvollendete Projekt. Zur Entstehungsgeschichte von Marx' 'Kapital', Berlin/Hamburg 1989

Rommelspacher, Birgit, Dominanzkultur. Texte zu Fremdheit und Macht, Berlin 1995

Rorty, Richard M., Consequences of Pragmatism. Essays 1972-1980, Brighton 1982

-, Contingency, Irony, and Solidarity, Cambridge 1989 (dt., Frankfurt a.M. 1989)

Rose, Gillian, Hegel contra Sociology, London 1981

-, The Broken Middle, Oxford 1992

-, Mourning becomes the Law. Philosophy and Representation, Cambridge 1996

-, Paradiso. London 1999

Ross, Jan, Arbeit am Weltbild, Die Zeit, 31.10.2001, 13ff.

Ross, Werner, Baudelaire und die Moderne. Porträt einer Wendezeit, München 1993

Rotermundt, Rainer, Materialistische Erkenntnistheorie - was soll das?, Das Argument 17 (1975) Nr. 92, 629ff.

Roth, Roland, Rebellische Subjektivität. Herbert Marcuse und die Protestbewegungen, Frankfurt a.M./New York

Rotman, Brian, Signifying Nothing: The Semiotics of Zero, Basingstoke 1987

Roudinesco, Elisabeth, Jacques Lacan, Paris 1993 (dt., Frankfurt a.M. 1999)

Rucht, Dieter, Gesellschaft als Projekt - Projekte in der Gesellschaft, in: Klein, Ansgar, Hg., Neue soziale Bewegungen, Opladen 1999, 15ff.

Russell, Bertrtand, Roads to Freedom. Socialism, Anarchism and Syndicalism, London 1920

Rusterholz, Peter, Über die Uninterpretierbarkeit literarischer Texte, Zeitschrift für Semiotik 15 (1993), H. 3-4, 303ff.

Ryle, Martin, Histories of cultural populism, Radical Philosophy (1996) No. 78

Saage, Richard, Vermessungen des Nirgendwo. Begriffe, Wirkungsgeschichte und Lernprozesse der neuzeitlichen Utopien, Darmstadt 1995

-, Politische Utopien der Neuzeit, Bochum ²2000

Sahner, Heinz, Hg., Soziologie als angewandte Aufklärung, Baden-Baden 2000

Sala, Antonio/Durán, Eduardo, Crítica de la izqierda autoritária en Catalunya, 1967-1974, o.O. (Ruedo Ibérico) 1975

Salem, Jean, La fortune de Démocrite, Revue Philosophique de la France et de l'Étranger 121 (1996), H. 1, 55ff.

Sandford, Stella, Contingent ontologies. Sex, gender and 'woman' in Simone de Beauvoir and Judith Butler, Radical Philosophy (1999), No. 97, 18ff.

-, Feminism against 'the feminine', Radical Philosophy (2001) No. 105, 6ff.
Sartre, Jean-Paul, Critique de la raison dialectique (précédé de Questions de méthode), t. I: Théorie des ensembles pratiques, Paris 1960
-, Préface, in: Fanon 1961
-, L'idiot de la famille. Gustave Flaubert de 1821 à 1857, Paris 1971 (dt., Reinbek 1977)
-, Critique de la raison dialectique, t. II: L'intelligibilité de l'histoire (inachevé), Paris 1985
Sassoon, Anne Showstack, Gramsci and Contemporary Politics. Beyond Pessimism of the Intellect, London 2000
Saussure, Ferdinand de, Cours de linguistique générale (1915), Paris 1968
Sayers, Sean, Mental illness as a moral concept: the relevance of Freud, in: Edgley/Osborne 1985, 217ff.
-/Osborne, Peter, Hg., Socialism, Feminism and Philosophy. A Radical Philosophy Reader, London/New York 1990
Saxonhouse, Arlene W., Hobbes and the Horae Subsecivae, Polity, 13 (1981), 541ff.
-, Fear of Diversity. The Birth of Political Science in Ancient Greek Thought, Chigago/ London 1992
Schäfer, Gert, Ein Erbauer geschlossener Systeme, in: Bergmann, Theodor u.a., Zwischen Utopie und Kritik. Friedrich Engels - ein 'Klassiker' nach 100 Jahren, Hamburg 1997, 273ff.
Schäfer, Lothar, Das Bacon-Projekt. Von der Erkenntnis, Nutzung und Schonung der Natur, Frankfurt a.m. 1993 (zit. n. TB-Ausg. 1999)
Schein, L, Performing modernity, Cultural Anthropology 14 (1999), H. 3, 361ff.
Schluchter, Wolfgang, Hg., Kolloquien des Max-Weber-Kollegs I-V (1998), Erfurt 1998
-, Handlungs- und Strukturtheorie nach Max Weber, in: Schluchter 1998, 109ff.
Schmaltz, Florian, 'Bourgeoisie', in: Historisch-Kritisches Wörterbuch des Marxismus, Bd. 2, Hamburg 1995, 302-310
Schmaus, Michael, Zur Diskussion über das Problem der Univozität im Umkreis des Johannes Duns Scotus, München 1957
Schmid, Wilhelm, Auf der Suche nach einer neuen Lebenskunst. Die Frage nach dem Grund und die Neubegründung der Ethik bei Foucault, Frankfurt a.M. 1991
-, Philosophie der Lebenskunst, Frankfurt a.M. 1998
Schmid Noerr, Gunzelin, Vollendete Negativität als Spiegelschrift der Erlösung. Über den kritischen Sozialismus der Frankfurter Schule, in: Faber 1994, 167ff.
Schmidt, Alfred, Emanzipatorische Sinnlichkeit. Ludwig Feuerbachs anthropologischer Materialismus, München 1973
Schmidt, Frithjof, Die Metamorphosen der Revolution. Die Wandlungen des Revolutionsbegriffs von Blanqui bis zum Eurokommunismus, Frankfurt a.M./New York 1988
Schmidt, James, Maurice Merleau-Ponty. Between Phenomenology and Structuralism, Houndmills/London 1985
Schmidt, Siegfried J., Kognitive Autonomie und soziale Orientierung, Frankfurt a.M. 1994
Schmidt-Biggemann, Wilhelm, Die Freiheit, der Wille, das Absolute, in: Jaumann 1995, 197-219
Schmied-Kowarzik, Wolfdietrich, Die dialektische Aufhebung von Idee und Materie in der gesellschaftlichen Arbeit, Ms. (ca. 1976)

Schmitt, Carl, Die geistesgeschichtliche Lage des heutigen Parlamentarismus, München 1923, ^{2}1926
-, Die Diktatur, München 1921 (a)
-, Verfassungslehre, München 1928 (b)
-, Der Begriff des Politischen, München 1932
-, Der Leviathan in der Staatslehre des Thomas Hobbes, Hamburg 1938
Schmitz, Hermann, System der Philosophie, Bd. 11/1 (Der Leib), Bonn 1965
Schneider, Ulrich Johannes, Hg., Philosophie und Reisen, Leipzig 1996
-, Philosophie und Universität. Historisierung der Vernunft im 19. Jahrhundert, Hamburg 1999
Schneiders, Werner, Hg., Lexikon der Aufklärung - Deutschland und Europa, München 1995
Schöller, Oliver, 'Geistige Orientierung' der Bertelsmann-Stiftung. Beiträge einer deutschen Denkfabrik zur gesellschaftlichen Konstruktion der Wirklichkeit, PROKLA, Nr. 122, 123ff.
Schönrich, Gerhard, Bei Gelegenheit Diskurs, Frankfurt a.M. 1994
Schöttler, Peter, Georges Sorel. Ein linker Konservativer zwishen Syndikalismus und Nationalismus, in: Portis, Larry, Sorel zur Einführung, Hannover 1983, 183ff.
-, Die Annales und Österreich in den zwanziger und dreißiger Jahren. Österreichische Zeitschrift für Geschichte, (1993), 74ff.
Schuffenhauer, Werner, Feuerbach und der junge Marx, Berlin 1965 (erw. ^{2}1972)
Schulz-Hageleit „Denket selbst." Sechs Thesen zum Motto der Ausstellung, Humanismus aktuell, H. 8 (2001), 9ff.
Schulze, Detlef Georgia, Macht und gesellschaftliche Strukturen bei Foucault und Althusser. Thesen, Ms. Berlin 1996
-, Was ist Identitätspolitik?, (Ms.) Berlin 2000
-, Geschlechternormen-inkonforme Körperinszenierungen - Demokratisierung, De-Konstruktion oder Reproduktion des sexistischen Geschlechterverhältnisses? (Dissertationsvorhaben in Arbeit)
Schwan, Gesine, Politik und Schuld. Die zerstörerische Macht des Schweigens, Frankfurt a.M. 1997
Schweppenhäuser, Gerhard, Die Partikularität des Allgemeinen, in: Rego Diaz u.a. 1999, 95ff.
Schyga, Peter, 'Grenzen des Wachstums', HKWM, Bd. 5, Hamburg 2001
Scott, Joan Wallach, Gender and the Politics of History, New York 1988
Searle, J.R., Speech Acts, 1969 (dt., Frankfurt a.M. 1974)
-, Hg., The Philosophy of Language, Oxford 1971
Seel, Martin, Über Richtigkeit und Wahrheit. Erläuterungen zum Begriff der Welterschließung, Deutsche Zeitschrift für Philosophie, 41 (1993), 509ff.
Segal, Lynne, Generations of feminism, Radical Philosophy (1997) No. 83
Seifert, Edith, Was will das Weib? Zu Begehren und Lust bei Freud und Lacan, Weinheim/ Berlin 1987
Seifert, Jürgen, Theoretiker der Gegenrevolution - Carl Schmitt (1888-1985), in: Blanke, Thomas, u.a., Hg., Die juristische Aufarbeitung des Unrechts-Staats, Baden-Baden 1998, 363ff.
Seigfried, Charlene, Feminism and Pragmatism. Reweaving the Social Fabric, Chicago 1996

-, Perspectives on pragmatism. A reply to Lorraine Code, Radical Philosophy (1998) No. 92

Sen, Amartya, Global justice. Beyond equity, in: Kaul, Inge u.a., Hg., Global Public Goods. International Co-operation in the 21st Century, New York/Oxford 1999

Seth Pringle-Pattison, Andrew, The Philosophical Radicals and other Essays, Edinburgh/ London 1907 (ND New York 1967)

Sellars, Roy Wood/McGill, V.J./Farber, Marvin, Philosophy for the Future. The Quest of Modern Materialism, New York 1949

Shusterman, Richard, Practising Philosophy: Pragmatism and the Philosophical Life, New York 1997

Sichtermann, Barbara, Wer ist wie? Über den Unterschied der Geschlechter, Berlin 1987

Siemek, Marek J., Der gesellschaftliche Raum der Philosophie, in: Eidam u.a. 1998, 236-246

Sintomer, Yves, Le corporatisme de l'universel et la cité, in: Bidet/Texier 1996, 91ff.

Sloterdijk, Peter, Der Denker auf der Bühne. Nietzsches Materialismus, Franfurt a.M. 1986

-, Kritik der zynischen Vernunft, 2 Bde., Frankfurt a.M. 1989 (a)

- Eurotaoismus, Frankfurt a.M. 1989 (b)

-, Im selben Boot. Versuch über die Hyperpolitik, Frankfurt a.M. 1993

-, Regeln für den Menschenpark, Ein Antwortschreiben zu Heideggers Brief über den Humanismus, Frankfurt a.M. 1999

-, Die Verachtung der Massen. Versuch über Kulturkämpfe in den modernen Gesellschaften, Frankfurt a.M. 2000

-, Das Menschentreibhaus. Stichworte zu historischen und prophetischen Anthropologie, Weimar 2001

Smith, Anna Marie, Laclau and Mouffe. The Radical Democratic Imaginary, London 1998

Soper, Kate, On Materialisms, Radical Philosophy, Nr. 15 (1976), 14ff.

-, What is nature? Culture, Politics, and Non-human, Oxford 1995

-, Realism, Humanism and the Politics of Nature, Radical Philosophy (2000) No. 102

Soromenho-Marques, José Viriato, Razao e progresso na filosofia de Kant, Lisboa 1998a

-, O futuro frágil. Os desafios da crise global do ambiente, Lisboa 1998b

Spaemann, R., Die Utopie der Herrschaftsfreiheit, in: Riedel, Manfred, hg., Rehabilitierung der Praktischen Philosophie, II, Freiburg 1974, 211ff.

Sparshott, Francis, Off the Ground. First Steps to a Philosophical Consideration of the Dance, Princeton 1988

-, A Measured Pace, Towards a Philosophical Understanding of the Arts of Dance, Toronto/London 1995

Spehr, Christoph, Gleicher als Andere. Eine Grundlegung der Freien Kooperation, [Berlin 2001]

-/Stickler, Armin, Morphing Zone. Nachhaltigkeit und postmodernes Ordnungsdenken, in: Foitzik, Andreas/Marvakis, Athanasios, Hg., Tarzan - was nun? Internationale Solidarität im Dschungel der Widersprüche. Hamburg 1997, 211ff.

Spitz, René, Vom Dialog, Frankfurt a.M. u.a. 1982

Spivak, Gayatri Chakravorty, A Critique of Postcolonial Reason, London 1999

Stalin, J.W., Fragen des Leninismus, Swerdlowsk 1924 u.ö.

Staten, Henry, 'Radical evil' revived. Hitler, Kant, Luther, neo-Lacanianism, Radical Philosophy (1999), No. 98, 6ff.

Steffens, Andreas, Philosophie des zwanzigsten Jahrhunderts oder Die Wiederkehr des Menschen, Leipzig 1999

Stekeler-Weithofer, Pirmin, Die Eule der Minerva oder die Macht der Reflexion, Allgemeine Zeitschrift für Philosophie, 25 (2000), 63ff.

Sternberger, Dolf, Drei Wurzeln der Politik, Frankfurt a.M. 1978

Straube, Ingrid, Die Quellen der Philosophie sind weiblich. Vom Einfluss weiser Frauen auf die Anfänge der Philosophie, Aachen 2001

Strauss, Leo, (1944), On Tyranny, Ithaca, N.Y., ²1968 (dt., Neuwied 1963)

Stroppel, Clemens, Edward Herbert von Cherbury: Wahrheit - Religion - Freiheit, Tübingen 2000

Talmon, Jacob L., The Origins of Totalitarian Democracy, London 1952 (dt., Berlin 1989)

-, Political Messianism, London 1960 (dt., Köln 1963)

Taubes, Jacob, Zeit heißt: Frist (im Gespräch mit Florian Rötzer), Frankfurter Rundschau, 4.4. 1987

-, Carl Schmitt als Apokalyptiker der Gegenrevolution, in: Ders., Ad Carl Schmitt. Gegenstrebige Fügung, Berlin 1987, 21ff.

Taylor, Charles, Sources of the Self, Cambridge 1989

-, Overcoming epistemology, in: Ders., Philosophical Arguments, Cambridge, Mass., 1995

Terray, Emmanuel, Réflexions sur la violence symbolique, in: Bidet/Texier 1996, 11ff.

Therborn, Göran, The Frankfurt School, in: New Left Review, Vol. 63, Sept./Oct. 1970, 65ff. (wieder in: Stedman Jones, Gareth, Hg., Western Marxism. A Critical Reader, London, 1977, 83 ff.)

-, What does the ruling class do, when it rules?, London 1978

-, The Ideology of Power and the Power of Ideology, London 1980

-, European Modernity and Beyond. The Trajectory of European Societies, 1945-2000, London 1995

Theweleit, Klaus, 'Innere Panzerung wäre die Idiotenlösung!', Tageszeitung, 19.9.01, 13f.

Thomson, George (1944), Studies in Ancient Greek Society, Vol 1: The prehistoric Aegean, London ⁴1978

Timpanaro, Sebastiano, On Materialism, London 1975

-, The Freudian Slip, London 1976

Tillich, Paul, Die sozialistische Entscheidung, Berlin 1980

Tobler, Verena, Zweierlei Kernkultur im Einwanderungsland. Von der Erkenntnis der Unterschiede zur Integration, Neue Zürcher Zeitung, 16.03.2001, 15

Tomberg, Friedrich, Der politische Anfang der Philosophie und die Politik der Gegenwart, in: Goldschmidt/Lambrecht 1988, 30ff.

Tosel, André, 'Totalität', in: KWM, Bd. 7, Hamburg 1988 (a), 1310ff.

-, Kant révolutionnaire, Paris 1988 (b)

-, Du matérialisme de Spinoza, Paris 1994

-, Hg., De la prudence des anciens comparée à celle des modernes. Sémantique d' un concept, déplacement des problématiques, Besançon 1995

-, u.a., Marx et sa critique de la politique, Paris 1979
Trentin, Bruno, Befreiung der Arbeit, Hamburg 1999
Tronti, Mario, Operai e capitale, Torino 1966 (dt., Frankfurt a.M. 1974)
Türcke, Christoph, Philosophie. Eine Kolumne, Merkur Nr. 467 (1988) Januar, 57ff.
-, Der tolle Mensch, Lüneburg ²1999
Tugendhat, Ernst, Selbstbewusstsein und Selbstbestimmung, Frankfurt a.M. 1979
-, Rationalität und Moral in der Friedensbewegung (1986), in: Ollig 1991, 175ff.
-, Überlegungen zur Methode der Philosophie aus analytischer Sicht, in: Ders., Philosophische Aufsätze, Frankfurt a.M. 1992, 261ff.
-, Liberalism, liberty, and the issue of economic human rights, in: Ders., Philosophische Aufsätze, Frankfurt a.M. 1992, 368ff.
-, Vorlesungen über Ethik, Frankfurt a.M. 1993
-, Erwiderungen, in: Ders., Moralbegründung und Gerechtigkeit, Münster 1997
-, Macht und Antiegalitarismus bei Nietzsche und Hitler (2000), in: Ders., Aufsätze 1992-2000, Frankfurt a.M. 2001, 225ff.
Ullmann, Wolfgang, Geduld, liebe Dimut! Brüsseler Briefe, Leipzig 1998
UNESCO, Philosophie et démocratie dans le monde - une enquête de l'UNESCO, Paris 1995
UNDP: Deutsche Gesellschaft für die Vereinten Nationen, Hg., Bericht über die menschliche Entwicklung, Bonn 2000
Varikas, Eléni, The burden of our time. Hannah Arendt and the critique of political modernity, Radical Philosophy (19998) No. 92
Vattimo, Gianni, Rekonstruktion der hermeneutischen Rationalität, in: Fischer u.a. 1992, 56ff.
Veerkamp, Ton, Autonomie und Egalität. Ökonomie, Politik und Ideologie in der Schrift, Berlin 1993
Vergès, Françoise, Colonizing citizenship, Radical Philosophy (1999) No. 95
Venuti, Lawrence, Translation, philosophy, materialism, Radical Philosophy (1996) No. 79
Vileisis, Danga, Raya Dunyewskaya - Zur Person, in: Jansen 2000, 151ff.
Virilio, Paul, Guerre et cinéma 1: logistique de la perception, Paris 1984 (dt., München 1986)
-, Red Alert in Cyberspace, Radical Philosophy (1995) No. 74
Vitzthum, Richard C., Materialism. An Affirmative History and Definition, Buffalo, N. Y., 1995
Voegelin, Eric, Die politischen Religionen, Wien 1938 (Stockholm 1939)
- The New Science of Politics. An Introduction, Chicago 1952
Vogel, Cornelia J. de, Pythagoras and Early Pythagoreanism, Assen 1966
Vogl, Joseph, Hg., Gemeinschaften. Positionen zu einer Philosophie des Politischen, Frankfurt a.M. 1994
Voigts, Manfred, Der Kompromiß. Plädoyer für einen umstrittenen Begriff, in: Käsler, Dirk, Hg., Aushandeln und (proto-)politische Kommunikation, Hamburg 1994, 1ff.
Vollrath, Ernst: „Macht" und „Herrschaft" als Kategorien der Soziologie Max Webers, in: Gebhardt/Münkler 1993, 211ff.
Wacquant, Loic J.D., Toward a social praxeology: The structure and logic of Bourdieu's sociology, in: Bourdieu/Wacquant 1992
Waerden, B.L. van der, Die Pythagoräer. Religiöse Bruderschaft und Schule der Wissenschaft, Zürich/München 1979

Wainwright; Hilary, Arguments for a New Left, London 1994

Wallerstein, Immanuel: Die Sozialwissenschaften „kaputtdenken“. Die Grenzen der Paradigmen des 19. Jahrhunderts, Weinheim, 1995

Wallis, Victor, ‘Grenzen des Wachstums II’, in: HKWM, Bd. 5, Hamburg 2001

Walsh, Margaret, The geograpy of gender. Transgender experiences revise the map, in: Martinot/James 2001

Walzer, Michael, Spheres of Justice. A Defense of Pluralism and Equity, New York 1983

Ware, Robert/Nielsen, Kai, Hg., Analyzing Marx, New Essays on Analytical Marxism, Calgary 1989

Warren, Mark E., The Self in discursive democracy, In: White, Stephen K., Hg., The Cambridge Companion to Habermas, Cambridge 167ff.

Wartenberg, Thomas, Hg., Rethinking Power, Albany 1992

Watson, Sean, The new Bergsonism. Discipline, subjectivity and freedom, Radical Philosophy, No. 92

Weber, Samuel, Zur Singularität des Namens in der Psychoanalyse, Lacan und Heidegger, in: Seifert, Edith, Hg., Die Perversion der Philosophie, Berlin 1992, 31ff.

Weinbach, Heike, Philosoph und Freier. Walter Benjamins Konstruktionen der Geschlechterverhältnisse, Marburg 1997 (Diss. Berlin)

Weiss, Linda, Globalization and the Myth of the Powerless State, New Left Review, No. 225, (1997), 3ff.

-, Managed Openness: Beyond Neoliberals Globalism, New Left Review, No. 238 (1999), 126ff.

Wellmer, Albrecht, Zur Dialektik von Moderne und Postmoderne, Frankfurt a.M. 1985

-, Ethik und Dialog, Frankfurt a.M. 1986

-, Gibt es eine Wahrheit jenseits der Aussagenwahrheit?, in: Wingert/Günther 2001, 13ff.

Welsch, Wolfgang, Unsere postmoderne Moderne, Weinheim 1987

Werber, Niels, Intensitäten des Politischen, Weimarer Beiträge 46 (2000) H. 1, 105ff.

West, Cornell, The American Evasion of Philosophy. A Genealogy of Pragmatism, Madison 1989

Whitaker, Reg, The Tower Of Infobabel. Cyberspace as Alternative Universe, Socialist Register 1996, 173ff.

Widder, Joachim, Das vergessene Leben, Wien 2001

Widerspruch, Münchener Zeitschrift für Philosophie, Philosophie im deutschen Faschismus, Heft 13, 1987

Wieland, Christoph Martin, Geschichte des weisen Danischmend, in: Ders., Gesammelte Schriften, Abt. I, Werke 7=10/11, Berlin 1913 (ND Hildesheim 1986)

Wild, Christoph, Philosophische Skepsis, Königstein/Ts. 1980

Wildt, Andreas, Produktivkräfte und soziale Umwälzung. Ein Versuch zur Transformation des Historischen Materialismus, in: Jaeggi/Honneth 1977, 206ff.

-, Autonomie und Anerkennung. Hegels Moralitätskritik im Lichte seiner Fichte-Rezeption, Stuttgart 1982

William Dan, Resistance, self-fashioning, and gay identity, in: Martinot/James 2001

Wingert, Lutz, Der Grund der Differenz. Subjektivität als ein Moment von Intersubjektivität, In: Brumlik/Brunkhorst 1993, 306ff.

-,/Günther, Klaus, Hg., Die Öffentlichkeit der Vernunft und die Vernunft der Öffentlichkeit (Habermas-Festschrift), Frankfurt a.M. 2001

Winter, Rainer, Die Kunst des Eigensinns. Cultural Studies als Kritik der Macht, Weilerswist 2001

Williams, Raymond, The Politics of Modernism. Against the New Conformists, London 1999

Willis, Paul, Learning to Labour. How working class kids get working class jobs, Saxon House 1977 (dt., Spaß am Widerstand. Gegenkultur in der Arbeiterschule, Frankfurt a.M., 1977[1], 1982[2]

Winstanley, Gerrard, Gleichheit im Reiche der Freiheit, Leipzig 1983

Wiredu, Kwasi, Cultural Universals and Particulars. An African Perspective, Bloomington 1996

Ludwig Wittgenstein, Philosophische Untersuchungen, Gesammelte Werke, Bd. 1, Frankfurt a.M. 1960

-, Über Gewissheit, hg. v. G.E.M. Anscombe/G.H. von Wright, Frankfurt a.M. 1970, 123ff.

Wolf, Frieder Otto: Die neue Wissenschaft des Thomas Hobbes, Stuttgart-Bad Cannstatt 1969

-, Zum Problem der konkreten Aufhebung der Philosophie als institutionalisierter Wissenschaft, in: Klüver, Jürgen/Wolf, Frieder Otto., Hg., Wissenschaftskritik und sozialistische Praxis. Konsequenzen aus der Studentenbewegung, Stuttgart 1972, 31ff. (rev. in: Ders., Umwege, Hannover 1983, 15ff.)

-, Wissenschaftsklassifikation, wissenschaftlicher Fortschritt und ideologische Reaktion, in: Hübner, Kurt/Menne, Albert, Hg., Natur und Geschichte. X. Deutscher Kongress für Philosophie, Kiel 8.-12. Oktober 1972, Hamburg 1973, 459ff.

-, Some Pitfalls of the theory of ideology, in: Hänninen, Sakari/Paldán, Leena, Rethinking Ideology. A Marxist Debate (AS 84), Berlin 1983, 26ff. (a)

-, Für eine subversive Praxis der Philosophie, Das Argument, Nr. 137 (1983), 43ff. (b)

-, Umwege, Hannover 1983 (c)

-/-, Für einen widerspruchsfreien Begriff des Widerspruchs, in: Das Denken des Widerspruchs als Wurzel der Philosophie, hg. v. Zentralinstitut für Philosophie, Berlin 1991, 47ff. (a)

-, Warum ist die Durchsetzung eines alternativen Konsummodells so wichtig und so schwierig? In: spw. Zeitschrift für sozialistische Politik und Wirtschaft, Nr. 58 (1991), 40ff. (b)

-, Ökologischer Sozialismus als politische Perspektive und als theoretisches Problem, in: Faber 1994, 247ff.

-, Die Alternative, in: Rego Diaz u.a. 1999, 106ff. (a)

-, Das Wunder von Europa läßt noch auf sich warten, in PROKLA, Nr. 114, 29 (1999), 117-143 (b)

-/-, Garantierter, fataler oder zu erkämpfender Fortschritt, Argument, Nr. 230, 41(1999), 263ff. (c)

Ders, The international significance of the Levellers, in: Tony Benn, The Levellers and the English democratic tradition/F.O. Wolf, The international significance of the Levellers, Nottingham 2000 (a), 16ff.

-, Umbau auf hoher See oder Wassertreten bis zum Untergang?, Widerspruch (Zürich), Nr. 39, (2000) (b), 83ff.

-, Nachwort, in: Lipietz 2000 (c)
-, Was heißt 'Politik des Kapitals' hier und heute, in: Hickel, Rudolf u.a., Politik des Kapitals - heute (Huffschmid-Festschrift) Hamburg 2000, 29ff. (d)
-, Adolf Eichmann zum Beispiel, Diesseits, Nr. 52 (2000), 15ff. (e)
-, Identität als Problem, in: M. Schuller, Hg., Freundschaftsbuch für Jutta Kolkenbrock-Netz, Hamburg 2001(a) (i.Vorb.)
-, Gesellschaftliche Neudefinition der Arbeit als Reformperspektive, in: Christop Kniest u.a., Hg., Eingreifendes Denken (Haug-Festschrift), Münster 2001 (b), 217ff.
-, 'Netzwerkpolitik' und neue Formen zivilgesellschaftlicher Subjektivität, in: Martens u.a. 2001 (c), 117ff.
-, 'Selbstausbeutung' im Übergang wohin? Überlegungen zur 'Neuen Arbeit' im Hinblick auf ihre gesellschaftlichen Gestaltungsmöglichkeiten, in: Martens u.a. 2001 (d), 211ff.
-, Was tut die ausgebeutete Klasse, wenn sie kämpft?, in: Wagner, Hilde, Hg., Interventionen wider den Zeitgeist (Schauer-Festschrift), Hamburg 2001 (e), 140ff.
-, 'Geisteswissenschaften', in: HKWM, Bd. 5, Hamburg 2001
-, 'Geschichtsphilosophie', in: HKWM, Bd. 5 Hamburg 2001
Wolf, Ursula, Hg., Eigennamen. Dokumentation einer Kontroverse, Frankfurt a.M. 1993
-, Die Philosophie und die Frage nach dem guten Leben, Reinbek 1999
Wulff, Erich, Phänomenologische Psychopathologie und historischer Materialismus, Das Argument (1995), H. 4, 555ff.
Young, Iris Marion, Justice and the politics of difference, Princeton 1990
-, Justice and communicative democracy, in: Gottlieb 1993, 123ff.
-, Intersecting Voices. Dilemmas of Gender, Political Philosophy, and Policy, Princeton 1997
-, Inclusion and Democracy, Oxford 2000
Zapata Galindo, Martha, Triumph des Willens zur Macht. Zur Nietzsche-Rezeption im NS-Staat, Hamburg 1996
-, Filosofia de la liberación y liberación de la mujer, in: Debate Feminista, Nr. 16, 1997
-, Die Befreiung des Subjekts von seinem autonomen Wesen. Interview mit Martha Zapata über die emanzipatorische Wirkung der 'Dekonstruktion', Arranca 2000, Februar
Zdrenka, Michael, Konzeptionen und Probleme der philosophischen Praxis, Köln 1997
Ziarek, Ewa Plonowska, An Ethics of Dissensus. Postmodernity, Feminims, and the Politics of Radical Democracy, Stanford 2001
Žižek, Slavoj, Hg., Cogito and the Unconscious, Durham 1998
-, The Ticklish Subject. The absent centre of political ontology, London 1999
-, The Fragile Absolute. Why is the Christian Heritage Worth Fighting For, London 2000
-, Von Lenin lernen, Die Zeit, 1.2.2001 (a), 37f.
-, Did Somebody Say Totalitarianism? Five Interventions in the (Mis)use of a Notion, London 2001 (b)
Züfle, Psychoanalytische Orthodoxie als Dissidenz. Otto Fenichels Rundbriefe, Widerspruch (Zürich) Nr. 40 (2001), 159ff.

Zum Autor

Frieder Otto Wolf, geb. 1943 im bombardierten Kiel. Aufgewachsen in den Trümmern dieser vom Krieg zerstörten Stadt. Nach einem Studium der Philosophie und der Politikwissenschaft in Kiel, Paris und Edinburgh seit 1966 in Forschung und Lehre tätig, seit 1971 in Berlin (Privatdozent für Philosophie seit 1973). Als aktiver Juso von der Studentenbewegung erfasst und zur Radikalisierung seiner politischen und theoretischen Positionen veranlasst. In Berlin in Versuche zu einer Revolutionierung des persönlichen Alltags eingetreten, etwa in der Kinderladenbewegung. Zwei Töchter aus verschiedenen Liebesbeziehungen. 1976 und 1977 - als Hochschullehrer in Coimbra - beteiligt an der Aufarbeitung des Scheiterns der portugiesischen Nelkenrevolution durch die portugiesische Linke. In diesem Zusammenhang Begegnung mit Louis Althusser in dessen ausdrücklich 'politischer' Spätphase.

In wichtigen Entwicklungsphasen parteipolitisch aktiv: 1964 bis 1971 in der SPD, seit 1982 in den Grünen. Von 1983 bis 1999 grüner Europapolitiker, 1994 bis 1999 MdEP. Mitinitiator des 'Linken Forums' (1987ff.) und des 'Babelsberger Kreises' (1993ff.) in den Grünen.

Arbeiten zu politischer Philosophie, Kritik der Gesellschaftswissenschaften und der politischen Ökologie. Philosophische und politische Auseinandersetzung mit der Krise des Marxismus. Übersetzungen vor allem aus der französischen philosophisch-politischen Debatte. Aktive Beteiligung an linken Selbstverständigungsdiskussionen in verschiedenen westeuropäischen Ländern.

Seit der Teilnahme an der Zwischenbilanzierung des Humanisierungsprogramms der Bundesregierung (1981) Untersuchungen und Diskussionsbeiträge zu einer gesellschaftlichen Politik der Arbeit, welche die Grenzen des bürgerlichen Arbeitsethos überschreitet, ohne in ein aristokratisches Lob der auf der Ausbeutung anderer beruhenden Untätigkeit zu verfallen. Mitbegründer des 'Europäischen Aufrufs für Vollbeschäftigung' (seit 1996).

Theoretische Initiativen zur Entwicklung eines erneuerten Grundverständnisses grün-alternativer und plural-linker Politik und zur Reflektion neuerer Ansätze zu einer transnationalen Politik der Demokratisierung.

Vor diesem Hintergrund langjährige Diskussion philosophischer Positionen mit jüngeren KollegInnen und schließlich Ausarbeitung von Positionen im Felde einer 'radikalen Philosophie'.

Publikationen: Die neue Wissenschaft des Thomas Hobbes (1969); mit Klüver, Hg., Wissenschaftskritik und sozialistische Praxis, Stuttgart-Bad Cannstatt 1972; Umwege (1983); mit Schöttler, Hg., Althusser, Schriften (1985 u. 1987); mit Jurtschitsch und Rudnick, Grünes und alternatives Jahrbuch, 1986/87 u. 1988; mit Antunes u.a., Eine grüne Alternative für Europa (1990); mit Martens u. Peter, Hg., Zwischen Selbstbestimmung und Selbstausbeutung. Gesellschaftlicher Umbruch und neue Arbeit (2001).

Mitarbeit in den Redaktionen von PROKLA (1978-1982), Moderne Zeiten (1981-1984), Argument (1986-1993), 1993-2000 Mitherausgeber von 'LiFo-Info/Andere Zeiten'. Mitarbeit an der Übertragung des „Kritischen Wörterbuchs des Marxismus" ins Deutsche (1983-1989) und am „Historisch-Kritischen Wörterbuch des Marxismus" (seit 1993).

Kritische Wissenschaften und Radikale Philosophie

Der Begriff der kritischen Wissenschaft ist kein Pleonasmus, sondern kennzeichnet eine zentrale Herausforderung des 21. Jahrhunderts. Das lässt sich am einfachsten verdeutlichen, indem der historische Weg nachgezeichnet wird, der vom Begriff der 'Kritik' zu dem der 'kritischen Wissenschaft' geführt hat.

Von der 'Kritik' zur 'kritischen Wissenschaft'

Noch vor der Herausbildung der modernen empirischen (Natur-)Wissenschaften durch die Verbindung von theoretischen Schultraditionen mit praktischen, technischen Werkstättenerfahrungen hatten die humanistischen Gelehrten als Philologen den Begriff der 'Kritik' neu erfunden. Diesen haben dann, parallel zum Durchbruch der experimentellen Wissenschaften, die Frühaufklärer des 17. Jahrhunderts von dem philologischen Feld auf alle Bereiche von Politik und Kultur ausgeweitet.

Das 18. und 19. Jahrhundert hat diesen Begriff der Kritik noch einmal radikalisiert und generalisiert. Vor allem in Kants Kritiken und in dem auf sie antwortenden klassischen deutschen Idealismus (der bis in den Feuerbachschen und feuerbachianischen Materialismus hineinwirkt) geht es um nichts Geringeres als um die Fähigkeit der menschlichen Vernunft, Aufklärung, d.h. den Ausgang aus der selbstverschuldeten Unmündigkeit, verlässlich und verbindlich zu leisten – in den Wissenschaften, in der öffentlichen und privaten Lebenspraxis (und damit in allen Gestalten des Politischen), aber auch im ästhetischen Umgang mit dem gegebenen und dem produzierten Schönen. Aber ohne wirkliche Rückbindung an den Produktionsprozess der empirischen Wissenschaften.

Karl Marx hatte den spekulären, sich in sich selbst zurückspiegelnden Zirkel gesehen, in den sich die 'Kritik der kritischen Kritik' seiner eigenen Generation verstrickt hatte und eine 'positive Wissenschaft' postuliert, mit der die Philosophie 'ihr selbständiges Existenzmedium' verlieren würde. In seiner Arbeit am unvollendet gebliebenen Projekt einer 'Kritik der politischen Ökonomie' hat er diesen Zirkel grundsätzlich durchbrochen, indem er „wirkliche Wissenschaft" und „praktisch-kritische Tätigkeit" miteinander unauflöslich zu verknüpfen suchte. Angesichts der sich ausbreitenden Hegemonie eines empiristischen Positivismus in Wissenschaften und Öffentlichkeit, der alle tiefergreifenden Fragen ein für alle Mal affirmativ erledigen wollte, sah sich dann schon Engels dazu veranlasst, für die eigenen Bemühungen die das positivistische Selbstmissverständnis der wissenschaftlichen Arbeit kritisierende Kennzeichnung als 'denkende Wissenschaft' zu verwenden und die Frage nach der Rolle der Philosophie wieder aufzugreifen.

Im 20. Jahrhundert müssen wir einerseits die Zerstörungsgeschichte des stalinistischen 'Leninismus' zur Kenntnis nehmen, in dem 'Philosophie' (=Diamat), 'Wissenschaft' (Histomat plus Naturdialektik) und Praxis (Sozialismus/Kommunismus) auseinandergelegt und auf eine derart machtfungible Weise neu zusammengesetzt worden sind, dass der offizielle Marxismus-Leninismus dadurch immer tiefer in die Krise getrieben und letztlich als intellektuelle Instanz ruiniert wurde. Andererseits sollten wir aber auch den oft unterschätzten Prozess zur Kenntnis nehmen, in dem sich die 'herrschenden Ideologien' sowohl auf den Feldern von Philosophie, Historie und gesellschaftlichen bzw. historischen Wissenschaften wissenschaftsförmig etabliert und artikuliert haben, als auch immer wieder von neuem Impulse aus Widerstand und Kritik aufgenommen haben. Damit sind die akademischen Verhältnisse selbst zum Kampfplatz der gesellschaftlichen Auseinandersetzungen und zum Reproduktionsraum gesellschaftlichen Wissens in seinen vielfältigen Facetten geworden.

Zwei groß angelegte Versuche sind im 20. Jahrhundert nicht zufällig innerhalb dieser akademischen Welt im weitesten Sinne unternommen worden, das im doppelten Niedergang der kautskyanischen wie der stalinistischen Linien des offiziellen Marxismus zerrüttete Verhältnis von emanzipativen Praktiken und Theorieentwicklung auf eine Art neu zu fassen, die ihren wechselseitigen Zusammenhang Ernst nimmt, ohne den machtopportunen Reduktionismen der offiziellen Marxismen oder auch des wissenschaftlichen Mainstreams zu erliegen.

Ich rede von der Kritischen Theorie der Frankfurter Schule (vgl. Wiggershaus 1984, Demirović 1999), die bis auf die Nacht des 20. Jahrhunderts zurückgeht, als nach dem Sieg des Faschismus in Deutschland und der endgültigen Durchsetzung des Stalinismus in der Sowjetunion jeder Gedanke an eine reale historische Alternative verloren schien: Kritische Theorie trat in ihr als eine neue Verbindung von Philosophie und Sozialforschung gegen die 'traditionelle Theorie' an und reproduzierte auf diese Weise die emanzipativen Kämpfe im intellektuellen Prozess der akademischen Disziplinen, in Forschung und Lehre. Und ich rede von der Althusser-Schule (vgl. Wolf 1994), die in der Aufbruchzeit der 1960er Jahre den Versuch unternahm, die marxistische 'Theorie' in Gestalt einer neuen Praxis der Philosophie neu zu erfinden, um die tödliche Krise des Marxismus zu überwinden – auf dem Umweg über die akademische Öffentlichkeit bis in die kommunistische Weltbewegung hinein. Gewöhnlich werden beide Versuche in ihren Gegensätzen wahrgenommen und rezipiert, gerade in Deutschland. Mir kommt es hier aber auf ihren gemeinsamen Einsatz und die vielfältigen Berührungspunkte zwischen beiden Versuchen an, welche sich vor allem daraus ergeben, dass ihr gemeinsames Ungedachtes die tiefgreifenden Umwälzungen waren, die sich in den letzten zwei Dritteln des 20. Jahrhunderts in dem Zusammenhängen von wissenschaftlichen Untersuchungen und politischen Auseinandersetzungen ergeben haben.

Wenn heute - nach der Frage nach der Kritischen Theorie oder der Frage nach der Theorie als Philosophie neuen Typs - die Frage nach kritischer Wissenschaft gestellt wird, geht es um mehr und um anderes, als in der Epoche der Konstituierung 'außerakademischer' Oppositionswissenschaften im Übergang vom 19. zum 20. Jahrhundert und um eine Radikalisierung und Universalisierung der Reflektionsversuche der 1930er und 1960er Jahre: Es geht um nicht weniger als um die Konstituierung wirklicher 'radikaler Wissenschaft' (vgl. die angelsächsischen Traditionen von 'radical science', 'radical studies' und 'radical philosophy' seit den 1960er Jahren), die zugleich die Stärke der Kritik dieser Oppositionswissenschaften und ihrer beginnenden akademischen Reflektionsformen innerhalb der wissenschaftlichen Arbeitsprozesse selbst (in Forschung und Lehre) umfassend aufnimmt und fortführt - im vollen Bewusstsein der wissenschaftlichen Verantwortung, aber auch der gesellschaftlichen Relevanz der eigenen Arbeit (vgl. Wolf 2002b).

Dieser Prozess ist schon längst grenzübergreifend in Gang gekommen. Wir sollten uns nicht von unvertrauten Begrifflichkeiten und Bezugspunkten davon abhalten lassen, die darin liegenden Herausforderungen an eine wirklich kritische Wissenschaft anzunehmen.

Herausforderungen für radikale Philosophie

Heute sind wir zwar noch weit entfernt davon, uns erneut in die Illusion wiegen zu können, eine historische Alternative zum gesellschaftspolitischen Status quo läge bereits fertig vor und wäre 'nur noch zu verwirklichen', wie dies die 'offiziellen Marxismen' des 20. Jahrhunderts suggeriert haben. Die praktische Kritik der herrschenden Verhältnisse ist aber durchaus weltweit entfaltet. Die globalisierungskritischen Bewegungen, wie sie sich im jährlichen Weltsozialforum in Porto Alegre und Mumbai eine erste Gestalt gegeben hat, stehen dabei im Zentrum.

KleinbäuerInnen und SlumbewohnerInnen des Südens haben in den 1990er Jahren damit begonnen, ihre zunächst lokalen Proteste und Widerstandsaktionen zunehmend globaler zu vernetzen. Angesichts der galoppierenden Verelendung, vor die sie die neoliberale Globalisierungspolitik stellt, stellen Protest, Widerstand und Selbstorganisation ihre einzige Überlebenschance dar. Für sie ist der Washington Consensus, in dem sich die herrschende Politik verfestigt hat, ein direkter Angriff auf ihre Überlebensinteressen. Umgekehrt haben gerade Jugendliche und Frauen aus den führenden Industrieländern zunehmend begriffen, dass und wie die gegenwärtige Politik ihrer Länder sie ihrer Zukunftsperspektiven und der Möglichkeiten beraubt, überhaupt noch selbstbestimmte Lebensentwürfe zu entwickeln oder zu verwirklichen. In etwa seit Seattle zeichnet sich auch die Möglichkeit von Bündnissen mit Gewerkschaftsbewegungen ab, die begreifen mussten, dass die historischen Klassenkompromisse der Epoche des Fordismus 'von oben' radikal aufgekündigt sind.

Noch viel stärker als in vergangenen Epochen gilt in diesen Bündnissen, in denen die Kritik an der neoliberalen Form der kapitalistischen Globalisierung im Zentrum steht, dass die Solidarisierung nicht auf unmittelbaren praktischen Erfahrungen, sondern auf theoretisch vermittelten Einsichten beruht. Derartige Einsichten werden bisher vor allem in der praktischen Umsetzung der vielfältigen Projekte und Programme gewonnen, aus denen sich der komplexe Prozess der transnationalen Politik zusammensetzt - und jedenfalls nicht ohne die permanente kritische Aneignung der vielfältigen Errungenschaften, die auch eine technokratisch und pragmatistisch verkürzte Politik auf der Basis wissenschaftlicher Expertise beständig realisiert (vgl. die empirischen Untersuchungen der mode2-Theoretikerinnen, Gibbons u.a. 1994 u. Nowotny u.a.2001, sowie Krysmanski 2002 u. Wolf 2002a). Daher die bedeutende Rolle von ExpertInnen und 'Wissensgemeinschaften' (scientific communities) in der Entwicklung dieser Bündnisnetzwerke - und daher auch die wichtige Funktion, die das 'Überlaufen' bisheriger 'systemimmanenter ExpertInnen' auf kritischere Positionen immer wieder von Neuem übernimmt.

Die Frage nach den strukturellen ungelösten Problemen und blinden Flecken dieser neuen globalen Akteurskonstellation, insbesondere nach den Möglichkeiten der wirklich zeitgenössischen Erneuerung einer 'kritischen Wissenschaft', die eine 'neue Alternative' zu formulieren imstande ist - ohne die Fähigkeit zu verlieren, die gegenwärtig das Feld beherrschenden 'ExpertInnenkritik' aufzunehmen und zu re-artikulieren, tritt inzwischen deutlich hervor - allein schon dadurch, dass vermehrt überstürzte Versuche auftreten, sie gleichsam im Schnellschuss zu beantworten, wie dies exemplarisch bei Negri und Hardt geschehen ist - deren 'Empire'-Buch daher ebenso zu recht als internationaler Bestseller aufgenommen wie in der von ihm ausgelösten Debatte überwiegend theoretisch scharf kritisiert worden ist.

Es gibt ein verbreitetes resignatives Gefühl angesichts des liberalkonservativen Rollbacks, der mit dem an Hochschulen und Forschungsinstituten besonders im ehemaligen Westdeutschland und Westberlin sich gegenwärtig vollziehenden Generationenwechsels Gestalt anzunehmen scheint. Derartige historische Niederlagen sollten nicht beschönigt werden.

Aber es ist nicht weniger dringend, die Chancen zu ergreifen, die darin liegen, die eigenen Anteile aufzuarbeiten, die zu dieser Niederlage geführt haben: Wo ist das Vorstoßen kritischer Untersuchungen in die akademischen Institutionen mit Anpassung erkauft worden und wie haben die Zwänge von Akademisierung und Disziplinarisierung das eigene Denken deformiert? Und umgekehrt sind auch Mechanismen offen zu legen, durch die kritische Diskurse sich immer wieder selbst um Hegemoniegewinne bringen oder selbst zu marginalisieren geneigt sind. Wieso neigen wir etwa dazu, die eigenen Netzwerke der wissenschaftlichen Produktion schon dann für 'außerakademisch' zu halten, wenn sie nirgends innerdisziplinär hegemonial sind? Sollten wir nicht eher darüber nachdenken, wie wir durch Zugang zu Forschungsförderung und Reproduktion wissenschaftlichen Nachwuchses (Stipendien, Promotionen, Habilitationen) auch aus disziplinären Randpositionen heraus unsere eigenen Netzwerke durchaus akademisch reproduzieren können?

Können wir uns nicht auch auf neue Gestalten eines direkter vergesellschaftlichten Raums wissenschaftlicher Kommunikation stützen, wie sie in 'open-source' und 'public domain'-Projekten greifbar werden? Und nicht zuletzt auch auf die große 'Nachfrage' nach einer kritischen Wissenschaft zum Selbermachen, wie sie unter den Jüngeren besteht, die sich in den globalisierungskritischen Bewegungen aktivieren.

In einer historischen Situation, in der die erweiterte Reproduktion des gesellschaftlichen Wissens überall an Bedeutung zunimmt, steigt auch die Bedeutung der Orte der institutionalisierten Reproduktion dieses Wissens als Arena gesellschaftlicher Auseinandersetzungen. Sicherlich wird zugleich versucht, durch einen immer energischeren politischen Zugriff diese Arenen sowohl unter Kontrolle zu halten, als auch als Räume der Kapitalverwertung zu erschließen - insbesondere, indem die Reproduktionsformen dieses Wissens neu organisiert werden (Drittmittelabhängigkeit der Forschung, erneute Hierarchisierung der Studiermöglichkeiten). Aber die dieser Entwicklung zugrundeliegende Relativierung der traditionellen Grenzen zwischen Forschung und Anwendung bzw. zwischen Reflektion und Beratung bringen auch neue Herausforderungen für eine engere Verbindung zwischen Theorie und Praxis, sowie zwischen wissenschaftlichen Untersuchungen und technischen bzw. organisatorischen Maßnahmen.

Kritische Wissenschaft steht heute vor vielen Gelegenheiten. Die in den 1990er Jahren entfalteten globalisierungskritischen Bewegungen haben ihr neue Impulse gegeben. Zugleich haben WissenschaftlerInnen in weltweiten theoretischen Debatten darum gerungen, zu begreifen, was in dem 'langen Abschwung' seit 1973 und in der Nixon-Thatcher-Reagan-Bifurkation geschehen ist - und wie heute die Wünsche und Kämpfe unserer Zeit neu zu artikulieren sind. Daher kann kritische Wissenschaft diese Gelegenheiten heute ergreifen, ohne sich gleich im toten Holz der theoretischen Traditionen früherer Emanzipationsbewegungen zu verstricken, ohne sich aber deswegen in den 'ewigen Frühling der Amnesie' stürzen zu müssen. Es liegt an uns, nicht der subalternen Ideologie der Selbstmarginalisierung zu erliegen, sondern die in der heutigen historischen Situation liegenden Chancen zu ergreifen. Dafür brauchen wir dringend einen Raum der kritischen Reflexion - wie ihn radikale Philosophie immer wieder frei räumen kann und muss.

Literatur

A. Demirović, Von der Kritischen Theorie zur Frankfurter Schule, Frankfurt a.M. 1999

M. Gibbons, C. Limoges, H. Nowotny, S. Schwartzmann, P. Scott, M. Trow, The New Production of Knowledge: The Dynamics of Science and Research in Contemporary Societies, London 1994

Krysmanski, Hans Jürgen, Popular Science: Medien, Wissenschaft, Macht in der Postmoderne, Münster 2002

Klüver, J./Wolf, F.O., hg., Wissenschaftskritik und sozialistische Praxis. Konsequenzen aus der Studentenbewegung, Stuttgart-Bad Cannstatt 1972

H. Novotny, Peter Scott, Michael Gibbons, Re-thinking Science: Knowledge and the Public in an Age of Uncertainty, Cambridge, Mass. 2001

J. Taubes/F.O. Wolf, Wissenschaftsbegriff und Reform, in: Protokoll des Kongresses „Wissenschaft und Demokratie", Köln 1973, 125-129

R. Wiggershaus, Die Frankfurter Schule, München 1984

F.O. Wolf, Wissenschaftsklassifikation, wissenschaftlicher Fortschritt und ideologische Reaktion, in: Natur und Geschichte. 10. Dt. Kongress für Philosophie, Kiel, 8.-12.10.1972, hg. K. Hübner u. A. Menne, Hamburg 1973, 459-469

Ders., 'Althusser-Schule', Historisch-Kritisches Wörterbuch des Marxismus, Bd. 1, Hamburg 1994,

Ders., Radikale Philosophie. Aufklärung und Befreiung in der neuen Zeit, Münster 2002b

EINSTIEGE

Grundbegriffe der Sozialphilosophie und Gesellschaftstheorie

Band 18 — Ceren Türkmen
Migration und Regulierung
ISBN 978-3-89691-684-6

Band 16/17 — Gerhard Hauck
Kultur
Zur Karriere eines sozialwissenschaftlichen Begriffs
ISBN 978-3-89691-685-3

Band 15 — Boris Michel
Stadt und Gouvernementalität
ISBN 978-3-89691-686-0

Band 14 — Carsten Rösler
Medien-Wirkungen
ISBN 978-3-89691-687-7

Band 11/12 — Jürgen Ritsert
Ideologie
ISBN 978-3-89691-689-1

2. überarb. Auflage
Band 10 — Heiner Ganßmann
Politische Ökonomie des Sozialstaats
ISBN 978-3-89691-690-7

Band 8 — Jürgen Ritsert
Soziale Klassen
ISBN 978-3-89691-692-1

Band 7 — Christoph Görg
Gesellschaftliche Naturverhältnisse
ISBN 978-3-89691-693-8

Band 6 — Hanns Wienold
Empirische Sozialforschung
ISBN 978-3-89691-694-7

3. überarb. Auflage
Band 5 — Heinz Steinert
Kulturindustrie
ISBN 978-3-89691-695-2

2. Auflage
Band 4 — Rainer Rotermundt
Staat und Politik
ISBN 978-3-89691-696-9

Band 3 — Reinhart Kößler
Entwicklung
ISBN 978-3-89691-697-6

Band 2 — Claus Rolshausen
Macht und Herrschaft
ISBN 978-3-89691-698-3

Band 1 — Jürgen Ritsert
Gerechtigkeit und Gleichheit
ISBN 978-3-89691-699-0

WESTFÄLISCHES DAMPFBOOT
Hafenweg 26a · 48155 Münster · Tel. 0251-3900480 · Fax 0251-39004850
e-mail: info@dampfboot-verlag.de · http://www.dampfboot-verlag.de